Rundfunk-, Medien-, Teledienste

# Studien zum deutschen und europäischen Medienrecht

herausgegeben von Dieter Dörr

mit Unterstützung der Dr. Feldbausch Stiftung

Bd. 6

PETER LANG
Frankfurt am Main · Berlin · Bern · Bruxelles · New York · Oxford · Wien

Wolfgang Lent

# Rundfunk-, Medien-, Teledienste

## Eine verfassungsrechtliche Untersuchung des Rundfunkbegriffs und der Gewährleistungsbereiche öffentlich-rechtlicher Rundfunkanstalten unter Berücksichtigung einfachrechtlicher Abgrenzungsfragen zwischen Rundfunkstaatsvertrag, Mediendienstestaatsvertrag und Teledienstegesetz

PETER LANG
Europäischer Verlag der Wissenschaften

Die Deutsche Bibliothek - CIP-Einheitsaufnahme

Lent, Wolfgang:

Rundfunk-, Medien-, Teledienste : eine verfassungsrechtliche Untersuchung des Rundfunkbegriffs und der Gewährleistungsbereiche öffentlich-rechtlicher Rundfunkanstalten unter Berücksichtigung einfachrechtlicher Abgrenzungsfragen zwischen Rundfunkstaatsvertrag, Mediendienstestaatsvertrag und Teledienstegesetz / Wolfgang Lent. - Frankfurt am Main ; Berlin ; Bern ; Bruxelles ; New York ; Oxford ; Wien : Lang, 2001
(Studien zum deutschen und europäischen Medienrecht ; Bd. 6)
Zugl.: Leipzig, Univ., Diss., 2000
ISBN 3-631-36960-3

15
ISSN 1438-4981
ISBN 3-631-36960-3

*Für meine Eltern*

*Dr. Dieter Lent und Karin Lent, geb. Heyer*

# VORWORT DES HERAUSGEBERS

Die von *Christoph Degenhart* betreute und von der Universität Leipzig als Dissertation angenommene Abhandlung von *Wolfgang Lent* über den Rundfunkbegriff behandelt einen zentralen, aktuellen und brisanten Problembereich des Rundfunkrechts. Der verfassungsrechtliche Rundfunkbegriff und die damit zusammenhängenden Abgrenzungsfragen zwischen dem Rundfunkstaatsvertrag, dem Mediendienstestaatsvertrag und dem Teledienstegesetz sind zudem von hoher praktischer und politischer Bedeutung. Die Überlegungen des Verfassers gewinnen noch dadurch zusätzlich an Brisanz, weil er aus seinen Ergebnissen bezüglich des Rundfunkbegriffs und der Abgrenzung von Rundfunk-, Medien-, und Telediensten Folgerungen für den Funktionsbereich des öffentlich-rechtlichen Rundfunks zieht. Gerade die zukünftige Rolle des öffentlich-rechtlichen Rundfunks in einer sich durchaus dramatisch verändernden Medienwelt ist zur Zeit Gegenstand intensiver Diskussionen. *Lent* gebührt das Verdienst, sich dieser schwierigen Fragen angenommen und teilweise neue Lösungen aufgezeigt zu haben, die es jedenfalls Wert sind, in der weiteren Auseinandersetzung Beachtung zu finden. Zudem nimmt *Lent* auch sozialwissenschaftliche Erkenntnisse auf und macht sie für die rechtliche Betrachtung fruchtbar. Ob der vom Verfasser unternommene Versuch eines Neuansatzes im Hinblick auf den Rundfunkbegriff wirklich trägt und der von ihm vertretene enge verfassungsrechtliche Rundfunkbegriff den Wandel der Nutzungen voll erfasst, kann man mit guten Gründen bestreiten. Dies bedarf daher einer genauen Betrachtung. Mit der Veröffentlichung dieser Abhandlung, die die Debatte in gelungener Weise aufarbeitet und teilweise auch provokante Thesen vertritt, soll die notwendige Diskussion um den verfassungsrechtlichen Rundfunkbegriff, die Abgrenzung der Rundfunk-, Medien- und Teledienste und die Funktionen des öffentlich-rechtlichen Rundfunks in einer sich verändernden Medienwelt befördert und befruchtet werden.

Mainz, im Mai 2000 Dieter Dörr

# VORWORT

Die vorliegende Studie wurde im Wintersemester 1999/2000 von der Juristenfakultät der Universität Leipzig als Dissertation angenommen und für die Drucklegung aktualisiert und z.T. ergänzt. Gesetzgebung, Rechtsprechung und Literatur sind auf dem Stand von April 2000.

Mein herzlicher Dank geht zunächst an meinen Doktorvater, Herrn Prof. Dr. Christoph Degenhart, der die Arbeit mit sehr viel Interesse begleitete und mir die zum Gelingen notwendigen Freiräume ließ. Für die schnelle Erstattung des Zweitgutachtens danke ich Herrn Prof. Dr. Helmut Goerlich. Ein besonderer Dank gilt Herrn Prof. Dr. Dr. Detlef Merten, der das im Sächsischen Hochschulgesetz vorgesehene externe Drittgutachten übernahm. Ein von ihm und Herrn Prof. Dr. Peter Schiwy an der Hochschule für Verwaltungswissenschaften Speyer abgehaltenes medienrechtliches Seminar weckte während des Referendariats mein Interesse für dieses so innovative Rechtsgebiet und war eine der Keimzellen meiner Arbeit.

Dem Herausgeber, Herrn Prof. Dr. Dieter Dörr, danke ich für die Aufnahme der Abhandlung in seine Schriftenreihe. Der Dank geht dabei zugleich auch an die Dr. Feldbausch Stiftung, die die Herausgabe der Schriftenreihe unterstützt.

Ganz besonders danke ich meiner Claudia, die manche Verfasserlaunen mit Geduld und Humor ertragen hat und immer eine unschätzbare Hilfe für mich war.

Mehr als nur Dank schulde ich meinen Eltern, die mich auf meinem bisherigen Lebensweg in jeder nur erdenklichen Weise gefördert haben: Meiner Mutter, die den Abschluss der Promotion nicht mehr erlebt hat, deren positive Lebenshaltung und Begeisterungsfähigkeit mich aber auch in Zukunft begleiten werden. Und meinem Vater, dessen umfassende Kenntnisse und Interessen auf so vielen Gebieten mir ein Vorbild sind. Ihnen beiden ist diese Abhandlung in Liebe und Dankbarkeit gewidmet.

Bayreuth, im Mai 2000 — Wolfgang Lent

# Inhaltsübersicht

# Inhaltsverzeichnis

# ABKÜRZUNGSVERZEICHNIS

| | |
|---|---|
| a.A. | andere Ansicht |
| a.a.O. | am angegebenen Ort |
| Abs. | Absatz |
| a.E. | am Ende |
| a.F. | alte Fassung |
| AfP | Archiv für Presserecht (zitiert nach Jahr und Seite) |
| ALM | Arbeitsgemeinschaft der Landesmedienanstalten |
| Anm. | Anmerkung |
| ARD | Arbeitsgemeinschaft der deutschen Rundfunkanstalten |
| ARD-StV | Staatsvertrag über die Arbeitsgemeinschaft der deutschen Rundfunkanstalten |
| Art. | Artikel |
| Aufl. | Auflage |
| BayMG | Bayerisches Mediengesetz |
| BayRFG | Gesetz über die Errichtung und die Aufgaben einer Anstalt des öffentlichen Rechts „Der bayerische Rundfunk" |
| BayVBl. | Bayerische Verwaltungsblätter (zitiert nach Jahr und Seite) |
| BayVGH | Bayerischer Verwaltungsgerichtshof |
| BayVerfGH | Bayerischer Verfassungsgerichtshof |
| BGBl. | Bundesgesetzblatt |
| BR | Bayerischer Rundfunk |
| Bsp. | Beispiel |
| BT-Ds. | Bundestagsdrucksache |
| BVerfG | Bundesverfassungsgericht |
| BVerfGE | Entscheidungen des Bundesverfassungsgerichts (zitiert nach Band und Seite) |
| BWLMedienG | Landesmediengesetz Baden-Württemberg |
| bzw. | beziehungsweise |
| ca. | circa |
| CR | Computer und Recht (zitiert nach Jahr und Seite) |
| ders. | derselbe |

| | |
|---|---|
| d.h. | das heißt |
| dies. | dieselben |
| DLM | Direktorenkonferenz der Landesmedienanstalten |
| DÖV | Die öffentliche Verwaltung (zitiert nach Jahr und Seite) |
| DVBl. | Deutsche Verwaltungsblätter (zitiert nach Jahr und Seite) |
| EA | Erstausgabe |
| ebda. | ebenda |
| f. | folgende |
| ff. | fortfolgende |
| Fn. | Fußnote |
| FS | Festschrift |
| G | Gesetz |
| GfK | Gesellschaft für Konsumgüterforschung |
| GG | Grundgesetz für die Bundesrepublik Deutschland |
| HR | Hessischer Rundfunk |
| Hrsg. | Herausgeber |
| http | Hypertext Transfer Protocol |
| i.d.F. | in der Fassung |
| IRC | Internet Relay Chat |
| i.S. | im Sinne |
| i.Ü. | im Übrigen |
| i.V.m. | in Verbindung mit |
| JA | Juristische Arbeitsblätter (zitiert nach Jahr und Seite) |
| JöR | Jahrbuch für öffentliches Recht - Neue Folge (zitiert nach Band und Seite) |
| JURA | Juristische Ausbildung (zitiert nach Jahr und Seite) |
| JZ | Juristenzeitung (zitiert nach Jahr und Seite) |
| KEF | Kommission zur Ermittlung des Finanzbedarfs der öffentlich-rechtlichen Rundfunkanstalten |
| KEK | Kommission zur Ermittlung der Konzentration im Medienbereich |
| K&R | Kommunikation und Recht (zitiert nach Jahr und Seite) |
| LT-Ds. | Landtags-Drucksache |
| MDR | Mitteldeutscher Rundfunk |

| | |
|---|---|
| MDR-StV | Staatsvertrag über den Mitteldeutschen Rundfunk |
| MMR | Zeitschrift für MultiMedia und Recht (zitiert nach Jahr und Seite) |
| MP | Media Perspektiven (zitiert nach Jahr und Seite) |
| MDStV | Staatsvertrag über Mediendienste |
| m.E. | meines Erachtens |
| m.w.Nachw. | mit weiteren Nachweisen |
| NDR | Norddeutscher Rundfunk |
| NDR-StV | Staatsvertrag über den Norddeutschen Rundfunk |
| NJW | Neue Juristische Wochenschrift (zitiert nach Jahr und Seite) |
| NJW-CoR | Neue Juristische Wochenschrift – Computerrecht (zitiert nach Jahr und Seite) |
| Nr. | Nummer |
| NVwZ | Neue Zeitschrift für Verwaltungsrecht (zitiert nach Jahr und Seite) |
| n.F. | neue Fassung |
| o.Ä. | oder Ähnliches |
| ORB | Ostdeutscher Rundfunk Brandenburg |
| ORB-G | Gesetz über den Ostdeutschen Rundfunk Brandenburg |
| OVG | Oberverwaltungsgericht |
| Radio Bremen-G | Gesetz über die Einrichtung und die Aufgaben einer Anstalt des öffentlichen Rechts - Radio Bremen |
| RÄndStV | Rundfunkänderungsstaatsvertrag |
| RGebStV | Rundfunkgebührenstaatsvertrag |
| Rn. | Randnummer |
| Rspr. | Rechtsprechung |
| RStV | Rundfunkstaatsvertrag |
| S. | Seite |
| s. | siehe |
| SächsPfG | Sächsisches Privatfunkgesetz |
| SächsVerfGH | Sächsischer Verfassungsgerichtshof |
| s.o. | siehe oben |
| sog. | sogenannte(r) |
| SR | Saarländischer Rundfunk |

| | |
|---|---|
| s.u. | siehe unten |
| TDG | Gesetz über die Nutzung von Telediensten |
| TKG | Telekommunikationsgesetz |
| u.A. | und Andere |
| u.Ä. | und Ähnliches |
| URL | Uniform Ressource Locator |
| VerfGH | Verfassungsgerichtshof |
| VG | Verwaltungsgericht |
| VGH | Verwaltungsgerichtshof |
| vgl. | vergleiche |
| VPRT | Verband Privater Rundfunk und Telekommunikation e.V. |
| WDR | Westdeutscher Rundfunk |
| WDR-G | Gesetz über den Westdeutschen Rundfunk Köln |
| WWW | World Wide Web |
| z.B. | zum Beispiel |
| ZDF | Zweites Deutsches Fernsehen |
| ZDF-StV | Staatsvertrag über das Zweite Deutsche Fernsehen |
| zit. | zitiert |
| ZRP | Zeitschrift für Rechtspolitik (zitiert nach Jahr und Seite) |
| z.T. | zum Teil |
| ZUM | Zeitschrift für Urheber- und Medienrecht (zitiert nach Jahr und Seite) |
| z.Zt. | zur Zeit |

# A. Einführung

Bereits aus den 1960er Jahren stammt die berühmte Vision ***Marshall Mc Luhans***[1] vom „global village“, in dem die Weltbevölkerung über vernetzte Datenhighways in Sekundenschnelle und unabhängig von der räumlichen Distanz miteinander kommunizieren kann. Im Jahre 1982 wählte dann das amerikanische Nachrichtenmagazin TIME den Computer zur „Machine of the Year“ und diagnostizierte:

> *„The 'information revolution' that futurists have long predicted has arrived, bringing with it the promise of dramatic changes in the way people live and work, perhaps even in the way they think . [...] 'What networks of railroads, highways and canals were in another age, networks of telecommunications, information and computerization are today.'“*[2]

Heute, zu Beginn des 21. Jahrhunderts, beginnen diese Zukunftsbilder von einst Realität zu werden. Für die Bundesrepublik Deutschland ist dabei das Inkrafttreten des Mediendienstestaatsvertrages (MDStV) der Länder und des Teledienstegesetzes (TDG) des Bundes am 1. August 1997 eine Art „rechtlicher Quantensprung“: Nach einer ersten Phase der öffentlich-rechtlichen Rundfunkordnung von Ende der 1940er bis in die 1980er Jahre hinein und einer zweiten Phase der dualen Ordnung mit öffentlich-rechtlichen Rundfunkanstalten und privaten Rundfunkveranstaltern bricht jetzt eine dritte Phase an, die durch eine „neue Vielfalt“ vor allem privater Anbieter im Online - Bereich geprägt ist. Alles entscheidender Schrittmacher dieser Entwicklung ist das Hybridmedium Internet, das eine Reihe neuartiger medialer Dienste (z.B. Internet Broadcasting) hervorgebracht hat, deren rechtliche Einordnung vielfach noch ungeklärt ist.

Das Rundfunk- und Medienrecht steht jetzt einerseits vor der schwierigen Herausforderung, lizenzfreie Medien- und Teledienste i.S.d. MDStV und

---

1 *McLuhan*, Understanding Media, New York:1964.

2 *Friedrich*, „The Computer Moves in“, in: TIME. The weekly Newsmagazine, Vol. 121. No.1, 03.01.1983, S.6.

TDG von lizenzpflichtigen Rundfunkdiensten i.S.d. RStV schlüssig abzugrenzen und dabei die besonderen verfassungsrechtlichen Vorgaben des Grundrechts der Rundfunkfreiheit zu beachten.

Andererseits stellt sich derzeit auch in verstärktem Maße die Frage nach Reichweite und Grenzen öffentlich-rechtlicher Programm- und Online - Aktivitäten: Die Öffentlich-Rechtlichen sind zur Sicherung der Meinungsvielfalt notwendig; sie sind aber aus Sicht der Privatanbieter von Rundfunk-, Medien- und Telediensten zugleich privilegierte (weil gebührenfinanzierte) Wettbewerber und befinden sich gegenüber den gebührenzahlenden Rundfunkteilnehmern selbst in besonderer und erhöhter Verantwortung.

Diese beiden sehr komplexen Fragen stehen im Mittelpunkt der Untersuchung. Die dazu entwickelten Überlegungen knüpfen an eine im Schrifttum zwar oft zitierte, aber bisher nur selten überprüfte Argumentation des BVerfG an: Die These von der besonderen *„Breitenwirkung, Aktualität und Suggestivkraft“*[3] des Rundfunks, die seine Sonderstellung im Prozess der Meinungsbildung ausmachen soll.

Die Arbeit gliedert sich in **sechs Teile**:

Nach dem einführenden **Teil A** wird in **Teil B** die These des BVerfG von der besonderen Wirkmächtigkeit des Rundfunks auf der Basis von Erkenntnissen der Kommunikations- und Medienforschung, insbesondere der Medienwirkungsforschung analysiert. Das methodische Vorgehen wird kurz dargelegt (**Kapitel I**), ehe traditionelle Merkmale massenmedialer Kommunikation (**Kapitel II**) und die stetig zunehmenden Konvergenz von Massen- und Individualkommunikation erörtert werden (**Kapitel III**). Im Anschluss daran wird vor allem die „Suggestivkraft“ des Rundfunks kritisch hinterfragt (**Kapitel IV**). Analysiert wird, wie sich dieses Verständnis in die historischen Entwicklungsphasen der Medienwirkungsforschung einordnen lässt, und auf welche Merkmale rundfunkvermittelter Kommunikation sich eine rundfunkspezifische Wirkungskraft überhaupt gründen kann. Darüber hinaus wird auch die vom BVerfG betonte „Aktualität“ und „Breitenwirkung“ des Rundfunks im medienwissenschaftlichen Kontext untersucht und auf spezielle Merkmale der Rundfunkkommunikation zurückgeführt (**Kapitel V und VI**).

---

[3] BVerfGE 90, 60, 87.

In **Teil C** wird zunächst der verfassungsrechtliche Rundfunkbegriff erörtert (**Kapitel I**). Nach der Klärung methodischer Vorfragen werden einzelne Merkmale des Rundfunkbegriffs herausgearbeitet; dabei wird besonderes Augenmerk auf die Abschichtung von Rundfunk- und anderen Online-Diensten unter verfassungsrechtlichen Gesichtspunkten gelegt. Im Anschluss an die Erörterung des Verhältnisses zwischen verfassungsrechtlichem und einfachrechtlichem Rundfunkbegriff (**Kapitel II**) erfolgt eine Analyse einfachrechtlicher Abgrenzungsfragen zwischen Rundfunk-, Medien- und Telediensten (**Kapitel III**). Hierbei werden auch typische Internetdienste wie World Wide Web - Angebote, Newsgroups, Mailing Lists und Internet Broadcasting eingehend behandelt.

In **Teil D** erfolgt schließlich eine Untersuchung der funktionalen Gewährleistungsbereiche öffentlich-rechtlicher Rundfunkanstalten. Zunächst wird die vom BVerfG entwickelten speziellen Dogmatik der Rundfunkfreiheit in **Kapitel I** knapp dargestellt. In **Kapitel II** werden die gegenwärtig gesicherten Erkenntnisse hinsichtlich der Reichweite der Grundversorgung sowie die noch weitgehend ungeklärte Frage behandelt, inwieweit die Öffentlich-Rechtlichen auch eine Ergänzungsversorgung jenseits der Grundversorgung zu leisten haben. Verschiedene Grenzen einer solchen Ergänzungsversorgung werden herausgearbeitet und anhand öffentlich-rechtlicher Spartenprogramme, insbesondere Phoenix und Kinderkanal, sowie anhand von Regionalprogrammen verdeutlicht. Abschließend werden mögliche Annexkompetenzen der Öffentlich-Rechtlichen geklärt, wobei schwerpunktmäßig Online-Aktivitäten im Internet erörtert werden (**Kapitel III**).

Die Studie schließt mit einem kurzen Resümee und medienpolitischen Ausblick (**Teil E**) sowie einer Zusammenfassung in Thesen (**Teil F**).

# B. Der „Lebenssachverhalt Rundfunk“ als Anknüpfungspunkt von Art.5 Abs.1 S.2 GG

## I. Zur Methodik

Bereits in der Niedersachsen - Entscheidung von 1986 äußerte sich das BVerfG zum Verhältnis zwischen dem „Lebenssachverhalt Rundfunk“ und der Auslegung des Grundrechts der Rundfunkfreiheit. Das BVerfG betonte damals die besondere Bedeutung

> *„[des]* ***konkreten Lebenssachverhalt****[es], auf den das Grundrecht bezogen ist und ohne dessen Einbeziehung eine die normierende Wirkung der Rundfunkfreiheit entfaltende Auslegung nicht möglich erscheint.“*[4]

Im Gebühren - Urteil von 1994 wurden dann einzelne Aspekte dieses „konkreten Lebenssachverhaltes“, den die Rundfunkfreiheit normiert, näher benannt. Das BVerfG vertrat die Auffassung, dass

> *„dem Rundfunk wegen seiner* ***Breitenwirkung, Aktualität und Suggestivkraft*** *[unter den Medien] eine besondere Bedeutung zu[kommt]. [...] Vom grundrechtlichen Schutz seiner Vermittlungsfunktion hängt folglich unter den Bedingungen der modernen Massenkommunikation die Erreichung des Normziels von Art.5 I GG wesentlich ab.“*[5]

Wenn das BVerfG die Breitenwirkung, Aktualität und Suggestivkraft des Rundfunks anspricht, so bezieht es Sachgesichtspunkte aus der Realität[6] in den juristischen Erkenntnisprozess ein. Derartige Sachgesichtspunkte sind, wie ***Friedrich Müller*** ausführt, prinzipiell nicht wahllos (bzw. einseitig und je nach Interessenlage) zu mitbestimmenden Faktoren der juristischen Interpretation zu machen, sondern *„empirisch zu ermitteln und mit den*

---

4 BVerfGE 73, 118, 154 [Hervorhebung nicht im Original]; vgl. auch *Herrmann*, Rundfunkrecht, § 2 Rn. 9.

5 BVerfGE 90, 60, 87 [Hervorhebung nicht im Original].

6 S. *Müller*, Juristische Methodik, S.310, der sie als „Realdaten“ bezeichnet.

*Mitteln der Normtextauslegung rational, d.h. durch eine nicht zuletzt auch systematisch ansetzende Methodik, in Beziehung zu bringen.*“[7] Eine Untersuchung des normativ geregelten Lebensbereiches soll dabei keine neuen sozialwissenschaftlichen Ergebnisse liefern, sondern bloße „*Elemente für die juristische Analyse*“.[8]

Nach dem in dieser Arbeit vertretenen methodischen Ansatz ist der Lebenssachverhalt Rundfunk, und hier insbesondere die These von der Breitenwirkung, Aktualität und Suggestivkraft des Rundfunks, ein wesentlicher Anknüpfungspunkt für die Interpretation des Grundrechts der Rundfunkfreiheit.[9] Die These spielt bei der Auslegung des verfassungsrechtlichen Rundfunkbegriffs nach den klassischen Auslegungsmethoden (Wortlaut, Entstehungsgeschichte, systematischer Zusammenhang, Telos) eine entscheidende Rolle.[10] Vor dieser eigentlichen Interpretation des Rundfunkbegriffs ist es aber aus Gründen der Übersichtlichkeit zweckmäßig, die Auffassung des BVerfG von einer Sonderstellung des Lebenssachverhaltes Rundfunks gegenüber anderen kommunikativen Sachverhalten zunächst getrennt auf ihre Schlüssigkeit hin zu überprüfen. Eine wichtige Bedeutung erlangen dabei Erkenntnisse aus den Medien- und Kommunikationswissenschaften, insbesondere aus der Medienwirkungsforschung.[11]

Im Folgenden wird zunächst kurz erläutert, nach welchen Kriterien traditionell in den Medien- und Kommunikationswissenschaften zwischen Massen- und Individualkommunikation unterschieden wird (**Kapitel II**) und inwieweit diese herkömmlichen Kriterien vor dem Hintergrund eines stetigen Zusammenwachsens von Massen- und Individualkommunikation zu beurteilen sind (**Kapitel III**).

---

7 Ders., a.a.O., S.318.

8 Ebda.

9 Ähnlich *W.Schulz*, ZUM 1996, 487ff.; vgl. auch *Degenhart*, ZUM 1998, 333, 340; ders. BonnK, Art.5 GG, Rn.644; *Ring*, in: Fünfgeld/Mast (Hrsg.): Massenkommunikation, S.253; *König*, Die Teletexte, S.17ff. Allgemein zur methodischen Anknüpfung an den Sachbereich der Norm, s. *Müller*, Juristische Methodik, S.50ff.; vgl. auch *Larenz*, Methodenlehre der Rechtswissenschaft, S.266ff.; *Pieroth/ Schlink*, Grundrechte, Rn.197, 203.

10 Dazu eingehend S.75ff.

11 Vgl. *W.Schulz*, ZUM 1996, 487, 489. Zur Grundlegung der Kommunikationswissenschaft als eigenständige Wissenschaftsdisziplin sowie zur Abgrenzung der Teildisziplinen Medienwissenschaft und Medienwirkungsforschung s. *Maletzke*, Kommunikationswissenschaft, S.14ff, 20ff., 81ff. m.w. Nachw.

Dann erfolgt eine ausführliche Überprüfung der These des BVerfG, wonach dem Rundfunk eine - ihn von anderen Medien unterscheidende - besondere Suggestivkraft (**Kapitel IV**), Breitenwirkung (**Kapitel V**) und Aktualität (**Kapitel VI**) auszeichnet. Hierbei soll ermittelt werden, ob und inwieweit diese Aussagen von entsprechenden Erkenntnissen der Medien- und Kommunikationsforschung (insbesondere der Medienwirkungsforschung) gedeckt sind, und welches Verständnis rundfunkvermittelter Kommunikation ihnen zugrunde liegt (Eher traditionelle Sichtweise oder Aufnahme der Konvergenzentwicklungen ?).

## II. Traditionelle Merkmale massenmedialer Kommunikation

Die etymologischen Wurzeln des Begriffs „Kommunikation" liegen im Lateinischen (communis = gemeinsam). Vom Wortsinn her lässt sich Kommunikation als ein Vorgang der Verständigung bezeichnen, der auf bestimmten Gemeinsamkeiten zwischen verschiedenen Kommunikationspartnern beruht.[12] Diese Verständigung ist auf einen Austausch bzw. eine Übertragung von Informationen zwischen den beteiligten Partnern gerichtet. Üblicherweise wird dabei ein weit gefasster und ein enger Kommunikationsbegriff unterschieden:[13] Im weiten Sinne meint Kommunikation alle Arten der Informationsübertragung, sei es über biologische, psychische und soziale Systeme.[14] Der enge (hier interessierende) Begriff bezeichnet dagegen einen Vorgang der Bedeutungsvermittlung zwischen Menschen.[15]

Massenkommunikation lässt sich als ein Sonderfall der Kommunikation im engeren Sinne verstehen[16] und Rundfunk als ein Teilaspekt der Massen-

---

12 S. *Schulz*, in: Noelle-Neumann u.a. (Hrsg.), Lexikon Publizistik, S.140; *Kübler*, Kommunikation und Massenkommunikation, S.7; *Burkart*, Kommunikationswissenschaft, S.20; *Maletzke*, Kommunikationswissenschaft, S.38f.

13 Vgl. *Schulz*, a.a.O.; *Kübler*, a.a.O.; *Schenk*, Medienwirkungsforschung, S.11.

14 S. auch *Schulz*, a.a.O.; *Kübler*, a.a.O.; *Maletzke*, Psychologie der Massenkommunikation, S.16.

15 S. *Schulz*, a.a.O.; *Kübler*, a.a.O.; *Maletzke*, a.a.O., S.18.

16 Vgl. *Schenk*, Medienwirkungsforschung, S.11; *Maletzke*, Kommunikationswissenschaft, S.41; *Kübler*, a.a.O., S.59, 61; ähnlich *König*, Die Teletexte, S.17 und *W.Schulz*, ZUM 1996, 487, 491. *Schulz*, in: Noelle-Neumann u.a. (Hrsg.): Lexikon Publizistik, S.141f. unterscheidet interpersonale (d.h. direkte, unvermittelte) und technisch vermittelte Kommunikation, wobei er für Letztere nochmals zwischen

kommunikation.[17] Dabei stellt sich zunächst die Frage nach den Abgrenzungskriterien für massenkommunikative Vorgänge gegenüber anderen Kommunikationsformen.

In der deutschen Massenkommunikationsforschung ist der Ansatz von ***Maletzke*** für diese Abgrenzung *„fast schon kanonisch geworden"*.[18] Maletzke unterscheidet vier spezifische Kriterien, durch deren kumulatives Vorliegen sich massenkommunikative Vorgänge (und damit auch Vorgänge der Rundfunkkommunikation) von anderen Kommunikationsformen abheben. Massenkommunikation ist danach

> *„jene Form der Kommunikation [...], bei der Aussagen* ***öffentlich*** *(also ohne begrenzte und personell definierte Empfängerschaft) durch technische Verbreitungsmittel (Medien)* ***indirekt*** *(also bei räumlicher oder zeitlicher oder raumzeitlicher Distanz zwischen den Kommunikationspartnern) und* ***einseitig*** *(also ohne Rollenwechsel zwischen Aussagendem und Aufnehmendem) an ein* ***disperses Publikum*** *(d.h. ein überwiegend räumlich verstreutes und ohne Kontakt zueinander stehendes Publikum) vermittelt werden."*[19]

---

Massenkommunikation (point-to-multipoint-Kommunikation) und Telekommunikation (point-to-point-Kommunikation) differenziert.

17 Vgl. *Maletzke*, Psychologie der Massenkommunikation, S.33. Differenzierend *Burkart*, Kommunikationswissenschaft, S.165ff.

18 *Kübler*, Kommunikation und Massenkommunikation, S.61; vgl. auch ders. S.62: „Standard der einschlägigen Forschung"; *Hoffmann - Riem/Vesting*, MP 1994, 382, 386: „Repräsentativ für das bisherige Verständnis der Massenkommunikation in einem Großteil der Kommunikationswissenschaft"; *W.Schulz*, ZUM 1996, 487, 489: „Die in der deutschen Kommunikationswissenschaft grundlegende Definition"; *Fünfgeld*, in: Fünfgeld/Mast (Hrsg.), Massenkommunikation, S.11: „Das Maletzke-Modell [...] prägt Medienwissenschaft und Medienpraxis"; *Burkart/Hömberg* in: Fünfgeld/Mast (Hrsg.), Massenkommunikation, S.71: „das wohl bekannteste und auch am häufigsten zitierte Modell des Massenkommunikationsprozesses"; *Jarren/Donges*, in: Fünfgeld/Mast (Hrsg.), Massenkommunikation, S.235: „eine für die Kommunikationswissenschaft noch heute weitgehend grundlegende Definition"; *Winterhoff-Spurk*, Fernsehen, S.33; ders., in Fünfgeld/Mast (Hrsg.), Massenkommunikation, S.308. Zur Kritik am Maletzkeschen Modell und zu konkurrierenden bzw. erweiternden Ansätzen s. nur die Nachweise bei *Kübler*, a.a.O., S.62f., 65; *Jarren/Donges*, a.a.O., S.237f.; *Jäckel*, Wahlfreiheit in der Fernsehnutzung, S.37ff.; *Luhmann*, Die Realität der Massenmedien, S.10ff. Zur Frage, inwieweit das von Maletzke bereits in den 1960er Jahren entwickeltes Modell in Zeiten der zunehmenden Konvergenz von Massen- und Individualkommunikation noch tragfähig ist s.u. S.36ff.

19 *Maletzke*, Psychologie der Massenkommunikation, S.32 [Hervorhebungen nicht im Original]; s. auch ders., Kommunikationswissenschaft, S.46.

Nach Maletzke hat eine Kommunikation dann **öffentlichen** Charakter, wenn die Intention des Kommunikators dahingeht seine Aussage für jeden zu bestimmen, der in der Lage ist, sich Zugang zu der Aussage zu verschaffen und der auch willens ist, sich dieser Aussage zuzuwenden.[20] Zu unterscheiden sind also einerseits die Willensrichtung des Kommunikators und andererseits der Kreis der Rezipienten. Insoweit lässt sich von einem „qualitativen Element" auf Kommunikatorseite und einem „quantitativen Element" auf Rezipientenseite sprechen:[21] Vom Kommunikator aus muss eine Adressierung an jedermann erfolgen, d.h. seine Willensrichtung darf nicht dahingehen, bestimmte Personenkreise vom Empfang auszuschließen.[22] Auf Rezipientenseite ist dagegen bedeutsam, dass jedermann der dazu willens ist die Aussagen auch tatsächlich empfangen kann.[23] Jeder muss die Aussagen empfangen können - d.h. mit anderen Worten, dass jeder die Möglichkeit haben muss, sich das notwendige Empfangsgerät zu verschaffen. Der Kreis der potentiellen Empfänger darf also (z.B. weil nur bestimmte Personen, andere aber nicht ein entsprechendes Empfangs- und Dekodierungsgerät erhalten)[24] zahlenmäßig nicht begrenzt werden. Der Rezipientenkreis muss vielmehr unbestimmt und allgemein im Sinne einer „beliebigen Öffentlichkeit" sein.[25]

**Indirekte** Kommunikation bezeichnet eine mittelbare, vermittelte Form der Kommunikation.[26] Zwischen Kommunikator und Rezipienten besteht eine größere räumliche oder raumzeitliche Distanz, die nur durch den Einsatz technischer Mittel überwunden werden kann.[27] Wie sich die „größere" Distanz genauer definieren lässt, ergibt sich bei einer näheren Betrachtung

---

20 Ders., Psychologie der Massenkommunikation, S.24.

21 Vgl. *Herrmann*, Rundfunkrecht, § 2 Rn.76ff.; ähnlich *König*, Die Teletexte, S.22.

22 Ähnlich *König*, a.a.O.; *Lieb*, Kabelfernsehen und Rundfunkgesetze, S.142f. Dieser Ausschlusswille wäre z.B. gegeben, wenn die Aussage ausschließlich an eine bestimmte Person oder an eine begrenzte Anzahl von eindeutig definierten Personen gerichtet ist (vgl. *Maletzke*, Psychologie der Massenkommunikation, S.24).

23 S. *König*, Die Teletexte, S.21f.; *Jäckel*, Wahlfreiheit in der Fernsehnutzung, S.37.

24 Das wäre z.B. bei Polizeifunkgeräten, die kodierte Nachrichten übermitteln, der Fall, nicht aber beim Pay TV: Hier kann typischerweise jedermann ein Dekodierungsgerät erhalten.

25 Vgl. *Winterhoff-Spurk*, Fernsehen, S.33. Im Folgenden wird der (zumindest im rundfunkrechtlichen Schrifttum eingebürgerte) Begriff der **„Allgemeinheit"** als Synonym für die „beliebige Öffentlichkeit" verwandt.

26 Direkte Kommunikation erfolgt dagegen unmittelbar und unvermittelt von Angesicht zu Angesicht (sog. „face-to-face - Kommunikation"), vgl. *Maletzke*, Psychologie der Massenkommunikation, S.21.

27 S. *Burkart*, Kommunikationswissenschaft, S.163f.; *König*, Die Teletexte, S.40.

der Reaktionsmöglichkeiten des Empfängers: Eine indirekte Kommunikation eröffnet ihm regelmäßig keine Möglichkeit, sein Verständnis der Aussagen des Kommunikators durch unmittelbares und direktes Nachfragen zu korrigieren. Er muss sich stets - wenn ihm dies denn überhaupt möglich ist - eines technischen Mittels bedienen, um einen Rückkopplungseffekt („feedback“) zu erzielen.[28] Eine „größere“ Distanz im Sinne einer indirekten Übertragung liegt immer dann vor, wenn ohne den Einsatz technischer Mittel eine unmittelbare Reaktion des Rezipienten auf die ihm übermittelte Aussage nicht erfolgen kann.[29]

Massen- und damit auch Rundfunkkommunikation im traditionellen Sinne verläuft **einseitig**. Maletzke versteht darunter eine Kommunikation ohne Rollentausch, d.h. eine Verständigung, bei der ein Partner immer Aussagender (Kommunikator) und der andere immer Aufnehmender (Rezipient) ist. Bei gegenseitiger Kommunikation wechseln die Partner dagegen ihre Rollen als Aussagender und Aufnehmender ständig.[30] Eine einseitige Übertragung gibt dem Empfänger keinen eigenständigen Einfluss auf den Ablauf des eigentlichen Kommunikationsvorgangs, sondern zunächst nur die Möglichkeit, den Vorgang in Gang zu setzen (durch Einschalten eines entsprechenden Empfangsgerätes) oder abzubrechen (durch Ausschalten) bzw. auf einen anderen Kommunikationsvorgang (z.B. ein anderes Fernsehprogramm) „umzuschalten“. Die Empfangssituation ist also - wenn man einmal von diesen geringen Entscheidungsoptionen absieht - eher passiv, als aktiv.[31] Die „Selektionskompetenz“ des Rezipienten ist erheblich eingeschränkt, während diejenige des Kommunikators dominiert.[32] Eine annähernde Symmetrie zwischen den Kommunikationspartnern (wie bei der ge-

---

[28] So im Erg. auch *König*, Die Teletexte, S.40.

[29] Indirekte Übertragungen sind notwendiges, aber nicht hinreichendes Kriterium massenmedialer Kommunikation. Auch Telefongespräche oder Videokonferenzen erfolgen technisch vermittelt, obwohl es sich hier nicht um massenkommunikative Vorgänge handelt.

[30] Vgl. *Maletzke*, Psychologie der Massenkommunikation, S.23; *Schulz*, in: Noelle-Neumann u.a. (Hrsg.), Lexikon Publizistik, S.147f.; *Burkart*, Kommunikationswissenschaft, S.163.

[31] Vgl. *König*, Die Teletexte, S.34. Zu den Konzepten der passiven und aktiven Rezipienten in der Medienwirkungsforschung und zur Einordnung der These des BVerfG von der „Suggestivkraft“ des Rundfunks in den Forschungskontext s.u. S.46ff.; S.65ff.

[32] Vgl. *Schmitt Glaeser*, Kabelkommunikation, S.187; *König*, Die Teletexte, S.34f.

genseitigen Kommunikation) liegt deshalb nicht vor, das Verhältnis der Partner ist vielmehr asymmetrisch.[33]

Nach Maletzke werden mediale Äußerungen von einem **dispersen Publikum** rezipiert und nicht von einer bloßen „Masse", wie es der Begriff Massenkommunikation nahe legt. Der klassischen Massenbegriff im Sinne ***Gustave Le Bons*** (Psychologie des Foules, EA 1898) ist zur Erfassung medialer Vorgänge eher ungeeignet. Er vermittelt schon auf der sprachlichen Ebene ein zu klischeehaftes und negativ besetztes Bild von „Massenmenschen", die relativ schutzlos den Einflüssen übermächtiger Medien ausgesetzt sind.[34] Zudem fehlt es ihm an der notwendigen Präzision: Le Bon beschrieb damit nur die Zusammenballung einer größeren Zahl von Menschen an einem bestimmten Ort zu einer bestimmten Zeit und in einer bestimmten Situation. Solchen ortsgebundenen Situationsmassen[35] kommt im Zusammenhang mit medialen Vorgängen aber praktisch keine Bedeutung zu. Medien wenden sich typischerweise nicht an räumlich präsente, sondern an räumlich verstreute Empfänger.[36]

Maletzke schlägt deshalb eine Differenzierung zwischen dem sog. Präsenzpublikum (als Bezeichnung für eine zu einer bestimmten Zeit an einem bestimmten Ort versammelte Anzahl von Menschen, etwa bei einem Theaterstück oder Vortrag) und dem sog. dispersen Publikum vor, das sich aus räumlich voneinander getrennten und zerstreuten Individuen zusammensetzt.[37] Das Erfordernis einer räumliche Zerstreuung lässt sich dabei in dem Sinne präzisieren, dass zwischen allen Rezipienten untereinander weder Sicht- noch Hörkontakt[38] bzw. überhaupt keine persönliche Kontakt-

---

33 S. *W.Schulz*, ZUM 1996, S.490; ähnlich *Schulz*, in: Noelle-Neumann u.a. (Hrsg), Lexikon Publizistik, S.147f.; s. auch *Luhmann*, Die Realität der Massenmedien, S.11f.

34 Vgl. *Maletzke*, Psychologie der Massenkommunikation, S.26; *Jäckel*, Wahlfreiheit in der Fernsehnutzung, S.31; *Burkart*, Kommunikationswissenschaft, S.160f. Die etymologischen Wurzeln des Begriffs liegen im Griechischen: „Masse" kommt vom griechischen „Maza" (Brotteig), den man kneten muss („massein"), s. dazu auch *Hofstätter*, Einführung zu: Gustave Le Bon, Psychologie der Massen, S.XIII.

35 Zum Begriff der Situationsmasse vgl. *Maletzke*, Psychologie der Massenkommunikation, S.27.

36 Ebda.

37 S. *Maletzke*, Psychologie der Massenkommunikation, S.29.

38 So *König*, Die Teletexte, S.29 und das Schlierseepapier der Länder, Ziff. B) II) 1) b).

aufnahme ohne Überbrückung größerer räumlicher Distanzen möglich ist.[39] Die fehlende räumliche Nähe führt zur „*Anonymität*“[40] der Rezipienten: Sie haben regelmäßig nicht die Möglichkeit, sich mit praktisch allen anderen Rezipienten (sondern nur mit einem kleinen Bruchteil von ihnen, etwa dem räumlich anwesenden Familien- oder Freundeskreis) in persönlicher Kommunikation spontan auszutauschen. Ganz anders ist die Situation bei einem an einem bestimmten Ort versammelten Präsenzpublikum: Hier kann die Anonymität aller Rezipienten untereinander durch spontane Kontaktaufnahmen durchbrochen werden.[41]

Zusammenfassend lässt sich damit festhalten, dass nach traditionellem, auf dem Ansatz von Maletzke beruhenden Verständnis, eine massenmediale (und damit auch rundfunkvermittelte) Kommunikation die einseitige und indirekte Übertragung von Aussagen beschreibt. Die Aussagen selbst sind an die Allgemeinheit (im Sinne einer beliebigen Öffentlichkeit) und an ein disperses (d.h. räumlich zerstreutes) Publikum gerichtet.

## III. Zunehmende Konvergenz von Massen- und Individualkommunikation

Die rasanten Kommunikationsentwicklungen der letzten Jahre werden oft unter dem Stichwort „*Konvergenz*“[42] zusammengefasst. Darunter lässt sich mit ***Bullinger/Mestmäcker*** ein Prozess der graduellen Individualisierung herkömmlicher Massenkommunikation bzw. der graduellen Entindividuali-

---

39 S. dazu *Burkart*, Kommunikationswissenschaft, S.163.

40 Vgl. *Maletzke*, Psychologie der Massenkommunikation, S.29.

41 Probleme ergeben sich bei der Einordnung des **Films**, der in einem Kino, also an einem bestimmten, räumlich umgrenzten Ort, rezipiert wird. Hier ist die Situation ähnlich wie bei einer Theateraufführung, allerdings nicht identisch: Es sind zwar Interaktionen zwischen den Rezipienten möglich, das Leinwandgeschehen selbst bleibt aber einer Interaktion verschlossen. M.E. erscheint es sinnvoll, hier von einem Publikum der besonderen Art zu sprechen, das sowohl Elemente des präsenten, als auch des dispersen Publikums enthält. Ähnlich wie hier *Koszyk/Pruys*, Handbuch der Massenkommunikation, S.70; differenzierend *Lieb*, Kabelfernsehen und Rundfunkgesetze, S.147 Fn.196 (Präsenzpublikum der besonderen Art); abweichend *König*, Die Teletexte, S.29f. (Disperses Publikum, da die Rezeption in verschiedenen, räumlich getrennten Kinos erfolgt).

42 Vgl. z.B. *Stipp*, MP 1998, 76.

sierung herkömmlicher Individualkommunikation verstehen.[43] Ein Fixpunkt der (technischen) Konvergenzentwicklung ist zunächst der Computer als „multifunktionale Sende- und Empfangsanlage", der Informationen zugleich aufnimmt, speichert, verarbeitet und verbreitet. Individuelle und massenmediale Kommunikation wird so über nur noch eine einzige gemeinsame Plattform möglich.[44] Neben dieser Plattform zur Übertragung bzw. zum Empfang von Aussagen sind es auch die Übertragungswege selbst, die zunehmend multifunktional werden und ihre traditionelle Zuordnung zu bestimmten Formen individueller oder massenmedialer Kommunikation verlieren.[45] Das Hybridmedium[46] Internet mit seiner Netzwerk-

---

43 S. *Bullinger/Mestmäcker*, Multimediadienste, S.21f. Die „Konvergenz" beschreibt damit einen kontinuierlichen Annäherungsprozess von Individual- und Massenkommunikation. Aus **historischer Perspektive** stellen **Signale**, z.B. Rauch- oder Leuchtzeichen, die älteste und einfachste Methode dar, direkte Individualkommunikation zu erweitern. Während Signale jedoch im Allgemeinen nur relativ grobe, inhaltlich einfache Aussagen übermitteln können, eröffnete erst die Entwicklung der **Schrift** eine Möglichkeit, sprachliche Äußerungen zu objektivieren und zu fixieren. Damit wurde der Umkreis der zwischenmenschlichen Kommunikation entscheidend ausgedehnt: Während das unmittelbar gesprochene Wort nur flüchtig und nur in einem eng umgrenzten Bezirk hörbar ist, kann es als Schrift in der Zeit konserviert und im Raum transportiert werden. Ein entscheidender Schritt auf dem Weg zur modernen Massenkommunikation war dann die Entdeckung des **Druckverfahrens**. Zum ersten Mal gab es jetzt die Möglichkeit, in relativ kurzer Zeit eine schriftliche Aussage durch ein technisches Medium zu vervielfachen und an eine große Zahl von Menschen in der gleichen Form zu verbreiten. Die Entwicklung von **(analogen) Techniken** zur Aufnahme und Übertragung von Tönen (Telefon, Hörfunk), Bildern (Photographie) sowie audiovisuellen Darbietungen (Fernsehen) schuf erstmals die Chance, auch das visuelle Gegenüber und den akustischen Ausdruck, also zwei Faktoren, die bei direkter Individualkommunikation eine gegenseitige Verständigung zwischen Kommunikator und Rezipient(en) in hohem Maße unterstützen und erleichtern, über eine größere Entfernung hinweg zu übermitteln. **Digitalisierungstechniken** ermöglichen jetzt eine solche Datenreduktion bei der Speicherung und Übertragung von Texten, Bildern und Tönen, dass erhebliche Steigerungen der technischen Übertragungskapazitäten bei indirekten Kommunikationsformen möglich sind. Neue Formen der Gruppenkommunikation entstehen, vor allem im Internet. Die Grenzen zwischen Individual- und Massenkommunikation verschwimmen. Allgemein zu dieser hier nur skizzierten historischen Entwicklung der Kommunikationstechniken und der damit verbundenen Erweiterung der Verständigungsoptionen für die Teilnehmer an Kommunikationsprozessen s. z.B. *Bleicher*, Das Fernsehen am Wendepunkt der medienhistorischen Entwicklung, in: Zeitschrift für Literaturwissenschaft und Linguistik, Jg.26, Heft 103 (1996), S.86ff.; *Burkart/Hömberg*, in: *Fünfgeld/Mast*: Massenkommunikation, S.78ff.; s. auch *Postman*, Wir amüsieren uns zu Tode, insbes. S.83ff.; *McLuhan*, Die magischen Kanäle, insbes. S.17ff.

44 Vgl. *Bullinger/Mestmäcker*, Multimediadienste, S.16f.

45 Dies., a.a.O., S.86.

struktur aus dezentralen Client- und Server-Rechnern und seiner Vielzahl an neuen Formen der Gruppenkommunikation, die zwischen Massen- und Individualkommunikation angesiedelt sind, spielt schließlich die eigentliche Schlüsselrolle im Konvergenzprozess.[47]

Besonders für das Fernsehen ergibt sich damit eine (zumindest potentielle)[48] Änderung der herkömmlichen Nutzungssituation: Der Rezipient wird jetzt in die Lage versetzt, statt bloßem „passiven" Empfang von einseitig übermittelten, in Programmform strukturierten Sendungen, „aktiv" den Kommunikationsvorgang zu beeinflussen, was vorher aus technischen Gründen in dieser Form nicht möglich war.[49] Im Hinblick auf die vielfältigen neuen **Interaktionsmöglichkeiten** des Rezipienten wird die begrenzte Aussagekraft der Maletzkeschen These von der notwendigen Einseitigkeit massenmedialer Vorgänge deutlich: Fest dürfte zwar stehen, dass eine einseitige und damit im traditionellen Sinne massenkommunikative Übertragungsrichtung auf jeden Fall vorliegt, wenn der Rezipient (wie z.B. beim herkömmlichen Programmhörfunk und Programmfernsehen) keinerlei Interaktivitätsmöglichkeiten hat (außer dem Ein- und Ausschalten des Empfangsgerätes bzw. dem Umschalten auf ein anderes Programm).[50] Fest dürfte auch stehen, dass eine einseitige Übertragung keinesfalls bei einer Echtzeit-Kommunikation zwischen Kommunikatoren und Rezipienten mit

---

46 Begriff nach *Goldhammer/Zerdick*, Rundfunk online, S.273.

47 Zur historischen Entwicklung sowie den technischen Aspekten der Internetkommunikation s. z.B. *Röger*, ZRP 1997, 203f. sowie ausführlich *Mayer*, Das Internet im öffentlichen Recht, S.30ff.; *Determann*, Kommunikationsfreiheit im Internet, S.40ff. Zu einzelnen Formen der Internetkommunikation und ihrer rechtlichen Einordnung s.u. S.148f. (Internet Push-Dienste), S.151ff. (World Wide Web, Newsgroups, Mailing Lists); S.158ff. (Internet Relay Chat, Internet Broadcasting)

48 Ob die technischen Konvergenzentwicklungen und die Konvergenz medialer Angebote in näherer oder mittlerer Zukunft wirklich auch zu einer schnellen Konvergenz des Nutzungsverhaltens der Rezipienten führen werden, ist umstritten; bejahend z.B. *Goldhammer/Zerdick*, Rundfunk online, S.11, 112ff.; EU Grünbuch Konvergenz, S.1ff.; zweifelnd dagegen *W.Schulz*, Tendenz I/1998, 12f.; *A.Hesse*, Rundfunkrecht, S.85f.; *Brosius*, Tendenz IV/1996, 4ff.; *Dieckmann/Knöpke*, Tendenz IV/1996, 14ff.; *Stipp*, Tendenz IV/1996, 28f.; *Burkart*, Kommunikationswissenschaft, S.169f.; *Hoffmann-Riem/Vesting*, MP 1994, 382, 383f.

49 Die Vorstellung von passiven oder aktiven Rezipienten spielt auch im Rahmen der Medienwirkungsforschung, auf deren Ergebnisse sich das BVerfG mit seiner These von der „Suggestivkraft" des Rundfunks bezieht, eine entscheidende Rolle. Dazu unten S.46ff.

50 S. dazu Ziff. 2.1. des Gutachtens „Künftige Entwicklung des Mediensektors." des Deutschen Institut für Wirtschaftsforschung (DIW) und des Europäischen Zentrums für Wirtschaftsforschung und Strategieberatung Prognos (1995).

der Möglichkeit des ständigen Rollenwechsels vorliegt (z.B. bei einer Videokonferenz oder beim IRC).[51]

Ob und inwieweit aber etwa bei der Auswahloption des Rezipienten unter verschiedenen Kameraperspektiven (Multi-Perspektiv-TV), oder auch noch beim individuellen Abruf von Darbietungen aus einem Server-Angebot im Internet eine „einseitige" Übertragung erfolgt, kann aus kommunikationswissenschaftlicher Perspektive allein auf der Basis des Ansatzes von Maletzke nicht mehr beantwortet werden.[52]

Die Multifunktionalität von Sende- und Empfangsanlagen sowie der Übertragungswege bewirkt - im engen Zusammenhang mit den Interaktionsmöglichkeiten der Rezipienten - auch eine zunehmende **zeitliche Individualisierung** der Empfangssituation.

Diese zeitliche Individualisierung, die seit den 1970er Jahren zunächst nur über Videorekorder, also Geräte aus der Sphäre des Rezipienten, möglich war, ist nun ein Spezifikum des ganzen Kommunikationsvorganges: Der Hörer bzw. Seher kann z.B. einen Spielfilm, der vom Rundfunkveranstalter/Content Provider in zeitlichen Abständen wiederholt ausgestrahlt wird, zu einem (relativ) frei wählbaren Zeitpunkt rezipieren. Oder er kann, was zu einer noch stärkeren zeitlichen Individualisierung führt, einzelne Sendungen beliebig auf seinen häuslichen PC- oder Fernsehbildschirm abrufen.[53]

Die hier nur skizzierte Konvergenzproblematik[54] macht deutlich, dass das traditionelle Verständnis massenmedialer (und damit auch rundfunkvermittelter) Kommunikation angesichts einer wachsenden zeitlichen und in-

---

51 Ebda.

52 Vgl. *Goldhammer/Zerdick*, Rundfunk online, S.34f.; s. auch *Burkart/Hömberg* in: Fünfgeld/Mast (Hrsg.), Massenkommunikation, S.80; *Schulz*, in: Noelle-Neumann u.a. (Hrsg.), Lexikon Publizistik, S.147f.

53 Herkömmlicherweise werden derartige Dienste als Zugriffs- und Abrufdienste bezeichnet. Zur weiteren Differenzierung sowie zur verfassungsrechtlichen Beurteilung von Zugriffs- und Abrufdiensten s.u. S.104f.; S.120ff.

54 S. zu Konvergenzfragen z.B. die ausführliche Darstellung bei *Bullinger/Mestmäcker*, Multimediadienste, S.1ff.; s. auch EU - Grünbuch Konvergenz, S.4ff.; *Vesting*, Prozedurales Rundfunkrecht, S.175ff.; *Determann*, Kommunikationsfreiheit im Internet, S.108ff.

haltlichen Disponsibilität der Rezipienten zunehmend problematisch wird.[55] Vor dem Hintergrund dieses Spannungsverhältnisses aus Tradition und Konvergenz, in dem sich der Tatbestand Rundfunk befindet, muss auch die These des BVerfG von der „Aktualität, Breitenwirkung und Suggestivkraft" des Rundfunks untersucht werden. Dabei geht es um die Frage, ob die These von der Medien- und Kommunikationsforschung überhaupt gestützt wird und welches Verständnis von Rundfunkkommunikation ihr zugrunde liegt.

## IV. Besondere „Suggestivkraft" des Rundfunks

Nach Auffassung des **BVerfG** kommt dem Rundfunk unter allen Medien wegen seiner *„Suggestivkraft besondere Bedeutung zu."*[56] Der Rundfunk ist ein so mächtiges Massenmedium,

> *„daß [er] wegen seiner weitreichenden Wirkungen und Möglichkeiten sowie der Gefahr des Mißbrauchs zum Zweck einseitiger Einflußnahme auf die öffentliche Meinung nicht dem freien Spiel der Kräfte überlassen werden kann."*[57]

Die **Begründung** zu § 2 Abs.2 des Mediendienstestaatsvertrages (MDStV) vom 01.08.1997 nimmt die These von der Suggestivkraft des Rundfunks auf. Es heißt dort, dass der MDStV nur solche Dienste regelt, die wegen *„ihrer engen inhaltlichen Begrenzung auf Angebote, [...] denen die Suggestivkraft der bewegten Bilder fehlt"*,[58] dem Ordnungsrahmen des Rundfunkstaatsvertrages nicht unterworfen werden müssen.

Auch die **Direktorenkonferenz der Landesmedienanstalten** (DLM) hat in ihrem ersten Strukturpapier über die Unterscheidung von Rundfunk und Mediendiensten der Suggestivkraft des Rundfunks eine entscheidende Bedeutung beigemessen. Es heißt dort:

---

55 S. *Burkart/Hömberg*, in Fünfgeld/Mast (Hrsg.), Massenkommunikation, S.82; *Jarren*, in: Fünfgeld/Mast (Hrsg.), Massenkommunikation, S.246.

56 BVerfGE 90, 60, 87.

57 BVerfGE 31, 314, 325; vgl. auch E 57, 295, 323.

58 Z.B. LTRhPf-Ds. 13/1603, Teil B) zu § 2 MDStV (auch abgedruckt in: MP - Dokumentation 1/97, S.27ff.).

*„Trotz der allgemein bekannten Tatsache, daß Bilder und Bildfolgen, auch im Zusammenwirken mit dem Ton, immer wieder manipuliert oder zusammengesetzt werden, um zielgerichtet Botschaften zu transportieren, neigt der Rezipient doch generell dazu, das Gesehene und Gehörte erst einmal für bare Münze zu nehmen."*[59]

Die suggestive und manipulative Kraft von Rundfunkdarbietungen begründe deshalb, so die DLM, ein besonderes Gefährdungspotential und sei ein mitentscheidendes Kriterium für die (einfachrechtliche) Differenzierung zwischen Rundfunk und Mediendiensten.[60]

Im rechtswissenschaftlichen Schrifttum hat die Vorstellung von einer außergewöhnlichen, die Wirkung anderer Massenmedien deutlich übertreffenden Beeinflussungskraft des Rundfunks eine lange Tradition.[61] Bereits 1933, in der Anfangsphase des totalitären NS - Regimes, wurde gesehen, dass

*„die massenpsychologischen Einwirkungsmöglichkeiten, die mit diesen neuen technischen Mitteln gegeben sind, [....] die Möglichkeiten der Druckerpresse weit übertreffen [können]. Für den Rundfunk ergibt sich das ohne weiteres aus der Schnelligkeit und dem unbegrenzten Verbreitungsgebiet der übermittelten Nachrichten und Meldungen."*[62]

Deshalb müsse, so das damalige Fazit, der Staat auf den Rundfunk

*„selbst die Hand legen. Kein Staat kann es sich leisten, diese neuen technischen Mittel der Nachrichtenübermittlung, Massenbeeinflussung, Massensuggestion und Bildung einer 'öffentlichen', genauer: kollektiven Meinung einem anderen zu überlassen."*[63]

---

59 Erstes DLM - Strukturpapier vom 16.12.1997 und 09.12.1998 (Aktualisierte Fassung), jeweils Ziff. 2.1.2. Die beiden Fassungen des Strukturpapieres sind über den Internet - Server der Arbeitsgemeinschaft der Landesmedienanstalten (URL: http://www.alm.de) abrufbar.

60 Ebda.

61 S. dazu auch die Übersicht bei *Hain*, Rundfunkfreiheit und Rundfunkordnung, S.49ff., m.w.Nachw.

62 *Schmitt*, Machtpositionen des modernen Staates (1933), in: ders., Verfassungsrechtliche Aufsätze, S.369.

63 Ders., Weiterentwicklung des totalen Staates in Deutschland (1933), in: ders., Verfassungsrechtliche Aufsätze, S.360, 367f.

Noch unter dem Eindruck des staatlichen Rundfunkmissbrauchs während der nationalsozialistischen Gewaltherrschaft wurde in den 1960er und 1970er Jahren warnend auf die *„einzigartige Machtintensität und Suggestivkraft"* als *„besonderes Strukturmerkmal"*[64] des Rundfunks verwiesen. Auch in den 1980er Jahren wird eine *„Faszinationskraft bis hin zu fast drogenhafter Wirkung"*[65] hervorgehoben und diagnostiziert,

> *„daß der Rundfunk aufgrund der für seinen Bereich typischen Kombination von technischer Fertigkeit und psychologischer Eindringlichkeit und infolge seiner akustisch-visuellen Intensität gefährlicher [als jedes andere Massenmedium sei]"*.[66]

In der neueren Literatur zum Ende der 1990er Jahre heißt es hinsichtlich der Reichweite der suggestiblen Kraft des Rundfunks z.B., dass *„Textdiensten typischerweise eine geringere Suggestivkraft als Bewegtbilddiensten zukommt"*,[67] dass aber auf der anderen Seite die vielfältigen neuen Interaktionsmöglichkeiten die Rezipienten *„für die Inhalte eher stärker empfänglich machen"*.[68]

Skeptische Stimmen gegenüber einer suggestiblen Kraft, die große Teile des Schrifttums sowie das BVerfG dem Rundfunk zumeist ohne oder doch zumindest ohne nähere Begründung zuschreiben, sind in den letzten Jahrzehnten selten geblieben.[69] Überhaupt finden sich ausführlichere Ansätze zu einer Verifizierung (oder Falsifizierung) der These von einer rundfunkspezifischen Suggestivkraft im rechtswissenschaftlichen Schrifttum nur vereinzelt.[70] Das geringe Interesse in der Literatur an einer vertieften Aus-

---

64 *Lieb*, Kabelfernsehen und Rundfunkgesetze, S.219; ähnlich *Schmitz*, DÖV 1968, 683f.

65 *Bullinger*, Kommunikationsfreiheit im Strukturwandel, S.34.

66 *Bethge*, Die verfassungsrechtliche Problematik der Zulassung von Rundfunkveranstaltern des Privatrechts, S.40.

67 *Jarass*, Online-Dienste und Funktionsbereich des ZDF, S.17f.

68 *Eberle*, CR 1996, 193, 195; ähnlich *Michel*, ZUM 1998, 350, 351f.

69 Skeptisch gegenüber einer besonderen rundfunkspezifischen Wirkungskraft z.B. *Scholz*, in: FS Löffler, S.363f.; S.55ff.; *Bismark*, Neue Medientechnologien, S.180ff; *Hain*, Rundfunkfreiheit und Rundfunkordnung, S.56f.; *Charissé*, Rundfunkveranstaltungsfreiheit, S.93ff.

70 Aus dem neueren Schrifttum sind zunächst *Bullinger/Mestmäcker*, Multimediadienste, S.54 (1997) zu nennen. Sie verweisen, darauf, dass die „Beeinflussung eines Massenpublikums mittels eines planmäßig ablaufenden Gesamtprogramms eines Veranstalters", die besondere Suggestivkraft des Rundfunks ausmacht. *W.Schulz*, ZUM 1996, 487, 492f. vertritt die Auffassung, dass ein suggestibles Ein-

einandersetzung ist schon deshalb erstaunlich, weil die Vorstellung von einer speziellen Suggestivkraft des Rundfunks sowohl im Bereich der Legislative (s. die amtliche Begründung zu § 2 Abs.2 MDStV), als auch im Bereich der Exekutive (vgl. das Strukturpapier der DLM zur Abgrenzung von Rundfunk und Mediendiensten) eine wesentliche Rolle spielt, und damit die medienrechtliche Realität entscheidend mitbestimmt. Nicht zu Unrecht wird deshalb im Schrifttum kritisiert, „*daß mit der besonderen Wirkung [...] eine Vermutung, die empirisch im Zusammenhang mit der rechtlichen Diskussion nicht nachgewiesen ist, [...] als Basis für die rechtliche Regulierung fruchtbar gemacht wird*".[71]

In dieser Untersuchung erfolgt eine Analyse der These des BVerfG unter Einbeziehung medienwissenschaftlicher Erkenntnisse. Dabei kann eine solche Analyse im Rahmen einer juristischen Abhandlung naturgemäß nicht absolut erschöpfend geleistet werden. Es geht vielmehr um eine Sichtung von grundlegenden Ergebnissen der Medienwirkungsforschung, in deren Zusammenhang die Auffassung des BVerfG dann eingeordnet wird.

Folgende Vorgehensweise erscheint angebracht: Zunächst ist zu klären, was unter einer Suggestivkraft vom Begriff her zu verstehen ist und inwieweit eine solche Suggestivkraft überhaupt als mediale „Wirkung" im Sinne der Medienwirkungsforschung bezeichnet werden kann. Nach einer Darstellung einschlägiger Erkenntnisse der Wirkungsforschung wird die These des BVerfG dann in den Forschungskontext eingestellt und auf ihre Stichhaltigkeit überprüft.

---

flusspotential des Rundfunks zwar „nicht unmittelbar" aus Erkenntnissen der Medienwirkungsforschung zu entnehmen sei, dass es aber Befunde gibt, die „in eine Richtung weisen, die das Bundesverfassungsgericht mit der 'Suggestivkraft' des Rundfunks beschrieben [hat]". Zu einem entgegengesetzten Fazit gelangt *Hain*, Rundfunkfreiheit und Rundfunkordnung, S.56f. (1993): „Auf der Grundlage [der Erkenntnisse der Medienwirkungsforschung] muß eingestanden werden, daß die Annahme besonderer Wirkungsqualität des Rundfunks, insbesondere des Fernsehens, bislang nicht mehr ist als eine Hypothese und als solche kaum geeignet, den verfassungsrechtlichen Sonderstatus des Freiheitsguts Rundfunk zu stützen." Mit Ansätzen der Medienwirkungsforschung haben sich im rechtswissenschaftlichen Schrifttum auch *Hecker*, Medienmacht und Rezipientenfreiheit, insbes. S.127ff. (1987); *Bismark*, Neue Medientechnologien, S.158ff. (1981) und *Scholz*, in: FS Löffler, S.363f. (1981) näher auseinander gesetzt.

[71] *Ory*, AfP 1997, 845, 848 Fn.27; ähnlich *Gehring*, ZRP 1998, 8f.; vgl. auch *Herrmann*, Rundfunkrecht, § 2 Rn.81.

### *1. „Suggestivkraft" als mediale Wirkung*

Der Duden definiert die gemeinsprachliche Bedeutung von „Suggestion" mit *„seelische Beeinflussung, gezieltes Erwecken bestimmter Vorstellungen"*.[72] Jemandem etwas zu „suggerieren" bedeutet, ihm *„etwas ein[zu]reden"*.[73] In der Psychologie wird die Suggestion im Zusammenhang mit Hypnosetechniken behandelt.[74] Als sog. Fremdsuggestion bezeichnet man dabei einen psychischen Ablauf, der zum unkritischen „sich zu Eigen machen" von Vorstellungen führt, die durch Worte und Handlungen einer anderen Person angeregt wurden.[75] Im Strafprozessrecht ist der Begriff der Suggestion aus der Abgrenzung von hypnotischen Verhörmethoden, die nach § 136 a Abs.1 StPO verboten sind, und Fang- und Suggestivfragen, die je nach Lage des Einzelfalles *„nicht ohne weiteres"*[76] unter das Verbot des § 136a Abs.1 StPO fallen, bekannt.

Unter Heranziehung dieser Bedeutungszuweisungen kann unter einer „Suggestivkraft" vom Wortsinn her eine sehr starke Kraft verstanden werden, die zwar nicht hypnotisch wirkt, aber doch die Fähigkeit zu einer zielgerichteten Beeinflussung derjenigen besitzt, die dieser Kraft ausgesetzt sind. Die „Opfer" einer Suggestion sind aus eigener Kraft nur schwer in der Lage die Beeinflussung zu erkennen bzw. sich dagegen zu wehren. Der Begriff Suggestivkraft ist dabei sehr negativ besetzt: Eine Suggestionsquelle erscheint als etwas Gefährliches und Unberechenbares; schon auf der sprachlichen Ebene drängt sich hier die Vorstellung eines erheblichen Kontroll- und Regulierungsbedarfes auf.

Die These von der „Suggestivkraft" des Rundfunks ist nur dann an den Ergebnissen der Medienwirkungsforschung zu messen, wenn damit überhaupt eine „mediale Wirkung" bezeichnet wird. In der kommunikationswissenschaftlichen Literatur werden mediale Wirkungen im Anschluss an ***Maletzke*** oft definiert als diejenigen

---

72 Duden, Das Herkunftswörterbuch, Mannheim: 1989 (2.Aufl.), Stichwort „Suggestion".

73 Duden, a.a.O., Stichwort „suggerieren".

74 Vgl. *Hofstätter*, Lexikon Psychologie, Stichwort „Hypnose und Suggestion", S.163ff.

75 Ebda.

76 *Peters*, Strafprozeßrecht, § 41 II.

*„Veränderungen bei Individuen und Gesellschaft, die durch Aussagen der Massenkommunikation oder durch die Existenz von Massenmedien [entstehen]".*[77]

Für den empirischen Nachweis einer „Veränderung" lässt sich dabei an die sog. Modalität, d.h. die Richtung der Wirkung, anknüpfen:[78] Keine Wirkung (d.h. keine nachweisliche Veränderung) kann als sog. „neutrale Wirkung" definiert werden, während „positive Wirkungen" eine vorherige Position unterstützen und verstärken und „negative Wirkungen" Positionsänderungen erzeugen.[79]

Die These von der „Suggestivkraft" des Rundfunks bezieht sich auf keine wirkungsneutrale, sondern eine beeinflussende, d.h. verändernde Kraft, die von der Rundfunkkommunikation ausgehen soll. Sie soll entweder (positiv) verstärkend wirken oder sogar (negativ) Änderungen in den Einstellungen, Meinungen und Verhaltensweisen[80] der Rezipienten herbeiführen, und bezeichnet damit eine „mediale Wirkung" im Sinne Maletzkes.

---

77 *Maletzke*, Medienwirkungsforschung, S.6; ders., Kommunikationswissenschaft, S.82; s. auch *Schenk*, in: Fünfgeld/Mast (Hrsg.), Massenkommunikation, S.155; *Kübler*, Kommunikation und Massenkommunikation, S.151; *Burkart*, Kommunikationswissenschaft, S.179. Enger z.B. *Merten/Giegler/Uhr*, Medienwirkungsforschung, S.12: Medienwirkungen bezeichnen Veränderungen mentaler Bestände und der daraus evtl. abzuleitenden Veränderungen im Verhalten der Rezipienten unter dem Einfluss der medienvermittelten Kommunikation.

78 Vgl. *Kübler*, a.a.O., S.152.

79 Ebda. „Veränderungen bei Individuen" und „Veränderungen der Gesellschaft" bezeichnen unterschiedliche **mediale Wirkungsebenen**. Insoweit lässt sich zwischen einer makrostrukturellen und einer mikrostrukturellen Ebene differenzieren: Als Makroeffekte können die Auswirkungen der Massenkommunikation auf die Gesellschaft als Ganzes verstanden werden, während Mikroeffekte die medialen Wirkungen auf den einzelnen Rezipienten und seine interindividuellen, z.B. familiären Beziehungen bezeichnen, vgl. *Lang/Lang*, in: Bentele/Rühl (Hrsg.), Theorien öffentlicher Kommunikation, S.257. Ähnlich *Kübler*, Kommunikation und Massenkommunikation, S.152f., der allerdings zwischen drei Wirkungsebenen - makrostrukturell, mezzostrukturell und mikrostrukturell - unterscheidet. Makro- und Mikroeffekte überschneiden sich; nahezu sämtliche individuelle Wirkungen können in ihrer Kumulierung auch gesellschaftliche Relevanz erhalten (vgl. *Maletzke*, Medienwirkungsforschung, S.12).

80 Einstellungen, Meinungen und Verhaltensweisen der Rezipienten sind die „klassischen" Kriterien für die Messung massenmedialer Wirkungen (auf der mikrostrukturellen Ebene). Die neuere Wirkungsforschung betont darüber hinaus aber auch die Bedeutung medialer Effekte in anderen Bereichen, z.B. Wissensvermittlung, Realitätskonstruktion und - im Hinblick auf die formale Gestaltung medialer Darbietung - emotionale Konstitution der Rezipienten, vgl. dazu nur *Schenk*, in:

## *2. Empirische Erkenntnisse zu den Wirkungen des Massenmediums Rundfunk*

Die systematische Erforschung medialer Wirkungen im Allgemeinen (und der Wirkungen des Rundfunks im Besonderen) ist eine noch recht junge Forschungsrichtung, in der sich - stark vereinfacht - drei historische Phasen unterscheiden lassen:[81]

Eine Frühphase, in der die Modellvorstellung passiver Rezipienten und starker Medienwirkungen dominierte; dann eine zweite Phase, die von der Modellvorstellung aktiver Medienkonsumenten und wirkungsschwacher Medien geprägt war und schließlich eine dritte, bis in die Gegenwart reichende Phase vermittelnder Ansätze.

### *a) Die Modellvorstellung passiver Rezipienten und starker Medienwirkungen*

Die Frühphase der Wirkungsforschung lässt sich etwa von den 1920er Jahren bis in die 1940er Jahre hinein ansetzen.[82] Zu dieser Zeit ging die (überwiegend US-amerikanische) Forschung im Wesentlichen von zwei Grundannahmen aus: Zum einen von der mechanistischen Vorstellung, dass Massenmedien sofort und direkt im Sinne eines einfachen Ursache-Wirkungs-Modells auf „passive" Rezipienten einwirken,[83] und zum anderen von der Hypothese einer atomisierten Massengesellschaft, in der ver-

---

Fünfgeld/Mast (Hrsg.), Massenkommunikation, S.155; ders., Medienwirkungsforschung, S.38ff.

81 Angeknüpft wird hier an die Einteilung von *Noelle-Neumann*, in: dies. u.a. (Hrsg.), Lexikon Publizistik, S.519f.; vgl. auch *Kübler*, Kommunikation und Massenkommunikation, S.163; *Ravenstein*, in: Jarren/Knaup/Schatz (Hrsg.), Jahrbuch 1995 Politik und Kommunikation, S.25f. Zum Vorbild der antiken Rhetorik für die moderne Medienwirkungsforschung vgl. *Merten/Giegler/Uhr*, Medienwirkungsforschung, S.37.

82 S. *Maletzke*, Medienwirkungsforschung, S.4; *Kübler*, Kommunikation und Massenkommunikation, S.156; *Merten/Giegler/Uhr*, Medienwirkungsforschung, S.39.; *Ravenstein*, in: Jarren/Knaup/Schatz (Hrsg.), Jahrbuch 1995 Politik und Kommunikation, S.26.

83 Praktisch so, als ob der Kommunikator den Rezipienten eine Spritze („hypodermic needle") setzen würde, vgl. *Noelle-Neumann*, in: dies. u.a. (Hrsg.), Lexikon Publizistik, S.521.; *Merten/Giegler/Uhr*, Medienwirkungsforschung, S.39f.

einzelte Individuen mehr oder weniger schutzlos den Einflüssen omnipotenter Medien ausgesetzt sind.[84]

Das Ursache-Wirkungs-Verständnis massenmedialer Effekte fand in der sog. ***Lasswell - Formel*** seinen gültigen Ausdruck („*Wer sagt was durch welches Medium zu wem mit welcher Wirkung ?*").[85] Lasswells Ansatz korrespondierte in hohem Maße mit dem aus der Psychologie stammenden stimulus - response - Konzept.[86] Ebenfalls aus der psychologischen Forschung wurde das Laborexperiment als zentrales Instrument übernommen, um etwaige Kausalbeziehungen zwischen medialer Botschaft und Wirkung auf den Rezipienten exakt festzustellen.[87] Typisch für die frühe Wirkungsforschung waren neben Laborexperimenten auch Einzelfallstudien zu realen Ereignissen, wie etwa zu dem berühmten, auf einem Roman von ***H.G. Wells*** basierenden Hörspiel „War of the Worlds" (Erstsendung: 30. Oktober 1938): Zahlreiche Menschen im US - Bundesstaat New Jersey hielten die dokumentarisch aufgemachte Hörfunkreportage über die Landung von „Marsmenschen" an der amerikanischen Ostküste für echt und reagierten panikartig. Die Wirkung dieser Reportage wurde als Paradebeispiel für die Stichhaltigkeit des stimulus-response-Modells angesehen: Eine bestimmte Darbietung (die Reportage „War of the Worlds"), durch ein bestimmtes Medium (Hörfunk) vermittelt, ist der direkte und unmittelbare

---

84 S. *Maletzke*, Massenkommunikationstheorien, S.7; *Kübler*, Kommunikation und Massenkommunikation, S.156. Vgl. auch *Hecker*, Medienmacht und Rezipientenfreiheit, S.127.

85 Zit. nach: *Noelle-Neumann*, in: dies.(Hrsg.), Lexikon Publizistik, S.520f.; vgl. auch *Burkart*, Kommunikationswissenschaft, S.464ff.; *Merten/Giegler/Uhr*, Medienwirkungsforschung, S.42.

86 Vgl. *Maletzke*, Massenkommunikationstheorien, S.4f.; *Kübler*, Kommunikation und Massenkommunikation, S.156f.; *Merten/Giegler/Uhr*, Medienwirkungsforschung, S.17; *Schenk*, Medienwirkungsforschung, S.22f.; *Burkart*, Kommunikationswissenschaft, S.184, 186.

87 Für die frühe Kommunikationswissenschaft hieß das: Bei Konstanthalten aller anderen Faktoren ließ man einen „Reiz" (z.B. eine mediale Aussage) auf den „Probanden" (Rezipienten) einwirken. Waren in der Folge beim Probanden bestimmte „Reaktionen" zu beobachten (z.B. Veränderungen seiner Einstellung), so konnte man den „Reiz" als „Ursache" und die Reaktion als „Wirkung" interpretieren, vgl. *Maletzke*, Massenkommunikationstheorien, S.5, ders., Kommunikationswissenschaft, S.106; *Noelle-Neumann*, in: dies. u.a. (Hrsg.), Lexikon Publizistik, S.521.

Auslöser für die Reaktionen des Publikums (Panik und Angst aufgrund der täuschend echten Schilderung).[88]

Die Kritik am damaligen Verständnis von Medienwirkungen setzte zunächst bei den Forschungsmethoden an, die im Gegensatz zu den heute gängigen Panelbefragungen, Trendanalysen und Feldexperimenten nur eine grobe und daher verfälschende und nicht verallgemeinerungsfähige Analyse erlaubten.[89] Inhaltlich liegt dem stimulus-response-Modell eine statische und isolierte Betrachtungsweise einzelner Wirkvorgänge zugrunde, die den in der Realität festzustellenden vielfältigen Wechselwirkungen und Interdependenzen bei weitem nicht gerecht wird.[90] Das in der Lasswell - Formel zum Ausdruck kommende Verständnis von Medienwirkungen als einer (bloßen) Summe einzelner, voneinander getrennter Teile gilt deshalb heutzutage ebenso als überholt, wie die Betonung der linearen Kausalität als ausschließliches Prinzip medialer Wirkungen.[91]

Neben der Vorstellung einer linearen Vermittlung massenkommunikativer Aussagen war für die frühe Wirkungsforschung die **Hypothese von der atomisierten Massengesellschaft** bedeutsam. Als Folge der Industrialisierung - so die Hypothese - haben soziale Kleingruppen und persönliche Bindungen ihre gesellschaftlichen Funktionen weitgehend eingebüßt. Das Individuum lebt vereinzelt und ist infolge seiner Isolation praktisch schutzlos den Einflüssen von Massenmedien ausgesetzt. Moderne industrielle Gesellschaftsformen sind deshalb durch Desintegration, fehlende Bindungen und Haltlosigkeit der Menschen gekennzeichnet, die beliebig manipulierbar sind.[92] Die daraus abgeleitete Vorstellung von einer „Omnipotenz der Massenmedien“ gründete sich auf die Annahme, dass moderne Medien so gut wie alle Mitglieder einer Gesellschaft erreichen und die Re-

---

88 Dazu ausführlich *Jäckel*, Medienwirkungen, S.86ff.; s. auch *Kübler*, Kommunikation und Massenkommunikation, S.156; *Merten/Giegler/Uhr*, Medienwirkungsforschung, S.41.

89 S. *Noelle-Neumann*, in: dies. u.a. (Hrsg.), Lexikon Publizistik, S.521; *Merten/Giegler/Uhr*, Medienwirkungsforschung, S.20ff.

90 S. *Noelle-Neumann*, a.a.O., S.528.

91 Vgl. nur *Schenk*, in: Fünfgeld/Mast (Hrsg.), Massenkommunikation, S.160; *Kübler*, Kommunikation und Massenkommunikation, S.156f., 178; *Maletzke*, Massenkommunikationstheorien, S.4; ders., Kommunikationswissenschaft, S.108; *Burkart*, Kommunikationswissenschaft, S.187f.

92 S. *Maletzke*, Massenkommunikationstheorien, S.7; ders., Kommunikationswissenschaft, S.107; *Kübler*, a.a.O., S.156; *Burkart*, a.a.O., S.185f.; *Renckstorf*, RuF 1948-1989, S.546f.

zipienten bereit sind, so gut wie alle massenmedialen Botschaften aufzunehmen.[93] Mediale Botschaften stellen demnach einen direkten und hinreichenden Antrieb für das Verhalten der Rezipienten dar und die Rezipienten handeln den Botschaften (und Intentionen) des Kommunikators entsprechend.[94]

Die Hypothese von der atomisierten Massengesellschaft geriet allerdings schon bald in scharfe Kritik. Empirische Untersuchungen zeigten schon in den 1940er und 1950er Jahren immer deutlicher, dass Kleingruppen auch in industrialisierten Gesellschaften nach wie vor funktionsfähig und bedeutsam sind.[95] In der Medienwirkungsforschung rückten aufgrund dieser Erkenntnisse zunehmend die unterschiedlichen sozialen Kontexte ins Blickfeld, in welche die einzelnen Rezipienten eingebunden sind („Wiederentdeckung der Primärgruppe").[96] Die Hypothese von der atomisierten Massengesellschaft gilt heutzutage als überholt.[97]

*b) Die Modellvorstellung aktiver Rezipienten und schwacher Medienwirkungen*

Die Entdeckung der „Aktivität" des Rezipienten, und die These von den „limited effects" der Medien bezeichnet eine neue Phase der Medienwirkungsforschung, die etwa von den 1940er bis in die 1970er Jahre hinein zu datieren ist.[98] Eine empirische Untersuchung von ***Lazarsfeld*** und seinen Mitarbeitern zur US - Präsidentschaftswahl 1940 („The People´s Choice") leitete diesen Paradigmenwechsel ein.[99] Lazarsfeld kam zu dem - für die

---

93 S. *Renckstorf*, RuF 1948-1989, S.546 Fn 9; vgl. auch *Schenk*, Medienwirkungsforschung, S.23f.

94 Im Sinne des stimulus-response-Modells, vgl. *Renckstorf*, a.a.O.; s. auch *Kübler*, Kommunikation und Massenkommunikation, S.160f.

95 S. *Maletzke*, Massenkommunikationstheorien, S.11.

96 Vgl. *Schenk*, Medienwirkungsforschung, S.28f.; *Hecker*, Medienmacht und Rezipientenfreiheit, S.128. Typische Primärgruppen sind z.B. die Familie, der Freundeskreis oder die Nachbarschaft, s. *Burkart*, Kommunikationswissenschaft, S.185 Fn.133.

97 Vgl. nur *Kübler*, Kommunikation und Massenkommunikation, S.157; *Burkart*, a.a.O., S.187f. ; *Maletzke*, Kommunikationswissenschaft, S.108; *Hecker*, a.a.O.

98 Diese Zeitspanne benennen z.B. *Kübler*, Kommunikation und Massenkommunikation, S.163; *Ravenstein*, in: Jarren/Knaup/Schatz (Hrsg.), Jahrbuch 1995 Politik und Kommunikation, S.26; *Merten/Giegler/Uhr*, Medienwirkungsforschung, S.41.

99 Vgl. *Kübler*, Kommunikation und Massenkommunikation, S.156, *Schenk*, Medienwirkungsforschung, S.28; *Merten/Giegler/Uhr*, Medienwirkungsforschung, S. 41;

damalige Zeit neuen und überraschenden - Befund, dass die Wählerentscheidung bei dieser Präsidentschaftswahl keineswegs in der Weise durch politische Propaganda in den Massenmedien (z.B. im Hörfunk) beeinflusst wurde, wie dies herkömmliche stimulus-response-Vorstellungen nahe legten. Ein weitaus stärkeres Einflusspotential auf die Wahlentscheidung wurde in der Zugehörigkeit der Rezipienten zu bestimmten gesellschaftlichen Primärgruppen ausgemacht.[100] Als entscheidende Faktoren in diesen soziokulturellen Kontexten der Rezipienten identifizierte Lazarfeld sog. Meinungsführer (**„opinion leader“**), die innerhalb ihrer Gruppe einen höheren Status als andere Gruppenmitglieder hatten, und auf deren politische Auffassungen sich die anderen Gruppenmitglieder für ihre Wahlentscheidung mehr verließen, als auf die Botschaften der Massenmedien.[101] Die Existenz dieser „opinion leaders“, so die These Lazarfelds, mache eine Erweiterung des stimulus - response - Modells notwendig: Kommunikation verlaufe nicht bloß im Sinne eines „one - step - flow of communication“ (Kommunikator - Massenmedien - Rezipient), sondern als „two - step - flow of communication“ (Kommunikator - Massenmedien und/oder Meinungsführer - Rezipient).[102]

Eine weiterer Befund Lazarfelds war die Entdeckung einer **selektiven Wahrnehmung** seitens der Rezipienten: Die Studie „The People´s Choice“ zeigte, dass Rezipienten meist nur Wahlpropaganda für diejenige Seite zur Kenntnis nahmen, mit der sie schon vorher übereinstimmmten. Widersprechende Ansichten nahmen sie dagegen nur in geringerem Maße wahr.[103]

---

*Noelle-Neumann* in: dies. u.a. (Hrsg.), Lexikon Publizistik, S. 520, 534 sieht diese Studie sogar als den eigentlichen „Beginn der systematischen Erforschung der Wirkung von Massenmedien“ an. Ausführliche Darstellungen von Methoden und Ergebnissen der Studie „The People´s Choice“ findet sich z.B. bei *Eisenstein*, Meinungsbildung in der Mediengesellschaft, S.49ff.; *Jäckel*, Medienwirkungen, S.99ff.

[100] S. *Schenk*, Medienwirkungsforschung, S.28; *Burkart*, Kommunikationswissenschaft, S.200; *Hecker*, Medienmacht und Rezipientenfreiheit, S.129. Vgl. auch *Kübler*, Kommunikation und Massenkommunikation, S.156f.

[101] Vgl. *Maletzke*, Massenkommunikationstheorien, S.14; ders., Kommunikationswissenschaft, S.114f.; *Noelle-Neumann*, in: dies. u.a. (Hrsg.), Lexikon Publizistik, S.538; *Burkart*, Kommunikationswissenschaft, S.200f.; *Hecker*, Medienmacht und Rezipientenfreiheit, S.129.

[102] Vgl. *Kübler*, Kommunikation und Massenkommunikation, S.157; *Merten/Giegler/Uhr*, Medienwirkungsforschung, S.41f.

[103] Von diesen Befunden ausgehend entwickelte ***Klapper*** seine sog. **Verstärker-Hypothese**: Massenmedien verstärken danach allenfalls bestehende Einstellungen, veränderten sie aber kaum, weil sich die Rezipienten gegen divergierende Auffassungen abschirmen. Massenmediale Wirkungskräfte sind daher nach Klapper - ent-

Aus der Lazarsfeldschule wurden in der Folgezeit der sog. **„uses and gratifications approach“** entwickelt.[104] Mediale Wirkungen hängen nach diesem Ansatz mehr von Faktoren wie Alter, Geschlecht, psychischer Veranlagung und soziale Situation des Rezipienten[105] ab, als vom Kommunikationsmedium selbst.[106] Im Mittelpunkt des uses and gratifications approach steht die Frage, warum Rezipienten Medien „aktiv“ nutzen, und nicht, warum Medien Wirkungen auf „passive“ Rezipienten entfalten.[107] ***Katz/Foulkes*** brachten 1962 dieses Verständnis auf die prägnante Formel:

> *„This is the approach that asks the question, not 'What do the media to the people ?' but rather 'What do people do with the media ?'“*[108]

***Teichert/Renckstorf*** führten den uses and gratifications approach in die bundesdeutsche Diskussion ein. Sie beschrieben das Fernsehverhalten als

---

gegen dem herkömmlichen stimulus-response-Verständnis - eher gering; s. dazu *Burkart*, Kommunikationswissenschaft, S.206ff.; *Noelle-Neumann*, in: dies. u.a. (Hrsg.), Lexikon Publizistik, S.539; *Merten/Giegler/Uhr*, Medienwirkungsforschung, S.41f.

104 Die vielfältigen Ausprägungen des „uses and gratifications approach“ werden auch unter den Sammelbegriffen „nutzenorientierte Ansätze“, „motivationale Ansätze“ bzw. „rezipientenorientierte Ansätze“ zusammengefasst, vgl. *Kübler*, Kommunikation und Massenkommunikation, S.137.

105 Von ***Klapper*** 1960 mit dem Begriff „mediating factors“ bezeichnet, vgl. *Noelle-Neumann*, in: dies. u.a. (Hrsg.), Lexikon Publizistik, S.535.

106 Vgl. *Renckstorf*, RuF 1948-1989, S.550; *Noelle-Neumann*, a.a.O.; *Hecker*, Medienmacht und Rezipientenfreiheit, S.133.

107 Vgl. *Burkart*, Kommunikationswissenschaft, S.212ff.; *Noelle-Neumann*, a.a.O.; *Maletzke*, Kommunikationswissenschaft, S.119f., 121f. Teilweise werden im Schrifttum erst die nutzenorientierten Ansätze - und nicht schon die Studie Lazarfelds zur Präsidentschaftswahl 1940 - als der eigentliche Beginn einer neuen Phase der Medienwirkungsforschung und damit als Paradigmenwechsel vom Konzept des „passiven“ zum Konzept des „aktiven“ Rezipienten angesehen, so z.B. *Renckstorf*, in: RuF 1948-1989, S.545; *Kübler*, Kommunikation und Massenkommunikation, S.137. Eng verwandt ist der „uses and gratifications approach“ mit der **These vom „aktiven Publikum“**, die ***Bauer*** Ende der 1950er Jahre entwickelte. Nach Bauer können selbst die stärksten und intensivsten Medieninhalte nur dann die Rezipienten beeinflussen, wenn sie einen Sinn im jeweiligen sozialen und persönlichen Kontext der Empfänger besitzen. Fehlt es an diesem sinnstiftenden Kontext, so entwickelt das Publikum auch keine Initiative beim Umgang mit Medienbotschaften und zeigt sich gegenüber Beeinflussungsversuchen „widerspenstig“ (s. *Hecker*, Medienmacht und Rezipientenfreiheit, S.129f.; *Kübler*, Kommunikation und Massenkommunikation, S.164).

108 Zit. nach: *Kübler*, Kommunikation und Massenkommunikation, S.137.

eine der face-to-face - Kommunikation ähnliche Situation:[109] Zwar könnten die Rezipienten hier - anders als bei der face-to-face - Kommunikation - nicht praktisch alle Bedingungen des Kommunikationsvorganges selbst bestimmen, aber es bliebe doch genügend Raum für eine „relative" Freiheit der Rezipienten beim Umgang mit dem Medium.[110]

Der uses and gratifications approach, insbesondere in der Ausprägung die er durch Teichert/Renckstorf erfahren hat, wirkt bis heute in das rechtswissenschaftliche Schrifttum hinein:

So orientiert sich etwa ***Scholz*** bei seiner These, dass die neuere Massenkommunikationsforschung *„die zentrale Funktion des Publikums als aktiver Teilnehmer am Kommunikationsprozeß insgesamt nachgewiesen"*[111] habe, maßgeblich an der Vorstellung einer bedürfnisorientierten Mediennutzung, die vom Rezipienten selbst gesteuert wird. Auch andere Autoren argumentieren mit dem uses and gratifications approach und verneinen deshalb eine übermächtige Wirkungskraft des Rundfunks gegenüber anderen Kommunikationsformen.[112]

---

109 S. *Teichert/Renckstorf*, Publizistik 19/20 (1974/75), 133, 141. Vgl. auch *Burkart*, Kommunikationswissenschaft, S.210f.; *Hecker*, Medienmacht und Rezipientenfreiheit, S.135; *Kübler*, Kommunikation und Massenkommunikation, S.138.

110 Die Auswahlmöglichkeiten der Rezipienten, so *Teichert/Renckstorf*, seien so groß, dass man z.B. beim Fernsehen von einer „(para)sozialen Interaktion" und daher von einem nur geringen medialen Wirkpotential sprechen könne. Dieses Konzept der parasozialen Interaktion wurde erstmals von ***Horton/Wohl*** (1956) formuliert. Es geht davon aus, dass Individuen auch die Fernsehrezeption als einen von ihnen steuerbaren Handlungsprozess interpretieren, indem sie mit den Darstellern auf dem Bildschirm in (scheinbare) Interaktion treten: Entweder imaginieren sie sich in das fiktive Geschehen hinein (sog. Identifiktion), oder sie holen sich den am meisten geschätzten Protagonisten gewissermaßen aus der „Fernsehrealität" heraus und projizieren ihn in den persönlichen, fantasiereich überhöhten, Alltag (s. *Kübler*, Kommunikation und Massenkommunikation, S.138f.).

111 *Scholz*, Medienfreiheit und Publikumsfreiheit, in: FS Löffler, S.363f.; ders., AfP 1995, S.357, 358f.

112 Vgl. *Bismark*, Neue Medientechnologien, S.159f.; *Hain*, Rundfunkfreiheit, S.53f.; tendenziell auch *Charissé*, Rundfunkveranstaltungsfreiheit, S.94f. Die Autoren verneinen dann im Folgenden - konsequenterweise - auch eine Sondernatur der Rundfunkfreiheit gegenüber anderen Kommunikationsfreiheiten (*Bismark*, a.a.O., S.163; *Hain*, a.a.O., S.58; *Charissé*, a.a.O., S.96f.).

*c) Neuere Erkenntnisse*

aa) Die offene Wirkungsfrage

Der uses and gratifications approach ist in der neueren Medienwirkungsforschung allerdings keineswegs unumstritten. Als Kritik wird zunächst eingewandt, dass die „Aktivität“ der Rezipienten erheblich überdehnt würde, wollte man sie z.B. beim Fernsehen und Hörfunk im Sinne eines vollständigen Steuerungsprozesses interpretieren.[113] Auf diese Weise bliebe zum einen die Begrenzung der Auswahlfreiheit des Rezipienten auf eine bestimmte Palette vorgefertigter Angebote außer acht.[114] Zum anderen würden auch andere wichtige Faktoren des Rezeptionsvorganges vernachlässigt, wie z.B. die formale Gestaltung einer Fernsehsendung (Kameraperspektive, Montage etc.) bzw. der Aufbau eines Fernsehprogramms (Präsentation bestimmter Themen zu bestimmten Sendezeiten; Festlegung der Häufigkeit, in der diese Themen im gesamten Programmablauf präsentiert werden, etc.), die der Rezipient nicht steuern könne.[115] Gerade im Hinblick auf den Rundfunk sei das Konzept vom „aktiven“ Rezipienten nur wenig ergiebig, weil Fernsehzuschauer und Radiohörer im Regelfall eher unbeteiligt und passiv seien. Es handele sich hier oft um ein nur schwach interessiertes Publikum, dessen Informationsverarbeitung durch „low involvement“ gekennzeichnet sei, und das eben nicht die von den Vertretern der nutzenorientierten Ansätze postulierte „Aktivität“ aufweise.[116]

In der Wirkungsforschung seit den 1970er Jahren gewinnt deshalb immer mehr die Erkenntnis an Boden, dass sowohl die These von den starken Medienwirkungen, als auch die These von ausschließlich schwachen Medienwirkungen für sich genommen zu einseitig und undifferenziert ist.[117] Die Modelle des „passiven“ und des „aktiven“ Medienkonsumenten spielen

---

113 S. *Schenk*, in: Fünfgeld/Mast (Hrsg.), Massenkommunikation, S.162; ders., Medienwirkungsforschung, S.419f.; vgl. auch *Hecker*, Medienmacht und Rezipientenfreiheit, S.138.

114 Vgl. *Schenk*, a.a.O., S.161f.; s. dazu auch *Burkart*, Kommunikationswissenschaft, S.226f.; *Hoffmann-Riem/Vesting*, MP 1996, S.386f.; *Hecker*, Medienmacht und Rezipientenfreiheit, S.141.

115 Vgl. *Noelle-Neumann*, in: dies. u.a. (Hrsg.), Lexikon Publizistik, S.543.

116 Vgl. *Schenk*, in: Fünfgeld/Mast (Hrsg.), Massenkommunikation, S.160; *Bekkers*, MP 1998, 83, 86.

117 S. *Noelle-Neumann*, in: dies. u.a. (Hrsg.), Lexikon Publizistik, S.519f.; *Maletzke*, Medienwirkungsforschung, S.37f.

vielmehr gleichermaßen für die Ermittlung medialer Wirkungen eine Rolle.[118] Einfache Vorstellungen von monokausalen Medienwirkungen werden in der modernen Wirkungsforschung praktisch nicht mehr vertreten.[119] Insoweit dürfte auch heute noch gelten, was ***Schenk*** bereits 1987 am Ende seiner umfassenden Darstellung des damaligen Standes der nationalen und internationalen Medienwirkungsforschung feststellte:

> *„Aus der Perspektive der neueren Medienwirkungsforschung wird einmal mehr deutlich, wie komplex die Wirkungszusammenhänge offenbar in Wirklichkeit sind und wie verfehlt es ist, lineare und monokausale Behauptungen über Inhalt und Wirkung zu führen. Neben individuellen Faktoren [...], lokalen und interpersonalen Gegebenheiten [...] spielen nämlich auch sozial-strukturelle Bedingungen [...] eine erhebliche Rolle im Wirkungsprozeß [...] Die einfachen Ausgangsthesen lösen sich [...] immer mehr in komplexe Zusammenhänge auf. Die Wirkungsfrage pauschal zu beantworten (Allmacht versus Ohnmacht der Medien), ist daher nach bald 50 Jahren Wirkungsforschung unangebracht [...].“*[120]

Nicht hinreichend geklärt ist aber weiterhin, wie jenseits der bloßen „pauschalen“ Beantwortung von Wirkungsfragen eine differenzierende Betrachtung erfolgen kann. Soweit hier von Bedeutung[121] ist dabei die Frage

---

118 Vgl. nur *Noelle-Neumann*, a.a.O.; *Schenk*, in: Fünfgeld/Mast (Hrsg.), Massenkommunikation, S.166; ders., Medienwirkungsforschung, S.420; *Maletzke*, Kommunikationswissenschaft, S.97.

119 S. *Schenk*, a.a.O., S.165; *Kübler*, Kommunikation und Massenkommunikation, S.178.

120 *Schenk*, Medienwirkungsforschung, S.441.

121 Die hier näher behandelte Frage nach kognitiven und emotionalen Medienwirkungen ist seit den 1970er Jahren durch eine Vielzahl neuerer Ansätze erweitert und modifiziert worden. Das **Agenda-Setting-Modell** befasst sich z.B. mit der Fragestellung, ob die bevorzugte Behandlung bestimmter Themen in den Medien dazu führt, dass die Rezipienten diese Themen für wichtiger als andere halten (s. dazu *Schenk*, in: Fünfgeld/Mast, Massenkommunikation, S.162f.; ders., Medienwirkungsforschung, S.194ff.; *Kübler*, Kommunikation und Massenkommunikation, S.167f.; *Burkart*, Kommunikationswissenschaft, S.240ff.). Die **Hypothese von der wachsenden Wissenskluft** stützt sich auf Befunde, wonach die reale Nutzung vorhandener Informationen von der sozialen Stellung der Rezipienten abhängt: Ohnehin gut informierte und gebildete Rezipienten würden ihren Informationsvorsprung ausbauen, während sich die Informationsdefizite anderer Bevölkerungsteile noch vergrößern. Entgegen der traditionellen Annahme, dass umfangreichere Informationsangebote gleichzeitig die Chancen auf eine Optimierung der erhaltenen Infor-

nach den kognitiven Wirkungen sowie nach den emotionalen Wirkungen der Rundfunkrezeption zu unterscheiden.

bb) Kognitive Wirkungen

Eine Kombination aus klassischer Wirkungsperspektive und Berücksichtigung von Eigenaktivitäten der Rezipienten wird im sog. dynamisch-transaktionalen Medienwirkungs - Modell von ***Früh/Schönbach*** verwirklicht.[122] Nach diesem Konzept entsteht das eigentliche Wirkungspotential der Massenmedien sowohl aus der Vorgabe der Medienbotschaft, als auch aus der gleichzeitigen Bedeutungszuweisung durch den Rezipienten.[123] Der Ansatz konzentriert sich dabei eher auf die kognitiven Austauschprozesse von Informationen, als auf die emotionalen Komponenten der Rezeption.[124]

Im Jahre 1984 untersuchte ***Früh*** am Beispiel von drei zur damaligen Zeit aktuellen Themen (Sterbehilfe - Debatte, Parteispendenaffäre, Streik in der Metallindustrie), wie sich medienvermittelte Vorstellungsbilder der Rezipienten mittel- und langfristig veränderten, zum Teil vergessen, zum Teil aber auch mit anderen Informationen vermischt und angereichert wurden.[125] Schon nach einer Woche, so ergaben die empirischen Befunde, war die Medienherkunft der jeweiligen Informationen (Zeitung, Hörfunk oder Fernsehen) nicht mehr nachweisbar und die Wissensbruchstücke wurden *„gewissermaßen als subjektive Tatsachen in die individuelle Vorstellung [der Rezipienten] übernommen.“*[126] Eine herausragende Stellung von Hörfunk und Fernsehen, so das Fazit von Früh, konnte dabei nicht nachgewiesen werden:

---

mationen erhöhen (durch größere Auswahlmöglichkeiten), konstatiert diese Hypothese gerade eine wachsende Wissens- und Informationskluft bei einem steigenden Medienangebot (s. dazu *Kübler*, a.a.O., S.165ff.; *Burkart*, Kommunikationswissenschaft, S.246ff.). Zur **These von der Schweigespirale** s. Fn.134.

[122] Vgl. *Früh/Schönbach*, Publizistik 27 (1982), 74ff.; *Früh*, in: Schulz (Hrsg.), Medienwirkungen, S.71, 74f.; s. auch *Jäckel*, Medienwirkungen, S.74ff.

[123] S. *Kübler*, Kommunikation und Massenkommunikation, S.164f.; *Burkart*, Kommunikationswissenschaft, S.230f.

[124] Ebda.

[125] Vgl. *Früh*, in: Schulz (Hrsg.), Medienwirkungen, S.71, 77, 82.

[126] Ders., a.a.O., S.86.

*„Unterschiede inhaltlicher wie struktureller Art zwischen Medienberichterstattung und subjektiven Vorstellungsbildern zeigen, daß doch ziemlich deutliche und weitreichende Veränderungen der Bedeutungen und Bedeutungsstrukturen durch das Publikum vorgenommen werden - vielleicht sogar schon so weitgehend, daß man sich fragen muß, ob dies eigentlich noch die Themen der Medien sind, oder ob sich das Publikum [...] nicht längst seine eigene Welt konstruiert.“*[127]

In eine ähnliche Richtung gehen die Ergebnisse einer Untersuchung von ***Schönbach*** zum Bundestagswahlkampf 1990. Analysiert wurden während eines zweimonatigen Erhebungszeitraumes vor der Wahl die politischen Berichterstattung von Fernsehnachrichten und Tageszeitungen.[128] Unter anderem ging es um die Frage, ob das Fernsehen eine stärkere Beeinflussungskraft auf die Wählerschaft ausüben konnte als andere Medien. Schönbach kam zu dem Fazit, dass dem Fernsehen keineswegs eine überragende Rolle im Wahlkampf zukam:

*„Tageszeitungen, der Hörfunk und die Werbung der Parteien waren oft genauso wichtig, wenn nicht wichtiger [als das Fernsehen], wenn es darum ging, die Wählerschaft zu erreichen oder sogar zu beeinflussen.“*[129]

Auch Schönbach gelangt also - ähnlich wie Früh - zu der Erkenntnis, dass den Massenmedien allgemein zwar ein ganz wesentlicher Einfluss auf die öffentliche Meinungsbildung zukommt, dass aber keinem einzelnen Medium dabei eine herausragende Sonderrolle zufällt. Das Fernsehen schneidet sogar bei der kognitiven Vermittlung von Informationen und im Hinblick auf die mittel- und langfristigen Behaltensleistung der Rezipienten im Vergleich zu den Printmedien deutlich schlechter ab.[130] Gerade längerfristige Orientierungen spielen aber z.B. bei Wahlentscheidungen oft eine bedeut-

---

[127] Ders., a.a.O., S.89; s. auch *Luhmann*, Die Realität der Massenmedien, S.14ff.
[128] Vgl. *Schönbach/Semetko*, MP 1994, 328.
[129] Dies., a.a.O., 328, 339. Vgl. auch *Ravenstein*, in: Jarren/Knaup/Schatz (Hrsg.), Jahrbuch 1995 Politik und Kommunikation, S.23.
[130] Vgl. nur *Gleich/Groebel*, MP 1993, 445; *Winterhoff-Spurk*, Fernsehen, S.157f.; *Sturm*, in: Groebel/Winterhoff-Spurk, Empirische Medienpsychologie, S.34; dies., in: Franzmann u.a. (Hrsg.), Auf den Schultern von Gutenberg, S.85.

same Rolle,[131] was - entsprechend den Befunden von Früh und Schönbach - auf ein tendenziell geringes Wirkungspotential des Rundfunks im Medienverbund hindeuten könnte.

Welche Auswirkungen die „Konkurrenz" des Neumediums Internet auf die Rundfunkrezeption und hier speziell auf das kognitive Wirkungspotential des Programmrundfunks hat, ist noch nicht hinreichend empirisch geklärt. Vieles deutet aber darauf hin, dass das jetzt schon geringe kognitive Wirkungspotential des Rundfunks durch die Konkurrenz der Internetdienste noch weiter abnehmen wird.[132]

cc) Emotionale Wirkungen

Weniger auf kognitive Aspekte, als auf die emotionale Wirkung von Fernsehdarbietungen konzentriert sich ***Noelle-Neumann***. Sie vertritt - entgegen Schönbach und Früh - die Auffassung, dass Fernsehen sehr viel stärker als andere Medien die öffentliche Meinung beeinflussen könne. Dies erfolge auch gezielt zur Verwirklichung politischer Ziele.[133] Generell bestehe in der modernen Mediengesellschaft die Tendenz einer zunehmenden Kumulation von Medieneinflüssen und einer sich immer mehr verstärkende Konsonanz, d.h. einer gegenseitige Bestätigung von Medienbotschaften, die eine immer dichtere und geschlossenere eigene Medienrealität schaffen, welcher sich die Rezipienten nicht entziehen können.[134]

---

131 So das Fazit von *Gleich/Groebel*, MP 1994, 369, bei ihrer Sichtung einer Vielzahl empirischer Studien zu diesem Problemkreis.

132 Vgl. *Goldhammer/Zerdick*, Rundfunk online, S.115ff., die auf den hohen Stellenwert der Informationssuche im Internet und jetzt schon erkennbare „Kannibalisierungstendenzen" des Internets gegenüber dem herkömmlichen Programmrundfunk verweisen.

133 S. *Noelle-Neumann*, in: dies. u.a. (Hrsg.), Lexikon Publizistik, S.520. Einen außergewöhnlichen Einfluss des Fernsehens auf die öffentliche Meinungsbildung bejahen z.B. auch *Schulz*, MP 1994, 318; *Kepplinger*, in: Franzmann u.a. (Hrsg.), Auf den Schultern von Gutenberg, S.250f.

134 Vgl. *Noelle-Neumann*, a.a.O., S.528. In diesem Zusammenhang ist auch die von Noelle-Neumann vertretene **These von der Schweigespirale** zu nennen. Ausgangspunkt ist die Vorstellung von einem sog. „doppelten Meinungsklima": Danach sorgen die Medien mit ihrem konsonanten und kumulativen Wirken zunächst dafür, dass sich eine bestimmte Meinung im öffentlichen Diskurs durchsetzt, und die gegenteilige (Minder)meinung mangels medialer Akzeptanz verschwindet bzw. zurückgedrängt wird. Die Anhänger der Mindermeinung werden dann in der Folge zunehmend verunsichert und verfallen in Schweigen. In einer Abwärtsspirale ziehen sie sich immer weiter aus dem öffentliche Diskurs zurück, während die über

Das Fernsehen, so Noelle-Neumann, wirkt im Prozess der Meinungsbildung als einziges Medium stark genug, um einen entscheidenden Einfluss auf politische Wahlentscheidungen der Rezipienten zu nehmen.[135] So sei z.B. die Bundestagswahl 1976, bei der sich die damalige sozialliberale Koalition nur knapp behaupten konnte, durch die unterschwellig negative Berichterstattung über den Herausforderer Helmut Kohl entscheidend beeinflusst worden: Helmut Kohl sei im Gegensatz zum Amtsinhaber Helmut Schmidt häufiger aus ungünstiger Kameraperspektive gefilmt worden und es hätte auch mehr Zwischenschnitte mit negativen Publikumsreaktionen gegeben, um die Fernsehrezipienten zu beeinflussen.[136] Diese unterschwellig und emotional wirkenden Darstellungsmethoden, so die These Noelle-Neumanns, hätten zum damaligen Wahlausgang entscheidend beigetragen.[137]

Für die Beantwortung der von Noelle-Neumann aufgeworfenen Frage, ob und inwieweit Rundfunkdarbietungen besondere emotionale Wirkungen entfalten, sind diejenigen Elemente der Rundfunkkommunikation herauszuarbeiten, die solche Wirkungen hervorbringen können. Entscheidend sind hier die audiovisuelle bzw. akustische Darbietungsmodalität von Fernsehen und Hörfunk, die Einbettung einzelner Fernseh- bzw Hörfunksendungen in eine zeitlich und inhaltlich vorgegebene Programmstruktur, sowie - als weitere Wirkungselemente - die Ausstrahlung zum gleichzeitigen Empfang und die räumliche Zerstreuung (Dispersion) des Rundfunkpublikums.

---

die Medien verbreiteten gegenläufigen Ansichten immer mehr an Bedeutung gewinnen. Eine besondere Bedeutung im Medienverbund soll dabei das Fernsehen, der „getarnte Elefant", haben (vgl. *Noelle-Neumann*, Wahlentscheidung in der Fernsehdemokratie, S.27ff., 144ff. mit entsprechenden Analysen der Bundestagswahlen 1972 und 1976). Die These von der Schweigespirale ist im heutigen Schrifttum sehr umstritten; bemängelt wird vor allem ihre mangelhafte empirische Fundierung (s. dazu nur *Kübler*, Kommunikation und Massenkommunikation, S.170f.; *Burkart*, Kommunikationswissenschaft, S.256, jeweils m.w.Nachw.).

135 Vgl. Noelle-Neumann, a.a.O., S.551.

136 S. dies., a.a.O., S. 552.

137 Ebda. Zu ähnlichen Ergebnissen wie Noelle-Neumann kommt *Kepplinger*, in: Franzmann/Fröhlich u.a. (Hrsg.), Auf den Schultern von Gutenberg, S.250f., bei seiner Analyse der Bundestagswahl 1990. Auch *Schulz*, MP 1994, 318 erkennt dem Fernsehen eine wahlentscheidende - und damit für die öffentliche Meinungsbildung ganz besonders bedeutsame - Rolle zu. Allgemein zu irrationalen Elementen des öffentlichen Meinungsbildungsprozesses s. auch *Noelle-Neumann*, Publizistik 42 (1997), 439ff.

(1) Die Darbietungsmodalität

Die Bedeutung der *„formalen medienspezifischen Angebotsweise“*[138] für den Rezeptionsvorgang wurde vor allem von ***Sturm*** herausgearbeitet. Nach ihren Erkenntnissen unterscheidet sich die Rezeption audiovisueller Darbietungen erheblich sowohl von der Textrezeption, als auch von einer face-to-face - Kommunikation. Bei der face-to-face - Kommunikation stehen fast durchgängig einige Halbsekunden zur Verfügung, in denen der jeweilige Rezipient eigene Erfahrungen und Erwartungen einbringen kann.[139] Beim Lesen von Texten ist diese Zeitspanne naturgemäß noch weitaus größer. Der Rezipient kann den gelesenen Text bildlich und verbal fortführen, bis hin zu langen Gedanken- und Erinnerungsketten.[140] Bei audiovisuellen Darbietungen bleibt ihm diese Zeit i.d.R. nicht. So ist gerade beim Fernsehen zu beobachten, dass durch die Betonung der visuellen Dimension die Zuschauer zwar den Bilderfluss verfolgen, zugehörige Texte aber nicht vollständig verarbeiten (sog. „Text-Bild-Schere“).[141] Durch die Geschwindigkeit der Kamerawechsel, Schnitte, Zooms und Montagen kann beim Fernsehen auch ein *„Verlust der inneren Verbalisierung“*[142] eintreten. Gerade diese Verbalisierung ist ein besonderes Merkmal der Aktivität des Rezipienten. Fehlt die Verbalisierung, kommt es zu einem innerlichen *„Verstummen“*[143] und damit einem bloß noch passiven Konsum des medialen Angebotes.

---

138 *Sturm*, in: Grewe-Partsch/Groebel (Hrsg.), Mensch und Medien, S.35; dies., in: Groebel/Winterhoff-Spurk (Hrsg.), Empirische Medienpsychologie, S.37; dies., in: Franzmann u.a. (Hrsg.), Auf den Schultern von Gutenberg, S.85.; s. auch *Vitouch*, in: Grewe-Partsch/Groebel (Hrsg.), Mensch und Medien, S.103f.; *Schenk*, Medienwirkungsforschung, S.82.

139 Vgl. *Sturm*, in: Grewe-Partsch/Groebel (Hrsg.), Mensch und Medien, S.38; dies. in: Groebel/Winterhoff-Spurk (Hrsg.), Empirische Medienpsychologie, S.40.

140 Vgl. *Sturm*, in: Franzmann u.a. (Hrsg.), Auf den Schultern von Gutenberg, S.90.

141 S. *Schenk*, Medienwirkungsforschung, S.84ff.

142 *Sturm*, in Grewe-Partsch/Groebel (Hrsg.), Mensch und Medien, S.38; s. auch *Schenk*, Medienwirkungsforschung, S.82f. Ähnliches wie für das Fernsehen gilt abgeschwächt auch für den Hörfunk: Das typische, aktive „Bilder-Mitsehen“ bei der akustischen Wahrnehmung z.B. im Rahmen der face-to-face - Kommunikation kann hier entfallen; ein „innerliches Verstummen der Rezipienten ist die Folge, vgl. *Sturm*, in: Franzmann u.a. (Hrsg.), Auf den Schultern von Gutenberg, S.91.

143 Mit dem Verstummen, d.h. dem Fehlen von „Aktivität“ ist hier zunächst nicht die „äußere“ Aktivität, also etwa die manuelle Auswahl verschiedener Fernsehsendungen mittels Fernbedienung, sondern die „innere“ Aktivität, z.B. eine spontane emotionale Reaktion auf die bewegten Bilder gemeint, vgl. *Sturm*, in: Grewe-Partsch/Groebel (Hrsg.), Mensch und Medien, S.38; dies. in: Franzmann u.a.

(2) Die Programmform

Wenn einzelne Sendungen in ein komplettes Programmschema eingebunden sind, kann der Rezipient dem Angebot (äußerlich und innerlich) passiv und praktisch nebenbei folgen, ohne eigene Anstrengungen zu unternehmen. Das Ordnungsraster des Programms erleichtert ihm die Orientierung; es kommt zur „Verschleifung“ einzelner Sendungen in einem steten Fluss aus Bildern und Tönen, ohne dass eine Zäsur den Zuschauer (oder Zuhörer) zum Ab- oder Umschalten bewegen könnte.[144] So wird ein tendenziell oberflächliches Rezeptionsverhalten ermöglicht, das typisch für die traditionelle Fernseh- und Hörfunknutzung ist. Die meisten Menschen sehen Fernsehen und Hörfunk eher als Form der passiven Zerstreuung, denn als Forum für die aktive Auseinandersetzung mit Meinungen. Fernsehen ist das weitaus „bequemste“ Massenmedium.[145] Ein wesentlicher Anreiz dafür, dass überhaupt ferngesehen wird, besteht in der anstrengungsfreien Entspannung und Ablenkung ohne größeren geistigen und körperlichen Aufwand.[146] ***Schenk*** führt dazu aus:

> *„Vielfach wird bei der Interpretation von Wirkungen (implizit) davon ausgegangen, daß Rezipienten Aktivität entfalten, bzw. Anstrengungen bei der Verarbeitung medialer Botschaften unternehmen. [...] Der eher* ***passive, unbeteiligte*** *Rezipient wird dagegen kaum noch für möglich gehalten. [...] Häufig stoßen Medien [...] auf nur unbeteiligte, nicht oder wenig interessierte Rezipienten, deren Informationsverarbeitung durch* ***'Low-involvement'*** *gekennzeichnet ist.“*[147]

Gerade dieses „low involvement“ bei der Rezeption audiovisueller Sendungen, die in feste Programmabläufe eingebunden sind, macht die Besonderheit rundfunkvermittelter Kommunikation und damit auch die

---

(Hrsg.), Auf den Schultern von Gutenberg, S.88. Ähnlich *Noelle-Neumann*, in: dies. u.a. (Hrsg.), Lexikon Publizistik, S.546. Ein innerlich passiver Konsum wird aber durch eine äußerliche Passivhaltung befördert und verstärkt.

144 Vgl. *Bleicher*, in: Zeitschrift für Literaturwissenschaft und Linguistik, Jg.26 (Heft 103), 101, 104.

145 Vgl. *Lieb*, Kabelfernsehen und Rundfunkgesetze, S.220f.; *Bismark*, Neue Medientechnologien, S.221, sowie auch BVerfGE 97, 228, 256 (Fernseh-Kurzberichterstattung“).

146 So die Diagnose von *Bekkers*, MP 1998, 83, 86.

147 *Schenk*, in Fünfgeld/Mast (Hrsg.), Massenkommunikation, S.160 [Hervorhebungen auch im Original].

besondere, vor allem emotionale Wirkungskraft des Rundfunks aus.[148] Eine aktiv - kritische Auseinandersetzung mit präsentierten Inhalten findet hier (anders als etwa beim Lesen einer Zeitung oder beim Nutzen einer World Wide Web - Seite) zumeist nicht statt.

Die Ursache für dieses tendenziell passive Konsumverhalten liegt vor allem in der Organisation von Rundfunksendungen und -programmen begründet:

Die linearen Medien Fernsehen und Hörfunk sind **in der Zeit organisiert**, und zwar auf doppelte Weise: Zum einen durch die Abfolge einzelner bewegter Bilder bzw. Töne (die sich z.B. zu einem Spielfilm oder einem Politikmagazin addieren), und zum anderen durch die Abfolge einzelner Spielfilme, Politikmagazine, Talkshows etc. (die sich dann ihrerseits zu einem kompletten Programm zusammensetzen).[149] Der Rezipient ist hier zeitlich gebunden. Er kann die gesendeten Beiträge in ihrer kontinuierlichen zeitlicher Abfolge verfolgen, ohne - wie typischerweise bei nichtlinearen Medien - selbst den zeitlichen Rezeptionsablauf interaktiv zu gestalten.[150] Für einen Rundfunkrezipienten ist die Vielfalt unterschiedlicher Meinungen nur erfahrbar, wenn sie sich innerhalb des vorgegebenen, linearen Programmablaufes widerspiegelt - ganz anders als bei den nichtlinearen Diensten, wo der Rezipient aus eine Vielzahl von Meinungen

---

148 S. dazu *Schenk*, in Fünfgeld/Mast (Hrsg.), Massenkommunikation, S.165; *Bekkers*, MP 1998, 83, 86; *Zimmer*, MP 1996, 487, 492; *Maletzke*, Bausteine zur Kommunikationswissenschaft, S.44f. Vgl. auch *Schönbach*, Publizistik 42 (1997), 279, 280: „[Es] spricht vieles dafür, daß wir auch nach dem Jahr 2000 sehr wohl werden unterscheiden können zwischen einem überwiegend passiven Medienkonsum [...] und den wirklich interaktiven, weil gleichsam konstruktiven Formen des Umgangs mit Medientechnik."; *Brosius*, Publizistik 42 (1997), 37, 40: „Eine größere Kommunikationskompetenz der Rezipienten setzt voraus, daß diese sich aktiv, selektiv, hoch involviert und intentional mit dem Fernsehprogramm auseinander setzen. [...] Dies scheint gerade in Anbetracht eher passiver Zuschauer, die an die programmliche Aufbereitung der Fernsehinhalte durch die Sender gewöhnt sind, eher unwahrscheinlich zu sein bzw. nur selten und nur für einzelne Rezipienten zuzutreffen." Vgl. auch *Bullinger/Mestmäcker*, Multimediadienste, S.53f.

149 Ähnlich *Lieb*, Kabelfernsehen und Rundfunkgesetze, S.224f.; *Bismark*, Neue Medientechnologien, S.224; *Bullinger/Mestmäcker*, Multimediadienste, S.53f.; s. auch *Bucher/Barth*, MP 1998, 517.

150 S. *Maletzke*, Kommunikationswissenschaft, S.79f; *Noelle-Neumann*, Wahlentscheidung in der Fernsehdemokratie, S.80; vgl. auch *Wieland*, Die Freiheit des Rundfunks, S.121ff.

auswählen und sich mit ihnen aktiv auseinander setzen kann.[151] Solche nichtlineare Medien, wie etwa traditionelle Texte, aber auch textorientierte Angebote im Internet, insbesondere im World Wide Web sind regelmäßig[152] **im Raum organisiert**: Gedruckte Seiten müssen z.B. auf- und umgeblättert oder auch überschlagen werden; Web - Seiten sind auf- und abwärtszubewegen (Scrolling) bzw. über die Nutzung von Hyperlinks in Richtung anderer Web - Seiten zu verlassen.[153] Der Rezipient ist hier zeitlich frei und wird - wenn er das Angebot nutzen will - zur aktiven zeitlichen Gestaltung des Rezeptionsablaufes veranlasst.[154]

„Mischformen" von textorientierten und audiovisuellen Angeboten können - je nach ihrem Schwerpunkt - nichtlinear/räumlich oder linear/zeitlich organisiert sein. Wenn bewegte Bilder in einen Textdienst integriert sind, etwa in Form von Videos innerhalb einer World Wide Web - Seite, kann der Rezipient den Film jederzeit anhalten, bzw. vor- oder zurücklaufen lassen. Hier fehlt es an einer Programmstruktur im Sinne einer zeitlichen Organisation. Anders ist die Sachlage aber z.B. dann, wenn einzelnen Textelementen (etwa Filmuntertiteln) nur eine untergeordnete Rolle im Fluss der Bilder und Töne bzw. in der Abfolge der miteinander zu einem kontinuierlichen Programm „verschliffenen" Sendungen zukommt.[155]

---

151 Vgl. *Bismark*, Neue Medientechnologien, S.224f.; *Lieb*, Kabelfernsehen und Rundfunkgesetze, S.224.

152 Zu den Sonderfällen der Internet Push - Dienste und zum Internet Broadcasting, also den Audio- und Video-Stream-Programmen im Internet s. auch S.148f.; S.159ff. Einen Sonderfall stellen auch **Texte „in Programmform"** dar, z.B. Texttafeln, die - wie etwa beim Oberfränkischen Teleinformationskanal - in fortlaufender Reihenfolge vom Diensteveranstalter eingeblendet werden. Anders als beim Videotext hat der Rezipient hier keine Steuerungsmöglichkeit zur Abfolge der Texttafeln. Solche Texte „in Programmform" sind zwar ähnlich den herkömmlichen Programmen in der Zeit organisiert, es fehlt aber an der besonderen, vor allem emotionalen Wirkungskraft der audiovisuellen Darbietungsmodalität. Zur rechtlichen Beurteilung solcher Texte „in Programmform" s. S.93f.

153 S. hinsichtlich traditioneller Texte auch *Lieb*, Kabelfernsehen und Rundfunkgesetze, S.224; *Bismark*, Neue Medientechnologien, S.224. Vgl. zur Differenzierung zwischen in der Zeit und im Raum organisierten Medien auch *Noelle-Neumann*, in: dies. u.a. (Hrsg.), Lexikon Publizistik, S.546.

154 S. *Maletzke*, Kommunikationswissenschaft, S.79; vgl. auch *Noelle-Neumann*, Wahlentscheidung in der Fernsehdemokratie, S.80; *Wieland*, Die Freiheit des Rundfunks, S.121f.

155 Zur Abgrenzung dieser „Mischformen" aus verfassungsrechtlicher Perspektive s.u. S.93ff.

(3) Weitere Wirkungselemente

Die besonderen Rundfunkwirkungen sind auch auf die Ausstrahlung der Sendungen zum **zeitgleichen Empfang** zurückzuführen. Hier ist zunächst ein spezieller Öffentlichkeitseffekt der zeitgleichen Rezeption von Bedeutung: Jeder Rezipient weiß, dass alle anderen Rezipienten die mediale Botschaft praktisch zur gleichen Zeit sehen, hören und erfahren können, womit sich das spezifische Wirkungspotential des Rundfunks gegenüber anderen Medien noch verstärkt.[156]

Neben diesem Öffentlichkeitseffekt spielt auch eine Rolle, dass die Zeit des Rezeptionsvorganges vom Veranstalter vollständig fremdbestimmt ist, wenn Sendungen (in zeitlich strukturierter Programmform) zum gleichzeitigen Empfang ausgestrahlt werden.[157] Fernsehen lässt sich hier als *„sozialer Zeitgeber"*[158] verstehen, der den Empfängern eine feste Zeitordnung für ihr soziales Handeln bietet.[159] Die Rezipienten akzeptieren die *„zeitliche Totalität"*[160] der Programmausstrahlung; ihnen bleibt nur die Möglichkeit des Abschaltens oder Umschaltens auf ein anderes Programm.

Schließlich dürfte auch die **räumliche Zerstreuung** der Rezipienten zur spezifischen Wirkungskraft von Rundfunkdarbietungen beitragen. Infolge ihrer räumlichen Trennung und der fehlender Kommunikationsmöglichkeiten untereinander sind die Rezipienten gegenseitig „anonym".[161] Anders als bei einem Präsenzpublikum (z.B. den Zuschauern einer politischen Podiumsdiskussion) können sie die Reaktionen praktisch aller anderen Rezipienten (z.B. Zwischenrufe, Beifall etc.) nicht wahrnehmen, sie können nicht unmittelbar darauf reagieren.[162] Eine Rundfunkdarbietung, bei der die Rezeption durch ein räumlich zerstreutes Publikum erfolgt, kann ihr spezielles Wirkungspotential uneingeschränkter entfalten, als wenn eine „Bre-

---

156 Zum Öffentlichkeitseffekt vgl. *Noelle-Neumann*, in: dies. u.a. (Hrsg.), Lexikon Publizistik, S.528.

157 Vgl. *Lieb*, Kabelfernsehen und Rundfunkgesetze, S.223.

158 Begriff von *Neverla*; zit. nach: *Burkart*, Kommunikationswissenschaft, S.310.

159 S. *Burkart*, a.a.O.

160 *Lieb*, Kabelfernsehen und Rundfunkgesetze, S.224.

161 S. *Maletzke*, Psychologie der Massenkommunikation, S.29.

162 Eine direkte Interaktion ist regelmäßig nur mit einzelnen Rezipienten, z.B. aus dem Familien-/Freundeskreis, möglich, wenn die Rundfunkdarbietung gemeinsam (etwa innerhalb eines Raumes) rezipiert wird.

chung“ der Wirkungskraft durch die unmittelbare sinnliche Wahrnehmung von Reaktionen der anderen „präsenten“ Rezipienten möglich ist.[163]

Ob und inwieweit die neuen multimedialen Dienste im **Internet** ein dem herkömmlichen Rundfunk vergleichbares emotionales Wirkungspotential aufweisen, ist derzeit noch nicht hinreichend geklärt. Zwar sind Internetdienste einerseits genauso wie Rundfunkdienste an räumlich zerstreute Publika gerichtet; auf der anderen Seite sind sie allerdings (vom Sonderfall des Internet Broadcasting abgesehen) typischerweise eben keine audiovisuellen Programmdienste und werden auch nicht zum gleichzeitigen Empfang ausgestrahlt.[164] Da es ihnen an all diesen Elementen fehlt, die eine besondere emotionale Wirkungskraft des Rundfunks begründen können, lässt sich auch nicht von einer gegenüber dem Rundfunk bloß quantitativ abgeschwächten, aber qualitativ vergleichbaren emotionalen Wirkungskraft sprechen.[165]

Interessanterweise deuten erste empirische Studien auch darauf hin, dass Internetdiensten - ähnlich wie Presseerzeugnissen - vorrangig kognitive Informationsbedürfnisse der Rezipienten entgegenbracht werden.[166] Gerade die kognitiven Wirkungen des Rundfunks sind aber im Vergleich zu anderen Medien, insbesondere der Presse, nur gering.[167]

---

[163] Die tendenzielle Anonymität und die Öffentlichkeitseffekte der Rundfunkrezeption sind voneinander zu unterscheiden: Während die Anonymität der Rezipienten die fehlende räumliche Nähe und damit die fehlende direkte Wahrnehmung aller anderen Rezipienten beschreibt, verweist die Vorstellung von speziellen Öffentlichkeitseffekten einer zeitgleichen Rundfunkrezeption auf eine „virtuelle“, zunächst nur in der Vorstellung der einzelnen Rezipienten existente, Nähe. Praktische Konsequenz dieser „virtuellen“ Nähe sind sog. Multiplikatoreffekte, die z.B. nach sportlichen Großereignissen, die live im Fernsehen übertragen werden, eintreten können. Zu solchen Multiplikatoreffekten s.u. S.73f.

[164] Zu einzelnen Internetdiensten s.u. S.148f. (Internet Push - Dienste), S.151ff. (World Wide Web, Newsgroups, Mailing Lists) und S.158ff. (Internet Relay Chat, Internet Broadcasting).

[165] So aber tendenziell *Eberle*, CR 1996, 193, 195; *Michel*, ZUM 1998, 350, 351f.

[166] Vgl. *Goldhammer/Zerdick*, Rundfunk online, S.122ff.

[167] S.o. S.55ff.

### *3. Einordnung der These des BVerfG in den Kontext der Wirkungsforschung*

Unter einer „Suggestivkraft" lässt sich, wie oben festgestellt, vom Wortlaut her eine sehr starke Kraft verstehen, die die Fähigkeit zu einer finalen bzw. kausalen Beeinflussung derjenigen besitzt, die einer solchen Kraft ausgesetzt sind.[168] Diese Auffassung ist der klassischen Modellvorstellung starker Medienwirkungen und passiver Rezipienten entlehnt und wird in ihrer eindimensionalen Aussage von der modernen Medienwirkungsforschung so nicht bestätigt.[169] Medienwirkungen spielen sich in einem komplexen Umfeld aus gesellschaftlichen, situativen und interpersonalen Kontexten ab, die mit einem einfachen stimulus-response-Modell nicht hinreichend beschrieben werden können.[170]

Mit dieser Feststellung ist die These von der „Suggestivkraft" des Rundfunks aber noch nicht falsifiziert. Denn auch in der heutigen Wirkungsforschung gibt es Stimmen, die weiterhin für eine Annahme starker (emotionaler) Medienwirkungen - insbesondere im Hinblick auf das Fernsehen - plädieren.[171] Auf der Basis dieser Auffassung in der modernen Wirkungsforschung ist die Hypothese von der „Suggestivkraft" des Rundfunks wohl in der Abschwächung haltbar, dass ihm zwar keine „Suggestivkraft", aber eben eine **rundfunkspezifische Wirkungskraft** zuzuschreiben ist.

Die Unterscheidung zwischen „Suggestivkraft" und „rundfunkspezifischer Wirkungskraft" ist dabei keine bloße Leerformel, sondern sehr bedeutsam. Denn es macht einen gewichtigen Unterschied, ob ein Medium schon per definitionem als große Gefahrenquelle „abgeurteilt" wird, oder ob ein neutraler - und daher einem sachlichen Diskurs eher zugänglicher - Begriff Verwendung findet. Die rechtliche Auseinandersetzung wird nicht nur über die Sprache, sondern auch mit der Sprache geführt. Eine einseitige Begriffswahl verführt zu einer einseitigen Interpretation.[172] Deshalb erscheint

---

168 Vgl. S.44ff.

169 S.o. S.53ff. Zum gleichen Ergebnis kommt *W.Schulz*, ZUM 1996, 487, 492.

170 S. nur *Schenk*, Medienwirkungsforschung, S.441.

171 Vgl. z.B. *Noelle-Neumann*, in: dies. u.a. (Hrsg.), Lexikon Publizistik, S.520; *Kepplinger*, in: Franzmann u.a. (Hrsg.), Auf den Schultern von Gutenberg, S.251; *Schulz*, MP 1994, 318; tendenziell auch *Schenk*, in: Fünfgeld/Mast (Hrsg.), Massenkommunikation, S.166.

172 So ist z.B. im ersten DLM - Strukturpapier vom 16.12.1997 und 09.12.1998 (Aktualisierte Fassung), jeweils Ziff. 2.1.2., von „manipulierten" Bildern die Rede, die der Rezipient „für bare Münze" nimmt. Diesem Sprachgebrauch liegt ein eindi-

es sinnvoll, nicht von einer „Suggestivkraft“, sondern von einer „rundfunkspezifischen Wirkungskraft“ zu sprechen.

Unabhängig von der überspitzten Begriffswahl ist hier besonders interessant, welches Verständnis der Rundfunk- und Massenkommunikation das BVerfG mit seiner These von der rundfunkspezifischen Wirkungskraft (zumindest inzident) zugrunde legt.[173]

Wie oben festgestellt,[174] ist die rundfunkspezifische Wirkungskraft ganz wesentlich auf die Einbettung einzelner Sendungen in ein Programmschema zurückzuführen: Der Rezipient kann sich über bloßes Ein- und Ausschalten des Empfangsgerätes in den zeitlich vorgegebenen Programmablauf praktisch „hineinfallen“ lassen. Aktive bzw. interaktive Leistungen werden ihm bei dieser Form des „couch viewings“[175] nicht abverlangt; die Sendefolge wird einseitig vom Rundfunkveranstalter vorgegeben. Der Rezipient wird dadurch zur Passivität und zum „low involvement“ verleitet, was die Möglichkeit der vom BVerfG postulierten Beeinflussungsmöglichkeit erst eröffnet.[176]

Die rundfunkspezifische Wirkungskraft ist auch auf andere „Eigenschaften“ der Rundfunkkommunikation zurückzuführen, vor allem die audiovisuelle Darbietungsmodalität.[177] Das BVerfG führt aus, dass

> *„eine lediglich mit Standbildern illustrierte Textberichterstattung [nicht zu vergleichen ist mit einer] Ausstrahlung von bewegten Bildern: Fernsehberichterstattung ist, auch wenn sie nachrichtenmäßig erfolgt, wo immer möglich* ***Berichterstattung mit bewegten Bildern. Gerade hierin liegt das Spezifikum des Mediums****, durch das es sich von Hörfunk und Presse unterscheidet.“*[178]

mensionales Ursache-Wirkungs-Verständnis medialer Wirkungen zugrunde, das in dieser Form von der modernen Forschung nicht bestätigt wird.

173 Zur vom BVerfG vertretenen Sonderdogmatik der Rundfunkfreiheit gegenüber anderen Freiheitsrechten, die sich ganz wesentlich auf das Postulat einer besonderen Suggestivkraft des Rundfunks stützt, s.u. S.177ff.

174 S.o. S.60ff.

175 Zum „couch viewing“ und „desk viewing“ s. nur *Bullinger/Mestmäcker*, Multimediadienste, S.26.

176 Vgl. dies., a.a.O., S.30f., 54.

177 S.o. S.59.

178 BVerfGE 97, 228, 259 [Hervorhebung nicht im Original].

Eine weitere wesentliche Eigenschaft ist die Ausstrahlung der Rundfunksendungen zum zeitgleichen Empfang.[179] Im Urteil des BVerfG vom 17.02.1998 („Fernseh-Kurzberichterstattung") heißt es insoweit, dass

> *„Fernsehen [...] das einzige Medium [ist], das* ***zeitgleich*** *in Bild und Ton über ein Ereignis zu berichten vermag. Wegen [...] seiner bequemen Verfügbarkeit ist es mittlerweile zu dem Medium geworden, aus dem der größte Teil der Bevölkerung seinen Informationsbedarf deckt."*[180]

Darüber hinaus spielt auch die räumliche Zerstreuung (Dispersion) der Rezipienten eine Rolle für die Wirkmächtigkeit des Rundfunks.[181]

Erst das **kumulative** Zusammentreffen all dieser „Eigenschaften" macht die spezifische Wirkungskraft von Rundfunkdiensten gegenüber anderen Kommunikationsformen aus. Die These des BVerfG stützt sich damit im Grunde genommen auf das traditionelle, von Maletzke geprägte Verständnis massenmedialer Kommunikation, und steht in einem gewissen Gegensatz und Spannungsverhältnis zu der Auffassung von einem schnellen, aus der technischen Konvergenz resultierenden Zusammenwachsen medialer Rezeptionsmuster.[182] Im Ergebnis läuft die These von speziellen „Suggestivkräften" des Rundfunks nämlich auf nichts anderes hinaus, als dass zwischen „suggestiven" Formen von Fernsehen und Hörfunk auf der einen Seite und „nicht - suggestiven" Kommunikationsdiensten, die im Zuge der Konvergenzentwicklung eine größere inhaltliche und zeitliche Disponsibilität des Rezipienten ermöglichen, zu differenzieren ist. Dieses Verständnis des „Lebenssachverhaltes Rundfunk" hat - wie später in **Teil C und D** gezeigt wird - auch Konsequenzen für die Interpretation des verfassungsrechtlichen und einfachrechtlichen Rundfunkbegriffs, sowie die funktionsbezogenen Gewährleistungsbereiche der öffentlich - rechtlichen Rundfunkanstalten.

---

179 S.o. S.63ff.

180 BVerfGE 97, 228, 256. Zur Bewertung der Aussage des BVerfG in E 74, 297, 351f. aus dem Jahre 1987, wonach der gleichzeitige Empfang als (verfassungsrechtliches) Abgrenzungskriterium für rundfunkvermittelte Kommunikation nur „schwerlich als bedeutsam" betrachtet werden kann, s.u. S.100ff.

181 S.o. S.63ff.

182 S. zur Konvergenz S.36ff.

## V. Besondere „Aktualität“ des Rundfunks

Nach Auffassung des BVerfG nimmt der Rundfunk nicht nur wegen seiner speziellen Wirkungskraft, sondern auch wegen seiner besonderen „*Aktualität*“[183] eine herausgehobene Stellung im Medienverbund ein.

Die **DLM** hat in ihrem ersten Strukturpapier zur Abgrenzung von Rundfunk und Mediendiensten das Kriterium der „Aktualität“ wie folgt definiert:

> *„Die durch die Produktions- und Verbreitungstechnik des Rundfunks ermöglichte Aktualität der vermittelten Inhalte erzeugt beim Rezipienten den Eindruck der Teilhabe am Geschehen und motiviert dazu, sich meinungsbildend damit auseinanderzusetzen.“*[184]

Mit der Produktionstechnik spricht die DLM die rundfunkspezifische Darbietungsmodalität (Ton und Bewegtbild) an, die eine direkte Live-Übertragung ohne den Umweg über die indirekte Darstellung in Textform zulässt.

Die Nutzung elektromagnetischer Schwingungen ermöglicht einen Transport in „*Nullzeit*“ [185] zum Rezipienten. Eine solche Übertragung von Ton und Bewegtbildern zeichnet eine gesteigerte Aktualität aus, die von reinen Texterzeugnissen - egal ob elektromagnetisch übertragen oder schriftlich fixiert - per se nicht ausgehen kann. Zwar gehört Aktualität auch zu den kennzeichnenden Merkmalen von herkömmlichen Presseerzeugnissen,[186] wobei es z.B. zwischen Zeitschriften und Zeitungen graduelle Abstufungen der Aktualität gibt: Das Merkmal Aktualität ist bei der Zeitschrift gegenüber der Zeitung nur abgeschwächt, weil Zeitungen regelmäßig in geringeren Zeitabständen (meist täglich) als Zeitschriften (wöchentlich, monatlich

---

183 BVerfGE 90, 60, 87.

184 Erstes DLM-Strukturpapier vom 16.12.1997 und 09.12.1998 (Aktualisierte Fassung), jeweils Ziff. 2.1.

185 Zum Begriff s. *Neverla*, in: Franzmann u.a. (Hrsg.), Auf den Schultern von Gutenberg, S.270. Vgl. auch *Lieb*, Kabelfernsehen und Rundfunkgesetze, S.221; *Bismark*, Neue Medientechnologien, S.221.

186 Neben der Publizität (d.h. Öffentlichkeit, allgemeine Zugänglichkeit), Universalität (d.h. keine Begrenzung auf bestimmte Inhalte) und Periodizität (d.h. regelmäßig wiederkehrende Erscheinungsweise), vgl. *Noelle-Neumann/Wilke*, in: Noelle-Neumann u.a. (Hrsg.), Lexikon Publizistik, S.417f.

oder vierteljährlich) erscheinen.[187] Internetdienste, wie z.B. Informationsangebote im World Wide Web, können zwar praktisch stündlich oder sogar minütlich aktualisiert werden, aber es fehlt eben (wenn man vom Sonderfall des Internet Broadcasting in der Form von Audio- und Video-Stream-Programmen absieht)[188] an der direkten und unvermittelten Live-Transportmöglichkeit „in Nullzeit" zum Rezipienten. Zwischen textorientierten Darbietungen auf der einen und audiovisuellen Darbietungen auf der anderen Seite besteht insoweit nicht nur ein gradueller, sondern ein qualitativer Unterschied in Sachen Aktualität.[189]

Audiovisuelle Medien sind sog. „natürliche" Medien, d.h. der Rezipient sieht und hört, ohne dass - wie beim Lesen - eine weitere Entschlüsselung (sog. kognitive Dekodierung) erforderlich ist.[190] Fernsehzuschauer und Radiohörer erhalten durch diese „Augenzeugen"- Perspektive einen qualitativ völlig anderen Eindruck von der Realität als beim Lesen von Texten: Es entsteht ein Eindruck von „Authentizität", und Glaubwürdigkeit, den schriftliche Texte nicht hervorrufen können.[191] Im Urteil des BVerfG vom

---

[187] Vgl. *Noelle-Neumann/Wilke*, in: Noelle-Neumann u.a. (Hrsg.), Lexikon Publizistik, S.427 m.w. Nachw.

[188] Zur rechtlichen Beurteilung des Internet Broadcasting s. S.159ff.

[189] Allerdings ist zu konstatieren, dass auch innerhalb der eher textorientierten Medien, vor allem bei den Internetdiensten, eine hohe Erwartungshaltung der Rezipienten bzgl. der Geschwindigkeit der Informationsvermittlung besteht. Zu den sog. „Flash Crowds" im Internet nach Großereignissen s. *Goldhammer/Zerdick*, Rundfunk online, S.160.

[190] Vgl. *Mattenklott/Donsbach/Brosius* in: Franzmann u.a. (Hrsg.), Auf den Schultern von Gutenberg, S.255f.; *Noelle-Neumann*, in: dies. (Hrsg.), Lexikon Publizistik, S.546; *Vitouch*, in: Grewe-Partsch/ Groebel (Hrsg.), Mensch und Medien, S.95.

[191] S. *Ravenstein*, in: Jarren/Knaup/Schatz (Hrsg.), Jahrbuch 1995 Politik und Kommunikation, S.20. Vgl. auch *Bismark*, Neue Medientechnologien, S.222 und *Eberle*, CR 1996, 193, 194, der den Aspekt der „Authentizität" allerdings nur der „Suggestivkraft" des Rundfunks zuordnet. M.E. bestehen zwischen der „Authentizität" des Rundfunks und der rundfunkspezifischen Wirkungskraft durchaus gewisse Überschneidungen: Da der Rezipient beim Rundfunk keine solchen Dekodierungsleistungen wie bei textorientierten Diensten vollbringen muss, verstärkt dies noch einen passiv-mühelosen Konsum, was die Anfälligkeit gegenüber dem besonderen Wirkungspotential des Fernsehens erhöht (vgl. auch *Noelle-Neumann*, Wahlentscheidung in der Fernsehdemokratie, S.80). Eine trennscharfe Abgrenzung ist also nicht möglich, es gibt Wechselbeziehungen. Festhalten lässt sich aber, dass die besondere „Aktualität" bewegter Bilder primär auf den realen und glaubhaften Charakter audiovisueller Darbietungen zurückzuführen ist; die Bilder können „live" ausgestrahlt werden und damit auch besonders „authentisch" wirken. Demgegenüber liegt die „Suggestivkraft" wohl vor allem in der passiven Rezeptionssituation begründet, die nicht nur auf die audiovisuelle Darbietungsmodalität, son-

17.02.1998 („Fernseh - Kurzberichterstattung“) wird dementsprechend auch der *„Anschein[...] der Authentizität und des Miterlebens“*[192] besonders betont, der den Rundfunk von anderen Medien unterscheidet.

Ähnlich wie bei der Entschlüsselung durch den Rezipienten erfolgt auch die Verschlüsselung durch den Kommunikator (sog. Kodierung) bei audiovisuellen Darbietungen auf anderem Wege als bei der Formulierung schriftlicher Texte. Texte sind das Ergebnis eines tiefgreifenden Transformationsprozesses von der vielfältigen Realität in das Gefäß der Schrift. Audiovisuelle Aufzeichnungen dagegen bilden die Realität - wenn auch nicht im Verhältnis 1:1, sondern durch die Wahl der Darstellungstechnik beeinflusst - mehr oder weniger direkt ab, ohne dass es eines solchen besonderen Transformationsprozesses bedarf.[193] Sie können damit, wie sich vielleicht in Anlehnung an den Titel von ***Siegfried Kracauers*** berühmter Filmtheorie[194] formulieren lässt, „der Errettung der äußeren Wirklichkeit“ dienen, was textorientierten Medien nicht oder zumindest nicht in dieser Form möglich ist.

Audiovisuelle Darbietungen sind wegen des Fehlens dieser textspezifischen Kodierungs- bzw. Dekodierungsvorgänge (potentiell) immer schneller, eben „aktueller“ als Texte. Dem BVerfG ist daher zuzustimmen, dass audiovisuelle Darstellungsformen eine nicht nur gesteigerte, sondern qualitativ anders geartete Aktualität als Textdarbietungen aufweisen, und dass diese Aktualität ein besonderes Kennzeichen rundfunkvermittelter Kommunikation ist.

---

dern auch auf die Einbettung einzelner Sendungen in ein zeitlich und inhaltlich strukturiertes Programmschema zurückgeführt werden kann.

192 BVerfGE 97, 228, 256.

193 Vgl. *Mattenklott/Donsbach/Brosius*, in: Franzmann u.a. (Hrsg.), Auf den Schultern von Gutenberg, S.255f.. Zum Einfluss der Aufnahme- und Editionstechnik auf die Realitätsdarstellung vgl. *Noelle-Neumann*, in: dies. u.a. (Hrsg.), Lexikon Publizistik, S.547f; *Kepplinger*, in: Noelle-Neumann u.a. (Hrsg.), Lexikon Publizistik, S.352ff.; *Burkart*, Kommunikationswissenschaft, S.261f., 311ff. Zur „Gatekeeper“ - Funktion des Fernseh-Journalisten, der die ausgestrahlten Informationen optisch und inhaltlich aufbereitet s. z.B. *Burkart*, Kommunikationswissenschaft, S.264ff.

194 *Kracauer*; Theorie des Films - Die Errettung der äußeren Wirklichkeit; Frankfurt a.M.: 1973.

## VI. Besondere „Breitenwirkung" des Rundfunks

Das BVerfG benennt die hohe „*Breitenwirkung*"[195] als dritte besondere Eigenschaft rundfunkvermittelter Kommunikation. Mit der Breitenwirkung ist die Reichweite des Mediums angesprochen, also die Frage, wieviele Personen von ihm erreicht werden.[196]

Mit dieser Problemstellung befasst sich die sog. **Mediaforschung**.[197] Sie untersucht die Nutzungsverteilung von Massenmedien in der Bevölkerung, wobei traditionell zwischen Leserforschung (für die Printmedien) und Hörer- bzw. Zuschauerforschung (Hörfunk, Fernsehen), unterschieden wird.[198] Die Forschung hinsichtlich der neuen Online - Angebote im Internet steht naturgemäß noch am Anfang.[199] Bereits in den 1960er Jahren startete die ARD eine **Langzeitstudie „Massenkommunikation"** mit dem Ziel, das Nutzungsverhalten bei verschiedenen medialen Angebotstypen vergleichend zu analysieren.[200] In Zeitintervallen von fünf Jahren werden die relevanten Daten des Leser-, Hörer- und Zuschauerverhaltens seitdem erhoben. Die siebte und bislang letzte Erhebungswelle erfolgte 1995.[201]

Der Datenbefund der letzten Erhebung zeigt einen steilen Anstieg der Fernsehreichweite von 47 %[202] im ersten Erhebungsjahr 1964 bis auf 91 % im Jahr 1995. Im gleichen Zeitraum stieg die durchschnittliche Verweildauer der Zuschauer vor dem Fernsehapparat um fast 50 % (1964: 2 Stunden 29 Minuten pro Tag; 1995: 3 Stunden 27 Minuten). Beim Hörfunk ist der gleiche Trend festzustellen, allerdings schwächer ausgeprägt (1964:

---

195 BVerfGE 90, 60, 87.

196 Vgl. *Schulz*, in: Noelle-Neumann u.a. (Hrsg.), Lexikon Publizistik, S.193.

197 Historisch gesehen liegen die Anfänge der Printmedienforschung in den ersten Jahren nach dem zweiten Weltkrieg. Als frühe Vorläufer können aber auch schon die ersten leserkundlichen Erhebungen angesehen werden, die am Deutschen Institut für Zeitungskunde in Berlin und am Institut für Zeitungskunde der Universität Leipzig zur Zeit der Weimarer Republik durchgeführt wurden (s. dazu *Schulz*, in: Noelle-Neumann u.a. (Hrsg.), Lexikon Publizistik, S.187f. m.w. Nachw.).

198 Ebda.

199 S. dazu z.B. die Untersuchungen von *Goldhammer/Zerdick*, Rundfunk online, insbes. S.107ff.; *Schröter/Ewald*, MP 1996, 478; *Zimmer*, MP 1996, 487.

200 Vgl. *Kiefer*, MP 1996, 234.

201 Erhebungsdaten nach *Kiefer*, MP 1996, 234, 235 (Tabelle 2). Die Daten für das Jahr 2000 konnten hier noch nicht berücksichtigt werden. Zu Änderungen der traditionellen Fernseh- und Hörfunknutzung durch das Internet (Stichwort: „Kannibalisierungstendenzen") s. *Goldhammer/Zerdick*, Rundfunk online, S.112ff.

202 Bezogen auf 100 % Gesamtbevölkerung.

Reichweite 68 %, Verweildauer 2 Stunden, 11 Minuten; 1995: Reichweite 75 %, Verweildauer 2 Stunden 58 Minuten). Demgegenüber bewegt sich die Nutzungstendenz bei der Tageszeitung auf einem deutlich niedrigeren Niveau als beim Fernsehen bzw. einem etwa niedrigeren Niveau als beim Hörfunk) und ist dazu noch leicht abnehmend (1964: Reichweite 69 %, Verweildauer 52 Minuten; 1995: Reichweite 68 %, Verweildauer 45 Minuten.

Diese Befunde der Langzeitstudie sind zunächst nicht überraschend. Interessant ist aber die Frage, warum der Rundfunk - und hier insbesondere das Fernsehen - innerhalb von drei Jahrzehnten zum dominierenden Leitmedium geworden ist. Im ersten Strukturpapier der **DLM** heißt es dazu, dass

> *„die Breiten- oder Massenkommunikationswirkung des Rundfunks [...] herkömmlicherweise darin [besteht], daß er einer (zunächst) unüberschaubaren Vielzahl von Menschen zeitgleich Tatsachen und Meinungen vermittelt. Es tritt für einen identischen Inhalt ein zeitgleicher Multiplikationseffekt ein. Für diese Breitenwirkung sind weniger Bewegtbild und Ton sowie die redaktionell gestalteten Inhalte bedeutsam, sondern die Eigenschaft als Verteildienst, der - ähnlich dem Wasser in einem zentralen Versorgungssystem - ständig in praktisch allen Haushalten präsent ist und dessen Inhalt per Knopfdruck rezipierbar ist."*[203]

Nach Auffassung der DLM liegt die besondere Breitenwirkung des Rundfunks also zum einen in seiner ständigen zeitgleichen Verfügbarkeit für praktisch alle Rezipienten, und zum anderen in seiner einfachen Rezipierbarkeit auf Knopfdruck begründet. Diese Kriterien lassen sich auch mit den Begriffen der Kommunikations- und Medienforschung umschreiben:

Die Rezeption „per Knopfdruck“ verweist auf das Konzept des passiven Rezipienten. Er kann sich über bloßes Ein- und Ausschalten des Empfangsgerätes in einen vorgegebenen Programmablauf „hineinfallen“ lassen, ohne dass ihm aktive Leistungen abverlangt werden. Gerade die Möglich-

---

[203] Erstes DLM - Strukturpapier vom 16.12.1997 und 09.12.1998 (Aktualisierte Fassung), jeweils Ziff. 2.1. Kritisch zur Annahme einer undifferenzierten besonderen Breitenwirkung aller Rundfunkdienste *Charissé*, Rundfunkveranstaltungsfreiheit, S.95, der auf erhebliche Unterschiede in der Reichweite bundesweiter TV - Sender und lokaler Hörfunkprogramme hinweist.

keit des oberflächlichen „couch viewings“ infolge der einseitigen Vorgabe des Programmablaufs und der audiovisuellen Darbietungsmodalität fördert die besondere Breitenwirkung des Rundfunks. Die Attraktivität dieses Konsumverhaltens wird durch die audiovisuelle Darbietungsmodalität noch verstärkt, weil bewegte Bilder wegen der Augenzeugenperspektive und ihres Live - Charakters für eine Vielzahl von Rezipienten reizvoller sind als statische Texte. Wesentlich für die hohe Reichweite ist auch die Ausstrahlung der Rundfunkdarbietungen an die Allgemeinheit zum gleichzeitigen Empfang, weil so ein besonderer zeitlicher „*Multiplikatoreffekt*“[204] der verbreiteten Inhalte entsteht.

Für diesen Multiplikationseffekt ist zunächst - wie auch beim Massenkommunikationsmittel Presse - wesentlich, dass einer unüberschaubaren Vielzahl von Menschen die Sendeinhalte vermittelt werden (quantitatives Element), ohne dass der Kommunikator bestimmte Rezipienten vom Empfang ausschließen will (qualitatives Element). Der spezielle Multiplikationseffekt des Rundfunks gründet sich aber - anders als bei der Presse - auch darauf, dass diese Übermittlung **zeitgleich** erfolgt (zeitliches Element). Gerade der Zeitfaktor kann im öffentlichen Diskurs eine entscheidende Rolle spielen. ***Herrmann*** benennt als Beispiel für die Bedeutung eines solchen zeitgleichen Multiplikatoreffektes die Fernseh - Live - Übertragung der SED - Pressekonferenz in Ost - Berlin vom 9. November 1989, die der Auslöser dafür war, dass „*urknallartig an hundert Punkten die Grenze zwischen Deutschland und Deutschland*“[205] innerhalb von nur wenigen Stunden fiel. Ohne die zeitgleiche Teilhabemöglichkeit einer Vielzahl von Menschen an der Fernsehübertragung wäre dieser rundfunkspezifische Multiplikatoreffekt, der die Massen vor allem auf die Straßen Ost-Berlins und Richtung Mauer trieb, wohl nicht eingetreten. Als weiteres (wenn auch historisch weniger gewichtiges) Beispiel für die Bedeutung des zeitgleichen Empfangs ließen sich die Live - Übertragungen der Fußball-Weltmeisterschaft 1990 und der Europameisterschaft 1996 nennen, als der Gewinn des Welt- bzw. Europameistertitels innerhalb von nur kurzer Minuten und Stunden hunderttausende von Menschen in der ganzen Bundesrepublik auf die Straßen brachte. Die Presseberichterstattung hatte zwar ebenfalls einer (quantitativ) unüberschaubaren Vielzahl von Menschen die jeweiligen Endspielresultate und auch Standbilder vom Spielverlauf über-

---

[204] *Herrmann*, Rundfunkrecht, § 2 Rn. 88f.

[205] Ebda. Insoweit spielt neben der „Gleichzeitigkeit des Empfangs“ auch noch die „Aktualität“ der Live-Darbietung eine entscheidende Rolle. S. dazu S.68ff.

mittelt, sie konnte diesen rundfunktypischen, die Bevölkerung „spontan" und fast zeitgleich in Bewegung setzenden, Multiplikatoreffekt aber gerade nicht erreichen.[206]

Für die hohe Reichweite des Rundfunks ist letztlich auch die räumliche Zerstreuung der Rezipienten verantwortlich. Gerade die Tatsache, dass eine Vielzahl von (beliebigen) Menschen an einer Vielzahl von (beliebigen) Orten die ausgestrahlten Darbietungen empfangen kann, ist eine wichtige Voraussetzung für die hohe Breitenwirkung rundfunkvermittelter Kommunikation.[207]

---

206 Ähnliches wie für traditionelle Presseerzeugnisse, z.B. Zeitungen mit ihrem herkömmlichen Distributionsweg, dürfte auch für den Online-Vertrieb von Informationsangeboten z.B. im World Wide Web gelten.

207 Vgl. auch *Ricker/Schiwy*, Rundfunkverfassungsrecht, S.65f.; BVerfGE 97, 228, 256.

# C. Der Rundfunkbegriff

## I. Merkmale des verfassungsrechtlichen Rundfunkbegriffs

### *1. Methodischer Ausgangspunkt*

Das BVerfG äußerte sich in der **Niedersachsen-Entscheidung** des Jahres 1986 grundlegend zum Begriff des Rundfunks in Art.5 Abs.1 S.2 GG. Es heißt dort:

> *„Der in Art.5 I 2 GG verwendete Begriff Rundfunk läßt sich nicht in einer ein für allemal gültigen Definition erfassen. Soll die Rundfunkfreiheit in einer sich wandelnden Zukunft ihre normierende Wirkung bewahren, dann kann es nicht angehen, nur an eine ältere Technik anzuknüpfen, den Schutz des Grundrechts auf diejenigen Sachverhalte zu beschränken, auf welche diese Technik bezogen ist, und auf diese Weise die Gewährleistung in Bereichen obsolet zu machen, in denen sie ihre Funktion auch angesichts der neuen technischen Möglichkeiten durchaus erfüllen könnte."*[208]

Diesen Feststellungen ist dreierlei zu entnehmen:
Erstens hat sich jeder Definitionsansatz (auch der in dieser Studie entwickelte) zunächst seiner zeitlichen Gebundenheit bewusst sein, und kann nur einen aktuellen, wenn auch zukunftsoffenen, Zustand wiedergeben, nicht aber bis in die ferne Zukunft hinein Verbindlichkeit beanspruchen.[209]
Zweitens darf sich kein Definitionsansatz am jeweiligen Stand der Kommunikationstechnik orientieren; rein technische Aspekte sind verfassungsrechtlich ohne Belang.
Und drittens ist das Verständnis des Rundfunkbegriffs vom *„normativen Funktionszweck"*[210] geprägt, den die Rundfunkfreiheit verbürgt: Jeder Defi-

---

[208] BVerfGE 73, 118, 121; s. auch E 74, 297, 350.
[209] Ähnlich *Ricker/Schiwy*, Rundfunkverfassungsrecht, S.62; vgl. auch *Kresse/Heinze*, AfP 1995, 574, 575f.
[210] Vgl. dazu auch die amtliche Begründung zu § 2 RStV, abgedruckt bei Hartstein/Ring/ Kreile/Dörr/Stettner, Rundfunkstaatsvertrag (2.Aufl.), S.477.

nitionsansatz muss berücksichtigen, dass - nach dem gegenwärtigen Stand der Verfassungsrechtsprechung - die „Funktion" des Rundfunks für individuelle und öffentliche Meinungsbildung das Gewährleistungsziel des Art.5 Abs.1 S.2 GG darstellt.[211] Vorwiegend um dieser Funktion willen ist das Grundrecht der Rundfunkfreiheit geschützt.[212]

In der Literatur werden die Feststellungen des BVerfG zur „Offenheit" des verfassungsrechtlichen Rundfunkbegriffs z.T. dahingehend interpretiert, dass ein Herausarbeiten einzelner Begriffsmerkmale angesichts des Zusammenwachsens verschiedener multimedialer Angebote nicht mehr zeitgemäß und daher auch nicht mehr notwendig sei.[213] Da die Grenzen zwischen einzelnen Medien im Zuge der Konvergenz zerfließen, gehöre eine klar definierte Begrifflichkeit *„jedenfalls auf dem Feld der Multimediagesellschaft der Vergangenheit an."*[214]

Diese Auffassung übersieht allerdings, dass die unstreitige technische Konvergenz medialer Sende- und Empfangsplattformen und die daraus resultierende „neue Angebotsvielfalt" nicht notwendigerweise auch zu einer vollständigen Angleichung auf der Rezeptionsebene führen muss. Die Ansichten hierzu sind unterschiedlich: Teilweise wird zwar eine schnelle und vollständige Konvergenz postuliert, andererseits wird aber auch traditionell argumentiert, dass Individual- und Massenkommunikation auch in Zukunft verschiedene Rezeptionsformen mit sich bringen und dass auch in Zukunft zwischen tendenziell „aktiver" und tendenziell „passiver" Rezeption unterschieden werden kann.[215] Der Ansatz des BVerfG, wonach dem Rundfunk wegen seiner Breitenwirkung, Aktualität und Suggestivkraft eine besondere Bedeutung unter den Medien zukommt, beruht auf der eher traditionellen Sichtweise einer weiterhin möglichen Unterscheidung zwischen Rundfunkdiensten mit einer spezifischen Wirkungspotential auf der einen Seite,

---

211 Vgl. BVerfGE 12, 205, 260; 57, 295, 319ff.; 73, 118, 152ff.; 93, 238, 295ff.; 90, 60, 87f. S. zum dogmatischen Verständnis der Rundfunkfreiheit i.d. Rspr. des BVerfG auch S.177ff.

212 Ebda. Jede realistische Einschätzung rundfunkverfassungsrechtlicher Fragen muss diese gefestigte Rspr. zunächst zugrunde legen, vgl. dazu nur *Degenhart*, ZUM 1995, 333, 354.

213 S. *Hochstein*, NJW 1997, 2977, 2978; ähnlich *Schoch*, AfP 1998, 253, 255; *Hoffmann-Riem*, in: Fünfgeld/Mast (Hrsg.), Massenkommunikation, S. 271; *Janik*, AfP 2000, 7, 10.

214 *Hochstein*, a.a.O.

215 S. dazu die jeweiligen Nachweise in Fn.48 und Fn.148.

und Kommunikationsdiensten, die dieses Wirkungspotential nicht aufweisen, auf der anderen Seite.[216]

Selbst wenn es zu einer raschen Konvergenz auf der Rezeptionsebene medialer Dienste kommen sollte, so hieße dies nicht zwingend, dass eine Definition des verfassungsrechtliche Rundfunkbegriff völlig entbehrlich würde. Gerade wegen der noch nicht endgültig geklärten kompetenzrechtlichen Situation, nämlich eine Trennung grundgesetzlicher Regelungskompetenzen des Bundes und der Länder,[217] spricht vieles dafür, den verfassungsrechtlichen Rundfunkbegriff auch in näherer Zukunft seiner Abgrenzungsbedeutung gegenüber anderen Kommunikationsformen nicht zu entkleiden.[218] Allein die wachsende Schwierigkeit, neuartige Dienste dem verfassungsrechtlichen Rundfunkbegriff zuzuordnen, entbindet schon aus Gründen der Rechtssicherheit nicht von der Verpflichtung, Kriterien für eine solche Zuordnung aufzustellen und anzuwenden - auch wenn diese Kriterien nur zeitgebunden sind. Entscheidend ist daher nicht die Frage, ob solche Definitions - Kriterien überhaupt notwendig sind (was zu bejahen ist), sondern auf welche Weise sie gewonnen werden.

***Ricker/Schiwy*** gehen bei ihrem Definitionsansatz von dem einfachrechtlichen Rundfunkbegriff in § 2 Abs.1 RStV aus, und erläutern dann dessen einzelne Begriffsmerkmale anhand der vier klassischen Auslegungsmethoden.[219] Zwar, so die Autoren, entziehe sich die verfassungsrechtliche Defi-

---

[216] Vgl. dazu S.65ff. S. auch die Würdigung der Rspr. des BVerfG in der **Stellungnahme der DLM vom 05.05.1998 zum EU - Grünbuch Konvergenz.** (abrufbar vom Internet-Server der Arbeitsgemeinschaft der Landesmedienanstalten, URL: http//:www.alm.de). Es heißt dort unter Ziffer 8: „Auch bei der im Grünbuch angenommenen Konvergenzentwicklung behalten die Wesenselemente der spezifischen Rundfunkregulierung uneingeschränkt ihre Gültigkeit. Daher ist weiterhin von der regulatorischen Trennung der Massenkommunikation und der Individualkommunikation auszugehen. [...] Unter den Medien kommt dem Rundfunk [...] eine besondere Bedeutung wegen seiner Suggestivkraft, Breitenwirkung und Aktualität zu. Mit diesen drei Wesenselementen rechtfertigt das BVerfG die Notwendigkeit für eine Regulierung des Rundfunks. Aus aktueller Sicht ist nicht erkennbar, daß sie durch die Konvergenzentwicklung an Gewicht verlieren könnten.“ Ähnlich auch *Cloß*, Tendenz I/1998, 16.

[217] Grundlegend dazu einerseits *Gersdorf*, in: Prinz/Peters (Hrsg.), FS Engelschall, S.163ff., insbes. 176ff., andererseits *Bullinger/Mestmäcker,* Multimediadienste, S.135ff.; s. auch *Mayer*, Das Internet im öffentlichen Recht, S.132ff.; *Determann*, Kommunikationsfreiheit im Internet, S.216ff.

[218] Vgl. *A.Hesse*, Rundfunkrecht, S.77f.; *Degenhart*, BonnK, Art.5 GG, Rn.672.

[219] Vgl. *Ricker/Schiwy*, Rundfunkverfassungsrecht, S.61f.

nition des Rundfunkbegriffs nach der Rechtsprechung des BVerfG einer statischen Festlegung. Die Länder könnten mangels eigener verfassungsrechtlicher Zuständigkeit den im Grundgesetz als Bundesrecht statuierten Rundfunkbegriff auch nicht normativ festlegen. Trotzdem sei von der einfachrechtlichen Defintion des RStV auszugehen, weil sie *„üblicherweise“*[220] für die verfassungsrechtliche Bestimmung des Rundfunkbegriffs herangezogen werde.

Diese Form der Anknüpfung an einen einfachrechtlichen Rundfunkbegriff ist nicht unproblematisch. Die Tatsache, dass Art.5 Abs.1 S.2 GG keine nähere Rundfunkdefinition enthält, bedeutet nämlich nicht, dass der verfassungsrechtliche Rundfunkbegriff zur Disposition des einfachen Gesetzgebers steht.[221] Das BVerfG führte in anderem Zusammenhang zum Verhältnis zwischen Verfassungsrecht und einfachem Recht aus:

> *„Soweit sich durch Auslegung die sachliche Reichweite eines Grundrechts unmittelbar erschließen läßt, bleibt kein Raum für eine konstitutive Regelung durch den einfachen Gesetzgeber. Eine authentische Interpretation der Verfassung ist ihm verwehrt. Versucht ein Gesetz, den Gehalt des Grundrechts mit eigenen Worten verdeutlichend zu umschreiben, so geschieht dies auf die Gefahr, daß dieser Interpretationsversuch mit der Verfassung in Widerspruch gerät.“*[222]

Eine eigenständige verfassungsrechtliche Begriffsbestimmung jenseits einfachrechtlicher Regelungen ist deshalb unumgänglich.[223] Sie hat methodisch beim Wortlaut der Verfassung anzusetzen, muss dann den systematischen Zusammenhang und die Entstehungsgeschichte würdigen, um schließlich auf der teleologischen Ebene den Normzweck herauszuarbeiten.[224] An einfachrechtliche Begriffe sollte aus eben benannten Gründen

---

220 Ebda.; vgl. auch *Ricker*, NJW 1997, 3199; ähnlich OVG Münster, DÖV 1978, 519, wonach gesetzlichen Definitionen zwar keine konstitutive, wohl aber konkretisierende Bedeutung zukommt, und zwar in Form einer „Verfassungsverdeutlichung“.

221 Vgl. nur *Jarass*, Online-Dienste und Funktionsbereich des ZDF, S.9f.; *W.Schulz*, ZUM 1996, 487, 488.

222 BVerfGE 12, 45, 53.

223 So auch *Hoffmann-Riem*, Pay TV im öffentlich-rechtlichen Rundfunk, S.39; *König*, Die Teletexte, S.181; *Braml*, Teleshopping, S.41.

224 Zur verfassungsrechtlichen Interpretationlehre vgl. z.B. BVerfGE 11, 126, 130; 35, 263, 278f.; *Brugger*, Rundfunkfreiheit und Verfassungsinterpretation, S.6ff.;

nur unter Vorbehalten angeknüpft werden. Damit bleibt aber weiterhin offen, anhand welcher Kriterien die einzelnen, verfassungsrechtlich relevanten Begriffsmerkmale stattdessen zu definieren sind.

***Gersdorf*** vertritt einen Ansatz, der die Begriffsmerkmale ausschließlich *„im Lichte ihrer spezifischen Funktion“*,[225] also im Lichte der Funktion des Rundfunks für die öffentliche Meinungsbildung, aufzudecken sucht. Ausdrücklich lehnt er es ab, Erkenntnisse aus dem Sachbereich der Norm für die Begriffsbestimmung zu nutzen. Seiner Auffassung nach *„vermittelt der Rekurs auf die Kategorien der Individual- und Massenkommunikation als Abgrenzungskriterien einen erheblichen Verlust an Rechtssicherheit, weil sie einer unmittelbaren verfassungsrechtlichen Fundierung entbehren und deshalb nur unzureichend mit verfassungsrechtlich verwertbarer Substanz anzureichern sind.“*[226]

Gersdorf ist insoweit zuzustimmen, als der verfassungsrechtliche Rundfunkbegriff von dem funktionellen, durch das BVerfG geprägte Verständnis des Art.5 Abs.2 S.1 GG geprägt wird. Allerdings ist darüber hinaus auch noch zu berücksichtigen, dass das BVerfG dem konkreten kommunikativen Lebenssachverhalt, auf den sich das Grundrecht der Rundfunkfreiheit bezieht, eine besondere Bedeutung bei der Auslegung des Art.5 Abs.1 S.2 GG zuerkennt: Ohne eine Einbeziehung dieses Lebensbereiches ist eine die normierende Wirkung der Rundfunkfreiheit entfaltende Auslegung nicht möglich.[227] Hierbei ist vor allem zu berücksichtigen, dass dem Rundfunk wegen seiner Suggestivkraft, Aktualität und Breitenwirkung eine besondere Bedeutung unter den Medien zukommt.[228]

---

*Larenz*, Methodenlehre der Rechtswissenschaften, S.305ff.; *Degenhart*, Staatsrecht I, Rn.3a; differenzierend *Hesse*, Grundzüge, § 2 Rn55ff.

225 *Gersdorf*, Rundfunkbegriff, S.85.

226 Ders., a.a.O., S.87.; differenzierend allerdings ders., in: Dittmann u.a. (Hrsg.), Symposion Oppermann, S.137, 141f.

227 BVerfGE 73, 118, 154.

228 Vgl. BVerfG 90, 60, 87. Auch *Gersdorf*, in: Dittmann u.a. (Hrsg.), Symposion Oppermann, S.137, 141f., sieht zwar einerseits in der Suggestivkraft ein „entscheidendes Abgrenzungskriterium des Rundfunks [...] gegenüber der Presse“, kommt aber andererseits zu dem - m.E. unzutreffenden - Schluss, dass sich „Presse und Rundfunk in Breitenwirkung und Aktualität nicht grundsätzlich unterscheiden“.

Angesichts dieser Vorgaben ist es für die verfassungsrechtliche Bestimmung des Rundfunkbegriffs unbedingt notwendig, den sehr differenziert von den Medien- und Kommunikationswissenschaften untersuchten „Lebenssachverhalt Rundfunk“ in die Analyse einzubeziehen und die entsprechenden Forschungsergebnisse mit dem grundrechtlichen Schutzzweckverständnis in einen normativen Kontext zu bringen.[229] Dass ein solches Unterfangen in der Durchführung nicht unstreitig sein kann, ist selbstverständlich. Unterbleibt es aber, so droht weniger ein Verlust an Rechtssicherheit, als der Verlust einer notwendigen Anbindung der rechtlichen Gestaltung an die Realität, wie er vom BVerfG gefordert wird.[230] Nach hier vertretener Auffassung sind daher medien- und kommunikationswissenschaftliche Erkenntnisse zum „Lebenssachverhalt Rundfunk“ für die Konkretisierung des Rundfunkbegriffs nutzbar zu machen. Zu klären bleibt aber noch, auf welche Weise dies geschehen kann.

***Scherer*** bezieht sich bei seiner Deutung des Rundfunkbegriffs zwar auf medienwissenschaftliche Erkenntnisse, nimmt aber eine selektive Auswahl vor. Kriterien wie die besondere Wirkung audiovisuelle Darbietungen oder die Einseitigkeit massenmedialer Vorgänge spielen seiner Ansicht nach für die Frage des verfassungsrechtlichen Rundfunkbegriffs keine Rolle.[231] Die unterschiedliche Wirkungsintensität verschiedener Medien vermöge nur Differenzierungen hinsichtlich inhaltlicher, organisatorischer oder Verfahrensregelungen auf der grundrechtlichen Ausgestaltungsebene zu rechtfertigen, könne aber nicht zur Abgrenzung der unterschiedlichen verfassungsrechtlichen Regelungsbereiche medialer bzw. individueller Kommunikationsformen herangezogen werden.[232] Gleiches gelte für einen einseitigen „Verlauf“ massenmedialer Kommunikation, weil Massenkommunikation (und damit auch Rundfunkkommunikation) nicht durchgehend einseitig strukturiert sei, sondern ein *„interaktiver Prozeß mit vielen Rückkopplungsmöglichkeiten.“*[233] Deshalb sei *„die Allgemeinheit (Öffentlichkeit) des*

---

[229] Ähnlich wie hier: *König*, Die Teletexte, S.177f.; *W. Schulz*, ZUM 1996, 487, 488. Vgl. allgemein zur methodischen Anknüpfung an den Sachbereich der Norm auch *Müller*, Juristische Methodik, 50ff.; *Larenz*, Methodenlehre der Rechtswissenschaft, S.266ff.

[230] BVerfGE 73, 118, 154; 90, 60, 87; s. auch *König*, Die Teletexte, S.184.

[231] S. *Scherer*, NJW 1983, 1832, 1834f.; vgl. auch ders., AfP 1996, 213, 218; zustimmend *Stenger*, CR 1990, 786, 788.

[232] S. *Scherer*, a.a.O., 1832, 1835; im Erg. auch *Jarass*, Online-Dienste und Funktionsbereich des ZDF, S.17f.

[233] *Scherer*, a.a.O., 1832, 1834; im Erg. auch *Jarass*, a.a.O., S.16.

*Rezipientenkreises das einzig plausible Kriterium zur Abgrenzung von Individual- und Massenkommunikation*“ [234] (und damit auch für die Bestimmung des Rundfunkbegriffs).

Zunächst ist Scherer Recht zu geben, dass eine Zuordnung neuartiger Dienste zum verfassungsrechtlichen Rundfunkbegriff noch nicht zwangsläufig bedeutet, dass diese Dienste auch unterschiedslos den gleichen Regulierungen wie herkömmliches Fernsehen bzw. herkömmlicher Hörfunk unterliegen müssen. Innerhalb des Schutzbereiches von Art.5 Abs.1 S.2 GG sind - was unstreitig sein dürfte - abgestufte Regelungen der Vielfaltssicherung sinnvoll und notwendig.[235]

Allerdings erscheint ein solches System abgestufter rechtlicher Anforderungen innerhalb des Schutzbereiches von Art.5 Abs.1 S.2 GG **allein** nicht ausreichend, um die Vielfalt der neuartigen Kommunikationsangebote zu erfassen. Würde man nämlich individualisierte Multimediadienste uneingeschränkt der Rundfunkgarantie unterstellen, so wäre angesichts der funktionellen Deutung der Rundfunkfreiheit durch das BVerfG auch für diese Dienste eine - wenn auch abgeschwächte - öffentliche Aufgabe zur Ausgewogenheitspflege[236] hinsichtlich der Meinungsvielfalt zu bejahen. Dieses Konzept der institutionellen Ausgewogenheitspflege ist aber auf individualisierte Multimediadienste z.B. im Internet nicht übertragbar, weil es dort typischerweise an einer rundfunkspezifischen Gefährdungslage für die öffentliche Meinungsbildung fehlt, die sich ja gerade in der besonderen „Suggestivkraft“, „Aktualität“ und „Breitenwirkung“ des Rundfunks manifestiert.[237] Deshalb greift hier das freiheitliche Konzept staatlicher Offenheitspflege anstelle des Konzepte der institutionellen Ausgewogenheitspflege.[238]

---

[234] *Scherer*, a.a.O., 1832, 1835; ders., AfP 1996, 213, 218. Zustimmend *Stenger*, CR 1990, 786, 788. Ähnlich *Herzog*, in: Maunz/Dürig, Art.5 Rn.195; *Ory*, Freiheit der Massenkommunikation, S.166, 168f.

[235] Vgl. nur *Bullinger/Mestmäcker*, Multimediadienste, S.49.

[236] Zur Differenzierung zwischen staatlicher Ausgewogenheits- und Offenheitspflege vgl. *Bullinger/Mestmäcker*, Multimediadienste, S.48.

[237] Zu der früheren - aber heutzutage praktisch überholten - Argumentation des BVerfG mit einer technisch (durch Frequenzknappheit) und finanziell (durch besonders hohe Aufwendungen des Rundfunkveranstalters) begründeten „Sondersituation“ des Rundfunks s.u. S.177ff.

[238] Vgl. *Bullinger/Mestmäcker*, Multimediadienste, S.48; s. auch *Bermanseder*, ZRP 1997, 330f.

Eine Selektion des Merkmals der Allgemeinheit als allein ausschlaggebendes Kriterium für die Bestimmung des Rundfunkbegriffs kann aus diesen Gründen nicht überzeugen. Sinnvoller ist es, primär vom Normzweck des Art.5 Abs.2 S.1 GG auszugehen, und dann zu fragen, worin sich dieser Normzweck verkörpert.[239] Ausgehend von diesem Verständnis ergibt sich Folgendes:

Die Interpretation des verfassungsrechtlichen Rundfunkbegriffs hat zunächst beim Wortlaut des Art.5 Abs.1 S.2 GG anzusetzen, ehe nach einer Klärung des systematischen Zusammenhanges und des entstehungsgeschichtlichen Hintergrundes der Telos der Norm ermittelt wird.[240]
Der Normzweck von Art.5 Abs.1 S.2 GG ist nach der Rspr. des BVerfG die im Allgemeininteresse stehende Gewährleistung freier, öffentlicher und individueller Meinungsbildung. Rundfunkangebote zeichnet insoweit eine höhere Bedeutung für die Meinungsbildung als andere Kommunikationsformen aus.[241] Diese erhöhte Bedeutung für die Meinungbildung setzt zunächst voraus, dass die jeweiligen Rundfunkdarbietungen überhaupt für die individuelle und öffentliche Meinungsbildung bestimmt und geeignet sind,[242] dass sie also mit anderen Worten für den „Meinungsmarkt"[243] vorgesehen sind und nicht etwa schwerpunktmäßig anderen Zwecken dienen. Nicht jede meinungsrelevante Darbietung ist aber zwangsläufig als Rundfunk einzustufen. *„Es muß etwas im Hinblick auf die Machtposition [des Rundfunks] hinzukommen"*,[244] wie ***Badura*** einmal formuliert hat. Dieses „Etwas" manifestiert sich - so die hier vertretene Ansicht - in der **spezifischen Wirkungskraft, Aktualität und Breitenwirkung** rundfunkvermittelter Kommunikation, die sie von anderen Kommunikationsformen unterscheidet.[245] Die Breitenwirkung des Rundfunks ist zum einen auf die allgemeine, indirekt - einseitige und zeitgleiche Übertragung von Darbietun-

---

239 Ähnlich *Bullinger/Mestmäcker*, a.a.O., S.51.

240 Zur verfassungsrechtlichen Interpretationslehre s. die Nachweise in Fn.224.

241 Vgl. BVerfGE 90, 60, 87.

242 Vgl. BVerfGE 87, 181, 198, wonach die Funktion des Rundfunks „vom Sinn der Rundfunkfreiheit bestimmt [ist], freie individuelle und öffentliche Meinungsbildung zu ermöglichen."

243 Begriff nach BVerfGE 57, 295, 323. Vgl. auch *Schroeder*, ZUM 1994, 471, 477.

244 *Badura*, in: Dittmann u.a. (Hrsg.), Symposion Oppermann, S.118.

245 Ähnlich *Degenhart*, ZUM 1998, 333, 340; s. auch - allerdings nur hinsichtlich der einfachrechtlichen Abgrenzung zwischen RStV und MDStV - die Argumentation im ersten DLM-Strukturpapier vom 16.12.1997 und 09.12.1998 (Aktualisierte Fassung), jeweils Ziff. 2.1.1. a.E.

gen an ein räumlich zerstreutes Publikum zurückzuführen.[246] Zum anderen liegt sie aber auch - genauso wie die spezifische Wirkungskraft und Aktualität des Rundfunks - in der besonderen Attraktivität audiovisueller Darbietungen für ein breites Publikum begründet.[247] Für die hohe Wirkungskraft ist zusätzlich noch von Bedeutung, dass die Zuschauer bzw. Zuhörer sich durch bloßes Ein- und Ausschalten des Empfangsgerätes einem vorgegebenen Programmablauf passiv - unkritisch überlassen können. Auch die Ausstrahlung der Darbietungen zum zeitgleichen Empfang und die räumliche Zerstreuung (Dispersion) der Rezipienten spielt nicht nur für die hohe Breitenwirkung, sondern auch für die rundfunkspezifische Wirkungskraft eine wesentliche Rolle.[248]
Ausgehend von diesen Prämissen werden hier folgende sechs Merkmale des verfassungsrechtlichen Rundfunkbegriffs unterschieden und analysiert: Zunächst wird geklärt, wann überhaupt eine Rundfunk-„Berichterstattung" im Sinne einer für den Meinungsmarkt bestimmten Darbietung erfolgt und wann eine rundfunktypische, audiovisuelle Darbietungsmodalität vorliegt. Rundfunkdarbietungen müssen darüber hinaus für die Allgemeinheit zum gleichzeitigen Empfang und für die Rezeption durch ein räumlich zerstreutes, d.h. disperses Publikum bestimmt sein. Die Rundfunkübertragung erfolgt indirekt und einseitig in Programmform. Dem einfachrechtlichen, z.B. in § 2 Abs.1 RStV normierten, Begriffsmerkmal der „Verbreitung" kommt dabei keine eigenständige verfassungsrechtliche Bedeutung zu.

### 2. Berichterstattung im Sinne einer für den „Meinungsmarkt" bestimmten Darbietung

#### a) Allgemeine Auslegungsbefunde

Art.5 Abs.1 S.2 GG gewährleistet die *„Freiheit der Berichterstattung durch Rundfunk*". Eine Berichterstattung erscheint vom **Wortlaut** her zunächst auf Aussagen begrenzt, die eine bloße Mitteilung von Informationen, also Tatsachen enthalten.[249] Deshalb wurde in der früheren Literatur

---

246 S.o. S.71ff.
247 S. auch S.59ff.; S.68ff.
248 S.o. S.60ff.; S.63ff.
249 S. nur *Ricker/Schiwy*, Rundfunkverfassungsrecht, S.70; *Bleckmann*, Öffentlich-rechtliche Spartenprogramme, S.70f.; *Barth*, Rundfunkunternehmerfreiheit, S.7.

teilweise die restriktive Auffassung vertreten, die Rundfunkfreiheit schütze nur Tatsachenmitteilungen, nicht aber wertende Meinungsäußerungen.[250] Erst recht würden unterhaltende Beiträge nicht dem Schutzbereich des Art.5 Abs.1 S.2 GG unterfallen, weil sie keinen wesentlichen Beitrag zur geistigen Auseinandersetzung lieferten und nicht im entferntesten Sinne eine „Berichterstattung" darstellten.[251]

Schon die **systematische Auslegung** der Rundfunkfreiheit *„im Kontext als Kommunikationsgrundrecht"*[252] neben den anderen Kommunikationsgrundrechten in Art.5 Abs.1 S.1 und S.2 GG deutet aber darauf hin, dass die Rundfunkberichterstattung nicht nur Tatsachenmitteilungen, sondern auch Meinungsäußerungen erfasst.

Für eine tendenziell enge Auslegung des Begriffsmerkmals scheint dagegen die **historische Auslegung** Anhaltspunkte zu geben:[253] In der 25. Sitzung des Grundsatzausschusses am 24.11.1948 wurde nach kontroverser Diskussion die endgültige, heutige Fassung des Art.5 Abs.1 S.2 GG erarbeitet. Geschützt wurde die „Pressefreiheit und Freiheit der Berichterstattung durch Rundfunk", und nicht etwa die „Presse- und Rundfunkfreiheit". Der Vorsitzende des Grundsatzausschusses, v. Mangoldt, begründete diese Differenzierung vor allem damit, dass es sich bei der „Pressefreiheit" anders als bei einer „Rundfunkfreiheit" um einen feststehenden, historisch gewachsenen Begriff handele, der stets schon das Recht der wertenden Stellungnahme mitumfasst habe. Für den Rundfunk gebe es ein solches, historisch gewachsenes Recht nicht. Im Falle eines besonderen Schutzes für wertende Meinungsäußerungen im Rundfunk würde *„jeder kleine*

---

[250] So z.B. *Maunz*, zit. nach Zehner (Hrsg.), Der Fernsehstreit I, S.276f.; *Spanner*, zit. nach Zehner (Hrsg.), a.a.O., S.357ff., 363.

[251] Vgl. die Übersicht zum damaligen Schrifttum bei *Herrmann*, Hörfunk und Fernsehen, S.83.

[252] *Bleckmann*, Öffentlich-rechtliche Spartenprogramme, S.44; s. auch *Barth*, Rundfunkunternehmerfreiheit, S.11f.

[253] So auch die Einschätzung von *Ricker/Schiwy*, Rundfunkverfassungsrecht, S.70. Anders offenbar *Herzog*, in: Maunz/Dürig, Art.5 Rn.202 a.E.: „Die terminologische Unterschiedlichkeit dieser Vorschriften [„Pressefreiheit" und „Freiheit der Berichterstattung durch Rundfunk"] ist letztlich wohl mehr auf sprachästhetische Erwägungen [der Verfassungsväter] zurückzuführen, als auf die Absicht, Unterschiede in den von den einzelnen Teilgrundrechten garantierten Tätigkeiten zu begründen."

*Kommentator finden, hier sei für ihn ein Grundrecht gewährleistet.“*[254] Dies müsse aber verhindert werden, weil Rundfunk der Allgemeinheit, und nicht den Interessen Einzelner zu dienen habe. Für wertende Stellungnahmen verbleibe es deshalb beim allgemeinen Grundrecht auf Meinungsfreiheit nach Art.5 Abs.1 S.1 GG.[255]
Die Beratungen im Grundsatzausschuss und die einschränkende Formulierung „Berichterstattung durch Rundfunk“ werden vor dem Hintergrund der damals noch frischen Eindrücke des Rundfunkmissbrauchs in der Zeit der nationalsozialistischen Gewaltherrschaft verständlich. Es sollte verhindert werden, dass sich einzelne politische Interessengruppen - insbesondere in Krisenzeiten - den Zugriff auf Rundfunkeinrichtungen sichern und durch einseitige und verfälschende Darstellungen die öffentliche Meinung manipulieren.[256]

Eine bloße Auslegung der Rundfunkfreiheit als Berichterstattungfreiheit ist allerdings nach heutigem Verständnis mit dem **Telos** der Rundfunkfreiheit unvereinbar. Das BVerfG führte bereits im **Lebach - Urteil** von 1973 grundlegend aus, dass die Rundfunkfreiheit ihrem Sinn und Zweck nach nicht nur objektiv berichterstattende Nachrichten erfasse, sondern auch Beiträge anderer Art, z.B. politische Kommentare oder Unterhaltungssendungen:

> *„Information und Meinung können ebensowohl durch ein Fernsehspiel oder eine Musiksendung vermittelt werden wie durch Nachrichten oder politische Kommentare [...]. Ebensowenig läßt die Rundfunkfreiheit von vornherein eine Unterscheidung der Sendungen nach [...] der Qualität der Darbietung zu; eine Beschränkung auf die seriöse, einem anerkennenswerten privaten oder öffentlichen Interesse dienende Produktion liefe am Ende auf eine Bewertung und Lenkung durch staatliche Stellen hinaus, die dem Wesen dieses Grundrechts gerade widersprechen würde.“*[257]

---

[254] Vgl. Stenographisches Protokoll der 25. Sitzung des Grundsatzausschusses am 24.11.1948, S.6.
[255] Ebda.
[256] Vgl. *Ricker/Schiwy*, Rundfunkverfassungsrecht, S.71.
[257] BVerfGE 35, 202, 222 unter Verweis auf E 12, 205, 260; 31, 314, 326. Vgl. zuletzt auch BVerfGE 97, 228, 257 („Fernseh-Kurzberichterstattung“): „Die Informationsfunktion des Fernsehens beschränkt sich nicht auf politische Informationen im en-

Diese klaren Aussagen des BVerfG haben die Frage nach etwaigen „hohen“ oder „niedrigen“ inhaltlichen Anforderungen an die Berichterstattung durch Rundfunk praktisch geklärt. Nach allgemeiner Auffassung ist die Rundfunkfreiheit im Sinne einer umfassenden Programmfreiheit zu verstehen, die neben Informations- und Bildungssendungen z.B. auch politische Kommentare und Unterhaltungssendungen vorbehalt- und unterschiedslos schützt.[258] Diese Auffassung findet im Rundfunkstaatsvertrag[259] und in den Mediengesetzen der Länder[260] auch ihren sprachlichen Ausdruck, wonach eben „Darbietungen“ und nicht nur bloße „Berichte“ geschützt werden.[261]

*b) Problemkreis: Rundfunkspezifische Meinungsrelevanz*

Interessant bleibt die Frage, inwieweit das Begriffsmerkmal der „Berichterstattung“ (im weiten Sinne einer Darbietung) überhaupt für Abgrenzungen des Rundfunkbegriffs genutzt werden kann.

Im Schrifttum wird dazu vertreten, der Sinn der Rundfunkfreiheit erfordere das Vorliegen einer spezifischen Relevanz der gesendeten Darbietungen für den Meinungsbildungsprozess.[262] Die Funktion der Rundfunkfreiheit verlange eine solche, am Zweck der Darbietungen orientierte Abgrenzung. Das Kriterium der Relevanz für den öffentlichen Meinungsbildungsprozess sei in Art.5 Abs.1 S.2 GG selbst angelegt und finde seine Wurzel in der

---

geren Sinn. Die Meinungsbildung erhält ebenso von anderen Gegenständen des öffentlichen Interesses Nahrung [...].“

258 Vgl. nur *Degenhart*, BonnK, Art.5 GG Rn.676; *Ricker/Schiwy*, Rundfunkverfassungsrecht, S.71; *Kresse/Heinze*, AfP 1995, 574,578; *Hoffmann-Riem*, AfP 1996, 9, 11.

259 Vgl. § 2 Abs.1 RStV.

260 S. z.B. § 1a Abs.1 SächsPFG, Art.1 Abs.2 BayMG.

261 Der einfachrechtliche Darbietungsbegriff umfasst sowohl einzelne „Sendungen“ als auch „Programme“. Das SächsPFG unterscheidet z.B. zwischen Vollprogrammen (§ 1a Abs.2), Spartenprogrammen (§ 1a Abs.5) und Fensterprogrammen (§ 1a Abs.6). Nach § 1a Abs.7 SächsPFG ist eine „Sendung“ „ein inhaltlich zusammenhängender, in sich geschlossener, zeitlich begrenzter Teil eines Rundfunkprogramms.“ Zur audiovisuellen Darbietungsmodalität s.u. S.89ff. Zur rundfunkspezifischen Strukturierung einzelner Sendungen in Programmform s.u. S.116ff.

262 Vgl. *Gersdorf*, Rundfunkbegriff, S.94ff.; *Degenhart*, ZUM 1998, 333, 336; *Dörr*, in: Dittmann u.a. (Hrsg.), Symposion Oppermann, S.125; *Betzler*, in: Dittmann u.a. (Hrsg.), Symposion Oppermann, S.161f.; s. auch *Bermanseder*, ZRP 1997, 330, 331f.; *Janik*, AfP 2000, 7, 15. Anders dagegen *W.Schulz*, ZUM 1996, 487ff.; *Jarass*, Online-Dienste und Funktionsbereich des ZDF, S.12 Fn.22; *Hoffmann-Riem*, MP 1996, 73, 75f. und wohl auch *Michel*, ZUM 1998, 350, 351f.

dienenden Funktion der Rundfunkfreiheit für den Prozess der individuellen und öffentlichen Meinungsbildung.[263] Wegen fehlender Meinungsrelevanz seien z.B. diejenigen Darbietungen nicht dem Rundfunk zuzuordnen, die in einem unmittelbaren sachlichen Zusammenhang mit der Ausübung eines Berufs oder dem Betrieb eines Wirtschaftsunternehmens stehen oder der eigentliche Gegenstand der Berufsausübung oder des Unternehmenszwecks sind (etwa die Verbreitung von Software - Updates oder Telefonansagedienste).[264]

Die Begründung zum MDStV sieht (auf der einfachrechtlichen Ebene) ein entscheidendes Abgrenzungskriterium zwischen Rundfunk und Mediendiensten darin, dass letztere keine meinungsrelevanten „Darbietungen" enthalten (vgl. § 2 Abs.1 MDStV, der im Gegensatz zu § 2 Abs.1 RStV nicht das Begriffsmerkmal „Darbietung" enthält). Der MDStV nimmt deshalb Verteildienste, in denen Messergebnisse und Datenermittlungen in Text oder Bild mit oder ohne Begleitton verbreitet werden (§ 2 Abs.2 Nr.2 MDStV) und auch das Teleshopping (§ 2 Abs.2 Nr.1 MDStV) vom Rundfunkbegriff aus, weil beide Angebotsformen *„nur in geringem Maße der öffentlichen Meinungsbildung dienen"*.[265]

Die DLM konstatiert demgegenüber in ihrem ersten Strukturpapier zur einfachrechtlichen Abgrenzung von Rundfunk und Mediendiensten, dass es

> *„Lehre und Rechtsprechung bislang [...] nicht gelungen ist, das Tatbestandsmerkmal 'Darbietung' für die Unterscheidung generell - abstrakt operationabel zu machen, [weshalb der] Begriffskern „Meinungsbildungsrelevanz" als solches für die Unterscheidung Rundfunk - Mediendienst nichts her[gibt]".*[266]

---

263 S. *Gersdorf*, a.a.O., S.98; ähnlich *Dörr*, a.a.O.; *Betzler*, a.a.O.; im Ansatz auch *Bleckmann*, Öffentlich-rechtliche Spartenprogramme, S.71.

264 Eine Ausnahme soll nach *Gersdorf*, Rundfunkbegriff, S.100, für diejenigen Unternehmen gemacht werden, deren Zweck - wie z.B. bei private Medienunternehmen - auf die Verbreitung von Informationen gerichtet ist, die für die öffentliche Meinungsbildung relevant sind.

265 LTRhPf-Ds. 13/1603, Teil B) zu § 2 MDStV.

266 Erstes DLM-Strukturpapier vom 16.12.1997 und 09.12.1998 (Aktualisierte Fassung), jeweils Ziff.2.1. Anders - zu Recht - *Gersdorf*, Rundfunkbegriff, S.101, der darauf hinweist, dass die Konturenlosigkeit des Kriteriums der „Meinungsrelevanz" allein noch nicht gegen die dogmatische Leistungsfähigkeit spricht, weil unbestimmte Rechtsbegriffe und die damit verbundene Eröffnung von Wertungsspielräumen dem Rundfunkrecht nicht fremd sind.

Letztlich konkretisiere sich die Meinungsbildungsrelevanz des Rundfunks daher eher in seiner Breitenwirkung, Aktualität und Suggestivkraft, als in einer besonderen Ausgestaltung und Zwecksetzung der publizierten Inhalte.[267]

M.E. ist der Argumentation der DLM (die sich ohnehin, entsprechend dem Aufgabenbereich der Landesmedienanstalten, nur auf die einfachrechtliche Abgrenzung von RStV und MDStV, und nicht auf die verfassungsrechtliche Ebene bezieht) nicht uneingeschränkt zu folgen. Mit der Feststellung einer rundfunkspezifischen Wirkungskraft, Breitenwirkung und Aktualität ist der normative Funktionszweck der Rundfunkfreiheit nämlich keineswegs erschöpft.[268] Erforderlich ist vielmehr, dass zusätzlich eine spezifische Meinungsbildungsrelevanz der übertragenen Programmdarbietungen selbst vorliegt, dass diese also für den „Meinungsmarkt"[269] bestimmt sind. Die „Berichterstattung" im Sinne einer Darbietung kann dabei wohl nicht so verstanden werden, dass darunter alles dasjenige fällt, was auf irgendeine Weise redaktionell gestaltet bzw. präsentiert wird.[270] Vielmehr erscheint es - im Sinne einer normzweckorientierten Auslegung - angebracht, eine Eingrenzung dahingehend vorzunehmen, dass die Zielsetzung der betreffenden Programmdarbietungen schwerpunktmäßig auf den vom Schutzzweck der Rundfunkfreiheit umfassten Feldern liegen muss.[271]

Der Schutzzweck der Rundfunkfreiheit ist nach Auffassung des BVerfG funktionaler Natur.[272] Die Funktion des Rundfunks wird *„vom Sinn der Rundfunkfreiheit bestimmt, freie individuelle und öffentliche Meinungsbildung zu ermöglichen."*[273] Der „Klassische Auftrag" des Rundfunks umfasst dabei *„neben seiner Rolle für die Meinungs- und Willensbildung, neben*

---

267 Ebda.; ähnlich wohl *Libertus*, K&R 2000, 119, 121.

268 S.o. S.82f.

269 Zum Begriff vgl. BVerfGE 57, 295, 323; *Schroeder*, ZUM 1994, 471, 477.

270 So aber *Michel*, ZUM 1998, 350, 351; *Hoffmann-Riem*, MP 1996, 73, 75f.; ähnlich *Ricker/Schiwy*, Rundfunkverfassungsrecht, S.67.

271 Ähnlich wie hier *Schroeder*, ZUM 1994, 471, 477 und *Bermanseder*, ZRP 1997, 330, 332, letzterer allerdings mit zu weit reichenden Schlussfolgerungen. BVerfGE 97, 228, 257 widerspricht dem hier vertretenen Ansatz nicht: Dort heißt es zwar, dass „objektive Kriterien für [Meinungs]relevanz oder Irrelevanz [nicht] vorgegeben werden könnten." Das BVerfG bezieht sich dabei aber ausdrücklich nur auf „Gegenstände[...] des öffentlichen Interesses", also eine Berichterstattung, die gerade der Herstellung des Meinungsmarktes und nicht etwa anderen Zwecken dient.

272 Dazu S.177ff.

273 BVerfGE 87, 181, 198.

*Unterhaltung und Information [auch] seine kulturelle Verantwortung.*“[274] Geschützt werden somit nicht nur explizit meinungsbildende Darbietungen, wie z.B. politische Kommentare oder Nachrichtenmagazine, sondern auch unterhaltende oder kulturell inspirierte Sendungen.[275] Dabei dürfte die inhaltliche Ausgestaltung von Einzelbeiträgen eine eher geringe Rolle spielen. Vorrangig kommt es darauf an, ob das Programm in seiner gesamten Ausgestaltung für den „Meinungsmarkt“ bestimmt ist.[276] Nur Programmdarbietungen, die schwerpunktmäßig auf den Feldern des „Klassischen Rundfunkauftrages“ angesiedelt sind und damit der Herstellung eines „Meinungsmarktes“[277] dienen, fallen unter den Rundfunkbegriff. Abgrenzungsfragen ergeben sich hier vor allem dann, wenn eine vorrangig unternehmerische bzw. wirtschaftliche Zielsetzung des Veranstalters/ Content Providers sich im Inhalt des jeweiligen Programmangebotes manifestiert, wie dies z.B. bei Teleshopping-Diensten, aber auch Mitarbeiter- und Kunden-Informationsdiensten der Fall ist.[278]

### *3. Audiovisuelle Darbietungsmodalität*

#### *a) Allgemeine Auslegungsbefunde*

Der **Wortlaut** von Art.5 Abs.1 S.2 GG liefert keinen Hinweis auf eine rundfunkspezifische Darbietungsmodalität: „Rund“ gefunkt werden können nicht nur Töne und bewegte Bilder, sondern auch Texte.

Unklar bleibt auch die **systematische Auslegung**. Art.5 Abs.1 S.1 GG führt die Äußerungsmodalitäten der Individualkommunikation im Einzelnen auf („in Wort, Schrift und Bild“). Hier ließe sich evtl. aus der systema-

---

274 Vgl. BVerfGE 90, 60, 90; 73, 118, 157f.

275 Vgl. BVerfGE 35, 202, 222; 31, 314, 326; 12, 205, 260. *Bermanseder*, ZRP 1997, 330, 332 geht deshalb zu weit, wenn er Spartenprogramme mit Schwerpunkt Unterhaltung wegen ihrer inhaltlichen Ausrichtung aus dem Geltungsbereich der Rundfunkfreiheit ausschließen will.

276 Zur Spezialproblematik einzelner (nicht für den Meinungsmarkt bestimmter) Teleshopping - Fenster innerhalb eines Rundfunkprogramms s.u. S.136f.

277 Zum Begriff BVerfGE 57, 295, 323; vgl. auch *Schroeder*, ZUM 1994, 471, 477.

278 S. dazu S.135ff. (Teleshopping-Verteildienste), S.169f. (Mitarbeiter-Informationsdienste) und S.170f. (Kunden-Informationsdienste).

tischen Zusammenschau von Art.5 Abs.1 S.1 und S.2 GG die Erkenntnis ableiten, dass auch bei der Rundfunk- bzw. Pressefreiheit die jeweiligen Darbietungsmodalitäten eine besondere Rolle spielen. Es ließe sich aber auch der umgekehrte Schluss ziehen dass - mangels gesonderter Aufnahme in Art.5 Abs.1 S.2 GG - diesen Modalitäten eben gerade keine besondere Bedeutung zukommt.[279]

Die **historische Auslegung** könnte erste Anhaltspunkte für eine Berücksichtigung der Darbietungsmodalität als Abgrenzungskriterium des Rundfunkbegriffs liefern. Rundfunk in der Weimarer Republik war ausschließlich Hörfunk, also akustische Übertragung. Erste Fernsehversuche mit der Übertragung audiovisueller Sendungen gab es dann in den 1930er Jahren.[280] Presse existierte zur Zeit der Grundgesetz-Beratungen nur in verkörperter Textform. Selbst wenn bei der Abfassung des Art.5 Abs.1 S.2 GG zunächst wohl eher die Unterscheidung von Hörfunk und Presse, als von Fernsehen und Presse im Blickpunkt stand,[281] so scheint doch die Annahme möglich, dass die Verfassungsväter sehr wohl das **gesamte** Erscheinungsbild von Rundfunk und Presse berücksichtigten, wie es sich Ihnen z.Zt. der Grundgesetz-Beratungen darbot. Dieses Erscheinungsbild war von Texten (Presse) auf der einen und vorwiegend akustischen, aber auch audiovisuellen Sendungen (Rundfunk) auf der anderen Seite bestimmt. Bereits Anfang der 1930er Jahre war die außergewöhnliche Kraft des Rundfunks als *„Mittel der Massensuggestion"*[282] betont worden. Die Vorstellung von einer „Massensuggestion" durch Rundfunk lag in der damals vorherrschenden Hypothese omnipotenter Massenmedien begründet; vor allem dem Hörfunk wurde wegen der besonderen Kraft akustischer Übertragungen eine Sonderrolle zuerkannt.[283] Es ist daher durchaus möglich, dass die Verfassungsväter sich bei der gesonderten Aufnahme der Rundfunkfreiheit in das Grundgesetz auch von dieser, durch den staatlichen Rundfunkmissbrauch während des NS - Regimes exemplifizierten, Auffassung eines erhöhten Wirkungspotentiales bzw. einer erhöhten Manipulationsanfälligkeit akusti-

---

279 So *Hoffmann-Riem*, Pay TV im öffentlich-rechtlichen Rundfunk, S.44.

280 Vgl. dazu *Herrmann*, Rundfunkrecht, § 4 Rn.18.

281 Vgl. *Herzog*, in: Maunz/Dürig, Art.5 Rn.197.

282 *Schmitt*, Weiterentwicklung des totalen Staates in Deutschland (1933), in: ders., Verfassungsrechtliche Aufsätze, S.360, 367f.; s. auch ders., Verfassungslehre, S.168.

283 S.o. S.46ff. Vgl. auch *Halefeldt*, RuF 1948-1989, S.50f.

scher (und auch audiovisueller) Sendungen gegenüber bloßen Textdarbietungen leiten ließen.[284]

Entscheidend ist letztlich die **teleologische Auslegung**. Nach der Rechtsprechung des BVerfG haben Rundfunk und Presse gleichermaßen die Funktion, freie, individuelle und öffentliche Meinungsbildung zu ermöglichen. „*Unterschiede bestehen allerdings in den Mitteln der Funktionserfüllung*", wie es im Urteil vom 14.07.1994 („Honecker-Prozess") heißt:

> „*Während die Presse bei der Berichterstattung darauf beschränkt ist, ihren Lesern ein Ereignis in Wort und Bild zu schildern, hat der Rundfunk außerdem die Möglichkeit, das Ereignis seinen Zuhörern und Zuschauern akustisch und optisch [...] zu übertragen.*"[285]

Dieses „*Spezifikum des Mediums*"[286] Rundfunk verleiht dem Fernsehen seine erhöhte „*Breitenwirkung, Aktualität und Suggestivkraft*"[287] und begründet damit seine besondere Bedeutung im Prozess der öffentlichen und individuellen Meinungsbildung. Gleiches gilt in abgeschwächter Form auch für das akustische Medium Hörfunk.

Zunächst beruht die **rundfunkspezifische Wirkungskraft** (vom BVerfG allerdings mit dem Begriff der „Suggestivkraft" erheblich überzeichnet) ganz wesentlich auf den Besonderheiten einer audiovisuellen bzw. akustischen Darbietungsmodalität. Die rasche lineare Abfolge bewegter Bilder und Töne kann zu einem „Verlust der inneren Verbalisierung" führen und damit einen passiven Konsum befördern.[288] Ein passiver Konsum birgt die

---

284 Vgl. auch *v.Doemming/Füsslein*, JöR 1, 77, 86. Als „Erkenntnisquellen" für die historische Auslegung kommen insoweit nicht nur die schriftlichen Verfassungsentwürfe und Beratungsprotokolle in Betracht, sondern „auf dem Hintergrunde [...] der damaligen Lehre" auch die „von dem damaligen Gesetzgeber vorgefundene Normsituation, also [die] realen Gegebenheiten" (*Larenz*, Methodenlehre der Rechtswissenschaft, S.316).

285 BVerfGE 91, 125, 134.

286 BVerfGE 97, 228, 259. Anders noch die Baden-Württemberg-Entscheidung aus dem Jahre 1986 (E 74, 297, 352): „Jedenfalls kann sich aus der rein deskriptiven Unterscheidung [in § 1 Abs.2 BWLMedienG i.d.F. vom 16.12.1985] nicht ergeben, daß die Veranstaltung von Videotext [d.h. eine Berichterstattung mit textorientierter, und nicht audiovisueller Darbietungsmodalität] verfassungsrechtlich nicht der Gewährleistung der Rundfunkfreiheit unterfällt."

287 BVerfGE 90, 60, 87.

288 S.o. S.59f.

Gefahr eines unkritischen Sich zu Eigen machens fremder Meinungen, und damit indirekt auch die Gefahr einer möglichen Meinungsmanipulation. Diese spezifische Gefahr besteht bei textorientierten Medien weniger: Sie fördern von ihrer Anlage her eher eine aktiv-kritische Auseinandersetzung, als einen passiven Konsum des Rezipienten.[289]

Akustische und audiovisuelle Darbietungen weisen gegenüber Textdarbietungen eine qualitativ andere Form der **„Aktualität"** auf.[290] Im Gegensatz zu Texten ist die Dekodierung durch den Rezipienten hier einfacher: Fernsehen und Hörfunk sind authentische Medien, die Botschaften schneller, eben aktueller als Texte transportieren können.[291] Das BVerfG spricht von einem *„vermittelten Anschein[.] der Authentizität und des Miterlebens"*.[292]

Schließlich trägt die audiovisuelle Darbietungsform auch zur besonderen **Breitenwirkung** von Rundfunksendungen bei.[293] Bewegte Bilder und Töne sind für eine Vielzahl von Rezipienten attraktiver als bloße Texte und haben damit auch eine höhere Chance, ein großes Publikum zu erreichen.[294] Dies ist ebenfalls ein Gesichtspunkt, der für die besondere Meinungsrelevanz von Bewegtbild/Ton-Darbietungen von Bedeutung ist.

Die audiovisuelle Darbietungsmodalität ist daher eines der entscheidenden Abgrenzungsmerkmale des verfassungsrechtlichen Rundfunkbegriffs.[295]

---

289 Vgl. auch *Bullinger/Mestmäcker*, Multimediadienste, S.30f.; *W.Schulz*, ZUM 1996, 487, 492f.

290 A.A. *Gersdorf*, in: Dittmann u.a. (Hrsg.), Symposion Oppermann, S.141.

291 S.o. S.168ff.

292 BVerfGE 97, 228, 256.

293 A.A. *Gersdorf*, in: Dittmann u.a. (Hrsg.), Symposion Oppermann, S.141.

294 So. S.71ff.

295 Ähnlich *Degenhart*, Online-Angebote öffentlich-rechtlicher Rundfunkanstalten, S.52f. Differenzierend *Gersdorf*, Rundfunkbegriff, S.146f.; ders., in: Dittmann u.a. (Hrsg.), Symposion Oppermann, S.141f. Anders *Jarass*, Online-Dienste und Funktionsbereich des ZDF, S.16ff und wohl auch *Hoffmann-Riem*, Pay TV im öffentlich-rechtlichen Rundfunk, S.44. Nach Auffassung von Jarass ist die audiovisuelle Darbietungsmodalität kein Merkmal des verfassungsrechtlichen Rundfunkbegriffs, weshalb z.B. Fernsehtext verfassungsrechtlich als Rundfunk einzustufen sei. Weil Textdiensten eine „geringere Suggestivkraft als Bewegtbilddiensten zukommt" , sei aber eine geringere einfachrechtliche Regulierungsdichte als bei Bewegtbilddiensten zulässig. M.E. ist der Ansatz von Jarass nicht überzeugend. Die Berichterstattung in bewegten Bildern ist ein ganz wesentliches „Spezifikum des Mediums" Fernsehen, wie in BVerfGE 97, 228, 259 („Fernseh-Kurzberichterstattung") festgestellt wird. Eine schwerpunktmäßig audiovisuelle Darbietungsmodalität ist für alle

Wichtiger als diese bloße Feststellung ist aber die Beantwortung der Frage, wie die vielfältigen Abgrenzungsprobleme in der Grauzone zwischen rundfunktypischer audiovisueller Darbietungsmodalität und textorientierter Darstellungsform in den Griff zu bekommen sind. In Literatur und Rechtsprechung finden sich - soweit ersichtlich - bisher kaum nähere Angaben, wie Zwischenstufen audiovisueller und textorientierter Darstellungen systematisch voneinander abgegrenzt werden können.[296]

*b) Abschichtung von Animationsleveln*

M.E. ist eine strukturierte Abschichtung nach dem **Schwerpunkt der jeweiligen Darbietungsmodalität** sinnvoll: Liegt der Schwerpunkt auf einer audiovisuellen Darbietungsform, so ist - beim kumulativen Vorliegen der anderen begrifflichen Voraussetzungen - Rundfunk im verfassungsrechtlichen (und auch einfachrechtlichen)[297] Sinne gegeben. Ist dies nicht der Fall, scheidet die Anwendung des Rundfunkrechts (auch in einfachrechtlich abgestufter Form) aus. Um ein operationales „Raster" für die Feststellung eines solchen Schwerpunkts der Darbietungsmodalität zur Verfügung zu haben, kommt eine Einteilung in unterschiedliche **„Animationslevel"** in Betracht.[298] Eine solche Einteilung könnte wie folgt aussehen:

---

Rundfunkdienste (und nicht nur für einen Teil von ihnen) ein wesentliches Unterscheidungskriterium zur (geringeren) Meinungsrelevanz anderer Online-Dienste.

[296] *Gersdorf*, Rundfunkbegriff, S.146 spricht nur allgemein von einer eher übergeordneten oder „untergeordneten Funktion" der Ton- und Bewegtbildbeiträge innerhalb eines einheitlichen medialen Angebotes, lässt aber letztlich offen, nach welchen Maßstäben konkret diese Über- bzw. Unterordnung festgestellt werden soll. Generell kritisch gegenüber solchen Abschichtungsversuchen allerdings *Jarass*, AfP 1998, 133, 137.

[297] Zum Verhältnis zwischen verfassungs- und einfachrechtlichem Rundfunkbegriff s.u. S.126ff.

[298] In dem **Gutachten „Künftige Entwicklung des Mediensektors"** des Deutschen Instituts für Wirtschaftsforschung (DIW) und des Europäischen Zentrums für Wirtschaftsforschung und Strategieberatung Prognos (1995) werden unter Ziff. 2.1. verschiedene „Interaktivitätslevel" zur Einteilung medialer Angebote unterschieden. Der vom DIW und Prognos nur für die Einteilung interaktiver Gestaltungsmöglichkeiten des Rezipienten entwickelte Gedanke der Level-Einteilung wird im Rahmen dieser Abhandlung vom Ansatz her auch für die - auf einer anderen Prüfungsebene als die Frage der Interaktivität angesiedelte - Differenzierung audiovisueller und textorientierter Darbietungsmodalitäten bei verschiedenen medialen Diensten nutzbar gemacht.

Das **Animationslevel 0** liegt bei reinen, d.h. nicht mit audiovisuellen Elementen gekoppelten Textangeboten vor. Als Beispiele wären etwa der herkömmliche Fernsehtext,[299] interaktive Textangebote im World Wide Web, aber auch Texte „in Programmform" zu nennen, also Texttafeln, die in fortlaufender Reihenfolge (und ohne Interaktionsmöglichkeit des Rezipienten) vom Dienste-Anbieter eingeblendet werden.[300] Schon allein wegen der fehlenden rundfunkspezifischen Darbietungsmodalität handelt es sich hier nicht um Rundfunk, und zwar unabhängig davon, ob das jeweilige Angebot interaktiv ist, oder nicht.

Das **Animationslevel 1** kennzeichnet eine textorientierte Darbietungsform, die nur vereinzelte akustische oder audiovisuelle Elemente beinhaltet. Diese Elemente sind nur geringfügig; ihnen kommt eine bloß ergänzende, nachgeordnete Bedeutung zu. Schwerpunktmäßig handelt es sich hier eindeutig um nicht - „suggestive", weil stark textorientierte Angebote und damit auch nicht um Rundfunk im verfassungsrechtlichen Sinne. Als Beispiele kommen etwa World Wide Web - Seiten in Betracht, die bloß einzelne Animationen bzw. Videos enthalten,[301] oder elektronische Warenkataloge, die Produkte in animierter Form zeigen.[302]

Das **Animationslevel 2** beschreibt eine Darbietungsform, bei der sich Text und akustische bzw. audiovisuelle Elemente annähernd die Waage halten. Eine solche „gemischte" Darbietungsmodalität wird z.B. durch die Split - Screen - Technik möglich: Unter Split-Screening versteht man die parallele

---

299 Zum Fernsehtext s. auch S.147f.

300 S. dazu auch *Müller-Using/Dammermann*, ZUM 1995, 611f. Werden solche Texttafeln allerdings (wie z.B. beim Oberfränkischen Teleinformationskanal, s. Fn.152) nur als bloße Fenster in ein Programm herkömmlicher audiovisueller Darbietungen eingebunden, so ist eine **Gesamtbetrachtung** des Programmes, und nicht nur einzelner „Textsendungen" erforderlich. Insoweit gilt nichts anderes, als für die (auf einer anderen Prüfungsebene angesiedelte) Frage, ob bestimmte Darbietungen für den Meinungs- oder Warenmarkt bestimmt sind: Genauso wie z.B. einzelne Teleshopping - Fenster nicht gesondert, sondern im Zusammenhang mit dem Programm, in das sie eingegliedert sind, auf ihre Meinungsrelevanz hinterfragt werden (s.u. S.136f.), sind auch Texttafeln im Kontext des Gesamtprogrammes auf ihre Darbietungsmodalität hin zu untersuchen.

301 So im Erg. (allerdings nur hinsichtlich der einfachrechtlichen Abgrenzung von Rundfunk- und Mediendiensten) auch das erste DLM-Strukturpapier vom 16.12.1997 und 09.12.1998 (Aktualisierte Fassung), jeweils Ziff. 2.2.2.4 a.E.

302 Differenzierend (hinsichtlich der einfachrechtlichen Abgrenzung von Rundfunk- und Mediendiensten) das erste DLM-Strukturpapier vom 16.12.1997 und 09.12.1998 (Aktualisierte Fassung), jeweils Ziff. 2.2.2.1.2.

Ausstrahlung verschiedener Inhalte durch eine graphische Aufteilung des Bildschirms.[303] Soweit die entsprechenden textorientierten und audiovisuellen Darbietungsteile als einheitliches Angebot eines Veranstalters (bzw. Content Providers) zu klassifizieren sind,[304] ist eine sorgfältige Abwägung im Einzelfall notwendig, ob eine rundfunkspezifische Darbietungsmodalität zu bejahen oder zu verneinen ist.

So sendet z.B. im US-amerikanischen Raum der **Prevue Channel** eine ständige Programmvorschau, wobei im Rahmen einer Dreiteilung des Bildschirms in der unteren Bildhälfte Sender und Sendetitel eingeblendet werden, in einem oberen Bildviertel wechselweise ein Trailer des angekündigten Films in einer Wiederholungsschleife sowie Werbespots ablaufen, und im anderen oberen Bildviertel Texthinweise auf den Film eingeblendet sind.[305] Unabhängig von den komplexen Fragen des Rundfunkwerberechtes[306] ist für einen solchen Prevue Channel (der praktisch eine Art Programmführer in der Form eines Verteildienstes darstellt), schon im Vorfeld die Frage von Interesse, ob es sich überhaupt um Rundfunk im verfassungsrechtlichen Sinne handelt.
Eine rundfunkspezifische Darbietungsmodalität wird man hier nicht ohne weiteres bejahen können. Denn die hohe Meinungsrelevanz audiovisueller Darbietungen verkörpert sich (neben Aktualität und Breitenwirkung) vor allem in ihrer besonderen emotionalen Wirkungskraft und der bloß passiven Konsumierbarkeit.[307] Dieses Wirkungspotential ist aber bei „Mischdiensten", die sowohl Text-, als auch Bewegtbildangebote in annähernd ausgewogener Weise zur Verfügung stellen, entscheidend abgeschwächt. Auch eine rein passive Rezeptionssituation ist wohl eher zu verneinen, weil

---

303 Vgl. *Herkströter*, MP 1998, 107.

304 Ist dies nicht der Fall, handelt es sich also trotz des räumlichen „Nebeneinanders" um Angebote verschiedener Veranstalter, wie z.B. beim sog. Werbe - Crawler, der in Rundfunksendungen eingeblendet wird, so sind diese Darbietungen jeweils getrennt im Hinblick auf ihre Darbietungsmodalität (und natürlich auch die anderen Abgrenzungskriterien des Rundfunkbegriffs) zu beurteilen. Es handelt sich dann nicht um einen einheitlichen Dienst, sondern um verschiedene Dienste. Vgl. auch VG Berlin, ZUM 1999, 167ff. mit Urteils - Anmerkung *Freys,* ZUM 1999, 168ff; OVG Berlin, ZUM 1999, 500ff. Anders dagegen die amtliche Begründung zu dem mit 4. RÄndStV in Kraft getretenen § 7 Abs.4 RStV n.F. (Die Begründung ist über das Internet z.B. unter der URL: http.//www.artikel5.de abrufbar).

305 S. dazu auch *Herkströter*, MP 1998, 107. Nach dem Vorbild des Prevue Channel wird z.B. in Nordrhein - Westfalen der Spartenkanal ZAP TV betrieben, vgl. *Breuning*, MP 1997, 442, 448.

306 S. dazu z.B. *Herkströtter*, a.a.O., S.106ff. m.w.Nachw.

307 S.o. S.57ff.

ein Prevue Channel in der eben geschilderten Form nicht auf die fortlaufende Rezeption von Einzelsendungen, die miteinander „verschliffen“ sind, angelegt ist, sondern - ähnlich wie herkömmlicher Fernsehtext - nur der kurzfristigen Information dient. Es ist deshalb nur schwer ersichtlich, wie von einem medialen Angebot, das auf einem gesplitteten Bildschirm ganz unterschiedliche Informationen zur Verfügung stellt, die der Rezipient erst „aktiv“ und eigenständig zusammensetzen muss, eine rundfunkspezifische Meinungsbildungsrelevanz ausgehen soll. Dass ein solches Angebot überhaupt meinungsrelevant ist, soll dabei nicht angezweifelt werden. Nach der Rechtsprechung des BVerfG reicht es aber eben nicht aus, dass von einem medialen Angebot irgendeine Meinungsrelevanz ausgeht: „*Unter den Medien kommt dem Rundfunk wegen seiner Breitenwirkung, Aktualität und Suggestivkraft* ***besondere*** *Bedeutung zu*“ [308], heißt es im Gebührenurteil. Erst diese Sonderstellung führt zu der hervorgehobenen Meinungsrelevanz, die Rundfunk gegenüber anderen medialen Angeboten auszeichnet. Fehlt es an einer der Voraussetzungen für diese Sonderstellung (was je nach Ausgestaltung im Einzelfall bei einem Prevue Channel durchaus der Fall sein kann), so handelt es sich nicht um Rundfunk im verfassungsrechtlichen Sinne.

Mit dem **Animationslevel 3** wird eine audiovisuelle Darbietungsform charakterisiert, die nur vereinzelte Textelemente enthält. Zu nennen wären z.B. Einblendungen von Rufnummern in laufende Sendungen oder die Einblendung aktueller Ozonwerte im Rahmen einer Gesundheitssendung.[309] Hier überwiegt eindeutig der audiovisuelle Gesamtcharakter der Darbietung. Eine rundfunkspezifische Darbietungsmodalität ist zu bejahen.

Das **Animationslevel 4** liegt schließlich bei „klassischem“ Hörfunk oder Fernsehen vor. Hier handelt es sich um die geradezu typische audiovisuelle Darbietungsform, die wegen ihres speziellen Wirkungscharakters, sowie ihrer besonderen „Aktualität“ und „Breitenwirkung“ als rundfunkmäßige Darbietungsmodalität zu klassifizieren ist.

---

[308] BVerfGE 90, 60, 87 [Hervorhebung nicht im Original].

[309] Bsp. nach dem ersten DLM-Strukturpapier vom 16.12.1997 und 09.12.1998 (Aktualisierte Fassung), jeweils Ziff. 2.2.2.3. Sog. Werbe - Crawler fallen dagegen wohl nicht unter das Animationslevel 3, sondern unter das Animationslevel 0. Werbe - Crawler dürften als eigenständige Dienste zu klassifizieren sein, die mit den ebenfalls eigenständigen Programmdarbietungen, in die sie eingeblendet werden, nur räumlich verbunden sind, s. dazu Fn. 304.

### *4. Bestimmung der Darbietungen für die Allgemeinheit*

#### *a) Allgemeine Auslegungsbefunde*

Eine Bestimmung von Rundfunkdarbietungen für die Allgemeinheit ist schon im **Wortlaut** des Art.5 Abs.1 S.2 GG angelegt: „Rundfunk" heißt „Rundum"- Funken, also keine gezielte Übermittlung an bestimmte Empfänger, wie z.B. beim Richtfunk, sondern eine flächendeckende Übermittlung innerhalb eines bestimmten Verbreitungsgebietes an eine unbestimmte und beliebige Vielzahl von Rezipienten.[310]

Für die **systematische Auslegung** dürfte wesentlich sein, dass die Massenmedien Rundfunk und Presse (sowie Film) zusammen in Art.5 Abs.1 S.2 GG geregelt sind, während Meinungs- und Informationsfreiheit in Art.5 Abs.1 S.1 GG geschützt werden.[311] Dies könnte darauf verweisen, dass der Rundfunk eben als Massenkommunikationsmedium, und nicht als bloßes individualkommunikatives Transportmittel für die bloße Übertragung an Einzelne bzw. begrenzte Empfängergruppen verfassungsrechtlichen Schutz genießt.[312] Allerdings ist der Befund der systematischen Auslegung nicht eindeutig, weil auch die Informationsfreiheit (Art.5 Abs.1 S.1 GG) einen Öffentlichkeitsbezug aufweist, indem sie den Zugang zu Massenmedien als „allgemein zugänglichen Quellen" schützt.[313]

Im Rahmen der **historischen Auslegung** ist zunächst von Bedeutung, dass bereits während der Weimarer Republik zwischen sog. Funksonderdiensten (z.B. dem Polizei-, See- und Navigationsfunk), die nur einem begrenzten Empfängerkreis zugänglich sein sollten, und anderen Funkdiensten, deren Übertragungen zum unmittelbaren Empfang durch die Allgemeinheit bestimmt waren (z.B. Radiosendungen), differenziert wurde.[314] Die Besonderheit des Rundfunks, dass er eben „an alle" (statt nur an bestimmte Emp-

---

310 Vgl. *Ricker/Schiwy*, Rundfunkverfassungsrecht, S.62f.

311 S. dies., a.a.O., S.65; *Jarass*, Online-Dienste und Funktionsbereich des ZDF, S.11; *Pieper/Wiechmann*, ZUM 1995, 89.

312 S. *Ricker/Schiwy*, a.a.O.

313 Anders als bei der Rundfunkfreiheit steht bei der Informationsfreiheit allerdings die Perspektive des geschützten Rezipienten (der sich aus allgemein zugänglichen Quellen unterrichtet) im Vordergrund, vgl. dies., a.a.O., S.65f.

314 S. dies., a.a.O., S.63 m.w.Nachw. Radiosendungen wurden allerdings wegen des Funkmonopols der Reichspost zur damaligen Zeit ausschließlich fernmeldetechnisch begriffen.

fängerkreise) gerichtet ist, und deshalb besonders für Meinungsmanipulationen der Bevölkerung während der nationalsozialistischen Gewaltherrschaft anfällig war, führte dann auch mit zur Aufnahme des Grundrechts der Rundfunkfreiheit in das Grundgesetz.[315]

Entscheidend ist letztlich die **teleologische Interpretation**. Das BVerfG sieht die Besonderheit des Rundfunks darin, dass er ein *„unentbehrliches Mittel der Massenkommunikation"*[316] darstellt. Die Adressierung an die Allgemeinheit ist dabei eine wesentliche Voraussetzung für die besondere Breitenwirkung des Rundfunks und seine herausgehobene Einwirkungsmöglichkeit auf den Prozess der individuellen und öffentlichen Meinungsbildung.[317] Rundfunk vermittelt einer unüberschaubaren Vielzahl von Menschen Tatsachen und Meinungen, womit für identische Sendungsinhalte ein hoher (quantitativer) Multiplikatorfaktor eintritt.[318] Dieser Vorgang zeichnet sich durch eine besondere verfassungsrechtliche Interessenlage aus: Der Rundfunkveranstalter tritt aus der Sphäre der bloß individuellen Kommunikation heraus und begibt sich auf das Feld der öffentlichen Meinungen. Damit wirkt er viel stärker als bei einer bloßen face-to-face - Kommunikation auf den öffentlichen Meinungsbildungsprozess ein, weil er eine unbestimmte Anzahl von Rezipienten mit seinen Darbietungen erreichen kann. Umgekehrt ist der einzelne Rundfunkrezipient als Teil der Allgemeinheit auf die Rundfunkdarbietungen angewiesen, um sich eine Meinung zu bilden und am öffentlichen Diskurs teilzunehmen.[319]

Für den besondere Öffentlichkeitsbezug des Rundfunks ist zum einen die Willensrichtung des Kommunikators, und zum anderen die besondere Situierung des Empfängerkreises von Bedeutung.[320]

Eine Bestimmung von Darbietungen für die Allgemeinheit erfolgt nur dann, wenn kein absoluter Ausschließungswille des Kommunikators besteht. Manifestiert sich ein solcher Wille in der übertragenen Darbietung selbst, wie dies etwa bei Sonderfunkdiensten (z.B. Polizeifunk, Schiffs-

---

315 S. *Ricker/Schiwy*, Rundfunkverfassungsrecht, S.63; *Hoffmann-Riem*, Pay TV im öffentlich-rechtlichen Rundfunk, S.44f.
316 BVerfGE 12, 205, 260.
317 Ähnlich *Gersdorf*, Rundfunkbegriff, S.104.
318 S.o. S.73f. Vgl. auch das erste DLM-Strukturpapier vom 16.12.1997 und 09.12.1998 (Aktualisierte Fassung), jeweils Ziff. 2.1.2.
319 S. *Gersdorf*, Rundfunkbegriff, S.104.
320 S.o. S.33; vgl. auch *König*, Die Teletexte, S.20f.

funk) der Fall ist, fehlt es an der notwendigen Bestimmung für die Allgemeinheit. Die übertragenen Inhalte (z.B. polizeiinterne Mitteilungen) sind hier derart auf eine homogene, mit dem Kommunikator verbundene Rezipientengruppe bezogen, dass sie allein der Befriedigung des spezifischen Rezeptionsbedarfs dieser Gruppe dienen.[321] Gleiches wie für die Sonderfunkdienste gilt bei Video- oder Telefonkonferenzen[322] und bei geschlossenen Benutzergruppen in lokalen Computernetzwerken[323] sowie bei Mitarbeiter-Informationsdiensten.[324]

Bei den Spartenprogrammen (z.B. Kinderkanal, Phoenix, n-tv oder auch diversen Premiere World Channels) fehlt es an einem unbedingten Ausgrenzungswillen des Rundfunkveranstalters: Die Programme sind zwar einerseits inhaltlich auf eine bestimmte Rezipientengruppe hin konzipiert (z.B. Kinder), andererseits ist es aber nicht unerwünscht und ausgeschlossen, dass andere Empfänger, die nicht zu dieser Zielgruppe gehören, die Darbietungen ebenfalls rezipieren (z.B. Eltern).[325] Die Finanzierungsform der Spartenprogramme (Pay TV oder Gebühren- bzw. Werbefinanzierung im Free TV), spielt für die Adressierung an die Allgemeinheit keine Rolle.[326]

Im engem Zusammenhang mit der Willensrichtung des Kommunikators steht die besondere Situierung des Empfängerkreises: Fehlt es an einem Ausschließungswillen des Kommunikators für bestimmte Rezipienten, so ist der Adressatenkreis unbestimmt, er kann sich „beliebig" zusammensetzen.[327] Im **Schlierseepapier** haben die Länder bereits 1975 versucht, den

---

321 Ähnlich *Gersdorf*, Rundfunkbegriff, S.107, 130.
322 Ders., a.a.O., S.110; *Libertus*, K&R 2000, 119f.
323 Ebda.
324 Zu Mitarbeiter-Informationsdiensten s. S.169f.
325 So im Ergebnis auch *Jarass*, Online-Dienste und Funktionsbereich des ZDF, S.11; *Hoffmann-Riem*, Pay TV im öffentlich-rechtlichen Rundfunk, S.46; ders., AfP 1996, 9, 10. Vgl. auch *Gersdorf*, Rundfunkbegriff, S.108, der zusätzlich zur fehlenden Ausgrenzungsabsicht des Rundfunkveranstalters bei Zielgruppenprogrammen auch die Zielgruppe selbst nicht für homogen genug hält, als das man sie verfassungsrechtlich aus der „beliebigen Öffentlichkeit" herausnehmen könnte.
326 Die früher umstrittene Frage, ob Pay TV - Programme schon wegen der verschlüsselten Programmausstrahlung nicht dem Rundfunkbegriff unterfallen, ist heute praktisch obsolet geworden. Die Verschlüsselung ändert nichts daran, dass Pay TV - Programme an die Allgemeinheit gerichtet sind. Es besteht kein absoluter Ausschließungswille des Kommunikators für bestimmte Rezipienten, vgl. dazu nur *Gersdorf*, Rundfunkbegriff, S.107, 114ff., 130; s. auch *Stettner*, ZUM 1995, 293f.
327 S. auch S.33.

Begriff der „beliebigen Öffentlichkeit“ dahingehend zu konkretisieren, dass eine Sendung dann nicht mehr an die Allgemeinheit gerichtet sei,

*„wenn sich der Adressatenkreis vorher in der Weise bestimmen ließe, daß es sich hierbei ausschließlich um Personen handelt, die durch gegenseitige Beziehungen oder durch Beziehungen zum Veranstalter persönlich untereinander verbunden sind.“*[328]

Diese Definition ist aber nicht erschöpfend, weil neben einer „persönlichen“ z.B. auch eine berufliche Beziehung zwischen den Rezipienten in Betracht kommt (etwa beim Polizeifunk).[329] Man wird die Adressierung an die „beliebige Öffentlichkeit“ daher weiter fassen müssen: Eine Darbietung ist immer dann für die Allgemeinheit bestimmt, wenn der Adressatenkreis keinerlei individuellen Beschränkung, sei sie privater, beruflicher oder anderer Natur, unterliegt.[330] Keine Rolle spielt dabei, welche zahlenmäßige Größe der Adressatenkreis tatsächlich hat.[331]

*b) Problemkreis: Gleichzeitiger Empfang*

Heftig umstritten ist die Frage, ob Rundfunksendungen zum „gleichzeitigen Empfang“ durch die Allgemeinheit bestimmt sein müssen,[332] oder ob der zeitgleiche Empfang keine verfassungsrechlich bedeutsame Rolle spielt.[333]

---

328 Schlierseepapier der Länder vom 29.04.1975, Ziff. B) II) 1) a).

329 Vgl. *Gersdorf*, Rundfunkbegriff, S.107.

330 Ähnlich *Gersdorf*, Rundfunkbegriff, S.107; *Hoffmann-Riem*, Pay TV im öffentlich-rechtlichen Rundfunk, S.45; *Jarass*, Online-Dienste und Funktionsbereich des ZDF, S.11; *Braml*, Teleshopping, S.52.

331 Vgl. nur *Jarass*, a.a.O.; *Braml*, a.a.O. Von der - verfassungsrechtlich irrelevanten - Frage der tatsächlichen Rezipientenzahl ist die - verfassungsrechtlich relevante - Frage nach der räumlichen Zerstreuung (Dispersion) der Rezipienten zu unterscheiden. Dazu S.105ff.

332 Vgl. *Degenhart*, BonnK, Art.5 GG, Rn.684ff.; ders., ZUM 1998, 333, 341ff.; *Beucher/Leyendecker/v. Rosenberg*, Mediengesetze, § 2 RStV Rn.4; *Bullinger*, AfP 1996,1, 6; ders./*Mestmäcker*, Multimediadienste, S.56f.; *Funke*, in: Prinz/Peters (Hrsg.): FS Engelschall, S.145f.; *Herrmann*, Rundfunkrecht, § 2 Rn.10; *Müller-Using/Dammermann*, ZUM 1995, 611, 613 sowie auch schon *Klein/Lauff*, Aus Politik und Zeitgeschichte, B51/1981, 3, 7.

333 Vgl. *Gersdorf*, Rundfunkbegriff, S.131; ders., AfP 1995, 565, 571f.; *Eberle*, ZUM 1995, 249, 254; *Jarass*, Online-Dienste und Funktionsbereich des Zweiten Deutschen Fernsehens, S.15f.; *Hoffmann-Riem*, Pay TV im öffentlich-rechtlichen Rund-

Das BVerfG hat bereits im Jahre 1987 in der **Baden-Württemberg-Entscheidung** erstmals zu diesem Problemkreis Stellung genommen. Zugrunde lag die Unterscheidung zwischen „Rundfunk" und „rundfunkähnlichen Diensten" im Landesmediengesetz Baden-Württemberg.[334] Die baden-württembergische Landesregierung vertrat in dem Verfahren die Ansicht, dass rundfunkähnliche Dienste auf Abruf und Zugriff nicht als Rundfunk im Sinne von Art.5 Abs.1 S.2 GG anzusehen sind, u.a. deshalb, weil es hier an der Gleichzeitigkeit des Empfangs fehle.[335] Das BVerfG führte demgegenüber aus, dass unter dem Blickwinkel des Art.5 Abs.1 S.2 GG die Unterscheidung zwischen Verteil-, Zugriff- und Abrufdiensten

> *„schwerlich als bedeutsam betrachtet werden [kann]. Das gleiche gilt für den weiteren Unterschied, daß 'Rundfunk' nach der Legaldefinition des Landesmediengesetzes 'zum gleichzeitigen Empfang' bestimmt ist, bei der rundfunkähnlichen Kommunikation der Zeitpunkt des Empfangs aber durch den Teilnehmer bestimmt werden kann."*[336]

In der Literatur werden diese Ausführungen z.T. dahingehend interpretiert, dass das BVerfG die Zeitgleichheit des Empfangs für den verfassungsrechtlichen Rundfunkbegriff als absolut „*unerheblich*"[337] erachte.
Eine solche Interpretation dürfte m.E. aber zu weit gehen, weil „schwerlich bedeutsam" nicht im Sinne von völlig „unerheblich", sondern eher im Sinne von (zum Zeitpunkt der Entscheidung) bloß „geringer" oder „kaum relevanter", aber gleichwohl nicht strikt und für alle Zukunft zu verneinender Bedeutung zu verstehen ist. Die Baden-Württemberg-Entscheidung erging im Jahre 1987. Angesichts der rasanten medientechnischen Entwicklung innerhalb der letzten anderthalb Jahrzehnts und der einfachrechtlichen Neuordnung der Medien- und Kommunikationslandschaft (Inkrafttreten

---

funk, S.58f.; ders., MP 1996, 73, 76; *A.Hesse*, BayVBl. 1997, 132, 136; ders., Rundfunkrecht, S.81; *Vesting*, Prozedurales Rundfunkrecht, S.239f.; *Janik*, AfP 2000, 7, 14; *Braml*, Teleshopping, S.55f. sowie VG Saarland, ZUM 1995, 642, 648f.; ähnlich *Ricker/Schiwy*, Rundfunkverfassungsrecht, S.76; *Kresse/Heinze*, AfP 1995, 574, 576.

334 Vgl. § 1 Abs.2, Abs.3 Nr.1, Nr.2 LMedienG BW i.d.F. vom 16.12.1985.

335 Vgl. BVerfGE 74, 297, 312.

336 BVerfGE 74, 297, 351f.; s. auch E 83, 238, 302.

337 *Gersdorf*, Rundfunkbegriff, S.130. Siehe auch die weiteren Nachw. in Fn. 333.

des MDStV und TDG am 01.08.1997) erscheint eine differenziertere Neubewertung der Situation sinnvoll.[338]

Letztlich entscheidend für die verfassungsrechtliche Beurteilung sollte daher sein, ob sich in der Notwendigkeit eines zeitgleichen Empfangs die besondere Bedeutung des Rundfunks für die öffentliche Meinungsbildung manifestiert (dann müsste man die verfassungsrechtliche Relevanz der Gleichzeitigkeit des Empfangs bejahen), oder ob dies nicht der Fall ist (dann wäre eine verfassungsrechtliche Relevanz zu verneinen).
Zunächst ist sicher festzuhalten, dass die Gleichzeitigkeit des Empfangs bereits durch die Aufzeichnungsmöglichkeiten der Rezipienten z.B. über Videorekorder durchbrochen werden kann.[339] Diese Möglichkeit der zeitlichen Individualisierung liegt aber ausschließlich in der Sphäre des Empfängers begründet und wird von ihm selbst gesteuert. Demgegenüber wird beim herkömmlichen Rundfunk (Verteildienst) der Zeitpunkt der Ausstrahlung von Sendungen (und damit auch die zeitliche Option des Publikums, die Sendungen „gleichzeitig" zu rezipieren) vom Veranstalter vorgegeben. Bei den Zugriffsdiensten kann der Rezipient diesen Zeitpunkt dagegen (im Rahmen eines vorgegebenen zyklischen Zeitrasters) relativ frei bestimmen, während bei den reinen Abrufdiensten von vornherein eine völlige zeitliche Individualisierung besteht: Hier kann der Rezipient ohne jegliche zeitliche Bindung durch einen Programmveranstalter aus einer Vielzahl gespeicherter Sendungen wählen.[340] Die Option eines gleichzeitigen Empfangs wird dem Rezipienten hier nicht eröffnet.
Ob diese Formen der zeitlichen Bindung (bei herkömmlichem Rundfunk) bzw. der teilweisen oder völligen zeitlichen Individualisierung (bei Zugriff- und Abrufdiensten) für den verfassungsrechtlichen Rundfunkbegriff von Bedeutung sind, hängt davon ab, ob sich hierin die besondere Meinungsrelevanz des Rundfunks verkörpert. Zu berücksichtigen ist dabei, dass die spezielle Stellung des Rundfunks im Prozess der öffentlichen und individu-

---

[338] Vgl. *Degenhart*, ZUM 1998, 333, 339; ders., BonnK, Art.5 GG, Rn.683; *Beucher/Leyendecker/v.Rosenberg*, Mediengesetze, § 2 RStV Rn.4; s. auch schon *Müller-Using/Dammermann*, ZUM 1995, 611f. In diese Richtung ist evtl. auch das Urteil des BVerfG vom 17.02.1998 („Fernseh-Kurzberichterstattung") zu deuten, wo es hinsichtlich des Fernsehens heißt, dass es „das einzige Medium [sei], das zeitgleich in Bild und Ton über ein Ereignis zu berichten vermag" (E 97, 228, 256).
[339] Vgl. dazu *Jäckel*, Wahlfreiheit in der Fernsehnutzung, S.37.
[340] Vgl. BayVerfGH, AfP 1987, 394, 407.

ellen Meinungsbildung nach Auffassung des BVerfG auch in seiner besonderen „*Breitenwirkung, Aktualität und Suggestivkraft*“[341] begründet liegt.

Im Schrifttum wird in diesem Zusammenhang angeführt, dass beispielsweise die (zeitgleiche) Ausstrahlung der ARD - „Tagesschau“ um 20.00 Uhr, die periodische Wiederholung der „Tagesschau“ in bestimmten Zeitabständen und die Bereitstellung der „Tagesschau“ auf einem Internet - Server zum individuellen Abruf durch den Rezipienten „*jeweils dasselbe Wirkungspotential für die öffentliche Meinungsbildung entfaltet.*“[342]

M.E. ist diese These aus zumindest drei Gründen nicht haltbar:
Erstens ist für die **rundfunkspezifische Wirkungskraft** (auch) der Öffentlichkeitseffekt zeitgleich ausgestrahlter Darbietungen von nicht zu unterschätzender Bedeutung: Jeder Rezipient weiß, dass eine Vielzahl anderer Rezipienten die mediale Botschaft zu derselben Zeit sehen bzw. hören können.[343] In engem Zusammenhang damit steht, dass (zweitens) die besondere **Breitenwirkung** des Rundfunks gerade dadurch zustande kommt, dass für identische Sendungsinhalte ein hoher Multiplikatorfaktor eintritt: Eine Vielzahl von Menschen ist zeitgleich mobilisierbar, was erhebliche Auswirkungen auf den öffentlichen Prozess der Meinungsbildung haben kann.[344] Neben der rundfunkspezifischen Wirkungskraft und Breitenwirkung zeitgleicher Übertragungen darf schließlich (drittens) auch nicht übersehen werden, dass eine zeitliche Individualisierung der Empfangssituation (wie dies bei Zugriff- und Abrufdiensten der Fall ist) sich

---

341 BVerfGE 90, 60, 87.

342 *Gersdorf*, in: Dittmann u.a. (Hrsg.), Symposion Oppermann, S.141; ähnlich *A.Hesse*, BayVBl. 1997, 132, 135.; ders., Rundfunkrecht, S.81.

343 S.o. S.63ff. Anders *Hoffmann-Riem*, Pay TV im öffentlich-rechtlichen Rundfunk, S.59, ders., AfP 1996, 9, 14 der die Auffassung vertritt, dass „gruppendynamische Prozesse“ ausschließlich auf die physische Anwesenheit der Rezipienten zurückzuführen sind, und bei technischer Vermittlung des Rezeptionsvorganges überhaupt nicht zustande kommen können.

344 Eingehend dazu S.73f. Angesichts der großen Bedeutung zeitgleicher Rezeptionsmöglichkeiten ist es nur folgerichtig, dass auf einfachrechtlicher Ebene nach dem neuen, im Rahmen des vierten RÄndStV zum 01.04.2000 in Kraft getretenen § 5a RStV bei der Ausstrahlung von „Ereignissen von erheblicher gesellschaftlicher Bedeutung (Großereignissen)“ dem jeweiligen Rundfunkveranstalter eine i.d.R. zeitgleiche Ausstrahlung in einem allgemein zugänglichen Fernsehprogramm auferlegt wird.

auch auf die Auswahl der **Informationsinhalte** auswirkt.[345] Der Rezipient kann sich (vor allem bei Abrufdiensten) eine Art „*Personal Page*“[346] zusammenstellen, die er nach seinen spezifischen Interessen sowohl hinsichtlich der Thematik, als auch der Informationstiefe auswählt.
Aus diesen drei Gründen ist der gleichzeitige Empfang, bzw. genauer: die vom Veranstalter eröffnete Option des gleichzeitigen Empfangs, ein wesentliches Merkmal der besonders hohen Meinungsrelevanz von Rundfunkdiensten. Für die verfassungsrechtliche Beurteilung der sog. Abruf- und Zugriffsdienste ergibt sich damit Folgendes:

Bei **Abrufdiensten** (z.B. Video-on-demand) erfolgt überhaupt keine „zeitliche Steuerung“ des Rezeptionsvorganges durch den Kommunikator, weil kein bestimmter Zeitpunkt für die Ausstrahlung vorgegeben wird.[347] Diese Dienste fallen daher allein schon wegen des Fehlens rundfunkspezifischer Multiplikator- und Öffentlichkeitseffekte nicht unter den verfassungsrechtlichen Rundfunkbegriff.[348]

Schwieriger ist die Lage bei **Zugriffsdiensten** (z.B. Near-Video-on-demand) zu beurteilen, weil hier einerseits (über die Festlegung der periodischen Zeitabstände, in denen die Sendungen ausgestrahlt werden) eine zeitliche Strukturierung des Rezeptionsvorganges durch einen Veranstalter erfolgt, an die sich der Rezipient halten muss; andererseits kann der Rezipient aber innerhalb des vorgegebenen „Zeitrasters“ den Empfangszeit-

---

345 Vgl. *Degenhart*, Online-Angebote öffentlich-rechtlicher Rundfunkanstalten, S.55f.; ders., BonnK, Art.5 GG, Rn.684f.; a.A. *Hoffmann-Riem*, Pay TV im öffentlich-rechtlichen Rundfunk, S.59f.

346 *Degenhart*, a.a.O. Insoweit steht der Problemkreis zeitgleicher Empfang/zeitliche Individualisierung der Rezeption im engen Zusammenhang mit der Frage, ob Rundfunk sich auf die einseitige Übertragung von Darbietungen in Programmform beschränkt, oder ob er überhaupt (und wenn ja, in welchem Maße) interaktive Nutzungsformen mit umfasst. Dazu S.116ff.

347 Entsprechendes gilt für den „abrufdienstähnlichen“ Videotext, wo ebenfalls keine zeitlichen Vorgaben für die Rezeption erfolgen. Videotext fällt i.Ü. als textorientierter Kommunikationsdienst auch schon mangels einer rundfunkspezifischen, audiovisuellen Darbietungsmodalität nicht unter den verfassungsrechtlichen Rundfunkbegriff, s.o. S.94. Anders *Herrmann*, Rundfunkrecht, § 2 Rn.14: „Entsprechend dieser [...] publizistischen Ausrichtung (Ausstrahlung vielfältiger Informationen zum zeitgleichen Empfang durch die Allgemeinheit) gehört der Videotext zum Rundfunk.“

348 So im Erg. auch *Degenhart*, BonnK, Art. 5 GG, Rn.685; ders., ZUM 1998, 333, 341ff.; *Bullinger*, AfP 1996, 1, 6; *Beucher/Leyendecker/v.Rosenberg*, Mediengesetze, § 2 RStV Rn.4. Zu weiteren Gründen, die eine Zuordnung von Abrufdiensten zum verfassungsrechtlichen Rundfunkbegriff verhindern, s.u. S.116ff.

punkt der Sendung frei bestimmen.[349] Angesichts der (relativen) Wahlfreiheit, werden die rundfunkspezifischen Öffentlichkeits- und Multiplikatoreffekte der gesendeten Darbietungen zwar nicht vollständig verhindert, aber doch zumindest entscheidend abgeschwächt. Es spricht deshalb vieles dafür, die Rundfunkqualität solcher „abrufähnlicher" Dienste zu verneinen.[350]

### *5. Bestimmung der Darbietungen für ein räumlich zerstreutes (disperses) Publikum*

#### *a) Allgemeine Auslegungsbefunde*

Auf die Notwendigkeit einer räumlichen Zerstreuung (Dispersion)[351] der Rundfunkrezipienten deutet schon der **Wortlaut** des Art.5 Abs.1 S.2 GG hin: Eine Darbietung wird nur dann „rund" gefunkt, wenn die Rezipienten nicht an einem Ort versammelt („präsent"), sondern an zahlreiche Orten „in der Runde" verstreut sind.

Die **systematische Auslegung** bleibt unklar: Bei Vorgängen der Individualkommunikation (Art.5 Abs.1 S.1 GG) ist zwar eine räumliche Trennung zwischen den Kommunikationspartnern möglich, es gibt aber regelmäßig keine Vielzahl räumlich zerstreuter, anonymer Rezipienten, an die sich ein einzelner Kommunikator wendet. Die Massenmedien Presse und Rundfunk (Art.5 Abs.1 S.2, 1. und 2. Alt. GG) wenden sich zwar typischerweise an ein räumlich zerstreutes Publikum, allerdings besteht beim Film (Art.5 Abs.1 S.2, 3.Alt. GG) eine Sondersituation (Publikum der besonderen Art, das sowohl Elemente des Präsenz-, als auch des dispersen Publikums enthält).[352]

Die **historische Auslegung** könnte ebenso wie der Wortlaut auf das Erfordernis einer räumlichen Zerstreuung der Rezipienten verweisen: Gerade die

---

349 Vgl. BayVerfGH, AfP 1987, 394, 407.

350 So im Erg. auch *Degenhart*, BonnK, Art. 5 GG, Rn.685; ders., ZUM 1998, 333, 341ff.; *Bullinger*, AfP 1996, 1, 6, vgl. auch ders./*Mestmäcker*, Multimediadienste, S.25f.

351 Zu dem von Maletzke geprägten Begriff des „dispersen Publikums" s.o. S.35f.

352 Zum Publikum des Mediums Film s.o. Fn.41.

Fähigkeit des Rundfunks, eine spezielle „Zirkularwirkung" über eine größere Distanz hinweg zu erzielen und damit räumlich weit verstreute Rezipienten anzusprechen, wurde schon in den 1920er und 30er Jahren als Besonderheit des Rundfunks im Schrifttum erkannt.[353] Es erscheint daher nicht fern liegend, dass es auch diese „Eigenschaft" der Rundfunkkommunikation war, die zur Aufnahme der Rundfunkfreiheit in Art. 5 Abs.1 S.2 GG mit beitrug.[354]

Entscheidend ist die **teleologische Auslegung.** Hier ist zunächst festzuhalten, dass das BVerfG die besondere Meinungsbildungsrelevanz des Rundfunks auch in seiner „Breitenwirkung", also in seiner hohen Reichweite begründet sieht.[355] Diese Breitenwirkung erschöpft sich nicht in einer bloßen Adressierung von Rundfunkdarbietungen an die Allgemeinheit: Die Bestimmung der Darbietung für den zeitgleichen Empfang durch eine beliebige Öffentlichkeit schafft nur **eine** Voraussetzung für die hohe Reichweite des Rundfunks. Erst die Tatsache, dass eine Vielzahl von (beliebigen) Menschen an einer Vielzahl von (beliebigen) Orten eine mediale Botschaft empfangen kann, schafft eine der wesentlichen Voraussetzungen für die besondere Stellung des Rundfunks im Prozess öffentlicher und individueller Meinungsbildung.[356]

Ein Teil der Literatur[357] lehnt eine Berücksichtigung der räumlichen Rezeptionssituation bei der Bestimmung des verfassungsrechtlichen Rundfunkbegriffs ausdrücklich ab. Zunächst, so wird kritisiert, bleibe unklar,

---

353 Vgl. dazu *Halefeldt*, in: RuF 1948-1989, S.48 m.w.Nachw. Auch das Massenmedium Presse wendet sich an ein disperses Publikum. Die Rezeption durch räumlich verstreute, anonyme Individuen ist ein typischen Kennzeichen massenmedialer (und damit auch rundfunkvermittelter) Kommunikation im traditionellen Sinne.

354 S. dazu auch *Ricker/Schiwy*, Rundfunkverfassungsrecht, S.63. Als „Erkenntnisquellen" für die historische Auslegung kommen insoweit nicht nur schriftliche Verfassungsentwürfe und Beratungsprotokolle in Betracht, sondern „auf dem Hintergrunde [...] der damaligen Lehre" auch die „von dem damaligen Gesetzgeber vorgefundene Normsituation, also [die] realen Gegebenheiten" (*Larenz*, Methodenlehre der Rechtswissenschaft, S.316).

355 Vgl. BVerfGE 90, 60, 87.

356 So wohl auch *Braml*, Teleshopping, S.50; ähnlich (allerdings unter dem Aspekt der Allgemeinheit des Adressatenkreises) das Schlierseepapier der Länder vom 29.04.1975, B) II) 1) b); *Ricker/Schiwy*, Rundfunkverfassungsrecht, S.46, 65f.; s. auch *König*, Die Teletexte, S.26ff.

357 Vgl. *Lieb*, Kabelfernsehen und Rundfunkgesetze, S.147ff.; s. auch *Gersdorf*, Rundfunkbegriff, S.112, 156, der die räumliche Rezeptionssituation erst auf der Ausgestaltungsebene der Rundfunkfreiheit berücksichtigen will.

unter welchen Voraussetzungen eine räumliche Streuung der Rezipienten anzunehmen bzw. wann sie zu verneinen sei.[358] Im Übrigen vermöge es unter dem Gesichtspunkt der Meinungsrelevanz keinen Sinn zu machen, warum Darbietungen innerhalb überblickbarer Räumlichkeiten nur aufgrund ihrer Ortsgebundenheit nicht dem Rundfunkbegriff unterfallen sollen. Soweit dabei der Gedanke dahinterstehe, dass bei einer örtlich beschränkten Übertragung regelmäßig nur eine abgrenzbare Gruppe von Rezipienten betroffen sei, werde bei Licht betrachtet nur das Merkmal der Allgemeinheit des Adressatenkreises konkretisiert.[359]

Diese Bedenken sind nicht stichhaltig. Auch wenn eine Darbietung für die Allgemeinheit bestimmt ist, kann daraus allein noch nicht auf das Vorliegen einer rundfunkspezifischen Breitenwirkung und eine herausgehobene Meinungsrelevanz geschlossen werden. Vielmehr ist eine Differenzierung zwischen der Adressierung von Rundfunkdarbietungen an eine beliebige Öffentlichkeit und der Adressierung an ein räumlich zerstreutes, an beliebigen Orten befindliches Publikum erforderlich: So ist z.B. eine politische Wahlkampfrede in einer Stadthalle[360] für die Allgemeinheit im Sinne einer beliebigen Öffentlichkeit bestimmt. Wird diese politische Rede jetzt (wegen des hohen Zuhörerandranges) über Videogroßleinwand auch auf einen städtischen Platz übertragen, so wäre es m.E. fernliegend, diesen Vorgang als Rundfunk zu qualifizieren. Auf dem Platz ist ein bloßes Präsenzpublikum versammelt. Von einer besonders hohen Reichweite dieses **point-to-point** - Sendevorganges lässt sich nicht sprechen, weil es an der rundfunkspezifischen „Zirkularwirkung" fehlt. Die Übertragung ist zwar an eine beliebige Öffentlichkeit gerichtet, findet aber nicht an beliebigen Orten, sondern nur an einem (vom Kommunikator bestimmten) Ort statt. Die Rezipienten können hier ihren Aufenthaltsort, an dem sie die Darbietungen

---

358 S. *Lieb*, a.a.O., S.147f.; *Gersdorf*, a.a.O., S.112. Es sei, so Gersdorf, z.B. nicht festzulegen, wann die Anzahl der Empfänger in einer Weise reduziert ist, dass von einer räumlichen Streuung nicht mehr die Rede sein könne bzw. wann eine räumliche Streuung bei Einrichtungen vorliegt, in denen die ausgestrahlten Sendungen von den Teilnehmern in unterschiedlichen Räumen und zu unterschiedlichen Zeiten rezipiert werden könnten.

359 Vgl. *Gersdorf*, Rundfunkbegriff, S.117.

360 Weitere Beispiele für eine fehlende räumliche Zerstreuung der Rezipienten sind z.B. die Übertragung des Geschehens einer Pferderennbahn auf einer Videoleinwand innerhalb des Rennbahngeländes und die Nutzung einer Verstärkeranlage bei einem Konzert, s. dazu das Schlierseepapier der Länder vom 29.04.1975, Ziff. B) II) 1) b).

empfangen, nicht selbst bestimmen.[361] Außerdem besteht - anders als bei einem dispersen Publikum - auch die Möglichkeit einer direkten Kontaktaufnahme zwischen den Rezipienten; sie können sich mit den Reaktionen praktisch aller anderer Rezipienten (z.B. Missfallensäußerungen oder Begeisterungsrufe) persönlich und spontan auseinander setzen, womit die rundfunkspezifische Wirkungskraft abgeschwächt wird.[362]

Erst wenn (um das Beispiel fortzuführen) die politische Rede live bzw. aufgezeichnet über terrestrische Sendeanlagen, Satelliten oder auf andere Weise „in die Runde" ausgestrahlt wird (**point-to-multi-point**), ist die Rezeption an beliebigen Orten möglich. Dabei kann es - etwa bei lokalen Sendestationen mit bloß geringer Reichweite - durchaus sein, dass nur eine relativ geringe Zahl von Rezipienten die entsprechende Sendung überhaupt empfangen kann. Trotzdem handelt es sich hier um Rundfunk im verfassungsrechtlichen Sinne. Entscheidend ist nicht die absolute Zahl der Rezipienten, sondern ihre beliebige räumliche Zerstreuung und die freie Wählbarkeit der Empfangssituation.[363] Erst dadurch kommt es zu einer rundfunkspezifischen „Zirkularwirkung" und damit zu einer (gegenüber anderen Übertragungsformen) gesteigerten Meinungsrelevanz der ausgestrahlten Sendungen. Die rundfunktypische „Anonymität" zwischen allen Rezipienten kann bei einer räumlichen Zerstreuung und einer frei wählbaren, vom Kommunikator nicht vorgegebenen Empfangssituation, nur sehr begrenzt durch persönliche Kontaktaufnahmen durchbrochen werden.[364]

### *b) Hotel-, Krankenhaus- und Wohnanlagenfunk; Mitarbeiter- und Kunden-Informationsdienste*

Die Bestimmung von Darbietungen für die Rezeption durch ein disperses Publikum ist immer dann problematisch, wenn der Empfang der Sendungen in einer mehr oder weniger eingeschränkten räumlichen Situation erfolgt, wie dies vor allem beim Hotelfunk[365], Krankenhausfunk[366], „Wohn-

---

[361] S. zu diesem Aspekt auch *Ricker/Schiwy*, Rundfunkverfassungsrecht, S.65f. (allerdings unter dem Gesichtspunkt der „Allgemeinheit" des Adressatenkreises).

[362] Vgl. auch *Degenhart*, BonnK, Art.5 GG Rn.681.

[363] Das übersieht *Lieb*, Kabelfernsehen und Rundfunkgesetze, S.147f.

[364] S. dazu auch S.35f.

[365] *Bullinger/Gödel*, Kommentar zum BWLMedienG i.d.F. vom 16.12.1985, § 1 Rn.15, stellen hier nicht auf die räumliche Situation, sondern auf die speziellen Bedürfnisse der Hotelgäste ab, d.h. den Ausschlusswillen des Kommunikators bzgl. anderer Rezipienten, die diese Bedürfnisse nicht aufweisen. Diese Unterscheidung

anlagenfunk“ sowie auch bei Mitarbeiter- und Kunden-Informationsdiensten[367] der Fall ist. Die Rezeption durch ein disperses Publikum (und damit das Vorliegen von Rundfunk im verfassungsrechtlichen Sinne) wird man hier verneinen müssen, wenn es sich jeweils um Ausstrahlungen in nur einem **einzelnen Gebäude** oder einem zusammenhängenden Gebäudekomplex (z.B. einem einzelnen Hotel oder Kaufhaus) handelt. Der Empfang erfolgt hier nicht an beliebigen, von den Rezipienten frei wählbaren Örtlichkeiten, sondern nur an wenigen festgelegten Orten, die zudem räumlich sehr eng (nämlich in einem Gebäude) beieinander liegen. Deshalb dürfte es an einer rundfunkspezifischen Breitenwirkung, die erst durch die Ausstrahlung „in die Runde“ zustandekommt, fehlen.[368]

Schwieriger als bei der Ausstrahlung in nur einem einzelnen Gebäude oder einem zusammenhängenden Gebäudekomplex ist die in der Praxis häufiger vorkommende Situation zu beurteilen, dass eine Übertragung in mehreren, zwar konkret festgelegten, aber räumlich weit voneinander **getrennten Gebäuden** erfolgt.

Interessant ist hier das Beispiel der P.O.S. Medien GmbH & Co. KG in Kiel, dem deutschlandweit größten Anbieter von „Instore - Hörfunk“.[369] Das 1990 gegründete Unternehmen betreibt unter dem Namen **„Radio Point of Sale - Das Einkaufsradio“** ein Kundenprogramm mit Musik, Produktwerbung und Moderation, der schwerpunktmäßig für die Ausstrahlung im Lebensmitteleinzelhandel bestimmt ist. Anfang 1990 erteilte die zuständige Landesanstalt für das Rundfunkwesen (ULR) in Kiel eine

---

dürfte aber wohl nicht weiterführen, weil sich der Ausschlusswille beim Hotelfunk nicht in den Darbietungen selbst (i.d.R. Hintergrundmusik oder Videofilme) manifestiert. M.E. ist die Situation insoweit mit Pay TV- Spartenprogrammen vergleichbar, die zwar ebenfalls auf bestimmte Rezipientenbedürfnisse hin konzipiert sind, aber trotzdem dem Rundfunkrecht unterliegen. Auch die vertraglichen Beziehungen zwischen den Hotelgästen und den Trägern des Hotels dürften deshalb keine Rolle spielen (so aber *Ricker/Schiwy*, Rundfunkverfassungsrecht, S.66).

366 Die Vertragsbeziehungen zwischen Patienten und Krankenhausträgern sind - entgegen *Ricker/Schiwy*, a.a.O. - verfassungsrechtlich ohne Bedeutung. Vgl. auch OVG Münster, DÖV 1978, 519, 521.

367 Zu Mitarbeiter-Informationsdiensten (in traditioneller Terminologie: „Betriebsfunk“) s. S.169f.; zu Kunden-Informationsdiensten (in traditioneller Terminologie: „Ladenfunk“) s. S.170f.

368 So im Erg. auch *Degenhart*, BonnK, Art.5 GG, Rn.680; ähnlich (allerdings wohl nur im Hinblick auf die einfachrechtliche Regelung in § 20 Abs.3 S.1 Nr.2 RStV) *Libertus*, K&R 2000, 119, 121.

369 S. dazu *Hömberg/Hohlfeld/Schnellhardt*, MP 1998, 113, 116.

Unbedenklichkeitsbescheinigung für den Betrieb von „Radio P.O.S.“, weil es sich um einen „Minisender“ in einem geschlossenen und örtlich begrenzten Kreislauf handele. Nach einer erheblichen Ausweitung der Programmreichweite (mittlerweile werden die Sendungen bundesweit in knapp 7500 Einzelhandelsmärkten ausgestrahlt) mehrten sich kritische Stimmen, die den Betrieb des Einkaufsradios als rundfunkrechtlichen Vorgang einstuften. In der Folge wurde das entsprechende Landesrundfunkgesetz geändert, und das Instore - Radio als sog. „Spartenprogramm Ladenfunk“ dem Regime des Rundfunkrechts unterstellt. Im Juni 1993 erteilte die ULR den Betreibern des Radios Point of Sale einen rundfunkrechtlichen Zulassungsbescheid.[370]

M.E. ist ein Kundenradio-Programm, wie es etwa in der Form des „Radio P.O.S.“ betrieben wird, durchaus für die Rezeption durch ein disperses Publikum bestimmt. Zwar findet eine Rezeption nicht an beliebigen, vom Empfänger auswählbaren Orten, sondern nur in bestimmten Räumlichkeiten statt.[371] Allerdings kann bei ca. 7500 Empfangsorten in der ganzen Bundesrepublik eine hohe Breitenwirkung und eine mehr oder weniger beliebige räumliche Streuung der Rezipienten nur schwerlich verneint werden. Hinzu kommt, dass die besondere Wirkungskraft der Darbietungen nicht in dem Maße durch die Möglichkeit der persönlichen Kontaktaufnahme unter den Rezipienten „gebrochen“ werden kann, wie dies etwa bei einem Präsenzpublikum der Fall wäre. Für einige wenige Filialen, in denen das Einkaufsradio ausgestrahlt wird, mag dies noch in gewissem Umfang möglich sein. Bei Rezipienten in 7500 Filialen ist dies jedenfalls nicht mehr der Fall. Deshalb wird man hier eine rundfunkspezifische Bestimmung der Darbietungen für die Rezeption durch ein disperses Publikum bejahen müssen.[372]

---

370 Ebda. Zur veränderten rechtlichen Beurteilung von „Einkaufsradios“ nach Inkrafttreten des TDG am 1.08.1997 vgl. S.170f.

371 Empfänger sind insoweit nicht die entsprechenden Warenhäuser, sondern die jeweiligen Kunden, also m.a.W. die Besucher der Einrichtung, und nicht die Einrichtung selbst (so im Ansatz auch - in Bezug auf den einfachrechtlichen Rundfunkbegriff - die amtliche Begründung zu § 2 RStV, abgedruckt bei Hartstein/Ring/Kreile/Dörr/Stettner, Rundfunkstaatsvertrag (2.Aufl.), S.486; anders *Müller-Using/Dammermann*, ZUM 1995, 611, 613).

372 S. *Janik*, AfP 2000, 7, 13; *Hömberg/Hohlfeld/Schnellhardt*, MP 1998, 113f.; vgl. auch VG Saarland, ZUM 1995, 642, 646. Die Bejahung einer räumlichen Zerstreuung der Rezipienten heißt aber noch nicht, dass Einkaufsradios oder andere Kunden-Informationsdienste generell dem Rundfunkregime zu unterstellen sind. Dazu

Eine einfachrechtliche Regelung, die die räumlichen Situierung der Rezipienten berücksichtigt, enthält z.B. **§ 1 Abs.2 SächsPFG**, wo es heißt:

> *„[Das SächsPFG] findet keine Anwendung auf die Verbreitung oder Weiterverbreitung von Sendungen ausschließlich in Kabelanlagen, an die **weniger als 100 Wohneinheiten** angeschlossen sind, oder die sich in einem **Gebäude** oder einem zusammenhängenden Gebäudekomplex befinden, wenn diese nicht dauernd zum Wohnen bestimmt sind, oder wenn **unselbständige Wohneinheiten** mit den Sendungen versorgt werden sollen, oder in einem **Wirtschaftsunternehmen**."*[373]

Neben der Berücksichtigung der räumlichen Rezeptionssituation werden in § 1 Abs.2 SächsPFG auch Sendungen aus dem Anwendungsbereich des Gesetzes ausgeklammert, die betriebsintern in „Wirtschaftsunternehmen" ausgestrahlt werden. Solche internen Ausstrahlungen von Sendungen sind - unabhängig von den räumlichen Empfangsbedingungen - i.d.R. nicht für den Meinungsmarkt bestimmt, sondern dienen nur betrieblichen Informationszwecken. Es handelt sich deshalb typischerweise nicht um eine meinungsrelevante „Berichterstattung" i.S.d. Art.5 Abs.1 S.2 GG.[374] Außerdem sind die Sendungen auch nicht an die Allgemeinheit i.S. einer beliebigen Öffentlichkeit adressiert.

Enger als die Regelung im SächsPFG ist **§ 1 Abs.2 S.3 BayMG** gefasst. Es heißt dort:

> *„Nicht unter den [Rundfunk]begriff fällt die Verbreitung von Darbietungen, die sich auf ein **Gebäude** oder einen zusammengehörigen Gebäudekomplex beschränken **und in einem funktionellen Zusammenhang mit den dort zu erfüllenden Aufgaben** stehen."*[375]

Rundfunk soll nach dem BayMG also nicht schon bei einer näher definierten fehlenden räumliche Zerstreuung der Rezipienten zu verneinen sein,

---

ist es notwendig, dass alle Merkmale des verfassungsrechtlichen Rundfunkbegriffs im Einzelfall vorliegen.

373 SächsGVBl. 1998, 111 [Hervorhebungen nicht im Original].

374 S. dazu S.169f.

375 BayGVBl. 1992, 584 [Hervorhebungen nicht im Original].

sondern erst bei einem **kumulativen** - auf den Inhalt der gesendeten Darbietungen bezogenen - „funktionellen Zusammenhang“ mit Aufgaben, die in dem betreffenden Gebäudekomplex erfüllt werden. Aus verfassungsrechtlicher Perspektive erscheint diese zusätzliche Einengung problematisch: M.E. wird man das Vorliegen von Rundfunk stets verneinen müssen, wenn es an einer räumlichen Zerstreuung (Dispersion) der Rezipienten fehlt - und zwar auch dann, wenn die entsprechenden Darbietungen selbst für den Meinungsmarkt bestimmt sind.

### *6. Indirekte Übertragung der Darbietungen unter Benutzung elektromagnetischer Schwingungen*

#### *a) Allgemeine Auslegungsbefunde*

Der Begriff „Rundfunk“ lässt sich vom **Wortlaut** her in die Seme „*Rund*“ und „*Funk*“ aufspalten. Wenn eine Darbietung in die (weite) „Rund[e]“ gefunkt wird, findet keine Übertragung zu einer räumlich nahen Empfangsstation statt, sondern es wird sendetechnisch über eine größere räumliche Distanz hinweg gefunkt.[376] Die Übertragung erfolgt also indirekt, und nicht direkt. Sie geschieht per „Funk“, d.h. unter Nutzung elektromagnetische Wellen.[377]

Der **systematische Zusammenhang** ist für das Merkmal der indirekten Übertragung kaum aufschlussreich; auch individualkommunikative Vorgänge (Art. 5 Abs.1 S.1 GG) können indirekt unter Nutzung elektromagnetischer Schwingungen stattfinden (z.B. über Telefon, Telefax, E-Mail).

**Historisch** betrachtet wurde der „Funk der in der Runde ausgestrahlt wird“[378] zunächst ausschließlich fernmeldetechnisch verstanden und des-

---

[376] Vgl. *Ricker/Schiwy*, Rundfunkverfassungsrecht, S.68.

[377] Die Nutzung elektromagnetischer Wellen ist eine typische, aber nicht die einzige Form einer indirekten Übertragung von Kommunikationsinhalten über eine größere räumliche Distanz hinweg: Auch der herkömmliche Vertrieb von (materiellen) Presseerzeugnissen erfolgt indirekt.

[378] *Hans Bredow* ist Schöpfer des Neologismus „Rundfunk“, vgl. Duden, Das Herkunftswörterbuch, 2.Aufl. 1989, Stichwort „Rundfunk“.

halb dem Fernmelderegal des Reiches unterstellt.[379] Die Übertragungstechnik, d.h. die Ausgestaltung des indirekten Übertragungsweges, galt dann in den Grundgesetz - Beratungen als ein entscheidendes Differenzierungskriterium zwischen den beiden medialen Kommunikationsformen Rundfunk und Presse. Die Phänomene Presse und Rundfunk wurden vorrangig von der Technik her interpretiert, die das jeweilige Massenkommunikationsmittel zur damaligen Zeit geformt hatte (einerseits gegenständliches Druckerzeugnis, andererseits elektromagnetische Übertragung).[380]

Das BVerfG konstatierte im 5. Rundfunkurteil, dass nach **Sinn und Zweck** der Rundfunkfreiheit die Art der sendetechnische Übertragungsform keine Rolle spielt: Bei der Definition von Rundfunk dürfe nicht an eine bereits eingeführte Technik angeknüpft werden, weil sich Rundfunk auch auf neue Übertragungstechniken erstrecken kann.[381] Unter verfassungsrechtlichen Gesichtspunkten kommen daher sämtliche technischen Wege zur Übertragung von Rundfunkdarbietungen in Betracht, also z.B. terrestrische Funkfrequenzen, Satellitenkanäle, das breitbandige Kabelnetz oder das schmalbandige Telefonnetz.[382] Ob die Übertragung dabei über Internet-Server erfolgt oder nicht ist verfassungsrechtlich ohne Belang.[383]

Notwendig ist aber immer eine indirekte Übertragungsform. Eine indirekte Übertragung setzt neben einer - für zukünftige Entwicklungen offenen - technischen Komponente auch die Überbrückung einer größeren räumlichen Distanz voraus. Gerade in der Überwindung einer solchen Distanz liegen die spezifische Wirkungskraft und Breitenwirkung des Massenmediums Rundfunk begründet, die seine besondere Stellung im Prozess der Meinungsbildung ausmacht.[384] Befinden sich Kommunikator und Rezipient

---

379 Vgl. *Ricker/Schiwy*, Rundfunkverfassungsrecht, S.68. Dabei wurde - wegen derselben Übertragungstechnik - der noch junge Rundfunk mit den bereits bestehenden Telefonansagediensten der Reichspost und den Funksonderdiensten (z.B. Polizei-, See- und Navigationsfunk) zunächst gleichgestellt.

380 S. dazu das Würzburger Papier der Länder vom 25.05.1979, Ziff.B). Vgl. auch *Ricker/Schiwy*, a.a.O., die allerdings ihre Überlegungen zu Rundfunk und Presse im Hinblick auf die Übertragungstechnik der systematischen, und nicht der historischen Auslegung des Rundfunkbegriffs zuordnen.

381 S. BVerfGE 74, 297, 350f.; 83, 238, 302.

382 Vgl. nur *Gersdorf*, Rundfunkbegriff, S.120; *Ricker/Schiwy*, Rundfunkverfassungsrecht, S.69f.; *Degenhart*, BonnK, Art.5 GG, Rn.673; VG Saarland, ZUM 1995, 642, 647.

383 Zur einfachrechtlichen Beurteilung des Internet Broadcasting s.u. S.159ff.

384 S. auch S.63ff.; S.71ff. sowie *Degenhart*, BonnK, Art.5 GG, Rn.681.

nämlich innerhalb einer überblickbaren räumlichen Einheit, ist der Rezipient auf direktem Wege *„erfaßbar"*, *„beeinflußbar"* und *„in den Griff zu bekommen"*.[385] Erst wenn die Übertragung indirekt, also über eine räumliche Distanz hinweg erfolgt, ist diese direkte Möglichkeit der Beeinflussung nicht mehr gegeben.

Interessanter als die bloße Feststellung, dass die Notwendigkeit der technisch vermittelten, indirekten Übertragung überhaupt ein Merkmal der Rundfunkkommunikation darstellt, erscheint aber die Beantwortung der Frage, inwieweit dieses Merkmal als eigenständiges Abgrenzungskriterium tauglich ist.

*b) Problemkreis: „Elektronische Presse"*

Unter dem Gesichtspunkt der indirekten Übertragung über elektromagnetische Wellen wird im Schrifttum der Problemkreis **„Elektronische Presse"**, also die Online - Übertragung von Pressebeiträgen in herkömmlicher (Texte und Bilder) und erweiterter Form (zusätzliche Übertragung von Video- und Tondateien) diskutiert. Die Abgrenzung zwischen Presse- und Rundfunkfreiheit soll dabei nach einer vielfach vertretenen Auffassung anhand der Ausgestaltung des technischen Übertragungsweges erfolgen.[386]

Das ist zweifelhaft. Zunächst ist festzuhalten, dass im Hinblick auf die Überbrückung einer größeren räumlichen Distanz zwischen den beteiligten Kommunikationspartnern kein Unterschied zwischen Presse und Rundfunk besteht. Der Unterschied liegt vielmehr - historisch gesehen - nur in der Art der Überbrückung dieser Distanz: Herkömmlicherweise sind Presseberichte auf Papier o.Ä. „vergegenständlicht", während analoge Rundfunk-

---

385 So schon die Überlegungen im Schliersee - Papier der Länder vom 29.04.1975, Erläuterungen zu Ziff. B) II) 2), S.9, allerdings unter dem Aspekt der „Verbreitung" von Rundfunkdarbietungen.

386 So *Scherer*, AfP 1996, 213, 218; *Jarass*, Online-Dienste und Funktionsbereich des ZDF, S.14f.; *Ory*, AfP 1996, 105, 107; VG Saarland, AfP 1995, 619, 621; ähnlich *Starck*, in: Burmeister (Hrsg.), FS Stern 1997, S.779; *Libertus*, K&R 2000, 119, 122; vgl. auch das Würzburger Papier der Länder vom 25.05.1979, Ziff.CII. Ablehnend dagegen *Gersdorf*, Rundfunkbegriff, S.144; ders. in: Dittmann u.a. (Hrsg.), Symposion Oppermann, S.141; *Hoffmann-Riem*, AfP 1996, 9, 12; *Eberle*, in: Dittmann u.a. (Hrsg.), Symposion Oppermann, S.152; *Michel*, ZUM 1998, 350, 353; *Braml*, Teleshopping, S.45; vgl. auch *König*, Die Teletexte, S.123; *Schmitt Glaeser*, Kabelkommunikation, S.192; *Wieland*, Die Freiheit des Rundfunks, S.91; *Koch*, Internet-Recht, S.546; *Bullinger/Mestmäcker*, Multimediadienste, S.51f.

darbietungen „gegenstandslos“ z.B. auf einen Fernseh - Bildschirm übertragen werden. Digitalisierungstechniken ermöglichen jetzt auch die Online - Übertragung von Presseerzeugnissen und ihre gegenstandslose Anzeige auf dem Bildschirm bzw. Monitor.

Dabei kann es keinen Unterschied machen, ob die „Vergegenständlichung“ erst beim Rezipienten selbst erfolgt (z.B. Ausdruck an seinem Heimdrucker), oder schon vorher in der Sphäre des Kommunikators (z.B. in einer Zeitungsdruckerei).[387] Hier handelt es sich nur um unterschiedliche Distributionsformen, die für die verfassungsrechtliche Abgrenzung von Rundfunk und Presse ohne Bedeutung sind.[388]

Ob überhaupt die Möglichkeit der „Vergegenständlichung“ durch die technische Umsetzung in ein Druckwerk besteht,[389] ist damit keine Frage der indirekten Übertragung, sondern knüpft an die jeweilige **Darbietungsmodalität** an. Rundfunksendungen sind durch die besondere Breitenwirkung, Aktualität und Wirkungskraft ihrer audiovisuellen Darbietungsform gekennzeichnet, während Presse durch eine textorientierte Darbietungsmodalität bestimmt wird. Deshalb hat nach hier vertretener Auffassung die eigentliche Abgrenzung zwischen Rundfunk und Presse unter dem Gesichtspunkt zu erfolgen, ob schwerpunktmäßig audiovisuelle oder textorientierte Darbietungen vorliegen.[390]

Das Kriterium der „indirekten“ Übertragung kann Rundfunkdienste zwar nicht gegenüber Pressediensten abgrenzen, wohl aber gegenüber **„direkten“ Formen der Kommunikation**: Rundfunk ist wesensnotwendig eine indirekte Kommunikationsform, er bedient sich stets technischer Distributionsmittel.

Auf der anderen Seite kann aber auch Individualkommunikation nicht nur direkt, sondern auch indirekt und technisch vermittelt erfolgen, z.B. bei einer Videokonferenz oder einem Telefongespräch. Indirekte Kommunikationsformen und direkte Kommunikationsformen unterscheidet dabei vor

---

387 Vgl. *Funke*, in: Prinz/Peters (Hrsg.), FS Engelschall, S.146f.; a.A. VG Saarland, AfP 1995, 619, 621.

388 So auch schon *König*, Die Teletexte, S.123; *Schmitt Glaeser*, Kabelkommunikation, S.192.

389 Vgl. *Ricker/Schiwy*, Rundfunkbegriff, S.68f. (die diese Problematik unter dem Gesichtspunkt der „Verbreitung“ erörtern), VG Saarland, AfP 1995, 619, 621.

390 Vgl. S.93ff.

allem, dass es bei letzteren immer auch an der **räumlichen Zerstreuung** der Rezipienten fehlt.

Direkte, technisch unvermittelte Übertragungen kommunikativer Inhalte richten sich zwangsläufig an ein Präsenzpublikum (z.B. Theateraufführungen, Vorträge). Ein disperses, räumlich weit verstreutes Publikum kann dagegen nie auf direktem Wege und ohne Einsatz technischer Mittel erreicht werden. Die Übertragung erfolgt hier notwendigerweise indirekt. Die Abgrenzungskraft des Merkmals der indirekten Übertragung über eine räumliche Distanz hinweg erschöpft sich also bei genauer Betrachtung schon in der Notwendigkeit einer räumlichen Zerstreuung des Publikums. Eine wirkliche Abgrenzungsbedeutung erlangt es daher nur im Zusammenspiel mit diesem Merkmal des verfassungsrechtlichen Rundfunkbegriffs.[391]

### *7. Einseitige Übertragung der Darbietungen in Programmform*

#### *a) Allgemeine Auslegungsbefunde*

Die Einseitigkeit des Übertragungsvorganges ist bereits im **Wortlaut** von Art.5 Abs.1 S.2 GG angelegt: Wenn Darbietungen „rund gefunkt" werden, erfolgt eine Übermittlung von einer Stelle an viele. Der übermittelnde Kommunikator legt dabei Inhalt und zeitliche Abfolge dessen fest, was gefunkt wird, ohne dass der Rezipient Einflussmöglichkeiten darauf hat.

Im Rahmen der **systematischen Auslegung** ist festzuhalten, dass das Grundgesetz klar zwischen einer (nach traditionellem Verständnis)[392] mehrseitigen Individualkommunikation (Art.5 Abs.1 S.1 GG) und der (herkömmlicherweise) einseitigen und nicht auf interaktive Rezeption ausgerichteten Massenkommunikation (Art.5 Abs.1 S.2 GG) differenziert.[393]

Auch die **historische Auslegung** könnte die Bedeutung einer einseitigen, nicht interaktiven Übertragungsform für die Abgrenzung des verfassungs-

---

[391] Vgl. S.112ff.
[392] Zum traditionellen Verständnis massenmedialer und individueller Kommunikation s.o. S.31ff.
[393] Vgl. *Brugger*, Rundfunkfreiheit und Verfassungsinterpretation, S.10.

rechtlichen Rundfunkbegriffs bestätigen. Der Unterhaltungsrundfunk war zur Weimarer Zeit ein typischer Verteildienst, bei dem die Rundfunkgesellschaften das „Was“ (und „Wann“) der Rezeption einseitig bestimmten. In der NS - Zeit wurde der Rundfunk dann zu propagandistischen Zwecken vom Staat planmäßig missbraucht.[394] Der Missbrauch wurde dadurch begünstigt, dass hier ein besonders leicht „steuerbares“ Medium mit einem hohen Wirkungspotential vorlag, bei dem neben den einzelnen Sendungen auch das gesamte Programm einseitig vom Veranstalter festgelegt (und überwacht) werden konnte.[395] Es erscheint nahe liegend, dass auch diese besondere Situierung des Rundfunks als wirkungsmächtiger Programm-Verteildienst ein Grund für den besonderen Schutz der Rundfunkfreiheit durch ihre Aufnahme in das Grundgesetz war.[396]

Letztlich entscheidend ist die **teleologische Auslegung**. Im Schrifttum wird dabei heftig diskutiert, ob und inwieweit zwischen (inter-)aktiv genutzten Abrufdiensten und eher passiv rezipierbaren Verteildiensten zu unterscheiden ist.[397] Teilweise wird die weite Auffassung vertreten, dass Abruf- und Verteildienste gleichermaßen dem verfassungsrechtlichen Rundfunkbegriff zuzuordnen sind,[398] während andere Autoren den verfassungsrechtliche Rundfunkbegriff auf Verteildienste beschränken.[399]

Die Vertreter der weiten Auffassung argumentieren, dass die Rezipienten bei Abruf- und Verteildiensten nur aus vorgefertigten Programmbausteinen wählen können. Eine echte Entscheidung über das „Was“ der Rezeption

---

394 Zum Rundfunk während der NS - Zeit vgl. z.B. die Darstellung bei *Herrmann*, Rundfunkrecht, S.64ff. m.w.Nachw.

395 Dazu *Herrmann*, a.a.O., S.66.

396 Vgl. auch *v. Doemming/Füsslein*, JöR 1, 77, 86.

397 Bei den **Verteildiensten** liegt die Entscheidung über das „Was“ und „Wann“ der Rezeption beim Veranstalter; der Rezipient konsumiert die einseitig in Programmform ausgestrahlten Darbietungen tendenziell in einer „Passivhaltung“. Demgegenüber liegt bei **Abrufdiensten** die (aktive) Entscheidung über das „Was“ und „Wann“ der Rezeption beim Empfänger (vgl. z.B. *Gersdorf*, AfP 1995, 565, 566).

398 Vgl. *Jarass*, Online-Dienste und Funktionsbereich des ZDF, S.15f., *Gersdorf*, Rundfunkbegriff, S.131, ders., AfP 1995, 565, 570ff.; *Eberle*, ZUM 1995, 249, 254; *Hoffmann-Riem*, Pay TV im öffentlich-rechtlichen Rundfunk, S.59ff; ders., AfP 1996, 9, 14f.; *A.Hesse*, BayVBl. 1997, 132, 136; *Michel*, ZUM 1998, 350, 352f.; *Vesting*, Prozedurales Rundfunkrecht, S.240; *Janik*, AfP 2000, 7, 14; ähnlich *Ricker/Schiwy*, Rundfunkverfassungsrecht, S.76.

399 Vgl. *Degenhart*, ZUM 1998, 333, 340f.; *Bullinger/Mestmäcker*, Multimediadienste, S.57; *Bullinger*, AfP 1996, 1, 6; s. auch schon *Klein/Lauff*, Aus Politik und Zeitgeschichte, B51/1981, 3, 7f.

haben sie in beiden Fällen nicht, weshalb sowohl Abruf-, als auch Verteildienste eine besondere, rundfunkspezifische Bedeutung für die individuelle und öffentliche Meinungsbildung aufweisen.[400] Eine Differenzierung zwischen Abruf- und Verteildiensten würde daher den Normzweck des Art.5 Abs.2 S.1 GG *„verfehlen"*,[401] wie sich auch schon aus der **Baden-Württemberg-Entscheidung** von 1987 ergebe, wo das BVerfG ausführte, dass eine Unterscheidung zwischen Verteil- und Abrufdiensten unter dem Blickwinkel des Art.5 Abs.1 S.2 GG nur *„schwerlich als bedeutsam"* betrachtet werden kann.[402]

M.E. ist der bloße Verweis auf diese punktuelle Einzelaussage in der Baden-Württemberg-Entscheidung nicht überzeugend.[403] Der vom BVerfG dort aufgehobene Gesetzesvorbehalt, Mediendienste auf Abruf anzubieten, hatte lizenzpflichtige Dienste zum Gegenstand. Die heutige einfachrechtliche Situation ist aber eine völlig andere, weil private Abrufdienste im Rahmen von MDStV und TDG nicht mehr lizenzpflichtig sind[404] und für die Öffentlich-Rechtlichen spezielle Befugnisnormen existieren.[405] Auch die tatsächlichen Bedingungen der Online - Kommunikation haben sich durch das Internet in den letzten Jahren drastisch verändert.

Für die verfassungsrechtliche Analyse sollte es wegen dieser völlig anderen Ausgangsbedingungen darauf ankommen, ob sich heutzutage in (passiv rezipierbaren) Verteildiensten und (aktiv zu nutzenden) Abrufdiensten gleichermaßen die herausgehobene Stellung des Rundfunks im Prozess der individuellen und öffentlichen Meinungsbildung manifestiert, oder ob dies nicht der Fall ist.[406]

Bereits im **1. Fernsehurteil** äußerte sich das BVerfG zur Bedeutung von Auswahlentscheidungen des Programmveranstalters bei Verteildiensten:

---

400 S. *Hoffmann-Riem*, Pay TV im öffentlich-rechtlichen Rundfunk, S.60f.; ders., AfP 1996, 9, 14f.; *Gersdorf*, Rundfunkbegriff, S.137f.

401 *Gersdorf*, NJW-CoR 1998, 238, 239; vgl. auch *Jarass*, Online-Dienste und Funktionsbereich des ZDF, S.15.

402 BVerfGE 74, 297, 351; vgl. auch E 83, 238, 302f.

403 Vgl. auch *Degenhart*, ZUM 1998, 333, 339.

404 So die Argumentation von *Glawatz* in der Arbeitstagung des Instituts für Urheber- und Medienrecht vom 12.12.1997 zum Thema „Rundfunk und Internet", zit. nach: Sieber, ZUM 1998, 362.

405 Zur Reichweite und zu den Grenzen dieser Befugnisnormen s.u. S.225ff.

406 So vom Ansatz her (aber mit anderen Schlussfolgerungen) auch *Hoffmann-Riem*, Pay TV im öffentlich-rechtlichen Rundfunk, S.57.

*„Jedes Rundfunkprogramm wird durch die Auswahl [...] der Sendungen eine gewisse Tendenz haben, insbesondere soweit es um die Entscheidung darüber geht, was nicht gesendet werden soll, was die Hörer nicht zu interessieren braucht, was ohne Schaden für die öffentliche Meinungsbildung vernachlässigt werden kann [...]"*[407]

Die Erstellung einer auf längere Dauer angelegten, planmäßigen und zeitlich strukturierten Abfolge von Sendungen und Beiträgen[408] eröffnet auf Empfängerseite den leichten *„Zugang auf Knopfdruck"*[409] zum Medium Rundfunk. Die (aktiven) Auswahlmöglichkeiten des Rezipienten, sind dabei sehr beschränkt: *„Der Teilnehmer [trifft] Auswahlentscheidungen durch [bloßes] Ein- und Ausschalten"*[410]

Gerade die mit der Vorgabe eines Programms verbundene einfache Rezipierbarkeit auf Knopfdruck ist ein zentrales Element der **rundfunkspezifischen Wirkungskraft** und prägt die besondere Meinungsrelevanz des Rundfunks: Das Medium Rundfunk ist in der Zeit organisiert; die „Verschleifung" einzelner Sendungen zu einem fortlaufenden Programm ermöglicht eine Nutzung in *„intellektueller Passivhaltung"*[411] und schafft damit einen speziellen Nährboden für mögliche Beeinflussungen, der bei einer interaktiven (kritischen) Auseinandersetzung mit den präsentierten Inhalten in dieser Form nicht besteht.[412]

Die eher auf „low involvement" statt auf Interaktion angelegte Nutzungsmöglichkeit ist auch eine wesentliche Voraussetzung für die hohe Reichweite des Rundfunks, d.h. seine **besondere Breitenwirkung**. Hörfunk und Fernsehen sind „- *ähnlich dem Wasser in einem zentralen Versorgungs-*

---

407 BVerfGE 12, 205, 260.

408 Zur herkömmlichen Programmdefinition vgl. nur den „Extra-Radio"-Beschluss des BVerfG vom 20.02.1998 (E 97, 298, 312ff.).

409 *Ricker/Schiwy*, Rundfunkverfassungsrecht, S.69.

410 BVerfGE 74, 297, 352.

411 *Bullinger/Mestmäcker*, Multimediadienste, S.30.

412 S. dazu S.60ff. Das übersehen *Michel*, ZUM 1998, 350, 352 und *Eberle*, CR 1996, 193, 195 bei ihrer These, dass die neuen Interaktionsmöglichkeiten des Nutzers ihn gegenüber einer suggestiblen Beeinflussung eher stärker empfänglich machen wird. Bei einer aktiven Nutzung (statt eines passiven Konsums) fehlt es gerade an einer **rundfunkspezifischen** Beeinflussungsmöglichkeit.

*system - ständig in praktisch allen Haushalten präsent*"[413] und können damit als eine Form der unangestrengten, weil passiven Freizeitzerstreuung konsumiert werden.[414] Im Urteil des BVerfG vom 17.02.1998 („**Fernseh-Kurzberichterstattung**") heißt es dazu, dass das Leitmedium Fernsehen wegen seiner

> *„**bequemen Verfügbarkeit** [...] mittlerweile zu dem Medium geworden ist, aus dem der größte Teil der Bevölkerung seinen Informationsbedarf deckt.*"[415]

Die (einseitige) Programmgestaltung bzw. die passive, bequeme Rezeption durch die Teilnehmer trägt entscheidend zur besonderen Bedeutung des Rundfunks für die individuelle und öffentliche Meinungsbildung bei. Das BVerfG betont deshalb auch in ständiger Rechtsprechung (zuletzt im **„Extra-Radio"-Beschluss** vom 20.02.1998), dass die Rundfunkfreiheit *„in ihrem Kern Programmfreiheit"*[416] ist.

Eine Unterscheidung von passiv rezipierbaren, einseitig ausgestrahlten Verteildiensten und interaktiven Abrufdiensten ist daher - entgegen anders lautender Stimmen in der Literatur - unter dem Blickwinkel des Art. 5 Abs.1 S.2 GG sehr wohl von Bedeutung.

*b) Abschichtung von Interaktivitätsleveln*

Klärungsbedürftig bleibt aber die Frage, auf welche Weise die Abgrenzungsprobleme in der Grauzone zwischen völlig einseitigen Übertragungen beim „klassischen" Fernsehen bzw. Hörfunk, und praktisch symmetrischer Kommunikation z.B. beim Internet Relay Chat zu lösen sind. Da sich nicht alle medialen Dienste zwanglos in die Kategorien Verteildienst/ Zugriffsdienst/Abrufdienst einordnen lassen, ist es sinnvoll, diese nur grobe Dreiteilung weiter auszudifferenzieren.

---

[413] Erstes DLM-Strukturpapier vom 16.12.1997 und 09.12.1998 (Aktualisierte Fassung), jeweils Ziff. 2.1. (allerdings nur im Hinblick auf die einfachrechtliche Abgrenzung von Rundfunk- und Mediendiensten).

[414] S.o. S.71ff.

[415] BVerfGE 97, 228, 256 [Hervorhebung nicht im Original].

[416] BVerfGE 97, 298, 310; 59, 231, 258; 87, 181, 201; 90, 60, 87.

Bei der hier vorgeschlagenen Einteilung wird an ein bereits im Jahr 1995 von den Forschungsinstituten **DIW und Prognos** im Auftrag des Bundesministeriums für Wirtschaft erstelltes Gutachten über die Entwicklungen im Mediensektor angeknüpft. Die Institute strukturieren mediale Dienste nach ihrem jeweiligen **Interaktivitätslevel**, *„da sich damit die Entwicklung interaktiver Multimedia-Anwendungen am besten darstellen läßt.“*[417] Fünf Interaktivitätslevel können unterschieden werden:

Das **Interaktivitätslevel 0** beschreibt mediale Dienste, bei denen der Rezipient auf ein bloßes Ein- und Ausschalten des Empfangsgerätes beschränkt ist.[418] Hierunter fallen die „klassischen“ Hörfunk- und Fernsehprogramme, bei denen eine passive, durch „low involvement“ gekennzeichnete Empfangssituation besteht.[419] Sofern die anderen Merkmale des verfassungsrechtlichen Rundfunkbegriffs erfüllt sind, handelt es sich bei einem solchen Programmangebot eindeutig um Rundfunk.

Beim **Interaktivitätslevel 1** besteht eine Auswahlmöglichkeit zwischen verschiedenen Kameraperspektiven innerhalb einer Einzelsendung (Multi-Perspektiv-Programme).[420] Im Hinblick auf die Aktionsmöglichkeiten des Rezipienten ist die Situation durchaus mit dem „klassischen“ Programmfunk vergleichbar. Einen wirklichen Einfluss auf den Programmablauf bzw. auf die Gestaltung der Sendungen gibt es nicht. Der Zuschauer kann das Programm nach wie vor passiv rezipieren und ist an eine zeitlich und inhaltlich vorgegebene Strukturierung gebunden. Deshalb ist es gerechtfer-

---

[417] Vgl. DIW/Prognos, Gutachten zur künftigen Entwicklung im Mediensektor (1995), Ziff. 2.1. Ablehnend gegenüber einem Ansatz, der auf den Interaktivitätsgrad multimedialer Angebote abstellt, *Gersdorf*, AfP 1995, S.565, 572.

[418] Vgl. DIW/Prognos, a.a.O.

[419] Unter das Interaktivitätslevel 0 fallen auch die sog. **„offenen Kanäle“**, bei denen die Sendebeiträge typischerweise nach dem Prinzip der sog. „selbstkoordinierten Schlange“ vergeben werden: Jeder Produzent hat in der Reihenfolge seiner Anmeldung die freie Wahl seines Sendeplatzes (s. dazu *Breuning*, MP 1998, 236, 242). Aus Sicht des Rezipienten erfolgt die Ausstrahlung in Programmform; Interaktionsmöglichkeiten bestehen hier nicht.

[420] Vgl. DIW/Prognos, Gutachten zur künftigen Entwicklung im Mediensektor (1995), Ziff. 2.1. In dem Gutachten werden auch Zugriffsdienste (Auswahlmöglichkeit des Rezipienten zwischen identischen, aber zeitversetzt ausgestrahlten Sendungen) dem Interaktivitätslevel 1 zugeordnet. Nach hier vertretener Auffassung fallen Zugriffsdienste aber schon deshalb nicht unter den verfassungsrechtlichen Rundfunkbegriff, weil sie nicht zum gleichzeitigen Empfang durch die Allgemeinheit bestimmt sind (s.o. S.104f.). Auch eine rundfunkspezifisch geringe Interaktivität von Zugriffsdiensten könnte daher nicht zur Bejahung ihrer Rundfunkqualität führen.

tigt, für Multi-Perspektiv-Programme eine rundfunkspezifisch meinungsbildende, einseitige Übertragungsart zu bejahen.[421]

Schwieriger ist die Situation beim **Interaktivitätslevel 2** zu beurteilen, das die Möglichkeit einer Nutzung ergänzender Informationen zum laufenden Hörfunk- oder Fernsehprogramm beschreibt (**Data Broadcasting**).[422] Hier ist eine sorgfältige Abwägung im Einzelfall notwendig: Zunächst ist zu prüfen, ob die abrufbaren Daten-Teile und die passiv rezipierbaren Programm-Teile überhaupt als einheitliches Angebot eines Veranstalters (bzw. Content Providers) zu klassifizieren sind.[423] Ist dies der Fall, so dürfte es darauf ankommen, ob den Interaktions- und Abrufmöglichkeiten der Rezipienten nur eine untergeordnete Rolle neben dem vom Veranstalter vorgegebenen Programmablauf zukommt, oder eher eine gleich- bzw. sogar übergeordnete Rolle. Im ersteren Fall („Schwerpunkt Programmveranstaltung") besteht durchaus noch eine tendenziell passive Empfangssituation. Der Rezipient muss nicht unbedingt aktiv werden, um sich das Angebot zu erschließen, sondern kann dem Programm auch ohne den Abruf der zusätzlichen Informationen folgen. Die besondere, rundfunkspezifische Meinungsrelevanz eines solchen Angebotes ist - beim Vorliegen der anderen notwendigen Voraussetzungen des Rundfunkbegriffs - noch zu bejahen. Im zweiten Fall („Schwerpunkt Abrufentscheidung") ist dies nicht mehr so. Hier handelt es sich um eine Form der *„stückweisen"*[424] Abnahmeentscheidung, die mangels rundfunkspezifischer Meinungsrelevanz nicht mehr als Rundfunk klassifiziert werden kann.

---

[421] S. auch *Braml*, Teleshopping, S.57f.

[422] S. DIW/Prognos, Gutachten zur künftigen Entwicklung im Mediensektor (1995), Ziff. 2.1. Soweit in dem Gutachten auch „Spiele" dem Interaktivitätslevel 2 zugeordnet werden, ist das missverständlich: Telespiele sind regelmäßig durch eine besonders hohe Aktivität der Nutzer und durch eine Vielzahl von Einflussmöglichkeiten gekennzeichnet. Deshalb fallen sie typischerweise nicht unter das Interaktivitätslevel 2, sondern unter Interaktivitätslevel 4.

[423] Existieren dagegen - trotz des räumlichen „Nebeneinanders" - Angebote verschiedener Veranstalter, so sind diese Darbietungen jeweils getrennt im Hinblick auf ihre Interaktivität (und natürlich auch die anderen Abgrenzungskriterien des Rundfunkbegriffs) zu beurteilen. Es handelt sich dann nicht um einen einheitlichen Dienst, sondern um verschiedene Dienste. S. dazu auch Fn.304. Allgemein zum Data Broadcasting z.B. *Breuning*, MP 1997, 558ff, *Ory*, AfP 1994, 18ff.

[424] Zum Terminus vgl. *Bullinger/Mestmäcker*, Multimediadienste, S.25f.

Das **Interaktivitätslevel 3** beschreibt den individuellen Abruf von Inhalten (z.B. Video-on-demand).[425] Das ist der typische Fall einer aktiven und „stückweisen" Abnahmeentscheidung des Rezipienten, die von ihm individuell und ohne verfassungsrelevante Auswahleinschränkungen getroffen wird.[426] Hier fehlt es an der rundfunkspezifischen Einseitigkeit des Kommunikationsvorganges bzw. an der Vorgabe eines inhaltlich und zeitlich vom Veranstalter strukturierten Programmes, weshalb solche Abrufdienste nicht dem Regime des Rundfunkrechts zu unterstellen sind.

Mit dem **Interaktivitätslevel 4** wird eine kommunikative Interaktion in Echtzeit charakterisiert.[427] Als Beispiel wäre etwa der Internet Relay Chat zu nennen.[428] Es besteht ein praktisch symmetrisches Verhältnis zwischen den Kommunikationspartnern, weshalb der spezifische Schutzzweck der Rundfunkfreiheit nicht tangiert wird.[429] Es handelt sich nicht um Rundfunk.

### *8. Gesondertes Erfordernis einer „Verbreitung" der Darbietungen ?*

Einfachrechtliche Rundfunkbegriffe setzen oft voraus, dass Darbietungen „verbreitet" werden.[430] In der Literatur wird das Merkmal der „Verbreitung" über seine einfachrechtliche Bedeutung hinaus z.T. auch als Wesensmerkmal des verfassungsrechtlichen Rundfunkbegriffs angesehen.[431] Allerdings kommt, wie oben bereits dargelegt, weder dem RStV noch den Rundfunkgesetzen der Länder eine bindende verfassungskonkretisierende Bedeutung zu.[432] Die gesonderte Überprüfung des Verbreitungskriteriums

---

425 Vgl. DIW/Prognos, Gutachten zur künftigen Entwicklung im Mediensektor (1995), Ziff. 2.1.

426 Dazu *Bullinger/Mestmäcker*, Multimediadienste, S.25f.

427 Vgl. DIW/Prognos, Gutachten zur künftigen Entwicklung im Mediensektor (1995), Ziff. 2.1.

428 Zur einfachrechtlichen Beurteilung des Internet Relay Chat s.u. S.158.

429 S. dazu *W.Schulz*, ZUM 1996, 487, 490.

430 Vgl. nur § 2 Abs.1 RStV; Art.1 Abs.2 BayMG; § 1 a Abs.1 SächsPFG.

431 S. *Ricker/Schiwy*, Rundfunkverfassungsrecht, S.68ff.; *Hoffmann-Riem*, MP 1996, 73, 75f.; ders., AfP 1996, 9, 12f.; *Janik*, AfP 2000, 7f.; *Braml*, Teleshopping, S.44; in diese Richtung wohl auch *Dörr*, in: Dittmann u.a. (Hrsg.), Symposion Oppermann, S.124; *Michel*, ZUM 1998, 350, 352f.

432 Vgl. S.77ff.

im Hinblick auf seine verfassungsrechtliche Relevanz ist daher unumgänglich.[433]

Nach dem **Schlierseepapier** der Länder[434] von 1975 soll das Erfordernis der „Verbreitung" von Darbietungen drei Abgrenzungsfunktionen erfüllen:

**Erstens** soll eine Verbreitung dann nicht vorliegen, wenn

> *„sich diese innerhalb einer überblickbaren räumlichen Einheit vollzieht. Vom Rundfunkbegriff ausgeschlossen werden damit räumlich beschränkte Darbietungen [...].*"[435]

Übertragungen innerhalb einer überblickbaren räumlichen Einheit unterfallen in der Tat nicht dem Rundfunkbegriff, weil es hier an der rundfunkspezifischen Breitenwirkung fehlt. Das ergibt sich aber schon daraus, dass Rundfunkdarbietungen durch ein disperses, also räumlich zerstreutes Publikum rezipiert werden. Dem Merkmal der Verbreitung kommt insoweit keine gesonderte Bedeutung zu.

**Zweitens** soll eine Verbreitung nicht vorliegen,

> *„wenn sie nicht zum unmittelbaren (optisch-akustischen) Empfang der Darbietung bestimmt ist, sondern nur der technischen Umsetzung der Darbietung in ein Druckwerk dient.*"[436]

Zunächst fehlt es hier, worauf schon ***Gersdorf*** hinweist, an jeglichem Zusammenhang zwischen der bezweckten Abgrenzung und dem semantischen Gehalt des Begriffs „Verbreitung".[437] Denn vom Wortsinn her erfasst eine „Verbreitung" ohne weiteres auch die Distribution von Presseerzeugnissen durch elektromagnetische Schwingungen.[438] Die Frage einer Vergegenständlichung von Darbietungen durch die „technische Umsetzung in ein Druckwerk" knüpft an die spezifische Darbietungsmodalität von Rundfunk und Presse an: Audiovisuell orientierte Dienste lassen sich nicht vergegenständlichen, textorientierte Dienste dagegen regelmäßig schon. Der Pro-

---

[433] So auch *Gersdorf*, Rundfunkbegriff, S.116.
[434] Schlierseepapier der Länder vom 29.04.1975, Ziff. B) II) 1) b).
[435] Ebda., Ziff. B) II) 1) b) aa).
[436] Ebda., Ziff. B) II) 1) b) bb).
[437] S. *Gersdorf*, Rundfunkbegriff, S.118.
[438] Ebda.

blemkreis der „technischen Umsetzung in ein Druckwerk" ist also keine Frage der Verbreitung, sondern der audiovisuellen Darbietungsmodalität.

**Drittens** soll eine Verbreitung immer dann ausscheiden,

> *„wenn die Übermittlung der im Einzelfall vom Besteller jeweils konkret gewünschten Darbietung erst auf dessen Abruf an ihn allein erfolgt."*[439]

Verbreitung bedeutet aber nicht Verteilung, sondern umfasst vom Wortsinn her jegliche Übermittlung von Darbietungen an Rezipienten, und zwar unabhängig davon, ob sie sich eines Verteil- oder Abrufdienstes bedient.[440] Eine vom Rezipienten individuell ausgewählte und sodann abgerufene Darbietung wird daher - legt man den (weiten) Wortsinn zugrunde - genauso verbreitet, wie eine vom Kommunikator vollständig gesteuerte Darbietung. Außerdem ist die Differenzierung zwischen Verteil- und Abrufdiensten schon bei der Frage nach der einseitigen Vorgabe einer Programmstruktur durch den Rundfunkveranstalter zu erörtern,[441] weshalb das Merkmal der Verbreitung auch insoweit keine eigenständige Abgrenzungsfunktion besitzt.

Alle Abgrenzungsfunktionen, die das Verbreitungsmerkmal nach dem Schlierseepapier der Länder auf einfachrechtlicher Ebene erfüllen soll, werden auf verfassungsrechtlicher Ebene schon durch andere Merkmale des Rundfunkbegriffs geleistet. Im Ergebnis lässt sich daher festhalten, dass einer „Verbreitung" von Darbietungen keine eigenständige verfassungsrechtliche Bedeutung zukommt.[442]

---

439 Schlierseepapier der Länder vom 29.04.1975, Ziff. B) II) 1) b) cc).
440 Vgl. *Gersdorf*, Rundfunkbegriff, S.119.
441 S.o. S.116ff.
442 So auch *Gersdorf*, a.a.O., S.118f., allerdings mit z.T. abweichender Begründung.

## II. Verfassungsrechtlicher und einfachrechtlicher Rundfunkbegriff[443]

Einfachrechtliche Rundfunkbegriffe finden sich im Rundfunkstaatsvertrag und in den Rundfunkgesetzen der Bundesländer. In § 2 Abs.1 RStV wird „Rundfunk" definiert als

> *„die für die Allgemeinheit bestimmte Veranstaltung und Verbreitung von Darbietungen aller Art in Wort, in Ton und in Bild unter Benutzung elektromagnetischer Schwingungen ohne Verbindungsleitung oder längs oder mittels eines Leiters. Der Begriff schließt Darbietungen ein, die verschlüsselt verbreitet werden oder gegen besonderes Entgelt empfangbar sind. [...]"*[444]

Zunächst ist die Frage zu klären, ob der Gewährleistungsbereich des verfassungsrechtlichen Rundfunkbegriffs über § 2 Abs.1 RStV hinausgeht (also z.B. auch einen Teil der als „Mediendienste" bezeichneten Angebote des MDStV erfasst), oder ob dies nicht der Fall ist.

Ausgangspunkt ist dabei die Feststellung, dass einfachrechtliche Rundfunkbegriffe - also auch die Definition in § 2 Abs.1 RStV - keinerlei bindende verfassungskonkretisierende Bedeutung haben. Vielmehr sind einfachrechtliche Bestimmungen ihrerseits im Lichte des verfassungsrechtlichen Rundfunkbegriffs auszulegen und zu interpretieren.[445] ***Jarass*** weist insoweit - zu Recht - daraufhin, dass der Gesetzgeber den verfassungsrechtlichen Rundfunkbegriff nicht zwingend übernehmen muss.[446] Die Rundfunkfreiheit verlangt nur, dass ihre Folgen im einfachen Recht beachtet werden. Mit Hilfe welcher Begriffe das geschieht ist verfassungsrechtlich nicht vorgegeben. Deshalb ist es **theoretisch** möglich, dass ein Teil des verfassungsrechtlichen Rundfunks unter der einfachrechtlichen

---

443 Zur Frage des europarechtlichen Rundfunkbegriffs nach der EU - Fernsehrichtlinie und den daraus abzuleitenden Konsequenzen für nationale Gesetzgebungsaktivitäten vgl. z.B. *Degenhart*, ZUM 1998, 333, 338, ders., BonnK, Art.5 GG Rn.690 m.w.Nachw.

444 Z.B. BWGVBl. 1991, 775, zuletzt geändert durch § 22 MDStV (BWGVBl. 1997, 181). Zu einfachrechtlichen Rundfunkdefinitionen in den Rundfunkgesetzen der Länder vgl. z.B. § 1 Abs.2 BayMG (BayGVBl. 1992, 584) und § 1a Abs.1 SächsPFG (SächsGVBl. 1998, 111).

445 Vgl. S.77ff.

446 Vgl. *Jarass*, Online-Dienste und Funktionsbereich des ZDF, S.10.; s. auch *Janik*, AfP 2000, 7, 9.

Bezeichnung „Rundfunk“ einem anspruchsvollen Regelungsniveau unterworfen wird, während für einen anderen Teil, unter einer abweichenden einfachrechtlichen Bezeichnung (z.B. „Mediendienst“), eine geringere Regelungsdichte vorgegeben wird.[447]

Ob der Gesetzgeber diese ihm obliegende Möglichkeit auch wirklich wahrgenommen hat, ob also RStV und MDStV gleichermaßen Teilaspekte der Rundfunkfreiheit i.S.d. Art.5 Abs.1 GG regeln, erscheint sehr fragwürdig. ***Jarass*** vertritt zwar die Auffassung, dass der Rundfunkstaatsvertrag einen engeren Rundfunkbegriff als Art.5 Abs.1 S.2 GG verwende und dass Textdienste (§ 2 Abs.2 Nr.3 MDStV) und Abrufdienste (§ 2 Abs.2 Nr.4 MDStV) unter den verfassungsrechtlichen Rundfunkbegriff fallen können.[448] Dieses Verständnis widerspricht aber dem hier vertretenen Ansatz, wonach Rundfunk im verfassungsrechtlichen Sinne durch eine besondere audiovisuelle Darbietungsmodalität sowie eine einseitig-asymmetrische Übertragungsart, d.h. die Vorgabe einer Programmstruktur gekennzeichnet ist.[449] Nicht alle über reine Individualkommunikation hinausgehenden Kommunikationsformen sind dem Geltungsanspruch der Rundfunkgarantie unterzuordnen,[450] sondern nur solche, die rundfunkspezifisch meinungsbildend wirken - durch ihre besondere *„Breitenwirkung, Aktualität und Suggestivkraft.“*[451] Deshalb besteht keine Notwendigkeit, dem Rundfunkbegriff des Art.5 Abs.1 S.2 GG eine sehr weit reichende, über den RStV hinausgehende Geltungskraft zuzuerkennen, die auch Textdienste und Abrufdienste des MDStV bzw. TDG mit einschließt.

Die Merkmale des in § 2 Abs.1 RStV normierten Rundfunkbegriffes lassen sich verfassungskonform anhand der in dieser Abhandlung herausgearbeiteten Merkmalen des verfassungsrechtlichen Rundfunkbegriffes wie folgt auslegen:

Erfasst werden *„Darbietungen aller Art in Wort, in Ton und in Bild“*. Das sind solche Darbietungen, die einerseits eine besondere Relevanz für die öffentliche Meinungsbildung aufweisen (Bestimmung für den Meinungs-

---

[447] Ebda.

[448] Ders., a.a.O., S.30; ähnlich *Michel*, ZUM 1998, 350, 355f.; *Schulze-Fielitz*, AfP 1998, 447, 453.

[449] S.o. S.89ff.; S.116ff.

[450] Vgl. *Degenhart*, ZUM 1998, 333, 338.

[451] BVerfGE 90, 60, 87.

markt), und die andererseits in einer rundfunkspezifischen, audiovisuellen Darbietungsmodalität präsentiert werden.[452]
Die Übertragung erfolgt *„unter Benutzung elektromagnetischer Schwingungen ohne Verbindungsleitung oder längs oder mittels eines Leiters"*. Entscheidend ist nicht die Art der technischen Übertragung, sondern nur die Tatsache, dass eine indirekte, auf irgendeine Weise technisch vermittelte Übertragung über eine größere räumliche Distanz hinweg erfolgt.[453]
Die Darbietungen müssen *„für die Allgemeinheit bestimmt"* sein. Dazu zählen auch Darbietungen, *„die verschlüsselt verbreitet werden oder gegen besonderes Entgelt empfangbar sind."* Für die Allgemeinheit bestimmt sind sie nur, wenn sie einer unbestimmten Vielzahl von Menschen übermittelt werden (quantitatives Element), ohne dass der Veranstalter bestimmte Rezipienten vom Empfang ausschließen will (qualitatives Element). Außerdem müssen sie zum zeitgleichen Empfang übermittelt werden (zeitliches Element).[454]
Der *„Verbreitung"* von Darbietungen kommt zwar keine eigenständige verfassungsrechtliche Bedeutung zu; das ändert aber nichts an der einfachrechtlichen Bedeutung dieses Begriffsmerkmals:[455] Das Merkmal der Verbreitung konkretisiert daher bei verfassungskonformer Auslegung die Notwendigkeit einer einseitigen Programmübertragung[456] und das Erfordernis der Rezeption durch ein räumlich zerstreutes (disperses) Publikum.[457]

---

452 S.o. S.83ff.; S.89ff.

453 S.o. S.112ff.

454 Letzteres ist allerdings str., s.o. S.100ff.

455 S.o. S.123ff. So wie hier auch *Gersdorf*, Rundfunkbegriff, S.117f. Das ebenfalls einfachrechtliche Definitionsmerkmal der „**Veranstaltung**" hat - nach wohl unbestrittener Ansicht - keine spezifische verfassungsrechtliche oder einfachrechtliche Abgrenzungsfunktion; es deutet wohl nur daraufhin, dass die Rundfunkfreiheit neben der unmittelbaren Programmtätigkeit, auch die Vorbereitung der Programmerstellung über die Herstellung der Sendungen bis zur Programmausstrahlung schützt (vgl. *Hoffmann-Riem*, Pay TV im öffentlich-rechtlichen Rundfunk, S.51f.; *Michel*, ZUM 1998, 350, 352 Fn.22). Außerdem dient es der Konkretisierung der (natürlichen oder juristischen) Person, die für die Verbreitung von Rundfunkdiensten verantwortlich ist (vgl. *Beucher/Leyendecker/v.Rosenberg*, Mediengesetze, § 2 RStV Rn.6).

456 Allerdings str., s.o. S.116ff. Der weite Wortsinn des Begriffes „Verbreitung", der sowohl Verteil- als auch Abrufdienste umfasst, ist nach hier vertretener Auffassung teleologisch zu reduzieren.

457 Vgl. dazu S.105ff. S. auch *Beucher/Leyendecker/v.Rosenberg*, Mediengesetze, § 2 RStV Rn.5. Anders die amtliche Begründung zu § 2 RStV, abgedruckt bei Hartstein/Kreile/Dörr/Stettner, Rundfunkstaatsvertrag (2.Aufl.), S.478f., 484ff. unter Verweis auf § 19 Abs.2 Nr.2 RStV a.F. (= § 20 Abs.2 Nr.2 RStV n.F.).

## III. Rundfunk-, Medien-, Teledienste: Einfachrechtliche Abgrenzungsfragen aus rundfunkrechtlicher Perspektive[458]

Am 01.08.1997 traten sowohl der Mediendienstestaatsvertrag der Länder (MDStV),[459] als auch das Teledienstegesetz des Bundes (TDG)[460] in Kraft. Ihr Geltungsbereich ist nur dann eröffnet, wenn kein Rundfunk i.S.d. § 2 Abs.1 RStV vorliegt.[461]

Beide Regelungswerke treffen eine Grundsatzentscheidung für einen offenen und weitgehend deregulierten Online - Kommunikationsmarkt.[462] Ziel des TDG ist

> *„die Beseitigung von Hemmnissen für die freie Entfaltung der Marktkräfte im Bereich der neuen Informations- und Kommunikationsdienste".*[463]

Zielsetzung des MDStV ist

> *„[die Nutzung der] durch die neuen Informations- und Kommunikationstechnologien gegebenen Chancen".*[464]

Eine ganz andere Zielrichtung hat der RStV: Er gibt eine strenge (von ***Bullinger*** nicht zu Unrecht *als „vielfaltssichernde aber die Beweglichkeit behindernde 'Ritterrüstung'"*[465] charakterisierte) Rundfunkordnung vor, die den Vorgaben des BVerfG zur Sicherung der „Funktion des Rundfunks" Rechnung trägt.[466]

---

458 Zur Abgrenzung von RStV, MDStV und TDG zum Geltungsbereich des Telekommunikationsgesetzes (TKG) s. z.B. *Engel-Flechsig/Maennel/Tettenborn*, NJW 1997, 2981, 2983 sowie *W.Schulz/Wasner*, ZUM 1999, 518ff., jeweils m.w.Nachw.

459 S. z.B. BWGVBl. 1997, 181, zuletzt geändert mit 4. RÄndStV, BWGVBl. 1999, 695.

460 BGBl. 1997 I, 1870.

461 Vgl. § 2 Abs.4 Nr.2 TDG, § 2 Abs.1 S.2 MDStV.

462 Vgl. BT-Ds. 13/7385, Teil A). Vgl. auch *Degenhart*, MMR 1998, 137, 140.

463 BT-Ds. 13/7385, Teil A).

464 Z.B. LTRhPf-Ds. 13/1603, Teil A) (auch abgedruckt in: MP - Dokumentation 1/97, S.26).

465 *Bullinger*, AfP 1996, 1, 2.

466 Zum dogmatischen Verständnis der Rundfunkfreiheit in der Rspr. des BVerfG s.u. S.177ff.

Zur Abgrenzung der Anwendungsbereiche von RStV und MDStV heißt es in der **Begründung** des Mediendienstestaatsvertrages:

> *„Anders als bei der Definition des Rundfunks nach § 2 Abs.1 des Rundfunkstaatsvertrages fehlt bei den Mediendiensten das Merkmal der 'Darbietung', durch das die* ***besondere*** *Rolle des Rundfunks als Medium und Faktor der öffentlichen Meinungsbildung gekennzeichnet wird.“*[467]

Für Teleshopping- und Daten - Verteildienste (§ 2 Abs.2 Nr.1, Nr.2 MDStV) wird dann näher ausgeführt, dass diese Angebote *„wegen ihrer engen inhaltlichen Begrenzung [...] nur in geringem Maße der öffentlichen Meinungsbildung dienen“*. Bei textorientierten Verteildiensten (§ 2 Abs.2 Nr.3 MDStV) fehlt die rundfunktypische *„Suggestivkraft der bewegten Bilder“*.[468]

In der Literatur wird die einfachrechtliche Dreiteilung in individualkommunikative Teledienste, massenkommunikative Mediendienste mit geringer publizistischer Relevanz und (ebenfalls massenkommunikative) Rundfunkdienste mit erhöhter publizistischer Relevanz sehr unterschiedlich beurteilt: Während teilweise von einem *„Ordnungsrahmen“* gesprochen wird, *„mit dem sich in der Praxis grosso modo zurechtkommen läßt“*,[469] halten andere Autoren die Dreiteilung der kommunikativen Angebote für *„unpraktikabel und wirklichkeitsfremd“*,[470] *„mißlungen“*[471] oder gar *„gescheitert“*.[472] Argumentativ wird von den Kritikern der neuen Regelungswerke vor allem die zunehmende Konvergenz von Massen- und Individualkommunikation ins Feld geführt, die jede Unterscheidung von erweiterten Formen der Individualkommunikation und Formen der Massenkommunikation

---

467 LTRhPf-Ds. 13/1603, Teil B) zu § 2 MDStV [Hervorhebung nicht im Original].

468 Ebda.

469 *Hochstein*, NJW 1997, 2977, 2981; ähnlich *Engel-Flechsig/Maennel/Tettenborn*, NJW 1997, 2981, 2983; *A.Hesse*, BayVBl. 1997, 132, 136; ders., Rundfunkrecht, S.85f.; *Roßnagel*, NVwZ 1998, 1, 3.

470 *Gounalakis*, NJW 1997, 2993, 2995; vgl. auch *Beucher/Leyendecker/v.Rosenberg*, Mediengesetze, § 2 RStV Rn.8.

471 *Hoeren/Pichler*, in: Loewenheim/Koch (Hrsg.): Praxis des Online-Rechts, S.417; *Strömer*, Online-Recht, S.13.

472 *Kröger/Moos*, AfP 1997, 675, 680; vgl. auch dies., ZUM 1997, 462, 471.

mit minderer und höherer publizistischer Relevanz als künstlich und nur wenig nachvollziehbar erscheinen lasse.[473]

Einen ersten umfassenderen Versuch, die Anwendungsbereiche von RStV und MDStV schlüssig voneinander zu trennen, hat die **DLM** am 16.12.1997 mit ihrem „Ersten Strukturpapier über die Zuständigkeit der Landesmedienanstalten im Grenzbereich zwischen Rundfunk und Mediendiensten und die Unterscheidung von Rundfunk und Mediendiensten“ vorgelegt.[474] Am 09.12.1998 wurde eine aktualisierte Fassung des Strukturpapieres verabschiedet.[475]

Im ersten Strukturpapier wird zunächst konstatiert, dass das in § 2 Abs.1 RStV verankerte *„Tatbestandsmerkmal 'Darbietung' mit seinem Begriffskern 'Meinungsbildungsrelevanz' als solches für die Unterscheidung Rundfunk - Mediendienst nichts her[gibt].“*[476] Stattdessen sei nach den Eigenschaften zu fragen, die den Rundfunk auszeichnen und die seine besondere Bedeutung unter allen Medien ausmachen. Unter Berücksichtigung der entsprechenden Aussagen des BVerfG im Gebührenurteil kommt *„es für die Einordnung eines Angebots als Rundfunk oder Mediendienst auf seine Breitenwirkung, seine Aktualität und seine Suggestivkraft an.“*[477] Ergibt sich dann bei einer Gesamtbewertung des Angebotes, dass es zwar formal einem der Angebotstypen in § 2 Abs.1 Nr.1-4 MDStV entspricht, aber in puncto Breitenwirkung, Aktualität und Suggestivkraft dem herkömmlichen Rundfunk gleichkommt, sei das Angebot als Rundfunk i.S.d. RStV einzuordnen.[478]

---

473 So z.B. *Gounalakis*, NJW 1997, 2993, 2995. M.E. ist diese Argumentation nicht zwingend, weil die - unstrittige - technische Medienkonvergenz und die Konvergenz auf der Angebotsseite nicht unbedingt auch zu einer Konvergenz auf der Rezeptionsebene bzw. der Ebene der einfachrechtlichen Regulierungen führen muss, s. dazu auch S.75ff.

474 Das erste DLM-Strukturpapier i.d.F. vom 16.12.1997 ist vom Internet - Server der Arbeitsgemeinschaft der Landesmedienanstalten (URL: http://www.alm.de) abrufbar.

475 Das erste DLM-Strukturpapier i.d.F. vom 09.12.1998 ist ebenfalls unter der URL: http://www.alm.de abrufbar.

476 Erstes DLM-Strukturpapier vom 16.12.1997 und 09.12.1998 (Aktualisierte Fassung), jeweils Ziff. 2.1.1.

477 Ebda., jeweils Ziff. 2.1.4. unter Bezugnahme auf BVerfGE 90,60, 87.

478 Ebda., unter Verweis auf den Bericht der Rundfunkreferenten der Länder vom 31.08.1995 und BVerfGE 74, 297, 351f.

M.E. greift die Argumentation der DLM vom Ansatz her etwas zu kurz, wenn sich die besondere Meinungsrelevanz von Rundfunkdiensten ausschließlich in der spezifischen Wirkungskraft, Breitenwirkung und Aktualität des Rundfunks manifestieren soll.[479] Ausgehend vom Normzweck des Art. 5 Abs.1 S.2 GG ist zusätzlich auch von Bedeutung, dass der jeweilige Dienst überhaupt für die öffentliche Meinungsbildung auf den Feldern des „Klassischen Rundfunkauftrages“ (also dem „Meinungsmarkt“) bestimmt und geeignet ist.[480]

Die These des BVerfG von der Aktualität, Breitenwirkung und Suggestivkraft des Rundfunks, auf die sich das erste DLM-Strukturpapier stützt, hält einer Überprüfung durchaus stand: Erkenntnisse eines traditionellen Ansatzes in der Medienwirkungsforschung belegen in der Tat, dass herkömmlicher Programmrundfunk stärkere Wirkungen auf die Rezipienten erzielen kann, als dies bei anderen Kommunikationsformen der Fall ist.[481] Programmrundfunk zeichnet sich gegenüber anderen Medien auch durch eine gesteigerte Aktualität und eine besonders hohe Reichweite aus[482] Insoweit kann der Argumentation gefolgt werden.

Das BVerfG erkennt dem Rundfunk aufgrund der eben genannten Eigenschaften eine Sonderrolle gegenüber anderen Medien zu, die in der Konsequenz - unabhängig von technischem Frequenzmangel und finanzieller Ressourcenknappheit - eine verfassungsrechtliche Sonderstellung der Rundfunkfreiheit begründen sollen.[483] Die DLM leitet aus dieser Rechtsprechung ab, dass die Kriterien „Breitenwirkung“, „Aktualität“ und „Suggestivkraft“ direkt und unvermittelt zur Abgrenzung von Rundfunk i.S.d.

---

[479] Die Argumentation im ersten DLM-Strukturpapier ist unklar: Einerseits heißt es, dass das Tatbestandsmerkmal Darbietung mit seinem Begriffskern Meinungsbildungsrelevanz für die Unterscheidung Rundfunk - Mediendienste nichts hergibt, und dass deshalb nur auf die besondere Breitenwirkung, Aktualität und Suggestivkraft des Rundfunks abzustellen sei (Ziff. 2.1.1./2.2.2.), andererseits wird - im Widerspruch zu dieser Prämisse - unter Ziff. 2.2.2.1.2. eine inhaltliche Abgrenzung nach dem Grad der Meinungsbildungsrelevanz gefordert (nämlich danach, ob die entsprechende Darbietung eher für den Meinungsmarkt bestimmt ist oder gewerblichen Zwecken dient).

[480] S.o. S.83ff.

[481] S.o. S.40ff.

[482] S.o. S.68ff.; S.71ff.

[483] Zur Sonderdogmatik der Rundfunkfreiheit i.d. Rspr. des BVerfG vgl. S.177ff.

§ 2 Abs.1 RStV und Mediendiensten i.S.d. § 2 Abs.2 MDStV genutzt werden können.[484]

Diese Schlussfolgerung ist methodisch fragwürdig. Es handelt sich hier nämlich zunächst nur um Eigenschaften, die den Lebenssachverhalt, auf den das Grundrecht der Rundfunkfreiheit bezogen ist, näher umgrenzen. Eine direkte und unvermittelte verfassungsrechtliche, geschweige denn einfachrechtliche Relevanz erlangen sie allein dadurch noch nicht. Eine solche Relevanz können sie nur indirekt über eine Analyse von Wortlaut, Entstehungsgeschichte, systematischem Zusammenhang und Telos des Art.5 Abs.1 S.2 GG erlangen.[485] Die bei dieser Analyse herausgearbeiteten Merkmale des verfassungsrechtlichen Rundfunkbegriffs sind dann ihrerseits Richtschnur für die Auslegung des einfachrechtlichen Rundfunkbegriffs in § 2 Abs.1 RStV[486] und damit auch für die Abgrenzung zwischen RStV und MDStV.[487]

Der „Breitenwirkung", „Aktualität" und „Suggestivkraft" des Rundfunks kommt deshalb keine direkte und unmittelbare Bedeutung für die Abgrenzung von Rundfunk- und Mediendiensten zu; gleiches gilt für die Abgrenzung von Rundfunk- und Telediensten. Für die Abgrenzung entscheidend sind vielmehr die Merkmale des verfassungskonform ausgelegten Rundfunkbegriffes nach § 2 Abs.1 RStV. Die Kollisionsnorm des § 20 Abs.2 RStV[488] ist dabei restriktiv auszulegen und kann nicht zu einem „rundfunkrechtlichen Rollback" führen.[489] Im Rahmen des hier vertretenen Ansatzes bleibt für eine extensive Auslegung des § 1 Abs.2 S.3 i.V.m. § 20 Abs.2 RStV i.Ü. schon deshalb kein Raum, weil verfassungsrechtlicher

---

484 Vgl. erstes DLM-Strukturpapier vom 16.12.1997 und 09.12.1998 (Aktualisierte Fassung), jeweils Ziff. 2.1.4.

485 S.o. S.75ff.

486 S.o. S.126ff.

487 So im Erg. auch die Stellungnahme des VPRT vom 20.04.1998 zum ersten DLM-Strukturpapier, Ziff. II) 3) a.E.

488 § 20 Abs.2 RStV: „Wenn und soweit Mediendienste dem Rundfunk zuzuordnen sind, bedürfen Anbieter solcher Dienste einer Zulassung nach Landesrecht."

489 Wohl herrschende Auffassung, vgl. - mit unterschiedlicher Argumentation - *Ring*, ZUM 1998, 358, 360f.; *Determann*, Kommunikationsfreiheit im Internet, S.528; *Beucher/Leyendecker/v.Rosenberg*, Mediengesetze, § 20 RStV Rn.26; *Degenhart*, MMR 1998, 137, 140; ders., BonnK, Art.5 GG Rn.89; *Janik*, AfP 2000, 7, 13; a.A. allerdings *Jarass*, Online-Dienste und Funktionsbereich des ZDF, S.31.

und einfachrechtlicher Rundfunkbegriff i.S.d. RStV praktisch deckungsgleich sind.[490]

Die nachfolgende Abgrenzung von Rundfunk- und Mediendiensten sowie Rundfunk- und Telediensten orientiert sich an der Reihenfolge der Regelungen in § 2 Abs.2 Nr.1 - 4, Abs.1 MDStV und § 2 Abs.2 Nr.1 - 5, Abs.1 TDG.[491] Internetdienste werden jeweils dort behandelt, wo sie einfachrechtlich einzuordnen sind.[492]

---

490 S.o. S.126ff.

491 Die Abgrenzung erfolgt primär aus rundfunkrechtlicher Perspektive, d.h. es geht vorrangig um die für Rundfunkveranstalter und Content Provider entscheidende Frage, inwieweit sich die lizenzfreien Dienste des MDStV von lizenzpflichtigen Diensten i.S.d. § 2 Abs.1 RStV unterscheiden. Aber auch die **Abgrenzung zwischen MDStV und TDG** ist wegen unterschiedlicher Regelungsintensitäten (dazu z.B. *Holznagel*, ZUM 1999, 425ff.) und Rechtsunsicherheiten bzgl. der Anwendbarkeit der Haftungsprivilegierung des § 5 MDStV (vgl. *Hoeren/Pichler*, in: Loewenheim/Koch, Praxis des Online-Rechts, S.381, 413ff.) von nicht zu unterschätzender Bedeutung. Insoweit ist von der grundgesetzlichen Kompetenzordnung auszugehen: Die Länder haben nach Art.70 GG stets die Zuständigkeit zur Gesetzgebung, soweit sie dem Bund nicht ausdrücklich durch das Grundgesetz verliehen wird. Für die Teledienste i.S.d. TDG kann sich der Bund nach hier vertretener Auffassung primär auf seine konkurrierende Gesetzgebungskompetenz für das Recht der Wirtschaft (Art.74 Abs.1 Nr.11 GG) stützen; die ausschließliche Kompetenz für Post und Telekommunikation (Art.73 Nr.7 GG) betrifft dagegen (bis auf den Ausnahmefall des in § 2 Abs.2 Nr.3 TDG geregelten Access Providings) nur die im TKG geregelten technischen Aspekte der Übermittlung von Kommunikationsinhalten und greift nicht ein (so auch *Determann*, Kommunikationsfreiheit im Internet, S.223f.; *Mayer*, Das Internet im öffentlichen Recht, S.150f.; *Braml*, Teleshopping, S.168ff.; weiter dagegen der Ansatz von *Bullinger/Mestmäcker*, Multimediadienste, S.152 die auch für Vorgänge der Individualkommunikation eine Bundeskompetenz aus Art.73 Nr.7 GG bejahen). Internetdienste unterfallen nur dann dem TDG, wenn unternehmerisch/wirtschaftliche Zielsetzungen den Schwerpunkt des jeweiligen Angebotes bilden (ähnlich *Moos* in: Kröger/Gimmy (Hrsg.), Handbuch zum Internetrecht, S.38, 50; *Braml*, Teleshopping, S.171ff.; s. zur Erforderlichkeit der bundesgesetzlichen Regelung gem. Art.72 Abs.2 GG auch dies., a.a.O., 174f., 179; enger wohl *Gersdorf*, in: Prinz/Peters (Hrsg.), FS Engelschall, S.163, 178ff.). Ein Indiz für die wirtschaftliche Ausrichtung eines Internet - Angebotes ist dabei seine Entgeltlichkeit für den Nutzer; die Regelung in § 2 Abs.3 TDG ist hier missverständlich. Allerdings können je nach Ausgestaltung im Einzelfall auch nichtentgeltliche Angebote (z.B. Unternehmenspräsentationen im Internet zu Marketingzwecken) bei wertender Gesamtbetrachtung eine wirtschaftliche Zielsetzung aufweisen und entgeltliche Angebote (z.B. Video-on-demand) nicht wirtschaftlich ausgerichtet sein (vgl. auch *Braml*, Teleshopping, S.174).

492 S. zu Internet Push-Diensten S.148f.; zu World Wide Web - Angeboten, Newsgroups und Mailing Lists S.151ff. sowie zu Internet Relay Chats und zum Internet Broadcasting S.158ff.

### *1. Rundfunk- und Mediendienste*

#### *a) Teleshopping - Verteildienste gem. § 2 Abs.2 Nr.1 MDStV*

Unter § 2 Abs.2 Nr.1 MDStV fallen (nach der sprachlichen Neufassung der Vorschrift durch den vierten RÄndStV)

> „*Verteildienste in Form von direkten Angeboten an die Öffentlichkeit für den Absatz von Waren oder Erbringung von Dienstleistungen, einschließlich unbeweglicher Sachen, Rechte und Verpflichtungen, gegen Entgelt (Teleshopping).*“

Dem Wortlaut nach werden nur Verteildienste, also Dienste, bei denen das „Was“ und „Wann“ der Rezeption vom Dienste-Anbieter bestimmt wird, von § 2 Abs.2 Nr.1 MDStV erfasst. Einkaufsdienste, die einen Abruf einzelner Angebote ermöglichen (z.B. Online-Warenkataloge) sind nicht in den Regelungsbereich einbezogen.[493]

Nach der Begründung zu § 2 Abs.2 Nr.1 MDStV fallen solche Fernabsatzdienste „*wegen ihrer engen inhaltlichen Begrenzung auf Angebote, die nur in geringem Maße der öffentlichen Meinungsbildung dienen*“[494] nicht unter den (einfachrechtlichen) Rundfunkbegriff.

Es erfolgt also eine Differenzierung zwischen Diensten, die primär auf einen wirtschaftlichen Leistungsaustausch gerichtet sind und Rundfunkveranstaltungen, die eine besondere Bedeutung für die öffentliche Meinungsbildung aufweisen. Dies berücksichtigt, dass Teleshopping zunächst ein betriebswirtschaftliches **Werbemittel** ist.[495] Genauso wie andere Werbe-

---

[493] Solche Online - Warenkataloge fallen unter § 2 Abs.2 Nr.5.TDG. Kompetenzrechtlich ist zu differenzieren: Die Gesetzgebungskompetenz für § 2 Abs.2 Nr.1 MDStV und § 2 Abs.2 Nr.5 TDG gründet sich zwar gleichermaßen auf Art.74 Abs.1 Nr.11 GG (Recht der Wirtschaft). Der Bund hat aber nur hinsichtlich der wirtschaftlich ausgerichteten Abrufdienste von seiner konkurrierenden Gesetzgebungskompetenz Gebrauch gemacht, nicht dagegen bzgl. der ebenfalls wirtschaftlich ausgerichteten Teleshopping-Verteildienste. Deshalb bestand für letztere die Möglichkeit der Ländergesetzgebung, Art.72 Abs.1 GG. Allgemein zur kompetenzrechtlichen Abgrenzung der Regelungsbereiche von MDStV und TDG s.o. Fn.491.

[494] S. LTRhPf-Ds. 13/1603, Teil B) zu § 2 MDStV.

[495] Dazu *Nieschlag/Dichtl/Hörschgen*, Marketing, S.549; s. auch *Braml*, Teleshopping, S.61ff.

mittel (z.B. Werbebriefe oder auch herkömmliche Schaufensterdekorationen)[496] dient Teleshopping einem bestimmten betriebswirtschaftlichen Werbeziel, nämlich - i.d.R. - der Herbeiführung der unmittelbaren Kaufbereitschaft des Kunden, d.h. seiner Bereitschaft zum Vertragsschluss.[497] In Betracht kommen aber auch zusätzliche Werbeziele, etwa die Verbesserung des Produktimages, die Bekanntmachung eines neuen Produktes oder generell die Erweckung der Neugierde des Käufers auf das Produkt (und seinen Hersteller).[498]

Das Betreiben von Werbung bzw. der Einsatz geeigneter Werbemittel und das Verfolgen bestimmter Werbeziele wird zunächst durch das Grundrecht der freien Berufsausübung nach Art.12 Abs.1 GG geschützt.[499] Fraglich ist aber, ob und inwieweit Werbung in Form von Fernseheinkaufsveranstaltungen neben der über Art.12 Abs.1 GG geschützten Funktion in der Marketingstrategie eines Unternehmens auch eine **herausgehobene** Meinungsbildungsrelevanz i.S.d. Art.5 Abs.1 S.2 GG aufweist. Das BVerfG hat sich bisher nur dahingehend geäußert, dass Werbung als Finanzierungsinstrument für die Rundfunkveranstaltung vom Schutz der Rundfunkfreiheit erfasst wird.[500]

aa) Teleshopping - Fenster ?

Bloßes Finanzierungsinstrument ist Werbung nur dann, wenn sie unselbstständig in der Form von Werbeblöcken in ein laufendes Rundfunkprogramm eingeschoben wird.[501] Insoweit stellt sich zunächst die Frage, ob bei unselbstständiger Werbung zwischen bloßen Werbespots und Teleshopping - Fenstern innerhalb eines Rundfunkprogramms differenziert werden muss. Hier ließe sich argumentieren, dass ein Teleshopping - Fenster, weil es für sich genommen keine „Darbietung“ i.S.d. § 2 Abs.1 RStV mit er-

---

[496] Vgl. *Nieschlag/Dichtl/Hörschgen*, a.a.O., S.548.

[497] S. *Degenhart*, ZUM 1995, 353, 355, ders., BonnK, Art.5 GG Rn.698; *Schroeder*, ZUM 1994, 471, 474. Vgl. auch *Nieschlag/Dichtl/ Hörschgen*, Marketing, S.503f.

[498] Zur Differenzierung zwischen ökonomischen (unmittelbare Beeinflussung der Kaufentscheidung) und außerökonomischen Werbezielen (mittelbare Beeinflussung der Kaufentscheidung) s. *Nieschlag/Dichtl/Hörschgen*, a.a.O.

[499] S. *Degenhart*, ZUM 1995, 353, 356.

[500] Vgl. BVerfGE 74, 297, 342f.

[501] Zur Differenzierung zwischen unselbstständiger und selbstständiger Werbung s. *Degenhart*, ZUM 1995, 353, 355f.

höhter Meinungsrelevanz darstellt, nicht dem Rundfunkregime unterstellt werden darf.[502]

Einer solchen Argumentation steht aber entgegen, dass sich die „unselbstständigen" Teleshopping - Fenster zusammen mit den redaktionell gestalteten Sendungen in das Ordnungsraster eines (vom Veranstalter vorgegebenen) Programmablaufs einfügen. Für die rundfunkspezifische Meinungsbildungsrelevanz spielt die inhaltlichen Ausgestaltung von Einzelbeiträgen nur eine untergeordnete Rolle; vorrangig kommt es darauf an, ob das Gesamtprogramm für den „Meinungsmarkt" bestimmt ist. Wenn dies der Fall ist, nehmen auch die einzelnen Teleshopping - Angebote (zumindest mittelbar über ihre Programmfinanzierungsfunktion) an der Aufgabe des Rundfunks teil, meinungsbildend zu wirken.[503] Es handelt sich daher bei Teleshopping-Fenstern als Teil eines Gesamtprogramms nicht um Mediendienste i.S.d. § 2 Abs.2 Nr.1 MDStV, sondern um „Darbietungen" und damit Rundfunkdienste i.S.d. § 2 Abs.1 RStV.[504]

bb) Teleshopping - Kanäle mit unterhaltenden und informierenden Elementen

Eigenständige Teleshopping - Kanäle sind kein Finanzierungsinstrument für die Veranstaltung von Rundfunk, weshalb die entsprechende Rspr. des BVerfG nicht einschlägig ist. Hier kann nur dann Rundfunk im verfassungs- und einfachrechtlichen Sinne vorliegen, wenn die durch Teleshopping vermittelten **Inhalte** von der Rundfunkfreiheit umfasst werden.[505]

Das BVerfG hat sich - in anderem Zusammenhang - mit der Frage beschäftigt, inwieweit Wirtschaftswerbung in den Schutzbereich der Meinungsäußerungsfreiheit nach Art.5 Abs.1 S.1 GG fällt. Das Gericht bejahte dies für den Fall, dass, *„eine Ankündigung einen wertenden, meinungsbil-*

---

502 S. die Stellungnahme des VPRT zum ersten DLM-Strukturpapier vom 16.09.1997, Ziff. IV 1.

503 So im Erg. (mit differenzierender Argumentation) auch die überwiegende Literatur, vgl. nur *Degenhart*, ZUM 1995, 353, 356 Fn.61; ders., BonnK, Art.5 GG Rn.698; *Gersdorf*, Rundfunkbegriff, S.167; *Schroeder*, ZUM 1994, 471, 475; *Jarass*, Online-Dienste und Funktionsbereich des ZDF, S.14; *Hoffmann-Riem*, AfP 1996, 9, 12.

504 S. *Hochstein*, NJW 1997, 2977, 2980; *Meier*, in Roßnagel (Hrsg.), Recht der Multimediadienste, § 2 MDStV Rn.53.

505 So auch der Ansatz von *Gersdorf*, Rundfunkbegriff, S.167; s. auch ders., Tendenz I/1996, 28, 30; *Betzler*, in: Dittmann u.a. (Hrsg.), Symposion Oppermann, S.161f.

*denden Inhalt hat oder Angaben enthält, die der Meinungsbildung dienen.*“[506] Das Grundrecht der Meinungsäußerungsfreiheit sei dagegen nicht einschlägig, wenn die entsprechende Werbung praktisch keine meinungsbildenden Elemente aufweise, sondern *„rein kommerziell“*[507] erfolge.

Macht man diese Rechtsprechung auch für Art.5 Abs.1 S.2 GG nutzbar, so ließe sich m.E. die Abgrenzung zwischen einer Rundfunkdarbietung (mit gesteigerter Bedeutung für den Prozess der Meinungsbildung) und einem selbstständigen Werbekanal (mit geringerer Bedeutung für den Prozess der Meinungsbildung) danach vornehmen, ob die entsprechenden Produktpräsentationen und Verkaufsangebote einen spezifischen meinungsbildenden Gehalt haben oder ob ausschließlich bzw. überwiegend kommerzielle Ziele verfolgt werden.[508] Mit anderen Worten: Es kommt darauf an, *„ob die Darstellung noch für den Warenmarkt oder schon für den Meinungsmarkt bestimmt ist.“*[509] Dabei reicht es wohl nicht aus, dass eine Werbeangebot überhaupt zur Meinungsbildung beitragen kann. Werbeäußerungen wirken nämlich regelmäßig (zumindest indirekt) meinungsbildend und fallen in den Schutzbereich der Meinungsfreiheit i.S.v. Art.5 Abs.1 S.1 GG.[510] Für das Vorliegen einer rundfunkrechtlichen „Darbietung“ wird man aber eine **gesteigerte**, für die Funktion des Rundfunks bedeutsame Meinungsbildungsrelevanz voraussetzen müssen.[511]

Ausschlaggebend für die Bejahung bzw. Verneinung einer solchen hervorgehobenen Stellung im Prozess der Meinungsbildung dürfte der Gesamtcharakter eines Teleshopping - Kanals sein, wobei der konkreten Aus-

---

506 BVerfGE 71, 162, 175.

507 BVerfG NJW 1994, 3342f.

508 Ähnlich der Ansatz von *Gersdorf*, Rundfunkbegriff, S.169; vgl. auch ders., ZUM 1995, 841, 846. Im Ergebnis bejaht Gersdorf allerdings die grundsätzliche Anwendbarkeit des Rundfunkregimes und sucht erst auf der Ausgestaltungsebene der Rundfunkfreiheit eine adäquate, an der unterschiedlichen Meinungsrelevanz der Angebote orientierte Lösung.

509 Erstes DLM-Strukturpapier vom 16.12.1997 und 09.12.1998 (Aktualisierte Fassung), Ziff. 2.2.2.1.2. unter Bezugnahme auf *Schroeder*, ZUM 1994, 471, 477.

510 Vgl. BVerfGE 71, 162, 175; BVerfG NJW 1994, 3342; s. auch *Braml*, Teleshopping, S.64f.

511 So auch *Schroeder*, ZUM 1994, 471, 477; ähnlich *Stettner/Tresenreiter*, ZUM 1994, 669, 673; *Betzler*, in: Dittmann u.a. (Hrsg.), Symposion Oppermann, S.161f. Anders *Hoffmann-Riem*, AfP 1996, 9, 12; *Dörr*, in: Dittmann u.a. (Hrsg.), Symposion Oppermann, S. 123 und *Braml*, Teleshopping, S.66ff., die hier von Rundfunk i.S.d. Art.5 Abs.1 S.2 GG ausgehen und erst auf der Ausgestaltungsebene der Rundfunkfreiheit Differenzierungen vornehmen.

gestaltung einzelner Sendungen nur eine untergeordnete Rolle zukommt. Wenn z.B. in einem 24-stündigen Teleshopping - Angebot nur einmal täglich nachmittags ein kurzer produktunabhängiger Beitrag (etwa ein Unterhaltungs - Gewinnspiel) ausgestrahlt wird, ist die Ausrichtung des Gesamtangebotes auf den Warenmarkt durch die Produktpräsentation nicht beeinträchtigt.[512]

Kommerzielle Ziele - und damit eine Betätigung auf dem **Warenmarkt** - liegen zunächst dann vor, wenn die Teleshopping - Veranstaltung sich als bloßes Werbemittel darstellt, dessen Ziel die Förderung der Kaufbereitschaft des Kunden ist.[513] Unschädlich sind z.B. informierende Umfeldbeschreibungen, die sich auf das Produkt, seine Herstellung oder seinen Gebrauch beziehen (sog. Infomercials).[514] Unschädlich ist es auch, wenn die Beschreibung der Waren oder Dienstleistungen im Rahmen einer sog. Live-Präsentation erfolgt, bei der der Rezipient evtl. sogar die Möglichkeit hat, im Studio anzurufen und produktbezogene Fragen zu stellen, die die Moderatoren beantworten (sog. Recall-TV), solange der Verkaufszweck des Ganzen eindeutig erkennbar bleibt.[515] Der angestrebte Vertragsabschluss steht hier im Mittelpunkt; die Information bzw. Präsentation erfolgt auf dem Warenmarkt, und nicht auf dem Meinungsmarkt.[516] Ein Rundfunkdienst im verfassungs- und einfachrechtlichen Sinne liegt nicht vor, sondern ein typisches Teleshopping - Programm i.S.d. § 2 Abs.2 Nr.1 MDStV.[517]

Ausschließlich oder überwiegend nichtkommerzielle Ziele (und damit eine für den **Meinungsmarkt** bestimmte Darbietung i.S.d. § 2 Abs.1 RStV) wären zunächst dann zu bejahen, wenn ein Teleshopping - Kanal gezielt politisch meinungsbildend eingesetzt würde.[518] In diesem Fall käme es praktisch zu einer Zweckentfremdung des § 2 Abs.2 Nr.1 MDStV und einer

---

512 Bsp. aus der Stellungnahme des VPRT zum ersten DLM-Strukturpapier vom 16.12.1997, Ziff. I) 3).

513 Erstes DLM-Strukturpapier vom 16.12.1997 und 09.12.1998 (Aktualisierte Fassung), jeweils Ziff. 2.2.2.1.2.

514 Ebda.

515 Ebda.; s. auch *Hochstein*, NJW 1997, 2977, 2980f.

516 Erstes DLM-Strukturpapier vom 16.12.1997 und 09.12.1998 (Aktualisierte Fassung), jeweils Ziff. 2.2.2.1.

517 Vgl. auch *Janik*, AfP 2000, 7, 14; *Beucher/Leyendecker/v.Rosenberg*, Mediengesetze, § 2 RStV Rn. 15; *Determann*, Kommunikationsfreiheit im Internet, S.532.

518 S. dazu auch *Degenhart*, ZUM 1995, 353, 356.

Umgehung des rundfunkrechtlichen Ordnungsrahmens. Schwieriger ist natürlich die Grauzone zu beurteilen, wenn neben der reinen Produkt- bzw. Dienstleistungswerbung auch zusätzliche informierende oder unterhaltende Elemente enthalten sind, die keinerlei Bezug zum Werbeziel der direkten Verkaufsförderung aufweisen.

Im ersten DLM-Strukturpapier wird dazu eine eher strenge Auffassung vertreten: Teleshopping soll bereits dann als Rundfunkdienst i.S.d. § 2 Abs.1 RStV (und nicht als Teleshopping-Dienst i.S.d. § 2 Abs.2 Nr.1 MDStV) zu behandeln sein, wenn (1.) das Gezeigte Informationsteile enthält, die keinen Produktbezug mehr aufweisen, oder wenn (2.) die Produktpräsentation in Unterhaltungsshows integriert oder Bestandteil eines Gewinnspiels ist, bzw. (3.) immer dann, wenn der Verkaufscharakter nicht durchgehend und eindeutig im Vordergrund steht.[519] Werden in solchen Fällen die Grenzen zum Rundfunk nur ausnahmsweise im Einzelfall überschritten, liegt ein Aufsichtsproblem vor, während bei systematischen Überschreitungen eine Zuordnung zum Rundfunk mit allen sich daraus ergebenden Konsequenzen zu erfolgen hat.[520]

Dieser Ansatz berücksichtigt zu wenig, dass auch außerökonomische Werbeziele Bestandteil einer über Art.12 Abs.1 GG geschützten unternehmerischen Marketingstrategie sind, ohne dass die konkrete Erweckung eines Kaufwunsches, also die sofortige Herbeiführung eines Leistungsaustausches im Vordergrund steht.[521] Solche außerökonomischen Werbeziele können z.B. durch den Einsatz eines Gewinnspiels oder einer Unterhaltungsshow erreicht werden, weil dadurch die Neugierde des potentiellen Käufers geweckt wird, ohne dass primär und unmittelbar ein Vertragsschluss angestrebt wird.

Eine ausnahmslose Unterstellung solcher Marketingmethoden unter das Regime des RStV wäre aus Sicht des werbetreibenden Unternehmers evtl. als nicht gerechtfertigter Eingriff in seine Berufsausübungsfreiheit zu be-

---

519 Vgl. das erste DLM-Strukturpapier vom 16.12.1997 und 09.12.1998 (Aktualisierte Fassung), jeweils Ziff. 2.2.2.1.2.; *Ring*, in: Fünfgeld/Mast (Hrsg.), Massenkommunikation, S.265f. Fn.5; in diese Richtung auch *Gersdorf*, ZUM 1995, 841, 846; *Mayer/Motz*, ZUM 1998, 133, 137f., VG Stuttgart, ZUM 1998, 177.

520 Vgl. erstes DLM-Strukturpapier vom 16.12.1997 und 09.12.1998 (Aktualisierte Fassung), jeweils Ziff. 2.2.2.1.3./4.

521 Ein Katalog möglicher außerökonomischer Werbeziele findet sich bei *Nieschlag/Dichtl/Hörschgen*, Marketing, S.505.

urteilen. Jeder Rundfunkveranstalter ist in eine positive Ordnung eingebunden, in der eine rundfunkmäßige Betätigung an zahlreiche materielle und verfahrensrechtliche Voraussetzungen gebunden ist[522] - auch wenn diese Voraussetzungen in sich abgestuft sind. Daher greift es wohl zu kurz, die kommerziellen Werbeziele des Unternehmers (und damit das Fehlen einer rundfunkrechtlichen Darbietung i.S.d. § 2 Abs.1 RStV) ausschließlich beim direkten Anstreben eines Verkaufsschlusses, nicht aber bei Nutzung anderer, ebenfalls grundrechtlich geschützter Marketingmethoden zu bejahen. Erforderlich ist vielmehr eine sorgfältige Prüfung im Einzelfall, ob es sich um einen noch gerechtfertigten Eingriff in die Berufsausübungsfreiheit handelt oder nicht.

Der Wortlaut von § 2 Abs.2 Nr.1 MDStV (Verteildienste in Form von „direkten" Angeboten an die Öffentlichkeit) ist deshalb unter Berücksichtigung der Eingriffsintensität in die unternehmerischen, durch Art.12 Abs.1 S.1 GG geschützten Werbeinteressen, ggf. erweiternd auszulegen. Grundsätzlich dürfte danach zu differenzieren sein, ob der entsprechende Dienst **schwerpunktmäßig** eine wirtschaftliche Veranstaltung darstellt, bei der konkrete Verkaufsziele, aber auch verkaufsbezogene Werbeziele verfolgt werden, oder ob eine Veranstaltung erfolgt, bei der die grundrechtlichen Funktionen des Rundfunks im Bereich des „Klassischen Auftrages" dominieren.[523] Nur letztere Veranstaltungen sind für den Meinungsmarkt bestimmte Darbietungen i.S.d. Art.5 Abs.1 S.2 GG. Gewinnspiele und Unterhaltungsshows in einem Teleshoppingkanal können also, wenn sie bloße Marketinginstrumente sind und keine weitergehende rundfunktypische Meinungsrelevanz besitzen, durchaus überwiegend kommerziellen, unternehmerischen Zwecken dienen, und zwingen nicht von vornherein, den entsprechenden Dienst als Rundfunk zu klassifizieren.[524]

---

522 S. dazu BVerfGE 57, 295, 320; 83, 238, 296.

523 Vgl. auch *Meier*, in: Roßnagel (Hrsg.), Recht der Multimediadienste, § 2 MDStV Rn.53. Ähnlich vom Ansatz her schon *Stettner/Tresenreiter*, ZUM 1994, 669, 672ff., die aber im Erg. (vor dem Inkrafttreten von MDStV und TDG am 1.08.1997) reine Teleshopping-Kanäle wegen einer Beeinträchtigung der Rundfunkordnung für unzulässig hielten. Vgl. auch *Betzler*, in: Dittmann u.a. (Hrsg.), Symposion Oppermann, S.161f.

524 Ähnlich wie hier die VPRT - Stellungnahme zum ersten DLM-Strukturpapier vom 16.12.1997, Ziff. IV 1.; a.A. *Gersdorf*, ZUM 1995, 841, 846; ders., Rundfunkfreiheit ohne Ausgestaltungsvorbehalt, S.39f.; *Mayer/Motz*, ZUM 1998, 133, 137f. und wohl auch *Braml*, Teleshopping, S.158f.

cc) Online - Warenkataloge ?

Online - Warenkataloge, in denen Produkte bzw. Dienstleistungen des Unternehmens angeboten werden, und Online - Anzeigenblätter, in denen Produkte Dritter offeriert werden, bezwecken typischerweise die Verkaufsförderung dieser Produkte und Dienstleistungen und dienen damit kommerziellen Zwecken. Es handelt sich hier prinzipiell nicht um Rundfunk im verfassungs- oder einfachrechtlichen Sinne.[525]

Eine abweichende Auffassung zu Online - Warenkatalogen wird im ersten DLM-Strukturpapier vertreten: Danach kann z.B. *„die Darstellung eines Produkts in einem [Online-]Warenkatalog durchaus unter den Gesichtspunkten Breitenwirkung, Aktualität und Suggestivkraft als rundfunkgleich angesehen werden [...] wenn das präsentierte Produkt auch nur geringfügig in einer animierten Darstellung gezeigt wird.*“[526]

Diese Auffassung geht zu weit. Zunächst geht von einer „nur geringfügig“ animierten Darstellung (Animationslevel 1: Die statischen Textelemente dominieren)[527] keineswegs eine rundfunkspezifische Wirkungskraft aus. Es fehlt an einem „Verlust der inneren Verbalisierung“ beim Rezipienten und es fehlt auch an einer Einbettung der Animation in einen kontinuierlichen, zeitlich organisierten Programmablauf. Ebenfalls fehlt es an der - für die audiovisuelle Darbietungsmodalität beim Rundfunk typischen - geringen Dekodierungsleistung des Empfängers, da er sich hier keinem Fluss bewegter, „authentischer“ Bilder aussetzt. Zudem ist die Rezeption nicht durch Passivität und „low involvement“ gekennzeichnet, sondern ganz im Gegenteil durch eine erhöhte Aktivität des Rezipienten bzw. potentiellen Käufers.[528] Ein Online - Warenkatalog ist praktisch nur das Surrogat eines herkömmlichen, gedruckten Versandhauskataloges bzw. einer Werbevideokassette;[529] er ist im Raum und nicht in der Zeit organisiert. Der potentielle

---

525 Vgl. *Gersdorf*, Rundfunkbegriff, S.169f.; *Degenhart*, ZUM 1995, 353, 358; ders., BonnK, Art.5 GG Rn.699; *Schroeder*, ZUM 1994, 471, 477.

526 Erstes DLM-Strukturpapier vom 16.12.1997 und 09.12.1998 (Aktualisierte Fassung), jeweils Ziff. 2.2.2.1.2.; s. auch *Ring*, in: Fünfgeld/Mast (Hrsg.), Massenkommunikation, S.265f. Fn.5.

527 Zur Unterscheidung verschiedener Animationslevel s.o. S.93ff.

528 S. dazu auch S.60ff.

529 Vgl. *Degenhart*, BonnK, Art. 5 GG Rd. 699, ders. ZUM 1995, 353, 357. Zum Surrogatsgedanken allgemein s. *Bullinger*, AfP 1996, 1, 3; ders./*Mestmäcker*, Multimediadienste, S.27.

Käufer bzw. Rezipient entfaltet besondere Aktivitäten („Blättern" im Katalog, Preisvergleiche etc.), so dass eine rundfunkspezifische Gefährdungslage für den Prozess der öffentlichen Meinungsbildung nicht bejaht werden kann. Außerdem ermöglicht ein Online - Warenhauskatalog den individuellen Abruf von Produktinformationen (Interaktivitätslevel 3),[530] evtl. ist sogar eine Interaktion zwischen Kommunikator und Rezipient in Echtzeit möglich (Interaktivitätslevel 4). Rundfunk im verfassungsrechtlichen bzw. einfachrechtlichen Sinne kann daher bei Online - Warenkatalogen, auch wenn sie animierte Sequenzen enthalten, nicht vorliegen.[531] Es handelt sich hier um Teledienste i.S.d. § 2 Abs.2 Nr.5 TDG.[532]

*b) Daten - Verteildienste gem. § 2 Abs.2 Nr.2 MDStV*

§ 2 Abs.2 Nr.2 MDStV regelt

> *„Verteildienste, in denen Meßergebnisse und Datenermittlungen in Text und Bild mit oder ohne Begleitton verbreitet werden."*

Ihnen fehlt nach der Begründung des Staatsvertrages *„wegen ihrer engen inhaltlichen Begrenzung auf Angebote, die nur in geringem Maße der öffentlichen Meinungsbildung dienen"*[533] eine rundfunktypische Bedeutung im Prozess der Meinungsbildung. Als Beispiele für solche Dienste nennt die amtliche Begründung eine Verbreitung von *„Messungen aus dem Umweltbereich oder Wetterdaten"*.[534] Darunter fällt etwa die Verbreitung von Wetterberichten oder Wetterkarten,[535] z.B. in Form eines Wetterkanals.[536] Als weitere Beispiele lassen sich die Ausstrahlung von Sportergebnissen und evtl. auch Börsenkursen „in Programmform" nennen.[537] Solche Dienste

---

530 Zur Unterscheidung verschiedener Interaktivitätslevel s.o. S.120ff.

531 So im Erg. auch die Stellungnahme des VPRT zum ersten DLM-Strukturpapier vom 16.12.1997, Ziff. III) 1) a.E.

532 Vgl. *Hochstein*, NJW 1997, 2977, 2980; *Janik*, AfP 2000, 7, 14; *Beucher/ Leyendecker/v.Rosenberg*, Mediengesetze, § 2 RStV Rn.15; *Determann*, Kommunikationsfreiheit im Internet, S.532.

533 LTRhPf-Ds. 13/1603, Teil B) zu § 2 MDStV.

534 Ebda.

535 Vgl. auch *Ricker/Schiwy*, Rundfunkverfassungsrecht, S.68.

536 Vgl. *Determann*, Kommunikationsfreiheit im Internet, S.527.

537 Ebda. Für die Abgrenzung zu **§ 2 Abs.2 Nr.2 TDG** kommt es nach hier vertretener Auffassung (s.o. Fn.491) auf das Vorliegen einer wirtschaftlich/unternehmerischen Ausrichtung des Angebotes an. So kann z.B. ein unentgeltlicher Börsen-Informationsdienst bei wertender Gesamtschau unter § 2 Abs.2 Nr.2 MDStV fallen,

können z.B. über das Internet verbreitet[538] oder auch in Kabelanlagen eingespeist werden. Erfolgt die Datenübermittlung dagegen auf Abruf, so ist § 2 Abs.2 Nr.2 MDStV schon vom Wortlaut her nicht einschlägig.[539]

Probleme bei der Abgrenzung zu § 2 Abs.1 RStV ergeben sich, wenn Messungen aus dem Umweltbereich oder Sportergebnisse nicht „pur" verbreitet werden, sondern in ein redaktionelles Umfeld eingebettet sind. Wann in solchen Fällen eine „Darbietung" i.S.d. § 2 Abs.1 RStV vorliegt und wann nicht, erfordert eine differenzierte Beurteilung:

Die Mitteilung von Börsenkursen oder Umweltdaten (z.B. Schadstoffbelastungen o.Ä.) stellt zunächst einmal eine **Information** dar, der man nicht per se eine Relevanz für die öffentliche Meinungsbildung absprechen kann. Zudem dürfte eine „ungefilterte" Datenübermittlung, bei der jegliche, wenn auch nur geringe redaktionelle Bearbeitung fehlt, und die Daten pur und unausgewählt von der Messstelle zum Rezipienten übermittelt werden, in der Praxis die Ausnahme sein. In der Regel wird wohl eine zumindest geringfügige Präsentation und redaktionelle Gestaltung erfolgen. Schon die Auswahl von Umweltdaten (werden eher positive oder negative Daten präsentiert ?) ist ein solcher redaktioneller Akt und kann durchaus für die öffentliche Meinungsbildung bedeutsam sein, bei entsprechender Reichweite des Dienstes evtl. sogar in hohem Maße.[540] Bei privaten Diensteanbietern dürfte generell die Tendenz bestehen, die bloßen Rohdaten und ungefilterten Messergebnisse in ein größeres redaktionelles Umfeld einzubinden, um sich durch die Schaffung eines „Mehrwertes" von Wettbewerbern abzugrenzen.

Wo ist also die Grenze zu ziehen zwischen nur gering meinungsrelevanten *„Meßergebnisse[n] und Datenermittlungen"* gem. § 2 Abs.2 Nr.2 MDStV und *„Darbietungen"* i.S.d. § 2 Abs.1 RStV, die eine rundfunkspezifisch hohe Meinungsrelevanz aufweisen ? Hier kommen **zwei Lösungsmodelle** in Betracht:

---

während ein entsprechendes entgeltliches Angebot typischerweise unter § 2 Abs.2 Nr.2 TDG fallen dürfte. § 2 Abs.3 TDG ist insoweit missverständlich.

538 In technischer Hinsicht kann es sich dabei z.B. um Internet Push - Dienste oder Audio- bzw. Video-Stream-Programme handeln.

539 In Betracht kommt dann § 2 Abs.2 Nr.4 MDStV bzw. - wenn der wirtschaftliche Charakter des Dienstes im Vordergrund steht - § 2 Abs.2 Nr. 2 TDG.

540 Darauf weist *Klöck*, CR 1999, 456, 458 nicht zu Unrecht hin.

Zum eine ließe sich § 2 Abs.2 Nr.2 MDStV sehr **eng auslegen**: Erfasst würden dann nur solche Dienste, die z.B. Umweltdaten mit einem absoluten Minimum an redaktioneller Gestaltung (bloße Auswahl der Daten, keine Erläuterungen o.Ä.) präsentieren. Auf die Darbietungsmodalität (Text oder bewegte Bilder; akustische Untermalung) kommt es dann nicht weiter an, weil schon der Inhalt der Darbietung nur eine sehr geringe Bedeutung für die öffentliche Meinungsbildung aufweist und deshalb keine Rundfunkdarbietung ist.[541] Die enge Auslegung hätte den Vorteil, dass sie sich strikt am Wortlaut des § 2 Abs.2 Nr.2 MDStV orientiert. Sie hätte aber den Nachteil, dass die Regelung zum nudum ius werden könnte, weil vor allem private Anbieter womöglich nur geringes Interesse daran haben werden, ungestaltete Rohinformationen bereitzustellen. Das würde aber nicht dem Ziel des MDStV entsprechen, *„freien Wettbewerb"*[542] (im Ausgleich mit öffentlichen Ordnungsinteressen) zu ermöglichen.

Deshalb ist eine **weite Auslegung** des § 2 Abs.2 Nr.2 MDStV wohl sinnvoller. Das Tatbestandsmerkmal *„Meßergebnisse und Datenermittlungen"* wäre danach bereits erfüllt, wenn der Schwerpunkt des Daten - Mediendienstes auf der Übermittlung von Umweltdaten, Sportergebnissen o.Ä. läge. Im redaktionellen Umfeld dürften dann z.B. auch knappe Ratschläge zu Umweltfragen erteilt werden oder kurze Sportkommentare erfolgen.

Es käme also zunächst auf die Zielrichtung des Dienstes an (Steht die bloß informatorische Datenpräsentation im Vordergrund oder nicht ?). Wenn die reine Datenpräsentation nicht im Vordergrund steht, scheidet die Anwendung des § 2 Abs.2 Nr.2 MDStV von vornherein aus (evtl. greift dann § 2 Abs.2 Nr.3 MDStV oder - bei unternehmerisch/wirtschaftlicher Schwerpunktausrichtung des Dienstes - § 2 Abs.2 Nr.2 TDG ein). Steht die informatorische Datenpräsentation dagegen im Vordergrund, so ist zu bedenken, dass die Verbreitung von Informationen auch zu den wesentlichen grundrechtlichen Funktionen des Rundfunks gehört.[543] Es erfolgt also durchaus eine Dienstleistung auf dem Meinungsmarkt - allerdings nicht mit den rundfunktypischen „Machtmitteln". Für die notwendige „Gesamtbe-

---

[541] So wohl *Beucher/Leyendecker/v.Rosenberg*, Mediengesetze, § 2 MdStV Rn.4. Differenzierend das erste DLM-Strukturpapier vom 16.12.1997 und 09.12.1998 (Aktualisierte Fassung), jeweils Ziff. 2.2.2.2, wonach auch in solchen Fällen eine „Gesamtbetrachtung" des Angebots erfolgen soll.

[542] LTRhPf-Ds.13/1603, Teil A).

[543] Vgl. nur BVerfGE 83, 238, 299; 87, 181, 198.

wertung"[544] des Angebotes im Hinblick auf seine Einordnung als Rundfunk- oder Mediendienst gewinnt dann die jeweilige Darbietungsmodalität (rundfunkspezifisch audiovisuell oder textorientiert ?) eine entscheidende Bedeutung.[545]

*c) Textorientierte Verteildienste gem. § 2 Abs.2 Nr.3 MDStV*

§ 2 Abs.2 Nr.3 MDStV erfasst

> *„Verteildienste in Form von Fernsehtext, Radiotext und vergleichbaren Textdiensten."*

Die Begründung zum Staatsvertrag verweist darauf, dass diesen Diensten die rundfunkspezifische *„Suggestivkraft der bewegten Bilder fehlt."*[546] Entscheidendes Abgrenzungskriterium ist also die Darbietungsmodalität des entsprechenden Dienstes.

Bei einer sehr eng am Wortlaut orientierten Auslegung des Merkmals „Text" - Dienste käme man evtl. zu dem Ergebnis, dass nur solche Dienste, die ausschließlich Textelemente enthalten, von § 2 Abs.2 Nr.3 MDStV umfasst werden. Das widerspräche aber dem Sinn und Zweck der Norm, der dahin geht, alle diejenigen Verteildienste zu erfassen, die keine rundfunkspezifische Meinungsrelevanz aufweisen. An dieser besonderen Wirkung fehlt es aber nicht nur bei reinen Textdiensten, sondern auch bei bloß text-

---

[544] Vgl. das erste DLM-Strukturpapier vom 16.12.1997 und 09.12.1998 (Aktualisierte Fassung), jeweils Ziff. 2.2.2.2.

[545] Zur dabei notwendigen Abschichtung verschiedener Animationslevel s.o. S.93ff. Folgt man der hier vertretenen Auffassung von einer weiten Auslegung des § 2 Abs.2 Nr.2 MDStV, so stellt sich auch das Abgrenzungsproblem zu § 2 Abs.2 Nr.3 MDStV. Hier spricht einiges dafür, § 2 Abs.2 Nr.2 als **lex specialis zu § 2 Abs.2 Nr.3 MDStV** anzusehen, wenn ein textorientierter Daten - Dienst vorliegt. Denn ansonsten würde das Tatbestandsmerkmal „in Text [...] verbreitet" in § 2 Abs.2 Nr.2 MDStV leerlaufen. Lehnt man eine weite Auslegung von § 2 Abs.2 Nr.2 MDStV dagegen ab, so könnte z.B. ein Sportinformationsdienst, der wegen zu umfangreicher redaktioneller Gestaltung nicht mehr unter die Regelung fällt, trotzdem als textorientierter Mediendienst unter § 2 Abs.2 Nr.3 MDStV fallen. Bei entsprechenden Interaktionsmöglichkeiten der Rezipienten liegt in jedem Fall - unabhängig von einer engen oder weiten Auslegung - ein Abrufdienst und kein Verteildienst vor. Statt § 2 Abs.2 Nr.2 oder Nr.3 MDStV ist dann § 2 Abs.2 Nr.4 MDStV oder - bei unternehmerischer/wirtschaftlicher Zielsetzung des Dienstes - § 2 Abs.2 Nr.2 TDG einschlägig.

[546] LTRhPf-Ds 13/1603, Teil B) zu § 2 MDStV.

orientierten Diensten, in denen einzelne Animationselemente enthalten sind, je nach Lage des Einzelfalles sogar dann, wenn bewegte Bildelemente und statische Textelemente sich die Waage halten, ohne dass eine Darbietungsart eindeutig dominiert.[547] Deshalb ist eine **weite Auslegung des Merkmals „Text" - Dienst** notwendig: Erfasst werden alle Darbietungsformen, die mangels einer schwerpunktmäßigen audiovisuellen Darbietungsform keine rundfunkspezifische Wirkungskraft aufweisen.

Rundfunkrechtliche Abgrenzungsprobleme[548] entstehen vor allem dann, wenn Ton bzw. Bewegtbilder mit Textelementen in einem Verteildienst eines Veranstalters/Content Providers eine untrennbare Verbindung eingehen.[549] Ausgehend von der oben vorgeschlagenen Abschichtung verschiedener Animationslevel[550] ergibt sich Folgendes:

aa) Fernsehtext

Fernsehtext[551] in seiner herkömmlichen Form ist kein Rundfunk. Zunächst ist festzuhalten, dass es sich hier um einen eigenständigen Dienst handelt, weil die Verbindung zu dem jeweiligen Fernsehprogramm primär auf der technischen Übermittlungsart beruht, nämlich der Tatsache, dass Fernsehtexte in der Austastlücke zwischen den Fernsehbildern übertragen werden.[552] Fernsehtext „steht und fällt" nicht mit der Rezeption des entsprechenden Fernsehprogrammes. Es ist vielmehr möglich, die entsprechenden Informationen (z.B. Kurznachrichten) unabhängig von dem jeweiligen Rundfunkprogramm zu rezipieren. Fernsehtexte sind stark textorientierte

---

547 S.o. S.93ff.

548 Die im Einzelfall ebenfalls problematische Abgrenzung zwischen § 2 Abs.2 Nr.3 MDStV und § 2 Abs.2 Nr.2 TDG erfolgt nach dem inhaltlichen Schwerpunkt des Dienstes, also danach, ob eine unternehmerisch/wirtschaftliche Ausrichtung vorliegt oder nicht (s. auch Fn.491).

549 Wenn es sich nicht um ein einheitliches Diensteangebot eines Veranstalters/ Content Providers handelt, sondern um verschiedene, nur räumlich (z.B. auf einem „gesplitteten" Fernseh- oder Computerbildschirm) und nicht inhaltlich verbundene Dienste unterschiedlicher Veranstalter bzw. eines Veranstalters, so ist die Frage der Darbietungsmodalität für jeden dieser Dienste gesondert zu beurteilen.

550 S.o. S.93ff.

551 Früher wurde „Fernsehtext" auch als „Videotext" bezeichnet. Zu den technischen Aspekten von Fernsehtext sowie zu verschiedenen Formen des Radiotextes s. *Meier* in: Roßnagel (Hrsg.), § 2 MDStV Rn.58f.

552 S. dazu auch das erste DLM-Strukturpapier vom 16.12.1997 und 09.12.1998 (Aktualisierte Fassung), jeweils Ziff. 2.2.2.3.

Dienste (Animationslevel 0/1), und stellen mangels rundfunkspezifischer Wirkungskräfte schon aus diesem Grund keine Rundfunkdienste dar.[553]

bb) Internet Push - Dienste

Die sog. Internet Push - Dienste verbreiten Informationen gleichzeitig und zu vorbestimmten Zeiten an die jeweiligen Abonnenten.[554] Als Beispiele lassen sich die „Interactive Edition" des Wall Street Journals nennen, die eine Fülle von Wirtschaftsinformationen und Börsendaten in Texten, (Bewegt-) Bildern und Tönen an die Rezipienten sendet („pusht")[555] oder die Spiegel- und Focus-Channels, die technisch z.B. über den MS Internet Explorer beziehbar sind.[556] Der jeweilige Push - Dienst muss zwar abonniert werden, aber ein individueller Abruf der einzelnen Informationen erfolgt nicht, weshalb eine Anwendung von § 2 Abs.2 Nr.4 MDStV ausscheidet.[557] Je nach inhaltlicher Ausgestaltung des „Push" - Dienstes im Einzelfall (Stehen Informationen z.B. über Umweltdaten und Sportergebnisse im Vordergrund oder redaktionell aufbereiteten Hintergrundberichte ?) kommt die Anwendung von § 2 Abs.2 Nr.2 oder § 2 Abs.2 Nr.3 MDStV in Betracht.[558] Um Rundfunk handelt es sich schon deshalb nicht, weil Internet Push - Dienste typischerweise textorientierte Dienste sind (Animationslevel

---

553 Anzumerken ist noch, dass Fernsehtext zwar einfachrechtlich in § 2 Abs.2 Nr.3 MDStV normiert ist, es sich aber eigentlich nicht um einen Verteildienst (Interaktivitätslevel 0/1), sondern einen Abrufdienst (Interaktivitätslevel 3) handelt: Die Rezeption erfolgt hier typischerweise aktiv in Form einer „stückweisen" Abnahmeentscheidung des Nutzers durch die Anwahl der jeweiligen Fernsehtextseite über seine Fernbedienung. Von einer einseitig-linearen Programmgestaltung des Content Providers kann nicht gesprochen werden. Die Normierung in § 2 Abs.2 Nr.3 MDStV ist daher verfehlt; richtigerweise hätte Fernsehtext unter § 2 Abs.2 Nr.4 MDStV gefasst werden müssen. Bei **Intercast - Diensten** (dazu *Leupold*, ZUM 1998, 99, 100), die ebenfalls über die Austastlücke zwischen den Fernsehbildern übertragen werden, handelt es sich je nach Ausgestaltung im Einzelfall um Mediendienste i.S.d. § 2 Abs.2 Nr.3 MDStV oder § 2 Abs.2 Nr.4 MDStV, bei wirtschaftlicher Ausrichtung evtl. auch um Teledienste z.B. i.S.d. § 2 Abs.2 Nr.2 TDG.

554 Zur Push - Technologie vgl. *Goldhammer/Zerdick*, Rundfunk online, S.35f.; *Leupold*, ZUM 1998, 99, 101.

555 Ebda.

556 Vgl. *Goldhammer/Zerdick*, Rundfunk online, S.35f., 185ff., die allerdings das Channel-Konzept bereits als „gescheitert" ansehen, weil es von den Internet-Nutzern nicht hinreichend angenommen wird.

557 So im Erg. auch *Leupold*, a.a.O., 101f.

558 Ähnlich wohl *Mayer*, Das Internet im öffentlichen Recht, S.189. Enger *Leupold*, a.a.O., der bei Push-Diensten nur § 2 Abs.2 Nr.3 MDStV für einschlägig hält.

0/1). Die Abgrenzung zu § 2 Abs.2 Nr.2 TDG erfolgt danach, ob der Push - Dienst bei einer wertenden Gesamtschau inhaltlich auf den „Meinungsmarkt“ ausgerichtet ist (z.B. bei pressemäßiger Berichterstattung), oder ob er schwerpunktmäßig eine wirtschaftliche Ausrichtung hat (z.B. bei Unternehmenspräsentationen oder der Verbreitung von Produktinformationen).

cc) Prevue Channels ?

Wenn Prevue Channels, die man als eine Art „Programmführer“ in der Form von eigenständigen Verteildiensten bezeichnen kann, auf exzessive Weise mit der Split Screen Technik arbeiten, und erhebliche Anteile statischer Textelemente enthalten (Animationslevel 2), kann es je nach Ausgestaltung im Einzelfall an der besonderen emotionalen Wirkungskraft audiovisueller Darbietungen fehlen.[559] Mangels einer rundfunktypischen Meinungsrelevanz liegt dann kein Rundfunkdienst, sondern ein textorientierter Mediendienst i.S.d. § 2 Abs.2 Nr.3 MDStV vor.

*d) Abrufdienste gem. § 2 Abs.2 Nr.4 MDStV*

§ 2 Abs.2 Nr.4 MDStV regelt

> *„Abrufdienste, bei denen Text-, Ton- oder Bilddarbietungen auf Anforderung aus elektronischen Speichern zur Nutzung übermittelt werden.“*

Erfasst werden nach der Begründung des Staatsvertrages sowohl *„breitbandige Abrufdienste wie 'Video-on-demand', also auch schmalbandige 'Online - Dienste' wie elektronische Presse und andere an die Allgemeinheit gerichtete Informations- und Unterhaltungsangebote.“*[560] Ausgenommen vom Anwendungsbereich des § 2 Abs.2 Nr.4 MDStV sind zunächst solche Dienste, *„bei denen der individuelle Leistungsaustausch“* im Vordergrund steht. Die Begründung nennt dafür als Beispiele Telebanking und die Übermittlung von Röntgenbildern oder Krankendaten aus dem Krankenhaus, also jeweils (auch) wirtschaftlich geprägte Leistungen, die *„auf ein konkretes Individualverhältnis zwischen dem Nutzer und dem Anbieter*

---

[559] S. dazu S.94ff.

[560] LTRhPf-Ds. 13/1603, Teil B) zu § 2 MDStV.

*bezogen sind*".[561] Ausgenommen sind weiterhin Dienste, bei denen es nur um die *„reine Übermittlung von Daten"* geht, beispielsweise die Übermittlung von Fahrplänen, Flugplänen und Devisenkursen.[562] Vom Anwendungsbereich sind schließlich auch noch „*Telespiele*" ausgenommen.[563]

Abrufdienste sind grds. keine Rundfunkdienste im verfassungs- oder einfachrechtlichen Sinne. Es fehlt hier an der rundfunktypischen Einseitigkeit des Übertragungsvorganges „*durch Ein- und Ausschalten*".[564] Eine vorgegebene lineare Programmstruktur existiert nicht; der Rezipient ist aktiv, weshalb die spezifische Gefährdungslage für die öffentliche Meinungsbildung durch den bloß passiven Konsum einer Programm-Darbietung nicht besteht.[565]

Der Begriff „Abrufdienste" in § 2 Abs.2 Nr.4 MDStV ist dabei im weiten Sinne zu verstehen, weil die rundfunkspezifische Meinungsrelevanz nicht nur beim reinen Abruf von Texten bzw. Audio-/Video - Dateien zu verneinen ist, sondern im Einzelfall auch dann, wenn den Interaktionsmöglichkeiten der Rezipienten gegenüber dem vom Veranstalter vorgegebenen Programmablauf eine gleich- bzw. sogar übergeordnete Rolle zukommt.[566]

Aus rundfunkrechtlicher Sicht[567] ist zunächst zu prüfen, ob es sich um einen inhaltlich untrennbar verbundenen, einheitlichen Dienst handelt, oder um verschiedene Dienste.[568] In Anknüpfung an die oben vorgeschlagene

---

561 Ebda. Solche wirtschaftlichen Austauschvorgänge fallen unter § 2 Abs.2 Nr.1 TDG (s.u. S.166f.).

562 Ebda. Ergibt die wertende Gesamtschau eine wirtschaftliche Ausrichtung der Datentransfers, kommt hier § 2 Abs.2 Nr.2 TDG in Betracht (s.u. S.167ff.), ansonsten § 2 Abs.2 Nr.2 oder Nr.3 MDStV (s.o. S.143ff.; S.146ff.).

563 Telespiele fallen unter § 2 Abs.2 Nr.4 TDG (s.u. S.172ff.).

564 Dazu BVerfGE 74, 297, 354. S. auch *Determann*, Kommunikationsfreiheit im Internet, S.524f.

565 S. dazu S.116ff.

566 Ebda.

567 Für die Abgrenzung des MDStV zum Anwendungsbereich des TDG kommt es darauf an, ob der jeweilige Dienst inhaltlich auf den „Meinungsmarkt" ausgerichtet ist, oder ob eine unternehmerisch/wirtschaftliche Zielsetzung im Vordergrund steht (s.o. Fn.491). Anders *Beucher/Leyendecker/v.Rosenberg*, Mediengesetze, § 2 MDStV Rn.6, die Abrufdienste stets dem TDG und nicht dem MDStV zuordnen.

568 Handelt es sich trotz des räumlichen „Nebeneinanders", z.B. auf einem „gesplitteten" Fernseh- oder Computerbildschirm, um Angebote verschiedener Veranstalter/Content Provider bzw. um inhaltlich nicht untrennbar verbundene Angebote ei-

Unterscheidung verschiedener Interaktivitätslevel[569] lässt sich dann wie folgt differenzieren:

aa) Multi-Perspektiv-TV ?

Eine bloße Auswahlmöglichkeit zwischen verschiedenen Kameraperspektiven innerhalb einer Einzelsendung (Multi-Perspektiv-TV) ist im Hinblick auf die Aktionsmöglichkeiten des Rezipienten durchaus mit dem „klassischen" Programmfunk vergleichbar. Der Rezipient kann das Programm vollständig passiv rezipieren (ohne die verschiedenen Kameraperspektiven aktiv zu nutzen) und ist an eine zeitlich und inhaltlich vorgegebene Strukturierung gebunden. Deshalb ist es wohl gerechtfertigt, für Multi - Perspektivprogramme eine rundfunkspezifisch meinungsbildende, einseitige Übertragungsart zu bejahen (Interaktivitätslevel 1). Es handelt sich um Rundfunkdienste i.S.d. § 2 Abs.1 RStV.

bb) World Wide Web

Der z.Zt. populärste Internetdienst, das **World Wide Web** (WWW), bietet dem Nutzer die Möglichkeit, digitalisierte Dokumente (Texte, Bilder, Videos) weltweit abzurufen, die Anbieter auf WWW - Servern bereitgestellt haben. Der Abruf der Dokumente erfolgt über ein sog. Hypertextsystem.[570]

Angebote im World Wide Web sind wie Rundfunkdienste typischerweise an die Allgemeinheit adressiert; der Adressatenkreis möglicher Rezipienten unterliegt keinerlei individuellen Beschränkung.[571] Allerdings handelt es sich - anders als z.B. bei Live-Übertragungen im Rundfunk - um eine sog. asynchrone Kommunikationsform, bei der die Rezeption zeitversetzt er-

---

nes Veranstalters/Content Providers, so sind diese Darbietungen jeweils gesondert im Hinblick auf ihre Interaktivität zu beurteilen. S. auch Fn.304.

569 S.o. S.120ff.

570 Die Übertragung erfolgt mittels des sog. HTTP-Protokolls, das **Tim Berners-Lee** und Robert Calliou zusammen mit der Seitenbeschreibungssprache HTML in den Jahren 1989/90 am Europäischen Forschungslabor für Kernphysik (CERN) entwickelten. Der entscheidende Schritt für die gewaltige Popularisierung des WWW war die Programmierung spezieller Browser-Software zur Betrachtung der digitalisierten Bild- und Textdaten. Eine Pionierrolle spielte hier **Marc Andreesen** mit seinen Browsern Mosaic (1993) und Netscape Navigator (1994). S. dazu *Goldhammer/ Zerdick*, Rundfunk online, S.32f., 38f.

571 Zur Definition der Allgemeinheit des Adressatenkreises s.o. S.97ff.

folgt.[572] Im Gegensatz zu Rundfunkdiensten (Interaktivitäslevel 0/1) fehlt es den WWW - Angeboten schließlich auch an der strikten Einseitigkeit des Kommunikationsvorgangs:[573] Das World Wide Web ist das Paradebeispiel eines Pull - Dienstes (Interaktivitätslevel 3), also eines Abrufdienstes, bei dem der Nutzer bzw. Rezipient selbst die Auswahl aus dem Angebot steuert.[574] Die über Hypertext verknüpften Webseiten lassen sich dabei (trotz der dezentralen, nicht - hierarchischen Struktur des Internets) durchaus mit einer herkömmliche Bibliothek vergleichen, wo ebenfalls eine hohe Eigenaktivität des Nutzers erforderlich ist, und eine einseitig - passive Nutzung eben gerade nicht vorliegt. Mit Rundfunk im verfassungs- oder einfachrechtlichen Sinne hat eine solche „virtuelle Bibliothek" nicht das Geringste zu tun.[575]

Ob in Zukunft die Datentransferraten über das Telefonnetz (mittels ADSL - Technik)[576] erheblich gesteigert werden, oder ob ein Abruf von World Wide Web - Angeboten über das Kabelnetz erfolgt, ist dabei für die rechtliche Beurteilung unerheblich. Webseiten eines Anbieters[577] unterfallen

---

572 Vgl. dazu *Goldhammer/Zerdick*, Rundfunk online, S.34. Zu Audio- und Video-Stream-Programmen, die „live" über Homepages im WWW abrufbar sind s.u. S.159ff.

573 So im Erg. auch *Ricker*, AfP 1998, 437, 444. Darüber hinaus fehlt es auch an der rundfunkspezifisch audiovisuellen Darbietungsmodalität.

574 Zur Differenzierung zwischen „Internet Pull-Diensten" und „Internet Push-Diensten" s. *Goldhammer/Zerdick*, Rundfunk online, S.35f.; *Leupold*, ZUM 1998, 99f.

575 A.A. *Röger*, ZRP 1997, 203, 205, der Webseiten mit „Sendungen" vergleicht, die ein „Gesamtprogramm darbieten", was in der Konsequenz zur Anwendbarkeit des Rundfunkregimes führen soll. Röger übersieht dabei, dass der Abruf von Webseiten auf nichtlineare Weise erfolgt; Angebote im World Wide Web sind räumlich organisiert, während die linearen Hörfunk- und Fernsehprogramme zeitlich strukturiert sind (s. dazu S.60ff.). Gerade auf diesen Unterschied kommt es aber unter verfassungsrechtlichen Gesichtspunkten an (vgl. S.116ff.).

576 Die ADSL - Technologie (Asynchronous Digital Subscriber Line) ermöglicht einen Datentransfer von über sechs Megabyte pro Sekunde, vgl. *Goldhammer/Zerdick*, Rundfunk online, S.66ff.

577 Bei Angeboten verschiedener Dienstleister, die über eine Webseite nutzbar sind, ist eine auf das entsprechende Angebot (z.B. Online-Warenkatalog, Mailing List, IRC) des jeweiligen Anbieters bezogene **Einzelprüfung** erforderlich. Im Ergebnis können dann einzelne Angebote als Teledienste und andere als Mediendienste zu klassifizieren sein (vgl. *Engel-Flechsig*, in: Bartsch/Lutterbeck (Hrsg.), Neues Recht für neue Medien, S.73). Handelt es sich aber um mehrere unter einer Webseite abrufbare und inhaltlich zusammenhängende Angebote eines Dienstleisters, erfolgt eine **Gesamtprüfung**. Die Zuordnung zu einer Einzelregelung des MDStV und TDG erfolgt dann nach demjenigen Dienst, der bei wertender Betrachtung den

nicht dem Rundfunkrecht, sondern bei einer schwerpunktmäßigen Ausrichtung auf den „Meinungsmarkt" dem § 2 Abs.2 Nr.4 MDStV (z.B. private Homepages) und bei einer überwiegend wirtschaftlichen Ausrichtung dem Regelungsbereich des TDG, insbesondere § 2 Abs.2 Nr.2 oder Nr.5 TDG. (z.B. Unternehmenspräsentationen im WWW, E-Commerce-Webseiten) [578]

cc) Newsgroups; Mailing Lists

**Newsgroups** sind virtuelle Surrogate herkömmlicher „Schwarzer Bretter", wobei jedes Schwarze Brett für einen bestimmten Themenbereich bestimmt ist.[579] Jeder Teilnehmer einer Newsgroup kann die Nachrichten seiner angewählten Gruppe lesen, selbst eine Nachricht auf dem Schwarzen Brett anheften (d.h. „posten", also online auf den Newsserver übertragen) oder eine schon vorhandene Nachricht kommentieren. Mit einer News können nicht nur Texte, sondern auch Bilder bzw. Audio - Files übertragen werden.[580]

Newsgroups stehen wie Rundfunkdienste typischerweise einer beliebigen Öffentlichkeit, also der Allgemeinheit offen.[581] Allerdings vermitteln

---

Schwerpunkt des Gesamtangebotes bildet (so auch *Waldenberger*, MMR 1998, 124f.).

578 Enger *Strömer*, Online-Recht, S.12f.; *Meier*, in: Roßnagel (Hrsg.), Recht der Multimediadienste, § 2 MDStV Rn.66; *Hoeren/Pichler*, in: Loewenheim/Koch, Praxis des Online-Rechts, S.417, nach deren Auffassung unter § 2 Abs.2 Nr.4 MDStV nur Webseiten in Form der „Elektronischen Presse" fallen, während alle anderen Webseiten, also auch private Homepages, dem TDG unterstehen. Differenzierend *Theis*, Die Multimediagesetze, S.153. Zur hier vertretenen Abgrenzung zwischen MDStV und TDG s. Fn.491.

579 Vgl. *Goldhammer/Zerdick*, Rundfunk online, S.32. Die technische Übertragung von News erfolgt im Usenet über das sog. NNTP - Protokoll. Die weltweiten Newsserver sind derzeit vor allem über Telefonstandleitungen miteinander vernetzt. Der Administrator eines Newsservers kann wählen, welche von anderen Newsservern angebotene Newsgroups er abonniert (d.h. welche anderen Newsgroups online auf seinen Server übertragen werden). Der jeweilige Client/Nutzer benötigt dann einen Zugang zu diesem Newsserver, um an einer der verfügbaren Newsgroups teilzunehmen (vgl. auch *Wenning*, JurPC 16/97, Abs.5).

580 Vgl. *Goldhammer/Zerdick*, a.a.O.; *Wenning*, a.a.O.; s. auch *Ory*, AfP 1996, 105f.

581 Vgl. *Wenning*, a.a.O.; ähnlich *Determann*, Kommunikationsfreiheit im Internet, S. 532. Differenzierend *W.Schulz*, ZUM 1996, 487, 490; *Ory*, AfP 1996, 105, 107; *Kröger/Moos*, ZUM 1997, 462, 468, die auf die Anzahl der jeweiligen Newsgroup - Teilnehmer abstellen. Dabei wird aber übersehen, dass es für die Bestimmung eines Dienstes für die Allgemeinheit nicht auf die zahlenmäßige Größe des Adressa-

Newsgroups die kommunizierten Inhalte nicht in Form eines einseitig vorgegebenen, zeitlich/inhaltlich strukturierten Programmes: Der Rezipient ist mit den anderen Teilnehmern praktisch gleichberechtigt; er kann (auch bei moderierten Newsgroups) als Kommunikator seinerseits eigene Beiträge in die Newsgroup einstellen, die dann von den anderen Teilnehmern zeitversetzt rezipiert werden (Interaktivitätslevel 3).[582]
Rundfunk im verfassungs- oder einfachrechtlichen Sinne liegt daher nicht vor.[583] Regelmäßig handelt es sich bei Newsgroups auch nicht um Teledienste, weil es zumeist an der unternehmerisch/wirtschaftlichen Ausrichtung fehlt.[584] Stattdessen handelt es sich um Mediendienste i.S.d. § 2 Abs.2 Nr.4 MDStV.[585] Voraussetzung für diese Klassifizierung ist aber, dass die Newsgroups bei wertender Gesamtschau als eigenständige Dienste und nicht als unselbstständige Teile z.B. einer Unternehmenspräsentation im WWW erscheinen (In diesem Beispielsfall wäre das Gesamtangebot als Teledienst i.S.d. § 2 Abs.2 Nr.2 TDG einzustufen).

Bei **Mailing Lists** wird über sog. Listserver (also Server, die diese Dienste bereithalten) ein Vertriebsdienst genutzt, indem der Nutzer seine E-Mail - Adresse auf eine elektronische Vertriebsliste setzen lässt. Er erhält dann (mehr oder weniger regelmäßig) Beiträge der anderen Teilnehmer in Form

---

tenkreises ankommt, sondern nur darauf, dass der Rezipientenkreis keiner individuellen Beschränkung unterliegt.

582 S. *Ory*, AfP 1996, 105f. Newsgroups fehlt es darüber hinaus auch an der schwerpunktmäßig audiovisuellen Darbietungsmodalität des Rundfunks.

583 A.A. wohl *Röger*, ZRP 1997, 203, 205.

584 A.A. *Beucher/Leyendecker/v.Rosenberg*, Mediengesetze, § 2 TDG Rn.4; differenzierend *Spindler* in: Roßnagel (Hrsg.), Recht der Multimediadienste, § 2 TDG Rn.73ff; *Hoeren/Pichler* in: Loewenheim/Koch (Hrsg.), Praxis des Online-Rechts, S.416 sowie *Determann*, Kommunikationsfreiheit im Internet, S.535, der zumindest die einzelne Äußerung (News) eines Nutzers in einem Newsgroup-Forum § 2 Abs.2 Nr.1 TDG unterstellen will. Zur hier vertretenen Abgrenzung der Gesetzgebungskompetenzen zwischen Bund und Ländern und den daraus abzuleitenden Regelungszuständigkeiten s.o. Fn.491.

585 So im Erg. auch *Meier*, in: Roßnagel (Hrsg.), Recht der Multimediadienste, § 2 MDStV Rn. 66; *Janik*, AfP 2000, 7, 14. Anstatt des in § 2 Abs.2 Nr.4 MDStV normierten Regelbeispiels ließe sich m.E. aber auch an die Anwendbarkeit von § 2 Abs.1 MDStV (Sonstige Mediendienste) denken, weil nicht nur fremde News abgerufen werden, sondern gerade die Möglichkeit zum „posten" eigener News ein wesentliches Charakteristikum von Newsgroups ist. Wenn man den „Vertriebsaspekt" von Newsgroups betont (die News werden an die einzelnen Abonnenten verteilt), käme auch die Anwendung von § 2 Abs.2 Nr.3 MDStV in Betracht. Letztlich handelt es sich um einen Grenzfall, der die fehlende Ausgereiftheit der Regelbeispieltechnik des § 2 Abs.2 MDStV deutlich macht.

von E-Mails zugesandt, die er von seinem Mailserver abrufen kann. Außerdem kann er selbst E-Mails über den Vertriebsdienst an die anderen Teilnehmer senden.[586]
Mailing Lists sind zwar genauso wie Rundfunkdienste regelmäßig für die Allgemeinheit bestimmt; sie stehen prinzipiell für jeden offen.[587] Es fehlt aber - unter anderem -[588] an der bloß einseitigen Übertragung und der passiven, durch „low involvement" gekennzeichneten Empfangssituation.[589] Die Rezipienten können stattdessen selbst als Kommunikatoren agieren, und eigene Beiträge auf den Mailing Lists zur Verfügung stellen (Interaktivitätslevel 3).[590] Es handelt sich deshalb nicht um Rundfunkdienste, sondern um Mediendienste i.S.d. § 2 Abs.2 Nr.4 MDStV.[591] Da Mailing Lists typischerweise nicht-wirtschaftlich ausgerichtet sind, kommt die Anwendung des TDG im Regelfall nicht in Betracht.[592] Auch hier ist aber Voraussetzung, dass die Mailing Lists bei einer Gesamtbetrachtung nicht nur unselbstständiger Teil eines umfassenderen Angebotes sind, sondern selbst den Angebotsschwerpunkt bilden. Wenn also z.B. ein Unternehmen über seine Homepage potentiellen Kunden die Möglichkeit zum Bezug produktbezogener Informationen über eine Mailing List eröffnet, ist bei einer wertenden Gesamtschau das ganze Angebot als Teledienst i.S.d. § 2 Abs.2 Nr.2 TDG zu klassifizieren.

dd) Elektronische Programmführer (Navigatoren)

Elektronischen Programmführer sind eigenständige Dienste und nicht nur bloße Annexdienste zu Rundfunkprogrammen.[593] Ein Programmführer er-

---

586 Vgl. *Ory*, AfP 1996, 105, 106.

587 A.A. *Wenning*, JurPC 16/97, Abs.4; *Kröger/Moos*, ZUM 1997, 462, 468 die je nach Anzahl der Teilnehmer/Nutzer einer Liste differenzieren. Auf die tatsächliche Teilnehmerzahl kommt es aber bei der Bestimmung für die Allgemeinheit nicht an, s.o. S.97ff.

588 Da es sich um stark textorientierte Dienste handelt, fehlt es auch an der rundfunkspezifischen audiovisuellen Darbietungsmodalität.

589 A.A. wohl *Kilches*, Medien und Recht 1997, 183.

590 Vgl. *Ory*, AfP 1996, 105f.

591 Denkbar wäre aber - wie bei den Newsgroups - auch die Subsumierung unter § 2 Abs.1 MDStV oder § 2 Abs.2 Nr.3 MDStV. S. dazu Fn.585.

592 Differenzierend *Spindler*, in: Roßnagel (Hrsg.), Recht der Multimediadienste, § 2 TDG Rn.79. Vgl. zur Abgrenzung zwischen MDStV und TDG auch Fn.491.

593 Anders das erste DLM-Strukturpapier vom 16.12.1997 und 09.12.1998 (Aktualisierte Fassung), jeweils Ziff. 2.2.2.3. Die Auffassung der DLM überzeugt nicht. Wie beim Fernsehtext, der über die Fernsehbild-Austastlücke verbreitet wird, besteht

möglicht erst die Programmauswahl. Der Rezipient wird damit selbst zum „Programmdirektor“ und nutzt nicht nur einen Nebendienst, der ergänzende Informationen zu einem Programm liefert. Der elektronische Programmführer hat daher eine über einen bloßen Nebendienst hinausgehende, eigenständige Funktion: Er ermöglicht dem Rezipienten die Auswahl und den Abruf von Sendungen, d.h. die Erstellung seines eigenen „Programmes“. Eine solcher Dienst ist typischerweise ein Abrufdienst i.S.d. § 2 Abs.2 Nr.4 MDStV.[594]

ee) Video-on-demand; Near-Video-on-demand

Die DLM vertritt in ihrem ersten Strukturpapier zur Abgrenzung von Rundfunk- und Mediendiensten die Auffassung, dass es *„nicht auszuschließen [ist], daß bei Verbesserung der digitalen Übertragungstechnik (Hard- und Software) die Breitenwirkung von Video-on-demand so zunimmt, dass es als Rundfunk zu klassifizieren ist“.*[595]

Dieser Ansatz kann nicht geteilt werden. Bei **Video-on-demand** handelt sich nicht um eine bloß passiv zu konsumierende Darbietung, die einseitig vom Veranstalter/Content Provider über die Vorgabe eines zeitlich und inhaltlich strukturierten Programmes gesteuert wird, und die der Rezipient nur „ein- oder ausschalten“ kann. Vielmehr stellt der Rezipient sich aktiv die für ihn relevanten Informationen zusammen, weshalb es an der rundfunkspezifischen Einseitigkeit des Kommunikationsvorganges fehlt. Video-on-demand - Dienste unterstehen daher nicht dem Rundfunkregime.[596] Sie sind entsprechend der Gesetzesbegründung[597] Abrufdienste i.S.d. § 2 Abs.2 Nr.4 MDStV.[598]

---

primär eine technisch vermittelte Beziehung zu den einzelnen Programmen (Unmittelbare Programm- und Sendungsauswahl über den Navigator). Darüber hinaus kann angesichts des in § 53 Abs. 2, 3 RStV statuierten Diskriminierungsverbotes für die Anbieter von Navigatoren auch nicht von einer untrennbaren inhaltlichen Verbindung zu dem Programmangebot nur eines Veranstalters gesprochen werden.

594 Zu inhaltlichen Vorgaben für Anbieter von Rundfunkprogramm-Navigatoren s. § 53 Abs. 2-4 RStV. Zu verfahrensmäßigen Bestimmungen s. § 53 Abs.5-7 RStV.

595 Erstes DLM-Strukturpapier vom 16.12.1997 und 09.12.1998 (Aktualisierte Fassung), jeweils Ziff. 2.2.2.4.

596 S. auch *v. Heyl*, ZUM 1998, 115, 119; a.A. *Janik*, AfP 2000, 7, 12.

597 Vgl. LTRhPf-Ds.13/1603, Teil B) zu § 2 MDStV.

598 Im Schrifttum wird diskutiert, inwieweit sich Video-on-demand - Angebote nicht als Mediendienste, sondern als Teledienste i.S.d. § 2 Abs.2 Nr.4, Nr.5 TDG einord-

Zum **Near-Video-on-demand** heißt es im ersten DLM-Strukturpapier:

> *„Die üblichen Near-Video-on-demand - Angebote (Spiel- und Fernsehfilme, Dokumentationen), bei denen es sich [nicht um einen gesondert zu behandelnden Zugriffs-, sondern] noch um einen Verteildienst handelt, sind dem Rundfunkbegriff zuzuordnen. Sie enthalten dieselben Inhalte, wie sie auch in herkömmlichen Rundfunkangeboten vorkommen. Near-Video-on-demand - Angebote unterscheiden sich in puncto Suggestivkraft nicht von entsprechenden herkömmlichen Rundfunkangeboten. Gleiches gilt bei der Aktualität des Inhalts sowie der Breiten- oder Massenkommunikationswirkung. Der Rezipient trifft mit einer jedenfalls nicht von vornherein festgelegten Vielzahl anderer Rezipienten innerhalb eines vorgegebenen Gesamtangebots und Zeitrasters eine Auswahl.“*[599]

M.E. ist diese Argumentation der DLM zu pauschal. Zwar erfolgt eine gewisse zeitliche Strukturierung des Rezeptionsvorganges durch den Veranstalter/Content Provider. Allerdings - und das ist entscheidend - kann der Rezipient innerhalb dieses sehr weitmaschigen „Zeitrasters“ den Empfangszeitpunkt der Sendung frei bestimmen. Nach hier vertretener Auffassung macht es einen großen rechtlichen Unterschied, ob eine Sendung nur einmal zeitgleich innerhalb eines festen Programmschemas ausgestrahlt wird (Verteildienst), oder ob eine stetige Wiederholung dem Rezipienten fast die gleichen zeitlichen Optionen wie bei einem völlig frei wählbaren Abruf von Darbietungen gestattet. Die zeitliche Steuerung durch den Veranstalter tritt beim Near-Video-on-demand gegenüber der Wahloption der Rezipienten zurück. Die Rundfunkqualität eines solchen Dienstes ist daher zu verneinen.[600] Es handelt sich um einen „Abrufdienst der besonderen Art“, der noch unter § 2 Abs.2 Nr.4 MDStV und nicht unter § 2 Abs.1 RStV fällt.[601]

---

nen lassen (vgl. *Spindler*, in: Roßnagel (Hrsg.), Recht der Multimediadienste, § 2 TDG Rn.93). M.E. wird man (trotz der typischen Entgeltpflichtigkeit von Video-on-demand - Diensten) eine vorrangig wirtschaftliche Ausrichtung und damit die Anwendbarkeit des TDG bei wertender Gesamtbetrachtung aber wohl verneinen müssen. Allg. zur Abgrenzung von MDStV und TDG s. Fn.491.

599 Erstes DLM-Strukturpapier vom 16.12.1997 und 9.12.1998 (Aktualisierte Fassung), jeweils Ziff. 2.2.2.4

600 S. auch S.100ff. Anders *Janik*, AfP 2000, 7, 12.

601 Ähnlich vom Ansatz her *Beucher/Leyendecker/v.Rosenberg*, Mediengesetze, § 2 RStV Rn.10, die im Erg. aber Near-Video-on-demand als Teledienst und nicht

*e) Sonstige Mediendienste gem. § 2 Abs.1 MDStV*

§ 2 Abs.2 MDStV nutzt die Regelbeispieltechnik („Mediendienste sind [...] insbesondere"). Deshalb sind Online - Dienste denkbar, die sich zwar nicht unter einen der in § 2 Abs.1 - 4 MDStV spezifizierten Dienste fassen lassen, aber trotzdem vom Geltungsbereich des MDStV erfasst werden.

In § 2 Abs.1 S.1 MDStV werden „Mediendienste" abstrakt definiert als

> *„an die Allgemeinheit gerichtete[...] Informations- und Kommunikationsdienste [...] in Text, Ton oder Bild, die unter Benutzung elektromagnetischer Schwingungen ohne Verbindungsleitung oder längs oder mittels eines Leiters verbreitet werden."*

Nach der amtlichen Begründung erfolgt die Abgrenzung zum Rundfunkbegriff des § 2 Abs.1 RStV dabei über das (bei Mediendiensten fehlende) Merkmal der „Darbietung", durch welches die besondere Rolle des Rundfunks als Medium und Faktor der öffentlichen Meinungsbildung ausgedrückt wird.[602] Für die Abgrenzung zum Geltungsbereich des RStV kommt es also zunächst darauf an, ob es sich um die Ausstrahlung von Darbietungen für den Meinungsmarkt handelt, oder nicht.[603] Sind die Darbietungen tatsächlich für den Meinungsmarkt bestimmt, so handelt es sich trotzdem nicht automatisch um Rundfunk. Rundfunk i.S.d. verfassungskonform ausgelegten § 2 Abs.1 RStV liegt nur dann vor, wenn **zusätzlich** eine rundfunkspezifische audiovisuelle Darbietungsmodalität vorliegt, und die Übertragung einseitig und indirekt an die Allgemeinheit zum gleichzeitigen Empfang und zur Rezeption durch ein disperses Publikum erfolgt.[604]

aa) Internet Relay Chat

Der Internet Relay Chat (IRC) ermöglicht eine Echtzeit - Kommunikation über das Internet. Anbieter wie z.B. AOL oder T-Online stellen sog. „Chat

---

als Mediendienst einstufen. Eine Einordnung als Teledienst scheidet aber m.E. aus; trotz einer etwaigen Entgeltpflicht ist die vorrangig wirtschaftliche Ausrichtung von Near-Video-on-demand bei einer wertenden Gesamtschau wohl zu verneinen. S. zur Abgrenzung von MDStV und TDG auch Fn.491.

602 LTRhPf-Ds. 13/1603, Teil B) zu § 2 MDStV.

603 S.o. S. 83ff.

604 S.o. S.89ff.; S.97ff.; S.105ff.; S.112ff.; S.116ff.

- Foren“ zur Verfügung, in denen sich die „eingeloggten“ (d.h. zugeschalteten) Nutzer per Tastatur durch die Eingabe von Texten mit anderen eingeloggten Nutzern aus aller Welt „unterhalten“ können. Für die eingeloggten Nutzer sind im Regelfall die Mitteilungen aller anderen Nutzer auf dem heimischen Bildschirm erkennbar; es erfolgt eine „many-to-many“-Kommunikation.[605]

Bei IRC - Angeboten handelt es sich nicht um Rundfunk im verfassungs- oder einfachrechtlichen Sinne. Zwar stehen sie typischerweise der Allgemeinheit offen, die Kommunikationsrichtung ist aber nicht einseitig, sondern es erfolgt ein steter Rollenwechsel zwischen Kommunikatoren und Rezipienten (Interaktivitätslevel 4). Genauso wie der IRC, der z.Zt. nur textorientierte Mitteilungen zwischen den Nutzern ermöglicht, sind ähnlich strukturierte, weiterentwickelte Angebote mit audiovisuellem Charakter („Multi-User-Dungeon“, „Cyber-City“)[606] zu beurteilen: Der Rezipient/ Nutzer ist hier nicht passiv, sondern nimmt aktiv am Geschehen teil. Nur soweit das entsprechende Angebot eine wirtschaftliche Zielsetzung hat, kommt die Anwendung des TDG in Betracht.[607] Soweit dies (wie beim herkömmlichen IRC) nicht der Fall ist, liegt - da keines der Regelbeispiele des § 2 Abs.2 MDStV eingreift - ein sonstiger Mediendienst i.S.d. § 2 Abs.1 MDStV vor.[608] Wenn allerdings der IRC nur Teil eines umfassenderen Angebotes ist (z.B. wenn eine Direktbank über ihre Homepage die Möglichkeit zum „Börsenchat“ gibt) ist das Gesamtangebot und nicht nur der isolierte IRC zu beurteilen (im Beispielsfall würde dann § 2 Abs.2 Nr.1 TDG Anwendung finden).[609]

bb) Internet Broadcasting: Video- und Audio-Stream-Programme

Unter Internet Broadcasting werden sog. „Stream - Programme“ im Internet verstanden.[610] Es erfolgt ein kontinuierlicher Datenstrom vom Server

---

605 Vgl. *Körber*, NJW 1997, 3223; *Ory*, AfP 1996, 105, 106; s. auch *Goldhammer/ Zerdick*, Rundfunk online, S.194f.

606 Vgl. zu solchen Angeboten *Goldhammer/Zerdick*, Rundfunk online, S.193f., 196f.

607 A.A. *Janik*, AfP 2000, 7, 14 (IRC fällt stets unter § 2 Abs.2 Nr.1 TDG).

608 A.A. *Meier*, in: Roßnagel (Hrsg.), Recht der Multimediadienste, § 2 MDStV Rn. 66, der IRCs unter § 2 Abs.2 Nr.4 MDStV subsumiert. Gegen die Anwendung von § 2 Abs.2 Nr.4 MDStV spricht aber, dass die Interaktivität beim IRC über einen bloßen Abruf hinausgeht.

609 S. zum Telebanking auch S.166f.

610 Vgl. *Goldhammer/Zerdick*, Rundfunk online; S.37; *Ring*, ZUM 1998, 358. In der Literatur wird z.T. unter dem Stichwort „Internet Broadcasting“ auch der Einzelab-

des Veranstalters/Content Providers, der in Echtzeit auf dem Client-Rechner des Rezipienten/Nutzers in Töne bzw. Bilder umgesetzt wird. Dafür ist eine spezielle Dekoder - Sofware notwendig (z.B. der „Real Player"), die auf dem Client-PC eingerichtet wird. Unterscheiden lassen sich sog. Audio-Stream-Programme und Video-Stream-Programme:[611]

Nach dem derzeitigen technischen Stand können **Audio-Stream-Programme** über das Internet in einer akustischen Qualität übertragen werden, die sich mit dem über traditionelle terrestrische Frequenzen oder Kabel verbreiteten Hörfunk vergleichen lässt.[612] Im ersten Strukturpapier der DLM zur Abgrenzung von Rundfunk und Mediendiensten vom 09.12.1998 (Aktualisierte Fassung) heißt es dagegen noch einschränkend:

> *„Ein Angebot im Internet, das beim Rezipienten wie der klassische Hörfunk 'daherkommt' und in Erscheinung tritt, ist das sog. Internetradio. Der Rezipient schaltet sich hier in ein auf dem Rechner ablaufendes Wort-/Musikprogramm ein. Auch hier ist nicht auszuschließen, daß bei Verbesserung der Technik die Breitenwirkung von Internetradios in einer Weise zunimmt, daß ein Angebot als Rundfunk zu klassifizieren ist.* "[613]

Auch **Video-Stream-Programme** im Internet sind heute schon in ihrer audiovisuellen Qualität mit herkömmlichen Fernsehübertragungen zu vergleichen.[614] Eine entscheidende Rolle spielen dabei neue Internet - Übertragungstechniken (z.B. ADSL), die einen weitaus schnelleren Datenstrom als bisher ermöglichen.[615] Einschränkend heißt es aber noch im ersten Strukturpapier der DLM:

---

ruf von Audio- und Video-Files von Internet-Servern behandelt (vgl. *Ricker*, NJW 1997, 3200f.; *Ernst*, NJW 1997, 3006; *Spindler*, ZUM 1996, 533, 540). Dabei handelt es sich aber nach hier verwendeter Terminologie nicht um Internet Broadcasting sondern Video-on-demand (s. dazu S.156).

611 Vgl. *Goldhammer/Zerdick*, a.a.O.; *Ring*, a.a.O. Audio- und Video-Stream-Programme werden in Anlehnung an die verwendete Software, den Real Player, z.T. auch in Kurzform als „real audio" und „real video" bezeichnet

612 So schon die Diagnose von *Ring*, ZUM 1998, 358; vgl. auch *Holznagel*, ZUM 1999, 425, 433; *Janik*, AfP 2000, 7, 12f.

613 Erstes DLM-Strukturpapier vom 09.12.1998 (Aktualisierte Fassung), Ziff. 2.2.2.4.2.

614 So wie hier auch *Janik*, AfP 2000, 7, 12; anders noch *Ring*, ZUM 1998, 358f.; *Hochstein*, NJW 1997, 2977, 2980.

615 Zur ADSL-Übertragungstechnik s. *Goldhammer/Zerdick*, Rundfunk online, S.66ff.

*„Bei den Pendants klassischer Fernsehprogramme [im Internet] ist nach dem gegenwärtigen Stand der Technik von Mediendiensten auszugehen. Angesichts der geringen Übertragungsgeschwindigkeiten erreichen die übermittelten Ton- und Bildelemente nicht eine dem herkömmlichen Rundfunk vergleichbare Suggestivkraft. Bei den Bildelementen vermindert sich diese überdies aufgrund der zumeist geringen Bildgröße. Auch fehlt es an der den herkömmlichen Rundfunk kennzeichnenden Breitenwirkung."*[616]

Medienpolitisch ist es sehr zu begrüßen, dass die DLM Video- und Audio-Stream-Programme als Mediendienste i.S.d. MDStV einordnet; dies ändert aber nicht an der Notwendigkeit, den Ansatz der DLM medienrechtlich näher zu untersuchen.

Zunächst ist die **verfassungsrechtliche Beurteilung** des Internet Broadcastings interessant. Ausgehend vom Diktum des BVerfG, dass die technische Ausgestaltung eines Dienstes für die Zuordnung zum Rundfunkbegriff des Art.5 Abs.1 S.2 GG ohne Bedeutung ist,[617] kommt es dabei auf die vergleichsweise geringe Bildgröße und die Grobkörnigkeit der Darstellung beim Video-Stream genauso wenig an, wie auf etwaige Übertragungsmängel („Datenstau"), die den Empfang von Video- und Audio-Stream-Programmen gleichermaßen beeinträchtigen können. Überdies handelt es sich bei diesen technischen Mängeln auch nur um aktuelle, vorübergehende Erscheinungen.[618]

Eine rundfunkspezifische, **audiovisuelle Darbietungsmodalität** (Animationslevel 3/4) kann daher bei einer isolierten Betrachtung von Stream-Programmen nicht von vornherein verneint werden. Etwas anderes kann sich aber natürlich ergeben, wenn bei einer graphischen Aufteilung des PC-Bildschirms (Split-Screening) im Rahmen eines einheitlichen Angebotes eines Content Providers die textorientierten Angebotselemente so dominieren, dass von einem rundfunkspezifischen Wirkungspotential der Gesamtdarstellung nicht mehr gesprochen werden kann (Animationslevel 1/2).[619]

---

616 Erstes DLM-Strukturpapier vom 09.12.1998 (Aktualisierte Fassung), Ziff.2.2.2.4.1.
617 Vgl. BVerfGE 73, 118, 121.
618 Vgl. auch *Moos*, in: Kröger/Gimmy (Hrsg.), Handbuch zum Internetrecht, S.57; anders wohl noch *Hochstein*, NJW 1997, 2977, 2980.
619 S. zur Abschichtung verschiedener Animationslevel S.93ff.

Letztlich kommt es auf den Einzelfall an. Wenn z.B. auf einer Webseite eine vergleichsweise kleine Stream-Animation zum Zweck einer vorteilhaften optischen Präsentation abläuft, oder ein Web-Angebot mittels Audio-Stream akustisch untermalt wird, lässt sich bei wertender Gesamtbetrachtung nicht von einer rundfunkspezischen Darbietungsmodalität sprechen.[620]

Im Schrifttum wird argumentiert, dass die technische Kapazitäten der Internet-Server nur eine sehr begrenzte Zahl zeitgleicher Nutzungen zulassen, weshalb Video- und Audio-Stream-Programme nicht an die Allgemeinheit gerichtet sind.[621] Diese Ansicht überzeugt nicht. Zum einen ist es nur noch eine Frage der Zeit und der technischen Fortentwicklung, bis die Server - Kapazitäten entsprechend erweitert sind; zum anderen ist eine Übertragung von Darbietungen an die Allgemeinheit zum zeitgleichen Empfang nicht von der tatsächlichen Zahl der Rezipienten abhängig.[622] Unter dem Gesichtspunkt der Allgemeinheit des Adressatenkreises besteht also kein Unterschied zwischen Video- und Audio-Stream-Programmen gegenüber herkömmlichem Rundfunk.

Gleiches gilt für die - evidente - Bestimmung der Stream-Programme für ein räumlich zerstreutes (disperses) Publikum[623] und die indirekte, technisch vermittelte Übertragungsform.[624] Auch die rundfunkspezifische Meinungsrelevanz der verbreiteten Inhalte wird (soweit das jeweilige Stream-Programm keinen unternehmerisch/wirtschaftlichen Schwerpunkt hat) wohl regelmäßig zu bejahen sein.[625]

---

620 S. auch *Braml*, Teleshopping, S.58f. Zu beachten ist dabei, dass es hier **nicht** um die - verfassungsrechtliche unbeachtliche - Frage der technischen Qualität der Video- bzw. Audio-Streams geht, sondern um die - verfassungsrechtlich bedeutsame - Frage, wie der jeweilige Content Provider nach seiner eigenen Entscheidung das Angebot optisch und akustisch ausgestaltet. Allg. zur Notwendigkeit der wertenden Gesamtschau eines Webangebotes *Waldenberger*, MMR 1998, 124f.

621 S. *Ring*, ZUM 1998, 358; ähnlich *Meier*, in: Roßnagel (Hrsg.), Recht der Multimediadienste, § 2 MDStV Rn.67.

622 S.o. S.100; vgl. auch *Ory*, AfP 1997, 845, 847.

623 Vgl. S.105ff.

624 Vgl. S.112ff.

625 Allgemein zur rundfunkspezifischen Meinungsrelevanz s. S.86ff. Zur Abgrenzung zwischen einer Bestimmung von Darbietungen für den „Meinungsmarkt" und einer unternehmerisch/wirtschaftlichen Ausrichtung auf den „Warenmarkt" s. S.135ff. (Teleshopping-Verteildienste) sowie S.169f. (Mitarbeiter-Informationsdienste) und S.170f. (Kunden-Informationsdienste). Abgrenzungsfragen entstehen auch,

Im Hinblick auf die **einseitige Übertragung in Programmform**[626] ist zu differenzieren: Zwar ist derzeit noch eine vorgelagerte, technisch relativ komplexe An- und Auswahl der Streams notwendig, bevor eine Rezeption der Programme erfolgen kann.[627] Auf diese technisch bedingten Aspekte der Stream-Nutzung kommt es aber im Hinblick auf Art.5 Abs.1 S.2 GG gerade nicht an.[628] Außerdem ist es wohl nur noch eine Frage der Zeit, bis eine Rezeption über das bloße „Ein- und Ausschalten“ eines Empfangsgerätes (Interaktivitätslevel 0/1) möglich ist.[629] Auf der anderen Seite ist es aber natürlich von erheblicher Bedeutung, ob der jeweilige Content Provider die technische Möglichkeit eines eigenständigen, nicht in interaktive Angebotselemente eingebundenen, Video- oder Audio-Stream-Programmes auch wirklich für die Ausgestaltung seines Angebotes nutzt. Hier ist eine wertende Gesamtbetrachtung notwendig: Ist das Stream-Programm der zentrale Bestandteil des Angebotes (Interaktivitätslevel 0/1: „Schwerpunkt Programmveranstaltung“),[630] liegt Rundfunk im verfassungsrechtlichen Sinne vor. Wenn aber in einem als Einheit anzusehenden Webangebot eines Content Providers einzelne Video- oder Audio-Stream-Programme nur eine untergeordnete Rolle neben anderen, interaktiven Elementen spielen (Interaktivitätslevel 2/3: „Schwerpunkt Abrufentscheidung“), handelt es sich nicht um Rundfunk i.S.d. Art.5 Abs.1 S.2 GG.

Als Beispiel für diesen „Schwerpunkt Abrufentscheidung“ wäre etwa die Live-Übertragung einer Aktionärs-Hauptversammlung über Video-Stream auf den entsprechenden Unternehmens-Homepages im Internet zu nennen. Hier handelt es sich allein schon wegen der kurzen zeitlichen Begrenzung des Video-Streams nicht um Rundfunk; es fehlt an der Dauerhaftigkeit der Ausstrahlung. Außerdem dominieren bei einer wertenden Gesamtschau die interaktiven (und zugleich textorientierten) Elemente des Web-Angebotes.[631]

---

wenn die Datenpräsentation den inhaltlichen Schwerpunkt des Dienstes bildet, vgl. dazu S.143ff. (Daten-Verteildienste).

626 Vgl. S.116ff.

627 *Goldhammer/Zerdick*, Rundfunk online, S.37, sprechen deshalb davon, dass Streaming „Multimedia-Darbietungen auf Abruf“ ermöglicht.

628 Vgl. BVerfGE 73, 118, 121.

629 S. dazu bereits *Ory*, AfP 1997, 845

630 Zur Abschichtung verschiedener Interaktivitätslevel s.o. S.120ff.

631 Zur Notwendigkeit der Gesamtwürdigung eines einheitlichen Webangebotes, statt einer bloßen Würdigung isolierter Teilelemente s. *Waldenberger*, MMR 1998, 124f. Einfachrechtlich unterfällt das im Beispiel benannte WWW-Angebot dem

Zusammenfassend lässt sich festhalten, dass auf verfassungsrechtlicher Ebene Audio- und Video-Stream-Programme zwar im Einzelfall durchaus als Rundfunk eingestuft werden können. Die Ausstrahlung über das Internet wäre dann ein bloßer Komplementärverteilweg, der sich nur durch seine technische Spezifikation (auf die es für die verfassungsrechtliche Beurteilung nicht ankommt) [632] von einer herkömmlicher Rundfunkausstrahlung unterscheidet. Voraussetzung ist allerdings, dass bei einer wertenden Gesamtbetrachtung des Angebots alle Merkmale des verfassungsrechtlichen Rundfunkbegriffes vorliegen. Abgrenzungsprobleme wird es hier vor allem im Hinblick auf die audiovisuelle Darbietungsmodalität und die Programmstruktur des Angebotes geben.

Bei der **einfachrechlichen Beurteilung** ist zunächst auffällig, dass Audio- und Video-Stream-Programme, die Inhalte mit rundfunkspezifischer Meinungsrelevanz verbreiten und zentraler Bestandteil eines Webangebotes sind, bei rein formaler Betrachtung als Rundfunk i.S.d. § 2 Abs.1 RStV klassifiziert werden könnten. Die medienpolitisch begrüßenswerte und sinnvolle Praxis der Landesmedienanstalten, sie aus dem Geltungsbereich des RStV herauszunehmen und dem MDStV zuzuordnen, findet derzeit keine Stütze im Gesetz.[633]
Für Audio- und Video-Stream-Programme existiert damit praktisch eine Regelungslücke, weil nach der gegenwärtigen Rechtslage bei Bejahung eines privat veranstalteten Rundfunkdienstes i.S.d. § 2 Abs.1 RStV zwangsläufig eine formale Zulassungspflicht nach § 20 Abs.1 (bzw. Abs.3) RStV die Folge ist. Die Länder haben in § 20 Abs.2 RStV nur den Fall geregelt, dass ein Mediendienst als Rundfunk eingestuft werden kann. Sie haben es aber (auch im zum 01.04.2000 in Kraft getretenen vierten RÄndStV) bisher versäumt, den für Stream-Programme einschlägigen umgekehrten Fall zu regeln, dass ein Rundfunkdienst im formalen Sinne bei wertender Gesamtbetrachtung nicht zulassungspflichtig ist.
Welche Kriterien sind in eine solche wertende Gesamtbetrachtung einzustellen ? Auf die „Breitenwirkung, Aktualität und Suggestivkraft" des Rundfunks kann es hier wohl nicht ankommen, weil die Bejahung dieses rundfunkspezifischen Wirkungspotentials Voraussetzung dafür ist, dass

---

Regelungsbereich des TDG, wobei je nach Einzelfall ein Teledienst i.S.d. § 2 Abs.2 Nr.1, Nr.2 oder Nr.5 TDG vorliegen kann. Zur Abgrenzung zwischen MDStV und TDG s. auch Fn. 491.

[632] Vgl. BVerfGE 73, 118, 121.

[633] So auch die Diagnose von *Janik*, AfP 2000, 7, 13.

überhaupt ein Rundfunkdienst vorliegt.[634] Stattdessen ist zu berücksichtigen, dass das Internet insgesamt (und damit auch alle im Internet angebotenen Dienste) aufgrund seiner völlig anderen historischen Herkunft als traditionelles Fernsehen bzw. Hörfunk keiner staatlichen Ausgewogenheits-, sondern einer **Offenheitspflege** unterliegt.[635] Deshalb können die vom BVerfG zu einer anderen Zeit und in einem ganz anderen Zusammenhang entwickelten Regulierungsanforderungen für herkömmlichen (lizenzpflichtigen) Rundfunk auch dann nicht uneingeschränkt eingreifen, wenn es sich bei den entsprechenden Stream-Programmen im Internet um Rundfunk im verfassungsrechtlichen und einfachrechtlichen Sinne handelt.[636] Die derzeit anbrechende „dritte Phase" der Rundfunk- und Medienordnung fordert differenzierte Regelungen auf der Ausgestaltungsebene der Rundfunkfreiheit, die die Besonderheiten einer „neuen Vielfalt" an Bagatell-Rundfunkdiensten im Internet berücksichtigen, die neben die Medien- und Teledienste im Internet treten (bei denen es sich nach hier vertretener Auffassung nicht um Rundfunk im verfassungsrechtlichen Sinne handelt).[637]

Gesetzessystematisch hätte eine (aus Gründen der Rechtssicherheit und unter Berücksichtigung des Wesentlichkeitsvorbehaltes unbedingt notwendige)[638] Regelung dieser Bagatell-Rundfunkdienste wohl in § 20 RStV zu erfolgen. Möglich wäre z.B. eine „umgekehrte Zuordnungsklausel" entsprechend § 20 Abs.2 RStV: Während § 20 Abs.2 RStV den Fall regelt, dass „Mediendienste dem Rundfunk zuzuordnen sind", hätte die neue Zuordnungsklausel den Fall zu regeln, dass Rundfunkdienste bei wertender Gesamtschau als Mediendienste eingestuft werden. Dabei wäre unter Berücksichtigung der historischen Besonderheiten der Entwicklung des Internets m.E. von einer regelmäßigen Zulassungsfreiheit der Stream-Programme auszugehen.[639]

---

634 S. dazu auch S.129ff.

635 S. zur Offenheitspflege auch *Bullinger/Mestmäcker*, Multimediadienste, S.48; *Degenhart*, Online-Angebote öffentlich-rechtlicher Rundfunkanstalten, S.59ff.

636 Vgl. auch *Ory*, AfP 1997, 845, 847ff.; *Koch*, Internet-Recht, S.543f.; *Degenhart*, BonnK, Art.5 GG Rn. 696; *Determann*, Kommunikationsfreiheit im Internet, S.423 Fn.765 sowie das Gutachten „Offene Medienordnung" des Wissenschaftlichen Beirats beim Bundesministerium für Wirtschaft und Technologie vom 18.11.1999, insbes. Ziff. II 3 (im Internet unter der URL: http://www.vprt.de abrufbar).

637 Vgl. S.126ff.; zur „dritten Phase" der Rundfunk- und Medienordnung s. auch S.25.

638 S. auch *Determann*, Kommunikationsfreiheit im Internet, S.528; *Kröger/Moos*, ZUM 1997, 462, 465.

639 Zu der mit diesem Problemkomplex mittelbar in Zusammenhang stehenden Frage der Gebührenpflicht für PCs mit Internet - Zugang (also der Fähigkeit zum Emp-

## 2. *Rundfunk- und Teledienste*

### *a) Individualkommunikative Dienste gem. § 2 Abs.2 Nr.1 TDG*

§ 2 Abs.2 Nr.1 TDG regelt

> *„Angebote im Bereich der Individualkommunikation (zum Beispiel Telebanking, Datenaustausch).“*

„Telebanking“ ist hier beispielhaft für den wirtschaftlich geprägten Bereich der Individualkommunikation aufgeführt.[640] Unter den Begriff des „Datenaustausches“ fallen nach der Gesetzesbegründung auch Formen der Online - Zusammenarbeit, wie z.B. Telearbeit, Telemedizin, (interaktives) Telelernen, Telematik.[641]

Bei solchen Angeboten fehlt es stets an einer rundfunkspezifisch einseitigen Übertragung, weil sie nicht passiv konsumiert, sondern aktiv genutzt werden. Es geht um wirtschaftlich geprägte Angebote der (erweiterten) Individualkommunikation, also Kommunikationsformen die sich am Modell der face-to-face-Kommunikation orientieren, und bei denen ein Rollenwechsel zwischen Kommunikatoren und Rezipienten stattfindet.[642]

Um Rundfunkdienste i.S.d. § 2 Abs.1 RStV handelt es sich hier nicht, was unstreitig sein dürfte. Im Schrifttum wird aber problematisiert, dass etwa das „Telebanking“ auch Bankdienstleistungen in redaktioneller Gestaltung (z.B. Kreditkartenwerbung) enthalten kann. Sofern der Nutzer keinen Einfluss auf den Ablauf der Präsentation einer solchen Bankdienstleistung hat, soll es sich nicht um einen Teledienst sondern einen Mediendienst han-

---

fang von Stream-Programmen) s. einerseits *Ricker*, NJW 1997, 3199ff.; *Ernst*, NJW 1997, 3006ff., andererseits *A.Hesse*, ZUM 2000, 183, 193f. Bis zum 31.12.2003 besteht gem. § 5a RfGebStV keine Gebührenpflicht. M.E. wird man aus verfassungsrechtlicher Perspektive aber auch für die Zeit ab 01.01.2004 wegen der historisch gewachsenen Besonderheiten des Internets eine generelle Gebührenpflichtigkeit internetfähiger PCs ablehnen müssen.

640 Vgl. BT-Ds. 13/7385, Teil B) zu Art. 1 IuKDG, § 2 Absatz 2 Nr.1 TDG.

641 Ebda. Die ebenfalls in der Begründung benannten „Meinungsforen“ (wozu insbesondere Newsgroups und IRC gehören) fallen nach hier vertretener Auffassung nicht unter § 2 Abs.1 Nr.1 TDG, sondern unter § 2 Abs.1 Nr.4 MDStV (vgl. S.153f.) bzw. § 2 Abs.1 MDStV (vgl. S.158f.). S. zur Abgrenzung zwischen MDStV und TDG auch Fn.491.

642 Vgl. *Beucher/Leyendecker/v.Rosenberg*, Mediengesetze, § 2 TDG Rn.4.

deln.[643] Dies überzeugt nicht. Nach hier vertretener Auffassung[644] ist für die Abgrenzung zwischen MDStV und TDG die wirtschaftliche Ausrichtung des gesamten Dienstes entscheidend. So ist z.B. Kreditkartenwerbung auf der Webseite einer Bank wie jedes Webangebot an die Allgemeinheit gerichtet und auch durchaus redaktionell gestaltet. Auf der anderen Seite - und das ist entscheidend - ist die Zielsetzung des gesamten, inhaltlich als Einheit zu betrachtenden Webangebotes der Bank wirtschaftlich/ unternehmerischer Art (Kundengewinnung durch Marketing; Unternehmenspräsentation). Deshalb kommt die Anwendung des MDStV hier nicht in Betracht. Es liegt ein Teledienst i.S.d. § 2 Abs.2 Nr.1 TDG vor.[645]

*b) Informations- und Datendienste gem. § 2 Abs.2 Nr.2 TDG*

§ 2 Abs.2 Nr.2 TDG erfasst

> *„Angebote zur Information oder Kommunikation, soweit nicht die redaktionelle Gestaltung zur Meinungsbildung für die Allgemeinheit im Vordergrund steht (Datendienste, zum Beispiel Verkehrs-, Wetter-, Umwelt- und Börsendaten, Verbreitung von Informationen über Waren- und Dienstleistungsangebote).“*

Neben den beispielhaft aufgeführten Daten- und Informationsdiensten sollen nach der Begründung auch *„Einzelwerbeangebote über Waren und Dienstleistungen sowie sonstige Angebote und Anzeigen (z.B. Homepages)“* geregelt werden.[646] Nicht unter § 2 Abs.2 Nr.2 TDG fallen dagegen

---

643 Vgl. *Spindler*, in: Roßnagel (Hrsg.), Recht der Multimediadienste, § 2 TDG Rn.60f.

644 S. Fn.491.

645 Die Zuordnung innerhalb der Regelbeispiele des § 2 Abs.2 TDG ist allerdings nicht eindeutig. So ließe sich z.B. auch an eine Aufspaltung in die individuellen Kommunikationsbeziehungen zwischen Bank und Kunde im Rahmen eines bestehenden Vertrages (§ 2 Abs.2 Nr.1 TDG) und die an die Allgemeinheit gerichteten Informationsangebote der Bank, die nur Angebote zum Vertragsabschluss beinhalten (§ 2 Abs.2 Nr.2 TDG) denken (so vom Ansatz her, aber mit abweichendem Zuordnungsergebnis *Spindler*, in: Roßnagel (Hrsg.), Recht der Multimediadienste, § 2 TDG Rn. 62; s. auch *Gounalakis/Rhode*, CR 1998, 487, 489f.; *v.Heyl*, ZUM 1998, 115, 117f.). Allerdings lässt sich auch umgekehrt argumentieren, dass eine solche Aufspaltung nicht sachgerecht ist und § 2 Abs.2 Nr.1 TDG hinsichtlich des Gesamtkomplexes „Telebanking“ als lex specialis zu § 2 Abs.2 Nr.2 TDG vorgeht. Letztlich zeigt sich auch hier die noch unausgereifte Gesetzestechnik der in § 2 Abs.2 TDG normierten Regelbeispiele.

646 Vgl. BT - Ds. 13/7385, Teil B) zu Art. 1 IuKDG, § 2 Absatz 2 Nr.2 TDG.

*„Datendienste, die mit dem Ziel der Meinungsbildung für die Allgemeinheit redaktionell aufbereitet sind.“*[647]

Der Wortlaut von § 2 Abs.2 Nr.2 TDG unterscheidet zwischen Angeboten der Information und solchen der Kommunikation („Information oder Kommunikation“). Diese Differenzierung ist unklar, weil Information und Kommunikation keine Gegensätze sind, sondern in enger Beziehung zueinander stehen: Informationen werden im Rahmen von Kommunikationsvorgängen übermittelt; jede Kommunikation beinhaltet (auch) die Übermittlung von Informationen.[648] Die Bezeichnung Kommunikation ist dabei der Oberbegriff: Sie erfasst den Kommunikationsvorgang als Ganzes, während die Bezeichnung Information sich nur auf den vom jeweiligen Dienst vermittelten Inhalt bezieht. Weil aber gerade die inhaltliche Ausrichtung des Dienstes für seine einfachrechtliche Zuordnung bedeutsam ist, kommt dem Tatbestandsmerkmal „oder Kommunikation“ kein eigenständiger Regelungsgehalt zu.

Nach dem Wortlaut des § 2 Abs.2 Nr.2 TDG ist der Tatbestand dann nicht einschlägig, wenn „die redaktionelle Gestaltung [des Angebotes] zur Meinungsbildung für die Allgemeinheit im Vordergrund steht“. Damit werden zwei Merkmale der über Rundfunk-, aber z.T. auch Mediendienste vermittelten Kommunikation angesprochen, nämlich das Vorliegen einer für den Meinungsmarkt bestimmten Darbietung, und die Bestimmung dieser Darbietung für die Allgemeinheit.[649]

Die Bestimmung der im Gesetzestext und in der Begründung angeführten Dienste für die Allgemeinheit wird man regelmäßig nicht verneinen können, weil z.B. bei Homepages im World Wide Web typischerweise kein Ausschlusswille des Anbieters gegenüber bestimmten Rezipientengruppen besteht. Internetdienste sind regelmäßig für die Rezeption durch eine beliebige Öffentlichkeit bestimmt, weshalb dem Tatbestandsmerkmal der „Allgemeinheit“ des Adressatenkreises keine gesonderte Abgrenzungsbedeutung zukommen kann.

---

647 Ebda. Solche Dienste fallen unter § 2 Abs.2 Nr.2 oder § 2 Abs.2 Nr.3 MDStV, bzw. - wenn sie als Abrufdienst ausgestaltet sind - unter § 2 Abs.2 Nr.4 MDStV.

648 S. auch S.31 sowie *Gramlich*, ZUM 1998, 365, 366.

649 S. dazu unter verfassungsrechtlichen Gesichtspunkten S.89ff.; S.97ff.

Für die Abgrenzung der Informationsdienste i.S.d. § 2 Abs.2 Nr.2 TDG zu Rundfunkdiensten i.S.d. § 2 Abs.1 RStV sowie Mediendiensten i.S.d. § 2 Abs.2 Nr.3, Nr.4 MDStV ist m.E. allein „die redaktionelle Gestaltung zur Meinungsbildung", d.h. die Bestimmung für den „Meinungsmarkt" entscheidend. Ist das Angebot dagegen (wie z.B. bei Unternehmens-Homepages im WWW) primär wirtschaftlich ausgerichtet, greift § 2 Abs.2 Nr.2 TDG ein. Um einen Rundfunk- oder Mediendienst handelt es sich dann nicht.[650]

Gleiches gilt für die Abgrenzung der Datendienste i.S.d. § 2 Abs.2 Nr.2 TDG zu Daten-Verteildiensten i.S.d. § 2 Abs.2 Nr.2 MDStV; auch hier kommt es auf die wirtschaftliche Ausrichtung an. Wird z.B. ein Börsen-Datendienst entgeltlich angeboten, ist von einer primär wirtschaftlichen Zielsetzung des Anbieters und damit von einem Teledienst i.S.d. § 2 Abs.2 Nr.2 TDG auszugehen.[651]

Praxisrelevanz besitzt § 2 Abs.2 Nr.2 TDG vor allem für das **Business TV**. Dieser Sammelbegriff erfasst eine Vielzahl wirtschaftsorientierter Informationsdienste, wobei sich von der Zielgruppe her vor allem die Mitarbeiter-Informationsdienste und die Kunden-Informationsdienste unterscheiden lassen.[652] Rundfunkrechtliche Abgrenzungsprobleme entstehen dann, wenn bei diesen Diensten eine rundfunktypisch einseitige und indirekte Übertragung audiovisueller Programme erfolgt.

aa) Mitarbeiter - Informationsdienste

Bei den Mitarbeiter - Informationsdiensten in Programmform fehlt es i.d.R. an der rundfunkspezifischen Meinungsrelevanz der präsentierten Inhalte. Es geht nur um interne Informationen über die Firmenpolitik, Mitarbeiterwechsel, Schulungen, Weiterbildungen etc. oder auch die Übertragung von Firmenfeierlichkeiten und Ansprachen.[653] Soweit neben diesen rein firmenbezogenen Inhalten auch für die öffentliche Meinungsbildung relevante

---

650 Zur hier vertretenen Abgrenzung zwischen MDStV und TDG s.o. Fn.491.

651 Vgl. auch *Braml*, Teleshopping, S.174.

652 Mitarbeiter- und Kunden-Informationsdienste werden in traditioneller (vor Inkrafttreten des TDG begründeter) Terminologie auch als „Betriebsfunk" und „Ladenfunk" bezeichnet. Zu (im Einzelnen abweichenden) Einteilungen verschiedener Formen des Business TV s. *Libertus*, K&R 2000, 119, 122ff.; *Lammek/Dreyer*, CR 1999, 638, 639f.; *Elis*, MP 1998, 124.

653 Vgl. *Libertus*, a.a.O.; *Lammek/Dreyer*, a.a.O., 638f., 641.

Nachrichten, wie z.B. Marktanalysen oder Kommentare zu politischen Geschehnissen ausgestrahlt werden, hat eine wertende Gesamtschau zu erfolgen: Es kommt darauf an, ob der Informationsdienst schwerpunktmäßig eine unternehmerisch/wirtschaftliche Ausrichtung hat, oder ob grundrechtliche Funktionen des Rundfunks im Bereich des „Klassischen Auftrages" dominieren. Nur im letzteren Fall lässt sich von meinungsrelevanten Darbietungen i.S.d. Art.5 Abs.1 S.2 GG und § 2 Abs.1 RStV sprechen.[654]
Neben der rundfunkspezifischen Meinungsrelevanz fehlt es bei Mitarbeiter - Informationsdiensten typischerweise auch an der Allgemeinheit des Adressatenkreises. Das Zielpublikum sind ausschließlich Mitarbeiter der jeweiligen Firma bzw. Unternehmensgruppe. Es handelt sich um einen abgeschlossenen, abgegrenzten und individualisierbaren Personenkreis, der durch ein gemeinsames Merkmal, nämlich die Arbeitnehmereigenschaft verbunden ist. Hier besteht ein absoluter Ausschließungswille des Content Providers gegenüber anderen Rezipienten, d.h. Nicht - Arbeitnehmern, der sich im firmenbezogenen Inhalt des Dienstes manifestiert.[655] Darüber hinaus kann es bei Mitarbeiter - Diensten im Einzelfall auch an der rundfunkspezifischen räumlichen Zerstreuung der Rezipienten fehlen.[656]

Aus diesen Gründen liegt regelmäßig kein Rundfunk im verfassungs- und einfachrechtlichen Sinne vor. Wegen der wirtschaftlich/unternehmerischen Ausrichtung handelt es sich auch nicht um einen Mediendienst,[657] sondern einen Informationsdienst i.S.d. § 2 Abs.2 Nr.2 TDG.

bb) Kunden - Informationsdienste

Bei den Kunden - Informationsdiensten fehlt es, anders als bei Mitarbeiter - Informationsdiensten, an der Abgrenzbarkeit des Rezipientenkreises; Kunden - Informationsdienste sind typischerweise an die Allgemeinheit gerichtet.[658] Ob auch eine räumliche Zerstreuung der Rezipienten bejaht werden kann, ist eine Frage des Einzelfalls.[659]

---

654 Enger *Libertus*, a.a.O.

655 Vgl. ders., a.a.O.; *Janik*, AfP 2000, 7, 13; *Lammek/Dreyer*, CR 1999, 638, 641.

656 Unklar *Libertus*, a.a.O., der hier unabhängig von der räumlichen Rezeptionssituation von einem „Präsenzpublikum" spricht. Zur Differenzierung zwischen dispersem und präsentem Publikum s.o. S.35f. sowie auch S.105ff.

657 Vgl. *Lammek/Dreyer*, CR1999, 638, 641.

658 Vgl. *Libertus*, K&R 2000, 119, 123.

659 S. dazu auch S.108ff.

M.E. wird es hier aber oft an einer rundfunkspezifischen Meinungsrelevanz fehlen. Soweit sich die präsentierten Inhalte in Produktwerbung und Firmeninformationen erschöpfen, lässt sich nicht von einer meinungsrelevanten Darbietung auf den Feldern des „Klassischen Rundfunkauftrages" sprechen.[660] Wenn aber (was in der Praxis z.B. bei den sog. „Einkaufsradios" häufiger der Fall sein dürfte) neben den Produktinformationen auch Musik und z.T. Nachrichten ausgestrahlt werden, kommt es auf eine wertende Gesamtschau an. Hier besteht eine ähnliche Ausgangslage wie bei Teleshopping - Diensten i.S.d. § 2 Abs.2 Nr.1. MDStV (die allerdings auf den Fernabsatz und nicht, wie die Kunden - Informationsdienste, auf den Absatz vor Ort ausgerichtet sind): Wirtschaftswerbung wird zwar einerseits regelmäßig in den Schutzbereich der Meinungsäußerungsfreiheit nach Art.5 Abs.1. S.1 GG fallen und insoweit der Meinungsbildung dienen; andererseits ist es aber nicht gerechtfertigt, jeder in diesem Sinne meinungsrelevanten Werbung auch eine **erhöhte** Meinungsrelevanz i.S.d. Art.5 Abs.1 S.2 GG zu unterstellen.[661] Hier wird es immer auf die sorgfältige Abwägung im Einzelfall ankommen, wobei auf den gesamten Kunden - Informationsdienst und nicht nur auf einzelne Beiträge abzustellen ist.[662]

*c) Access - Dienste gem. § 2 Abs.2 Nr.3 TDG*

§ 2 Abs.2 Nr.3 TDG regelt „*Angebote zur Nutzung des Internets oder weiterer Netze*". Nach der Gesetzesbegründung werden nur die von den Internet - Zugangsvermittlern

> *„bereitgestellten Angebote zur Nutzung der neuen Dienste erfaßt (z.B. Navigationshilfen). Die Zuordnung der hierdurch vermittelten Angebote richtet sich nach den Nummern 1, 2, 4 und 5 [des TDG bzw. nach den Regelungen des MDStV]".*[663]

---

660 So auch *Lammek/Dreyer*, CR 1999, 638, 643; a.A. wohl *Libertus*, K&R 2000, 119, 123f.

661 S. dazu ausführlich S.137ff. m.Nachw.

662 A.A. wohl *Libertus*, K&R 2000, 119, 123f., der für Kunden-Informationsprogramme (von ihm als „Kundenfernsehen" bezeichnet) wegen ihrer „publizistisch-redaktionellen Gestaltung" stets eine rundfunkrechtliche Darbietung und damit die Anwendbarkeit des Rundfunkregimes (allerdings unter Verweis auf die Möglichkeit einer vereinfachten Zulassung nach § 20 Abs.3 Nr.2 RStV) bejaht. Differenzierend *Lammek/Dreyer*, CR 1999, 638, 642f.

663 Vgl. BT - Ds. 13/7385, Teil B) zu Art. 1 IuKDG, § 2 Abs. 2 Nr.3 TDG.

Soweit es sich bei den „Navigationshilfen“ um elektronische Programmführer (sog. Navigatoren) handelt, sind diese entgegen der Begründung keine Teledienste, sondern Mediendienste i.S.d. § 2 Abs.2 Nr.4 MDStV.[664] Auch Internet-Suchmaschinen fallen nicht unter § 2 Abs.2 Nr.3 TDG, [665] genauso wenig wie Internet Push - Dienste.[666] Geregelt wird vielmehr nur die rein technische Zugangsvermittlung, also das Access Providing zum Internet oder anderen Netzen.[667]

*d) Telespiele gem. § 2 Abs.2 Nr.4 TDG*

§ 2 Abs.2 Nr.4 TDG regelt „*Angebote zur Nutzung von Telespielen*“.

In der Begründung heißt es dazu:

> „*Bei den Telespielen handelt es sich um eine besondere Form von Angeboten mit Bewegtbilddarstellungen (video on demand). Es wird erwartet, daß mit der fortschreitenden technischen Entwicklung diesem Bereich erhebliche wirtschaftliche Bedeutung zukommt.*“[668]

Die Begründung ist unpräzise und missverständlich, weil Video-on-demand herkömmlich den Online - Einzelabruf von Filmen bezeichnet, der

---

664 S. zu Navigatoren S.155f. Zur hier vertretenen Abgrenzung der Regelungskompetenz des Bundes für das TDG und der Länder für den MDStV s. Fn.491.

665 Vgl. auch *Waldenberger*, MMR 1998, 124f.; a.A. *Determann*, Kommunikationsfreiheit im Internet, S.531. S. allg. zu Angeboten im WWW (zu denen auch Internet-Suchmaschinen gehören) S.151ff.

666 A.A. *Spindler*, in: Roßnagel (Hrsg.), Recht der Multimediadienste, § 2 TDG Rn.90. S. zu Internet Push-Diensten S.148f.

667 Vgl. *Beucher/Leyendecker/v.Rosenberg*, Mediengesetze, § 2 TDG Rn.6; *Mayer*, das Internet im öffentlichen Recht, S.190f.; *Hoeren/Pichler*, in: Loewenheim/Koch (Hrsg.), Praxis des Online-Rechts, S.415; a.A. *Spindler*, in: Roßnagel (Hrsg.), Recht der Multimediadienste, § 2 TDG Rn.85f. Die in § 2 Abs.2 Nr.3 TDG benannten „weiteren Netze“ sind z.B. lokale Computernetzwerke, die von geschlossenen Benutzergruppen genutzt werden. Sofern - wie typischerweise - eine Bereitstellungsgebühr für den Netzzugang entrichtet werden muss, ist wegen der wirtschaftlichen Ausrichtung des Access-Dienstes die Gesetzgebungskompetenz des Bundes aus Art.74 Abs.1 Nr.11 GG zu bejahen (vgl. *Braml*, Teleshopping, S.174). Darüber hinaus kann sich der Bund für die Regelung des technischen Vorgangs des Access Providing in § 2 Abs.2 TDG auch auf seine Gesetzgebungskompetenz aus Art.73 Nr.7 GG stützen.

668 S. BT - Ds. 13/7385, Teil B) zu Art. 1 IuKDG, § 2 Abs. 2 Nr.4 TDG.

m.E. unter § 2 Abs.2 Nr.4 MDStV und nicht das TDG fällt.[669] § 2 Abs.2 Nr.4 TDG erfasst vom Wortsinn her vor allem sog. Multi - Player - Games, die z.B. über das Internet von einer Vielzahl von Nutzern über eine größere räumliche Distanz hinweg und unter Inanspruchnahme technischer Übertragungsmöglichkeiten (derzeit vor allem Telefonleitungen) gespielt werden. Hier findet eine praktisch symmetrische und synchrone Kommunikation bzw. Interaktion der Nutzer in virtuellen Spielwelten statt (Interaktivitätslevel 4).[670]

Um Rundfunkdienste handelt es sich schon deshalb nicht, weil es an einer einseitigen Übertragung zeitlich und inhaltlich strukturierter Programme bzw. einer passiven Rezeptionssituation fehlt; das Spielprinzip beruht gerade auf der Aktivität der Teilnehmer. Theoretisch könnten Online - Spiele auch unter § 2 Abs.1 MDStV fallen; wegen der regelmäßigen Entgeltpflichtigkeit wird man aber wohl typischerweise eine vorrangige wirtschaftliche Zielsetzung und damit die Anwendbarkeit von § 2 Abs.2 Nr.4 TDG bejahen müssen.[671] Im Gegensatz zu Online - Spielen fällt der kostenpflichtige bloße Abruf eines Telespieles aus einem Online - Katalog zur Nutzung am heimischen PC als wirtschaftlicher Leistungsaustausch nicht unter § 2 Abs.2 Nr.4 TDG, sondern unter § 2 Abs.2 Nr.5 TDG.

*e) E-Commerce - Dienste gem. § 2 Abs.2 Nr.5 TDG*

§ 2 Abs.2 Nr.5 TDG erfasst

> *„Angebote von Waren und Dienstleistungen in elektronisch abrufbaren Datenbanken mit interaktivem Zugriff und unmittelbarer Bestellmöglichkeit.“*

Nach der Begründung betrifft § 2 Abs.2 Nr.5 TDG *„ein weites Spektrum wirtschaftlicher Betätigung“*, wozu sowohl

---

669 S.o. S. 156f. sowie *v.Heyl*, ZUM 1998, 115, 119, der den missverständlichen Verweis auf Video-on-demand damit erklärt, dass Telespiele oft auch filmähnliche Sequenzen enthalten. Aber, so führt er zu Recht weiter aus, „das berechtigt nicht zu dieser generellen Zuordnung.“ S. auch *Beucher/Leyendecker/v.Rosenberg*, Mediengesetze, § 2 TDG Rn.7.

670 Zur Unterscheidung verschiedener Interaktivitätslevel s.o. S.120ff. Vgl. zu Telespielen auch *Goldhammer/Zerdick*, Rundfunk online, S.34.

671 Vgl. *Braml*, Teleshopping, S.174. Zur Abgrenzung zwischen MDStV und TDG s. Fn.491.

*„die elektronischen Bestell-, Buchungs- und Maklerdienste, als auch interaktiv nutzbare Bestell- und Buchungskataloge, Beratungsdienste und ähnliche Formen wirtschaftlicher Betätigung [gehören]. Wesentliches Kennzeichen dieser Dienste ist es, daß die Angebote unmittelbar, d.h. ohne Medienbruch [vom Online - Medium zu Nicht-Online - Medien], in Anspruch genommen werden können. "*[672]

Unter § 2 Abs.2 Nr.5 TDG fallen damit viele Varianten des E-Commerce, z.B. das Homeshopping über Online - Warenkataloge.[673] Um Rundfunkdienste i.S.d. § 2 Abs.1 RStV oder Teleshopping - Dienste i.S.d. § 2 Abs.1 Nr.1 MDStV handelt es sich schon deshalb nicht, weil es bei dieser Form von Abrufdiensten (Interaktivitätslevel 3) an der einseitigen Programmvorgabe durch einen Veranstalter/Content Provider fehlt. Wegen der evident wirtschaftlichen Ausrichtung der Angebote liegen auch keine Mediendienste i.S.d. § 2 Abs.2 Nr.4 MDStV vor.[674]

*f) Andere Teledienste (§ 2 Abs.1 TDG)*

§ 2 Abs.2 TDG nutzt - genauso wie § 2 Abs.2 MDStV - die Regelbeispieltechnik („Teledienste [...] sind insbesondere"). Es sind also theoretisch auch Teledienste denkbar, die nicht in den Anwendungsbereich des § 2 Abs.2 Nr.1 - 5 TDG, sondern in den des § 2 Abs.1 TDG fallen.

In § 2 Abs.1 S.1 TDG werden „Teledienste" abstrakt definiert als

*„elektronische[.] Informations- und Kommunikationsdienste die für eine individuelle Nutzung von kombinierbaren Daten wie Zeichen, Bilder oder Töne bestimmt sind und denen eine Übermittlung mittels Telekommunikaton zugrundeliegt.[...]"*

In der Begründung zu § 2 Abs.1 TDG heißt es im Hinblick auf die Abgrenzung zu Rundfunk- und Mediendiensten, dass

---

672 BT - Ds. 13/7385, Teil B) zu Art. 1 IuKDG, § 2 Abs. 2 Nr.5 TDG.

673 Vgl. *Janik*, AfP 200, 7, 14; *Beucher/Leyendecker/v.Rosenberg*, Mediengesetze, § 2 RStV Rn.15, § 2 TDG Rn.8; *Determann*, Kommunikationsfreiheit im Internet, S.532.

674 Vgl. auch *Braml*, Teleshopping, S.174.

*„Zielrichtung der Informations- und Kommunikationsdienste nicht die auf öffentliche Meinungsbildung angelegte öffentliche Versorgung ist, sondern die durch den Nutzer bestimmte Kommunikation.“*[675]

Die Begründung ist missverständlich, weil Rundfunkdienste nicht nur öffentliche Versorgung, sondern auch Ausübung der in Art.5 Abs.1 S.2 GG wurzelnden subjektiven Rechtspositonen privater Rundfunkveranstalter sind.[676] Bei Mediendiensten handelt es sich nach hier vertretener Auffassung überhaupt nicht um Rundfunk im verfassungsrechtlichen Sinne, weshalb eine „öffentliche Versorgung“ von vornherein ausscheidet.[677]

Unabhängig von der ungenauen Begründung sind auch kaum Fälle denkbar, in denen § 2 Abs.1 TDG, und nicht eine der Spezialregelungen des § 2 Abs.2 TDG Anwendung findet. Insbesondere § 2 Abs.2 Nr.1, Nr.2 und Nr.5 TDG sind so weit gefasst, dass hierunter praktisch alle wirtschaftlich ausgerichteten Online - Dienste fallen können. Ein eigener Anwendungsbereich für die Auffangregelung des § 2 Abs.1 TDG verbleibt daher aus heutiger Sicht wohl nicht.

---

675 BT - Ds. 13/7385, Teil B) zu Art. 1 IuKDG, § 2 Abs. TDG, Teil A) Abschnitt „Einordnung der neuen Informations- und Kommunikations - Dienste“.

676 Dazu eingehend *Charissé*, Rundfunkveranstaltungsfreiheit, S.75ff.; vgl. auch BVerfGE 97, 298, 312ff.

677 S.o. S.126ff.; S.129ff.

# D. Funktionale Gewährleistungsbereiche der öffentlich-rechtlichen Rundfunkanstalten: Reichweite und Grenzen

## I. Exkurs: Dogmatisches Verständnis der Rundfunkfreiheit in der Rechtsprechung des BVerfG

Nach dem Verständnis des BVerfG ist die Rundfunkfreiheit primär eine dienende Freiheit: Sie dient der freien, öffentlichen und individuellen Meinungsbildung.[678] Ihre Bedeutung erschöpft sich also nicht in einer bloßen Abwehr gegenüber staatlichen Eingriffen; vielmehr verlangt Art.5 Abs.1 S.2, 2.Alt. GG eine positive Ordnung, die sicherstellt, dass der Rundfunk die Vielfalt an Themen und Meinungen aufnimmt und wiedergibt, die eine gesellschaftliche Rolle spielen.[679]
Der Rundfunk erfüllt insoweit eines „*Vermittlungsfunktion*",[680] wobei in der dualen Rundfunkordnung dem öffentlich-rechtlichen Rundfunk nach Auffassung des BVerfG eine zentrale Stellung zukommt: Er hat den „*Klassische Auftrag des Rundfunks*"[681] zu erfüllen, der neben der Rolle des Rundfunks für die Meinungs- und Willensbildung, neben Unterhaltung und Information auch seine kulturelle Verantwortung umfasst. Die Öffentlich-Rechtlichen haben

> *„im dualen System dafür zu sorgen, daß ein dem klassischen Rundfunkauftrag in seiner vollen Breite entsprechendes Programm für die gesamte Bevölkerung angeboten wird, das im Wettbewerb mit den privaten Veranstaltern standhalten kann. Auf die Verwirklichung von Programmen, die für diese Funktion nicht erforderlich sind, hat [der öffentlich-rechtliche Rundfunk] von Verfassungs wegen keinen Anspruch.*"[682]

---

678 St. Rspr., vgl. BVerfGE 57, 295, 319; 83, 238, 295f.; 87, 181, 197; 90, 60, 87.
679 Vgl. BVerfGE 57, 295, 320; 83, 238, 296; 90, 60, 88. In E 97, 298, 312ff. wurde allerdings auch die subjektivrechtliche Position der Rundfunkveranstalter entscheidend gestärkt. Vgl. dazu nur *Herrmann*, ZUM 1998, 311f.; *Stettner*, ZUM 1998, 312ff. und *Charissé*, Rundfunkveranstaltungsfreiheit, S.81f.
680 BVerfGE 90, 60, 87.
681 BVerfGE 73, 118, 158; 90, 60, 90.
682 BVerfGE 90, 60, 92.

Einerseits sind die Öffentlich-Rechtlichen also Adressaten des „Klassischen Rundfunkauftrages". Der Auftrag lässt sich dabei als eine Art Vorgabe bzw. Zielbeschreibung für die Programmgestaltung verstehen.[683] Andererseits sind die Öffentlich-Rechtlichen aber zugleich auch Träger der *„Funktion des Rundfunks"*.[684] Die Funktion des Rundfunks kennzeichnet die Art und Weise der Erfüllung des Klassischen Auftrages; sie lässt sich als instrumentelle Seite des Auftrages umschreiben.[685] Dem öffentlich-rechtlichen Rundfunk als Auftragsadressaten bzw. Träger der Rundfunkfunktion obliegt die *„ungeschmälerte Erfüllung der essentiellen Funktion des Rundfunks und [die] Sicherstellung der Grundversorgung"*.[686]

Weil die verfassungsrechtliche Zulässigkeit des dualen Systems von der Funktionstüchtigkeit des öffentlich-rechtlichen Rundfunks abhängt, hat das BVerfG die dogmatische Figur einer *„Bestands- und Entwicklungsgarantie"*[687] für den öffentlich-rechtlichen Rundfunk entwickelt, die zugleich eine *„Finanzierungsgarantie"*[688] ist. Über die Finanzierungsgarantie wird gewährleistet, dass den Öffentlich-Rechtlichen die zur Erfüllung des Klassischen Rundfunkauftrages notwendigen Mittel zur Verfügung stehen.[689] Dabei ist eine Gebührenfinanzierung die dem öffentlich-rechtlichen Rundfunk gemäße Art der Finanzierung, weil von einer bloßen Werbefinanzierung *„programm- und vielfaltsverengende Zwänge ausgehen."*[690] Andere Finanzierungsquellen (z.B. Werbung) sind aber in untergeordnetem Maße neben der Gebührenfinanzierung zulässig.[691] Der Umfang der Finanzierung wird von der Funktion des Rundfunks begrenzt.[692]

---

683 Vgl. *Libertus*, Grundversorgungsauftrag und Funktionsgarantie, S.94; *Herrmann*, Rundfunkrecht, § 7 IV Rn.137.
684 BVerfGE 83, 238, 299; s. auch E 87, 181, 198; 90, 60, 91.
685 S. dazu *Libertus*, Grundversorgungsauftrag und Funktionsgarantie, S.94; vgl. auch *Herrmann*, Rundfunkrecht, § 7 IV Rn.138ff.
686 BVerfGE 73, 118, 158; s. auch E 87, 181, 191; 90, 60, 90.
687 BVerfGE 73, 118, 158; 74, 297, 324f.; 83, 238, 298f.; 90, 60, 91; s. dazu z.B. *Libertus*, ZUM 1992, 224ff.
688 BVerfGE 87, 181, 198; 90, 60, 92; vgl. auch *Libertus*, a.a.O.
689 Ebda.
690 BVerfGE 87, 181, 201; 90, 60, 91.
691 Vgl. BVerfGE 87, 181, 200; 90, 60, 91.
692 Vgl. BVerfGE 87, 181, 201; 90, 60, 92f.

Diese spezielle Dogmatik der Rundfunkfreiheit, die von der klassischen Grundrechtslehre der Freiheitsrechte erheblich abweicht,[693] wird vom BVerfG mit **vier Argumenten** begründet:[694]

In den ersten rundfunkrechtlichen Entscheidungen betonte das Gericht vor allem das **technische** Argument der Knappheit verfügbarer Sendefrequenzen.[695] Damit zusammenhängend wurde **wirtschaftlich** argumentiert, dass außergewöhnlich hohe finanzielle Aufwendungen, insbesondere für die Veranstaltung von Fernsehprogrammen notwendig sind.[696] Ergänzend wurde (vor Zulassung des Privatfunks) noch als **historisches** Argument vorgebracht, dass die junge Kommunikationsform Rundfunk in Deutschland herkömmlich *„in den Kreis der öffentlichen Aufgaben"*[697] einbezogen worden sei.

Diese Argumentationslinien haben im Zuge der medientechnischen bzw. medienpolitischen Entwicklung der letzten Jahrzehnte sehr stark an Bedeutung verloren, wie auch das BVerfG konstatiert.[698] In neueren Entscheidungen stützt sich das BVerfG deshalb vor allem auf das **medienwissenschaftliche** Argument, dass dem Rundfunk wegen seiner *„Breitenwirkung, Aktualität und Suggestivkraft"*[699] unter den Massenmedien eine besondere Bedeutung zukommt.

---

693 S. dazu nur *Engel*, AfP 1994, 185ff.; *Charissé*, Rundfunkveranstaltungsfreiheit, S.102ff. sowie das Gutachten „Offene Medienordnung" des Wissenschaftlichen Beirats beim Bundesministerium für Wirtschaft und Technologie vom 18.11.1999, Ziff.I/II; anders dagegen *W.Schulz*, Gewährleistung kommunikativer Chancengleichheit als Freiheitsverwirklichung, S.51ff., 177ff., der in der Konzeption des BVerfG keine freiheitswidrige Deutung der Rundfunkfreiheit sieht.

694 Vgl. dazu den Überblick und die Kritik bei *Degenhart*, BonnK, Art.5 GG Rn. 643ff. Allgemein zur Legitimation eines rundfunkbezogenen Sonderrechtes auch *Hoffmann-Riem*, Erosion des Rundfunkrechts, S.42ff.

695 S. BVerfGE 12, 205, 261; 31, 314, 326; 57, 295, 322.

696 S. BVerfGE 12, 205, 261; 31, 314, 326; 57, 295, 322; 73, 118, 123f., 154.

697 BVerfGE 12, 205, 244ff.; s. auch E 31, 314, 327.

698 Zur Verbesserung der technischen und finanziellen Rahmenbedingungen für die Veranstaltung von Rundfunk s. bereits BVerfGE 73, 118, 121ff., 154; vgl. aus dem Schrifttum z.B. *Bleckmann*, Öffentlich-rechtliche Spartenprogramme, S.40f.; *Hoffmann-Riem*, Pay TV im öffentlich-rechtlichen Rundfunk, S.30f.; *Charissé*, Rundfunkveranstaltungsfreiheit, S.91f. Die historische Argumentation hat nach Zulassung privater Rundfunkveranstalter ihre Berechtigung ganz verloren und wird vom BVerfG überhaupt nicht mehr aufgegriffen.

699 BVerfGE 90, 60, 87; 97, 228, 256; vgl. auch schon E 31, 314, 325; 12, 205, 260.

Wie oben in **Teil B** gezeigt, nimmt der herkömmliche Programmrundfunk nach einer im medienwissenschaftlichen Schrifttum vertretenen Auffassung durchaus wegen seiner spezifischen Wirkungskraft, aber auch wegen seiner besonderen Aktualität sowie seiner hohen Reichweite eine Sonderstellung gegenüber anderen Formen medialer Kommunikation ein.[700]

Gegen den Ansatz des BVerfG, die Rundfunkfreiheit wegen dieses Wirkungspotentials einer speziellen Ausgestaltungsdogmatik zu unterstellen, bestehen trotzdem erhebliche grundrechtsdogmatische Einwände.[701] Wenn man sich aber entgegen dieser Bedenken auf den in st. Rspr. vertretenen höchstrichterlichen Ansatz einlässt, ist interessant, welche Folgerungen daraus zu ziehen sind. Soweit nämlich die vom BVerfG benannte „Breitenwirkung, Aktualität und Suggestivkraft" des Rundfunks als Determinanten des gesamten Mediums begriffen werden, die seine herausgehobene Bedeutung für die individuelle und öffentliche Meinungsbildung ausmachen,[702] heißt das zunächst, dass diese Determinanten für alle, und nicht nur für einen Teil der als Rundfunk zu klassifizierenden Kommunikationsdienste maßgebend sind. Aus diesem Grund kommt ihnen bereits bei der Bestimmung des verfassungsrechtlichen Rundfunkbegriffs (s.o. **Teil C**) und nicht erst auf der Ausgestaltungsebene der Rundfunkfreiheit eine ausschlaggebende Rolle zu.[703]

Darüber hinaus hat der Ansatz des BVerfG aber auch Konsequenzen für die im Folgenden zu analysierenden Tätigkeitsbereiche der öffentlich-rechtlichen Rundfunkanstalten:
Da die Öffentlich-Rechtlichen weder Träger der Pressefreiheit, noch anderer Freiheitsrechte sind,[704] sind sie (primär) auf den unmittelbaren Geltungsbereich der Rundfunkfreiheit, also auf die Veranstaltung von Rund-

---

[700] Dazu ausführlich S.57ff., S.68ff. S.71ff.

[701] S. nur *Degenhart*, BonnK, Art.5 GG Rn.643ff.; *Starck*, in: v.Mangoldt/Klein/Starck, Grundgesetz, Art.5 Abs.1 S.1,2 Rn.107ff.; *Wendt*, in: v.Münch/Kunig, GGK I, Art.5 Rn.53ff.; *Charissé*, Rundfunkveranstaltungsfreiheit, S.96; *Hain*, Rundfunkfreiheit und Rundfunkordnung, S. 57f.; differenzierend allerdings *Gersdorf*, Rundfunkfreiheit ohne Ausgestaltungsvorbehalt, S.14ff., 31ff.

[702] Vgl. BVerfGE 90, 60, 87.

[703] Zum methodischen Vorgehen bei der Eingrenzung des verfassungsrechtlichen Rundfunkbegriffs s. ausführlich S.75ff.

[704] Vgl. BVerfGE 31, 314, 322; 59, 231, 255; 78, 101, 102f.; 83, 238, 312; s. aus dem Schrifttum nur *Degenhart*, ZUM 1998, 333, 343f.; ders., in: ders./Meissner, Handbuch der Verfassung des Freistaates Sachsen, § 7 Rn.42; *Bullinger/Mestmäcker*, Multimediadienste, S.83f., *Kresse/Heinze*, AfP 1995, 574, 575.

funkdiensten verwiesen. Die verfassungsrechtliche Aufgabe der Öffentlich-Rechtlichen ist hier die Umsetzung des „Klassischen Rundfunkauftrages", d.h. die Gewährleistung der „Funktion" des Rundfunks (**Kapitel II**). Ihnen obliegt zunächst die „Grundversorgung für alle", zu deren Gewährleistung sie mit einer verfassungsrechtlichen Finanzierungsgarantie ausgestattet sind. Da nach Auffassung des BVerfG diese Finanzierungsgarantie einerseits nicht bei der Grundversorgung endet,[705] andererseits aber von der „Funktion" des Rundfunks begrenzt wird,[706] gibt es einen Bereich der Ergänzungs- bzw. Zusatzversorgung,[707] der sich unter Rückgriff auf die Aussagen des BVerfG zu den sog. „essentiellen Funktionen" des Rundfunks näher eingrenzen lässt. Unter diese Ergänzungs- bzw. Zusatzversorgung fallen nach hier vertretener Auffassung öffentlich-rechtliche Spartenprogramme und Regionalprogramme.
Über den unmittelbaren Geltungsbereich der Rundfunkfreiheit hinaus können die Öffentlich-Rechtlichen (sekundär) nur bloße Hilfstätigkeiten zur Unterstützung ihrer Hauptaufgabe, der Umsetzung des „Klassischen Rundfunkauftrages" entfalten (**Kapitel III**). Hierbei ist zwischen traditionellen Annexaktivitäten (insbesondere der sog. „rundfunkeigenen Programmpresse"), Online - Annexaktivitäten im Internet und fiskalischen Randnutzungen zu differenzieren.

## II. Erfüllung der „Funktion des Rundfunks" im unmittelbaren Geltungsbereich der Rundfunkfreiheit

### *1. „Grundversorgung für alle"*

Der Grundversorgungsauftrag des öffentlich-rechtlichen Rundfunks, wie er vom BVerfG entwickelt wurde, ist im Schrifttum schon in mehreren umfassenden Abhandlungen analysiert worden.[708] Im Rahmen dieser Studie

---

705 Vgl. BVerfGE 87, 181, 203.
706 Ebda.
707 Terminus von *Hoffmann-Riem*, Pay TV im öffentlich-rechtlichen Rundfunk, S.65f.
708 Hervorzuheben sind vor allem die grundlegenden Arbeiten von *Niepalla*, Die Grundversorgung durch die öffentlich-rechtlichen Rundfunkanstalten (1990), *Libertus*, Grundversorgungsauftrag und Funktionsgarantie (1991) und *Scheble*, Perspektiven der Grundversorgung (1994). Aus dem weiteren Schrifttum s. z.B. *Bethge*, MP 1996, 66ff.; *Bleckmann*, Öffentlich-rechtliche Spartenprogramme

erfolgt eine knappe Darstellung des derzeit wohl gesicherten Erkenntnisstandes.

Der Begriff Grundversorgung wurde von ***Herrmann*** schon Mitte der 1970er Jahren in den rechtswissenschaftlichen Diskurs eingeführt. Herrmann sprach damals von einer *„sozial gestalteten Rundfunkgrundversorgung"*,[709] die von den öffentlich-rechtlichen Anstalten vermittelt würde, und deren ersatzlose Auflösung die Verfassung verbiete.

Das BVerfG griff den Terminus erstmals in der **Niedersachsen-Entscheidung** von 1986 auf. Es führte aus, dass die *„unerläßliche Grundversorgung"*[710] in der dualen Rundfunkordnung Sache der öffentlich-rechtlichen Anstalten ist, weil nur sie zu einem - von der Verfassung geforderten - inhaltlich umfassenden Programmangebot in der Lage sind. Zu dieser unerlässlichen Grundversorgung gehört jedenfalls der Bestand der zum „Stichtag" der Urteilsverkündung (04.11.1986) verbreiteten öffentlich-rechtlichen Programme.[711]

Im Anschluss an die Niedersachsen-Entscheidung kam es im Schrifttum zu kontroversen Diskussionen, wobei die Ansichten von einer Reduzierung der Grundversorgung zur bloßen Mindestversorgung bis zum Postulat einer umfassenden Vollversorgung reichten.[712]

In der **Baden-Württemberg-Entscheidung** (1987) präzisierte das BVerfG dann sein Verständnis der Grundversorgung:

---

(1996), S.54ff.; *Starck*, in: Burmeister (Hrsg.), FS Stern (1997), S.777ff., insbes. S.783ff.; *Fromm*, Öffentlich-rechtlicher Programmauftrag (1998), S.71ff., jeweils m.w.Nachw.

709 *Herrmann*, Fernsehen und Hörfunk in der Verfassung der Bundesrepublik Deutschland (1975), S.387; s. auch S.297f., 302, 332, 346. Neben Herrmann ist auch *Klein*, Die Rundfunkfreiheit (1978), S.58ff., 104 als „Wegbereiter" des Grundversorgungsbegriffes zu nennen.

710 BVerfGE 73, 118, 157.

711 Vgl. BVerfGE 74, 297, 326: „Das Bundesverfassungsgericht ist im Urteil vom 4. November 1986 davon ausgegangen, daß zumindest der Bestand der im Zeitpunkt dieses Urteils terrestrisch verbreiteten öffentlich-rechtlichen Programme der unerlässlichen Grundversorgung zuzurechnen ist." Vgl. dazu *Bleckmann*, Öffentlich-rechtliche Spartenprogramme, S.60; *Kresse*, ZUM 1995, 178, 180.

712 Einen vertieften Überblick über den damaligen Diskurs gibt *Libertus*, Grundversorgungsauftrag und Funktionsgarantie, S.43 - 51, m.w.Nachw.

Als **negative Begriffsbestimmung** wurde der Auffassung von einer bloßen Mindestversorgung eine Absage erteilt: Die Grundversorgung umfasse vielmehr den Klassischen Rundfunkauftrag in seiner vollen Breite.[713] Außerdem komme der Grundversorgung keinerlei Grenzziehungs- oder Aufgabenverteilungsfunktion in dem Sinne zu, dass Programme, die zur Grundversorgungsaufgabe gehören, dem öffentlich-rechtlichen, und alle anderen dem privaten Rundfunk vorbehalten sind.[714] Spartenprogramme gehören - genauso wie Regional- und Lokalprogramme - nicht zur unerlässlichen Grundversorgung.[715]

Als **positive Begriffsbestimmung** arbeitete das BVerfG drei Elemente[716] der Grundversorgung heraus: Erstens (als technisches Element) das Vorliegen einer Übertragungstechnik, die einen Empfang für alle sicherstellt; zweitens als qualitatives Element die Forderung eines gewissen Programmstandards, nämlich eines *„Angebots, das [...] dem [klassischen] Auftrag des Rundfunks voll entspricht*";[717] und schließlich als drittes, quantitatives Element die Forderung nach der Sicherung gleichgewichtiger Vielfalt in der Meinungsdarstellung.[718]

Der Grundversorgungsbegriff wird hier in Bezug auf seine technische Ausgestaltung relativ klar präzisiert. In den Konturen undeutlicher bleibt dagegen die quantitative bzw. qualitative Ausgestaltung. Insoweit ist ein Rückgriff auf die Aussagen des BVerfG zum „Klassischen Auftrag des Rundfunks" notwendig.[719] Zu diesem Auftrag heißt es zunächst, dass er *„neben seiner Rolle [d.h. der Rolle des Rundfunks] für die Meinungs- und Willensbildung, neben Unterhaltung und Information seine kulturelle Verantwortung umfaßt.*"[720] Demzufolge lassen sich wohl vier Spezifikationen des Rundfunkauftrages (und damit auch der Grundversorgung) unterscheiden,

---

713 Vgl. BVerfGE 74, 297, 325f.
714 Vgl. BVerfGE 74, 297, 326.
715 Vgl. BVerfGE 74, 297, 345f.
716 Vgl. BVerfGE 74, 297, 326. *Libertus*, Grundversorgungsauftrag und Funktionsgarantie, S.54, unterteilt in technische, programminhaltliche und ausgewogenheitsbezogene „Komponenten".
717 BVerfGE 74, 297, 326.
718 Ebda. Das quantitative Element überschneidet sich mit dem qualitativen; beide sind im „Klassischen Auftrag des Rundfunks" verwurzelt (vgl. *Libertus*, a.a.O., S.54). Dem technischen Element kommt nur eine Unterstützungsfunktion zu: Es soll die vollständige Verwirklichung der beiden anderen Komponenten absichern.
719 Vgl. dazu *Libertus*, Grundversorgungsauftrag und Funktionsgarantie, S.74.
720 BVerfGE 73, 118, 158; 90, 60, 90.

nämlich ein Meinungsbildungs-, ein Informations-, ein Unterhaltungs- und ein Kulturelement.[721] Diese Elemente stehen einander nicht isoliert gegenüber, sondern durchdringen sich gegenseitig, was zu einer gewissen begrifflichen Unschärfe führt.[722] Jede Unterscheidung muss daher zwangsläufig die jeweiligen Bedeutungsgehalte verkürzen, um zumindest die Kernbereiche der Gewährleistungen herauszuarbeiten. Insoweit lässt sich (vereinfacht)[723] wie folgt differenzieren:

Der öffentlichen und individuellen Meinungsbildung dient der Rundfunk zum einen in seiner „medialen“ Funktion, indem er ein Artikulationsforum für alle gesellschaftlich relevanten Gruppen darstellt.[724] Zum anderen hat er aber als „Faktor“ auch selbst Anteil am Meinungsbildungsprozess.[725] Über die Verbreitung von Informationen garantiert der Rundfunk neben einer laufenden Berichterstattung auch umfassende Hintergrundberichte und Kommentare.[726] Durch seine kulturelle Komponente dient er der Vermittlung gesellschaftlicher Errungenschaften, u.a. auf dem Gebiet des künstlerischen Schaffens, um so zu einer historischen und auch territorialen Identifikation der Rundfunkhörer mit ihrem Lebensumfeld beizutragen.[727] Und

---

721 Ähnlich *Libertus*, Grundversorgungsauftrag und Funktionsgarantie, S.93 Fn.146. *Pieper/Hess*, ZUM 1994, 484, 485, unterscheiden eine „demokratische“, „programmliche“ und „kulturelle“ Funktion als Elemente des Klassischen Rundfunkauftrags. In Art.4 Abs.1 BayRFG heißt es, dass die Sendungen „der Bildung, Unterrichtung und Unterhaltung“ dienen, und dabei von „demokratischer Gesinnung“ und „kulturellem Verantwortungsbewusstsein“ getragen werden (ähnlich § 6 Abs.1 MDR-StV). Es handelt sich hier um zulässige einfachrechtliche Ausgestaltungen des verfassungsrechtlichen Auftrags, was aber nicht dazu führt, dass einer der vier vom BVerfG benannten Spezifikationen nur noch eine untergeordnete Bedeutung zukommt (vgl. zum Verhältnis zwischen dem verfassungsrechtlichen Rundfunkauftrag und einfachrechtlichen Ausgestaltungen dieses Auftrages auch *Libertus*, Grundversorgungsauftrag und Funktionsgarantie, S.92f., 82ff.).

722 S. *Libertus*, a.a.O., S.92; *Herrmann*, Rundfunkrecht, § 10 II Rn 35; vgl. dazu auch *Bleckmann*, Öffentlich-rechtliche Spartenprogramme, S.69.

723 Ausführlich z.B. *Libertus*, Grundversorgungsauftrag und Funktionsgarantie, S.89ff.; *Herrmann*, Rundfunkrecht, § 10 II Rn.36ff., jeweils m.w.Nachw.

724 Vgl. BVerfGE 73, 118, 152; s. auch *Libertus*, Grundversorgungsauftrag und Funktionsgarantie, S.92.

725 Ebda.

726 Vgl. *Herrmann*, Rundfunkrecht, § 10 II Rn 38.

727 Ähnlich *Libertus*, Grundversorgungsauftrag und Funktionsgarantie, S.84, der von der Kultur als „Identitätsindikator und -faktor, Ausdruck des Selbstbewußtseins und des Wertegefühls einer Gesellschaft“ spricht. Zu den verschiedenen im rechtswissenschaftlichen Schrifttum vertretenen Kulturbegriffen vgl. z.B. *Niepalla*, Der Grundversorgungsauftrag der öffentlich-rechtlichen Rundfunkanstalten, S.72f. m.w.Nachw.

schließlich wird dem Rundfunk mit seinem Unterhaltungsauftrag sowohl ein Gestaltungsprinzip für die Erfüllung der anderen Elemente des Klassischen Rundfunkauftrages, als auch eine eigenständige Aufgabe zur Sendung populärer, d.h. massenattraktiver, Programminhalte vorgegeben.[728]

Hinsichtlich des Verhältnisses der „Grundversorgung" zum „Klassischen Auftrag des Rundfunks" dürfte wohl gesichert sein, dass die Grundversorgung den Klassischen Rundfunkauftrag in seiner vollen Breite umfasst, d.h. in allen seinen vier Elementen. Es soll eine (Grund-) Versorgung mit Programmen erfolgen, die dem Auftrag in ihrer Gesamtheit entsprechen.[729] Das heißt aber nicht, dass sich der Rundfunkauftrag selbst völlig in der Grundversorgung erschöpft und von ihr begrenzt wird.[730] Umgekehrt erschöpft sich aber die Grundversorgung im Klassischen Auftrag, d.h. ihr kommt kein (programminhaltlicher) Regelungsgehalt zu, der über den Klassischen Rundfunkauftrag hinausgeht.[731]

Nach der Absage des BVerfG an eine Mindestversorgung in der Baden-Württemberg-Entscheidung kam es zu erneuten Auseinandersetzungen im Schrifttum. Teilweise wurde die Grundversorgung als bloß tatsächliche Situationsbeschreibung charakterisiert, teilweise als umfassende verfassungsrechtliche Programmgewährleistung verstanden.[732]

Im **Nordrhein-Westfalen-Urteil** (1991) verwies das BVerfG dann auf die Grenzziehung für die Grundversorgung durch die *„Funktion des Rundfunk[s]"*:[733] Über diese Funktion reiche die Grundversorgung nicht hin-

---

728 Auf die Schwierigkeit einer positiven Definition der Unterhaltung weist *Libertus*, a.a.O., S.91, hin. Er definiert Unterhaltung negativ als dasjenige, was nicht zu Bildung und Information i.e.S. gehört. Der Unterhaltungsauftrag ist mit den anderen Bestandteilen des Klassischen Auftrags gleichrangig, s. ders., ZUM 1990, 124ff. (allerdings str., differenzierend z.B. *Ricker*, ZUM 1989, 331ff.).

729 S. BVerfGE 87, 181 203.

730 So auch *Pieper/Hess*, ZUM 1994, 484f.

731 Vgl. BVerfGE 90, 60, 92. Zum unterstützenden technischen Element der Grundversorgung s. Fn.718.

732 Vgl. dazu die Diskursdarstellung bei *Libertus*, Grundversorgungsauftrag und Funktionsgarantie, S.57 - 62, m.w.Nachw.

733 BVerfGE 82, 238, 299.

aus.[734] In späteren Rundfunkurteilen wurde der Grundversorgungsauftrag bisher nicht weiter ausdifferenziert.[735]
Im Schrifttum wird die Grundversorgung im Zusammenhang mit den öffentlich-rechtlichen Spartenprogrammen „Kinderkanal“ und „Phoenix“ in letzter Zeit wieder verstärkt erörtert.[736] Auch Internetaktivitäten öffentlich-rechtlicher Anstalten werden teilweise schon im Zusammenhang mit der Grundversorgung andiskutiert.[737]

## *2. Ergänzungsversorgung im Bereich der „essentiellen Funktionen des Rundfunks“*

### *a) Dogmatischer Ausgangspunkt*

Der Begriff der *„essentiellen Funktionen“* [738] des Rundfunks wurde Mitte der 1980er Jahre von ***Bullinger*** geprägt. Er bezeichnete damit die besondere politische und kulturelle Bedeutung des Rundfunks, die auf einer nicht wirtschaftlich ausgerichteten Programmveranstaltung beruht. [739]

Das BVerfG nahm den Terminus in der **Niedersachsen-Entscheidung** von 1986 auf. Zunächst betonte es - ähnlich wie Bullinger[740] - die verfassungsrechtliche Bedeutung der

---

[734] Ebda.

[735] *Pieper/Hess*, ZUM 1994, 484f. diagnostizieren in ihrer Anmerkung zum Gebührenurteil, dass der Begriff der Grundversorgung nur noch „am Rande“ erwähnt wird und von der Verfassungsrechtsprechung nicht mehr als zentrale dogmatische Kategorie angesehen werde. Zu einem ähnlichen Fazit kommt auch *Hoffmann-Riem*, Pay TV im öffentlich-rechtlichen Rundfunk, S.64.

[736] Dazu S.204ff.

[737] Vgl. *Jarass*, Online-Dienste und Funktionsbereich des ZDF, S.24; *Schoch*, AfP 1998, 253, 258; *Libertus*, ZUM 1999, 889, 894. Im Ergebnis lehnen die Autoren allerdings - zu Recht - jeweils eine Zurechnung der erörterten Internetdienste zur Grundversorgung ab. Ausführlich zu den Online - Aktivitäten öffentlich-rechtlicher Rundfunkanstalten s.u. S.225ff.

[738] *Bullinger*, AfP 1985, 257, 258f.

[739] Ebda.; s. dazu auch *Badura*, JA 1987, 180, 186 Fn.56; *Fromm*, Öffentlich-rechtlicher Programmauftrag, S.52f.

[740] Das BVerfG wandelt die Typologie Bullingers allerdings ab: Bei Bullinger werden die „Funktion eines Meinungs- und Kulturmarktes“ und die „Funktion eines politischen Herrschaftsinstruments“ als essentielle Funktionen des Rundfunks bezeichnet. Das BVerfG differenziert dagegen zwischen einer Funktion „für die demokratische Ord-

*„essentiellen Funktionen des Rundfunks für die demokratische Ordnung [...] ebenso wie für das kulturelle Leben in der Bundesrepublik."*[741]

Dann heißt es weiter:

*„[D]iese essentiellen Funktionen [...] sind nach Lage der Dinge in erster Linie als solche der öffentlich-rechtlichen Anstalten anzusehen. Darin* ***und*** *in der Gewährleistung der Grundversorgung für alle finden der öffentlichrechtliche Rundfunk und seine besondere Eigenart, namentlich die Finanzierung durch Gebühren, ihre Rechtfertigung."*[742]

Das BVerfG differenziert also zwischen einer Gewährleistung der „essentiellen Funktionen des Rundfunks für die demokratische Ordnung ebenso wie für das kulturelle Leben in der Bundesrepublik" und der Sicherung einer „Grundversorgung für alle". Beides obliegt in der dualen Rundfunkordnung „nach Lage der Dinge" dem öffentlich-rechtlichen Rundfunk. Diese Unterscheidung wurde vom BVerfG auch in späteren Urteilen beibehalten. So heißt es in der **Baden-Württemberg -Entscheidung** von 1987:

*„In der ungeschmälerten Erfüllung der essentiellen Funktionen des Rundfunks* ***und*** *in der Sicherstellung der Grundversorgung [...] finden [die Rundfunkgebühren] ihre Rechtfertigung."*[743]

Im **Gebührenurteil** (1994) wurde ausgeführt, dass die Gebührenfinanzierung es dem Anstaltsrundfunk erlaube,

*„ein Programm anzubieten, daß den verfassungsrechtlichen Anforderungen gegenständlicher und meinungsmäßiger Vielfalt entspricht. In der ungeschmälerten Erfüllung dieser [essentiel-*

nung" und einer Funktion „für das kulturelle Leben". Vgl. dazu auch *Niepalla*, Der Grundversorgungsauftrag der öffentlich-rechtlichen Rundfunkanstalten, S.79; *Libertus*, Grundversorgungsauftrag und Funktionsgarantie, S.80; *Fromm*, a.a.O., S.53f.

741 BVerfGE 73, 118, 157f.

742 BVerfGE 73, 118, 158 [Hervorhebung nicht im Original].

743 BVerfGE 87, 181, 199f. [Hervorhebung nicht im Original].

*len] Funktion **und** in der Sicherstellung der Grundversorgung [...] findet die Gebührenfinanzierung ihre Rechtfertigung.*"[744]

Der funktionelle Programmauftrag der Rundfunkanstalten erschöpft sich damit nicht in der bloßen Veranstaltung von Programmen der Grundversorgung: Die Finanzierungsgarantie für den öffentlich-rechtlichen Rundfunk, so das BVerfG im Gebührenurteil, geht nämlich einerseits über die Grundversorgung hinaus;[745] sie wird aber andererseits von der Funktion des Rundfunks bzw. dem Klassischen Rundfunkauftrag begrenzt.[746] Wenn also - wie vom BVerfG insbesondere für regionale Programme bejaht[747] - eine funktionserfüllende Rundfunktätigkeit auch jenseits der Grundversorgung möglich ist, muss es wohl einen „ergänzenden Teil" geben, der die Lücke zwischen Grundversorgungsfunktion und übergeordneter Funktion des Rundfunks ausfüllt.[748]

Im Schrifttum gibt es nur wenige Ansätze zur näheren Charakterisierung dieses „ergänzenden Teils" öffentlich-rechtlicher Programmveranstaltung. Die essentiellen Funktionen des Rundfunks und der Grundversorgungsauftrag werden oft vollständig miteinander gleichgesetzt[749], oder sie werden als Teilaspekt der Grundversorgung begriffen.[750]

Ohne ausdrücklichen Bezug auf die essentiellen Funktionen des Rundfunks differenziert ***Hoffmann-Riem*** zwischen dem Grundversorgungsauftrag der

---

744 BVerfGE 90, 60, 90 [Hervorhebung nicht im Original].

745 Vgl. BVerfGE 87, 181, 203.

746 Ebda.

747 Vgl. BVerfGE 87, 181, 204.

748 Ähnlich *Poll*, Fernsehspartenprogramme und Pluralismus, S.325; s. auch *Fromm*, Öffentlich-rechtlicher Programmauftrag, S.54ff.

749 Vgl. *Berg*, AfP 1987, 457, 458; *Selmer*, Bestands- und Entwicklungsgarantien, S.80; *Bethge*, MP 1992, 624; ders. ZUM 1995, 514; *Hain*, Rundfunkfreiheit und Rundfunkordnung, S. 157; s. auch *Oppermann*, JZ 1994, 499, 501; *Bleckmann*, Öffentlich-rechtliche Spartenprogramme, S.55.

750 Vgl. *Niepalla*, Die Grundversorgung durch die öffentlich-rechtlichen Rundfunkanstalten, S.81; *Libertus*, Grundversorgungsauftrag und Funktionsgarantie, S.78, 93; ähnlich *Badura*, JA 1987, 180, 186; *Starck*, NJW 1992, 3257, 3258. Differenzierend *Goerlich/Radeck*, JZ 1989, 53, 56f., die die „essentiellen Funktionen des Rundfunks" als inhaltliche Komponente der Grundversorgung benennen; die öffentlich-rechtlichen Rundfunkanstalten und partiell auch die Privatveranstalter haben insoweit dafür Sorge zu tragen, dass der Klassische Rundfunkauftrag unverkürzt wahrgenommen wird.

Öffentlich-Rechtlichen und einer *„Ergänzungs- oder Zusatzversorgung“*,[751] die der öffentlich-rechtliche Rundfunk über die Grundversorgung hinaus zu leisten hat. Seiner Auffassung nach handelt es sich hier um all diejenigen Programme, die *„außerhalb der Grundversorgung zur Bereicherung und Vielfalt des Programmangebotes beitragen“*,[752] womit - da praktisch jedes Programm das publizistische Angebot erweitern kann - letztlich offen bleibt, wo die Grenzen einer verfassungsrechtlich **erforderlichen** Zusatz- bzw. Ergänzungsversorgung zu ziehen sind.[753]

Unter Anknüpfung an den vom BVerfG verwendeten Begriff der „essentiellen Funktionen des Rundfunks“ lässt sich der unscharfe Aufgabenbereich öffentlich-rechtlicher Programmveranstaltung, der zwar nicht bei der Grundversorgung endet, aber doch vom Klassischen Rundfunkauftrag begrenzt wird, m.E. wie folgt definieren:[754]

Ausgangspunkt ist die Feststellung, dass über die Grundversorgung hinaus nicht jede Programmveranstaltung der Öffentlich-Rechtlichen legitim sein kann. Die bloß ergänzenden essentiellen Funktionen decken nämlich - anders als die umfassende Grundversorgung für alle - den Klassischen Auftrag nicht in seiner vollen Breite ab. Aus programm-inhaltlicher Sicht bestehen *„die essentiellen Funktionen des Rundfunks für* ***die demokratische Ordnung*** *[...] ebenso wie für das* ***kulturelle Leben*** *in der Bundesrepublik.“*[755] Dabei können zwar *„einzelne Programme [jenseits der Grundversorgung] durchaus gegenständliche Schwerpunkte setzen oder bestimmte Zielgruppen ins Auge fassen.“*[756] Zu berücksichtigen ist aber stets, dass es sich hierbei nur um sehr spezielle Programmsegmente handeln kann, in denen ganz besondere, für die demokratische Gesellschaftsordnung oder das

---

751 *Hoffmann-Riem*, Pay TV im öffentlich-rechtlichen Rundfunk, S.65ff.; ders., MP 1996, 73, 76; vgl. auch *Betz*, MP 1997, 431, 436, der von „zusatzversorgenden“ Programmen spricht, sowie *Degenhart*, ZUM 1998, 333, 339; *Fromm*, Öffentlich-rechtlicher Programmauftrag, S.94ff., 102ff. Das BVerfG verwendet die Termini „Ergänzungsversorgung“ bzw. „Zusatzversorgung“ bisher nicht.

752 *Hoffmann-Riem*, a.a.O., S.66.

753 Das konstatiert auch *Degenhart*, ZUM 1998, 333, 339; vgl. auch ders., BonnK, Art.5 GG Rn.789.

754 Ähnlich wie hier der Ansatz von *Fromm*, Öffentlich-rechtlicher Programmauftrag, S.102ff., allerdings mit z.T. abweichenden Schlussfolgerungen.

755 BVerfGE 73, 118, 157f. [Hervorhebungen nicht im Original].

756 BVerfGE 87, 181, 203.

kulturelle Gemeinleben überaus bedeutsame Gesichtspunkte eine ergänzende Versorgung - jenseits der Grundversorgung - erforderlich machen.[757]

Das BVerfG benennt hierfür beispielhaft Spartenprogramme aus dem Kultur- und Bildungsbereich.[758] Zu nennen wären aber auch Regionalprogramme, hinsichtlich derer das BVerfG in anderem Zusammenhang von den besonderen regionalen Informations- und Identifikationsbedürfnissen der Rezipienten spricht, die ihre Veranstaltung als funktionsgerecht erscheinen lässt.[759] Diese regionalen Identifikations- und Informationsbedürfnisse lassen sich auch als spezielle (über die Grundversorgung hinausreichende) demokratiestaatliche und kulturelle Bedürfnisse der Empfänger umschreiben, also Bedürfnisse, die das BVerfG mit dem Begriff der „essentiellen Funktionen des Rundfunks" charakterisiert.

Die starke inhaltliche Beschränkung einer funktionsgerechten Ergänzungsversorgung auf herausragende demokratiestaatlich/politische und kulturelle Bedürfnisse der Rezipienten ist auf zwei Gründe zurückzuführen, nämlich einerseits die besondere Berücksichtigung finanzieller Interessen der Rundfunkteilnehmer und andererseits die erhöhte Gewichtung wirtschaftlicher Interessen privater Rundfunkveranstalter.

aa) Besondere Berücksichtigung finanzieller Interessen der Rundfunkteilnehmer

Das BVerfG spricht davon, dass

> *„die Heranziehung der Rundfunkteilnehmer, die die Mittel für den öffentlichrechtlichen Rundfunk vor allem aufbringen müssen, nur in dem Maß gerechtfertigt [ist], daß zur Funktionserfüllung geboten ist."*[760]

---

[757] Vgl. *Kresse*, ZUM 1995, 178, 182ff.; a.A. *Hoffmann-Riem*, Pay TV im öffentlich-rechtlichen Rundfunk, S.89; *Fromm*, Öffentlich-rechtlicher Programmauftrag, S.102f.

[758] S. BVerfGE 74, 295, 346; vgl. auch *Kresse*, ZUM 1995, 178, 180, 183. Zu den öffentlich-rechtlichen Spartenprogrammen s.u. S.195ff.

[759] S. BVerfGE 87, 181, 204. Zu öffentlich-rechtlichen Regionalprogrammen s.u. S.210ff.

[760] BVerfGE 90, 60, 92; vgl. auch E 87, 181, 201 sowie *Bleckmann*, Öffentlich-rechtliche Spartenprogramme, S.81.

Das Gericht führt dann weiter aus,

> *„daß der Gesetzgeber den Rundfunkanstalten [nur] die Finanzierung derjenigen Programme ermöglichen muß, deren Veranstaltung ihrer spezifischen Funktion nicht nur entspricht, sondern auch zur Wahrung dieser Funktion* ***erforderlich*** *ist [...]. Mit dieser Formel ist ein angemessener Ausgleich zwischen der grundrechtlich gesicherten Programmautonomie der Rundfunkanstalten und den vom Gesetzgeber wahrzunehmenden schutzwürdigen Interessen der Rundfunkteilnehmer erreicht.“*[761]

Diese Interessen der Gebührenzahler sind gerade heutzutage besonders gewichtig, weil jetzt - anders als noch vor 5 oder 10 Jahren - zahlreiche Internet- und andere Online - Dienste offen stehen, die neben den Rundfunk und die traditionellen Presseerzeugnisse getreten sind. Die Nutzung dieser Dienste kostet viel Geld: Einerseits sind die Dienste nicht selten kostenpflichtig, andererseits sind zusätzlich hohe Telefongebühren und Provider-Kosten zu entrichten. Das finanzielle Budget der Mediennutzer (inklusive der Rundfunkteilnehmer) bleibt aber im Gegensatz zur „neuen Vielfalt“ medialer Dienstleistungsangebote nach wie vor begrenzt.[762]

Deshalb ist es seitens der für die Gebührenfestsetzung zuständigen KEF notwendig, eine gebührenfinanzierte Ergänzungsversorgung - jenseits der Grundversorgung - besonders streng auf ihre „Erforderlichkeit“ hin zu überprüfen, um die Gebührenzahler nicht übermäßig zu belasten. Jede bloß ergänzende öffentlich-rechtliche Programmtätigkeit, die keine besonderen demokratiestaatlich/politischen oder kulturellen Rezipientenbedürfnisse aufnimmt (oder dies nicht in ausreichendem Maße tut), dürfte schon im Hinblick auf die finanziellen Schutzinteressen der Rundfunkteilnehmer verfassungsrechtlich nicht „erforderlich“ und damit unzulässig sein.

Eine verstärkte Gewichtung der finanziellen Interessen von Rundfunkteilnehmern im Bereich der Ergänzungsversorgung ist dabei umso notwendiger, als das BVerfG den Teilnehmern in st. Rspr. kein Recht auf „kostenlose“, d.h. gebührenfreie Rundfunkdienste zugesteht, und damit eine negative

---

761 BVerfGE 90, 60, 92f.; vgl. auch E 74, 297, 342; 87, 181, 202. [Hervorhebung nicht im Original]. S. dazu auch *Fromm*, Öffentlich-rechtlicher Programmauftrag, S.105.

762 Eingehend zu den monetären Restriktionen der Internet-Nutzung *Goldhammer/ Zerdick*, Rundfunk online, S.133ff.

Informationsfreiheit im Hinblick auf öffentlich-rechtliche Programmangebote nicht anerkennt.[763]

bb) Besondere Berücksichtigung wirtschaftlicher Interessen privater Rundfunkveranstalter

Im Hinblick auf die „Erforderlichkeit" öffentlich-rechtlicher Programme jenseits der Grundversorgung sind neben den finanziellen Interessen der Rundfunkteilnehmer auch die wirtschaftlichen Wettbewerbsinteressen der privaten Rundfunkveranstalter besonders zu berücksichtigen.[764]

Unabhängig von der Frage, ob Art.5 Abs.1 S.2 GG auch wirtschaftliche Aspekte der Rundfunkbetätigung schützt,[765] können sich die Privaten hier zumindest auf Art.12 Abs.1 GG berufen: Der Gebührenprivilegierung der Öffentlich-Rechtlichen wird man nach richtiger Ansicht, eine berufsregelnde Tendenz nicht absprechen können, weil sie den spezifischen Wettbewerbsrahmen und damit die Berufsausübung privater Veranstalter von Rundfunkdiensten entscheidend mitbestimmt.[766]

Das BVerfG hat zu den wirtschaftlichen Interessen privater Anbieter bisher nur allgemein ausgeführt, dass es jedenfalls unzulässig sei, wenn *„der private Rundfunk Bedingungen unterworfen wäre, die ihn erheblich er-*

---

763 Vgl. zuletzt BVerfG, Beschluss vom 06.09.1999, NJW 2000, 649 mit kritischer Anmerkung *v.Münch*, NJW 2000, 634ff.

764 S. dazu *Graf*, Rundfunkanstalten im Kartellrecht, insbes. S.48ff.; *Bleckmann*, Öffentlich-rechtliche Spartenprogramme, S.100ff. (vom Ansatz her allerdings primär auf die Grundversorgung bezogen; hier interessiert aber gerade der Bereich jenseits der Grundversorgung); a.A. *Fromm*, Öffentlich-rechtlicher Programmauftrag, S.95f. unter Verweis auf BVerfGE 74, 297, 334f. (1987), wo es allerdings nur um einen Sonderfall, nämlich ein (einfachrechtliches) Verbot öffentlich-rechtlicher Beiträge zur lokalen und regionalen Meinungsbildung im BWLMedienG ging. Für die hier interessierende verfassungsrechtliche Konzeption einer funktionsgerechten Zusatzversorgung der Öffentlich-Rechtlichen lässt sich die damalige Einschätzung des BVerfG nicht ohne weiteres verallgemeinern, zumal die heutige Medienrealität und damit auch die Bedeutung des Privatrundfunks eine völlig andere als Mitte der 1980er Jahre ist.

765 Bejahend z.B. *Bleckmann*, Öffentlich-rechtliche Spartenprogramme, S.106.

766 Ausführlich dazu *Bleckmann*, a.a.O., S.107ff., insbes.S.110. Allgemein zum Schutz privater Rundfunkveranstalter durch Art.12 Abs.1 GG *Charissé*, Rundfunkveranstaltungsfreiheit, S.135ff.; s. auch schon *Schmitt Glaeser/Degenhart*, AfP 1986, 173, 177f.

*schwerten oder gar unmöglich machten.*“[767] Im Übrigen kennzeichnet das Gericht die Konkurrenzbeziehungen zwischen privatem und öffentlich-rechtlichem Rundfunk eher mit dem Begriff der publizistischen, als des ökonomischen Wettbewerbes.[768] Publizistischer und ökonomischer Wettbewerb haben zunächst vom Ansatz her verschiedene Bezugspunkte: Während publizistische Konkurrenz die geistige Auseinandersetzung im Rahmen von Medien, den Wettbewerb um Einfluss auf die öffentliche Meinungsbildung beschreibt,[769] bedeutet wirtschaftlicher Wettbewerb, dass auf einem Markt (z.B. dem Werbekundenmarkt) Anbieter einer Dienstleistung um Nachfrager konkurrieren, bzw. dass die Nachfrager unter verschiedenen Anbietern wählen können.[770] Allerdings sind publizistischer und ökonomischer Wettbewerb insoweit miteinander verzahnt, als private Anbieter medialer Dienstleistungen (z.B. Veranstalter von Privatrundfunk) nur dann publizistischen Erfolg haben können, wenn sie auch ökonomischen Erfolg haben.[771]

Gerade im Bereich der bloß ergänzenden Zusatzversorgung ist von Bedeutung, dass die öffentlich-rechtliche Programmveranstaltung auf das aus verfassungsrechtlicher Sicht unabdingbar „Erforderliche“ beschränkt sein muss. Es handelt sich hier um Programmsegmente, die zwar einerseits nicht von der Grundversorgung erfasst werden, andererseits aber trotzdem eine herausragende Bedeutung *„für die demokratische Ordnung [...] ebenso wie für das kulturelle Leben in der Bundesrepublik*“[772] haben. Stets geht es hierbei nur um Programme, die - wie das BVerfG speziell im Hinblick auf Spartenprogramme formuliert hat - *„Beiträge enthalten dürften, welche von privaten Anbietern nicht zu erwarten sind*“[773] Eine ökonomische Wettbewerbssituation kann also gar nicht erst entstehen, weil es von vornherein nur um Programmsegmente geht, die mangels Massenattraktivität für private Rundfunkveranstalter ohne wirtschaftliches Interesse sind. Solche

---

767 BVerfGE 83, 238, 311; vgl. auch E 73, 118, 157 und OLG Dresden, GRUR 1996,73f.: „[Die Expansion öffentlich-rechtlicher Programme findet ihre Grenze] dort, wo durch die Konkurrenz der öffentlich-rechtlichen Anbieter Chancengleichheit und Entwicklungsmöglichkeit des Privatrundfunks nicht mehr gewährleistet sind.“

768 So z.B. BVerfGE 74, 297, 332; vgl. auch *Bleckmann*, Öffentlich-rechtliche Spartenprogramme, S.93f.

769 Vgl. *Bleckmann*, a.a.O., S.95; s. auch BVerfGE 74, 297, 335.

770 Vgl. *Bleckmann*, a.a.O., S.94f.

771 Ebda.; *Graf*, Rundfunkanstalten im Kartellrecht, S.50.

772 BVerfGE 73, 118, 157f.

773 BVerfGE 74, 297, 345f.

Programme dienen ausschließlich dem publizistischen Interesse, weil mit ihnen eine „Nische" im Wettstreit der Meinungen besetzt wird, die ansonsten - ohne das öffentlich-rechtliche Zusatzangebot - leer bliebe.

Werden dagegen - jenseits der Grundversorgung - Programmsegmente von den Öffentlich-Rechtlichen besetzt, für die wegen bereits bestehender Privatprogramme eine Ergänzungsversorgung nicht „erforderlich" ist, dürften die Grenzen des verfassungsrechtlich Zulässigen überschritten sein.[774] Solche Programme stellen keinen verfassungsnotwendigen Beitrag zur Ergänzung des Programmspektrums dar, sondern erschöpfen sich in einer - verfassungsrechtlich nicht gebotenen - Wiederholung bestehender Angebote.[775]

Nach hier vertretener Auffassung ist also jeweils eine **Abschichtung** vorzunehmen: Der Kernbereich der Programmgewährleistung des öffentlich-rechtlichen Rundfunks umfasst die „unerlässliche Grundversorgung für alle". Darüber hinaus gibt es einen Ergänzungsbereich, in dem die Öffentlich-Rechtlichen unter bestimmten Voraussetzungen zusätzliche Programme veranstalten dürfen. Erforderlich ist eine solche Ergänzungsversorgung nur dann, wenn sie erstens wegen ihrer publizistischen Ausrichtung auf ganz besondere demokratiestaatlich/politische oder kulturelle Inhalte überhaupt mit den finanziellen Interessen der gebührenzahlenden Rundfunkteilnehmer vereinbar ist, und wenn zweitens mit der Ergänzungsversorgung eine bisher von Privatanbietern unbesetzte „Nische" im publizistischen Wettstreit der Meinungen belegt wird. Die Problematik einer erforderlichen bzw. nicht mehr erforderlichen Ergänzungsversorgung wird im Folgenden anhand öffentlich-rechtlicher Spartenprogramme und Regionalprogramme näher erörtert.[776]

---

774 So im Erg. auch *Ricker*, AfP 1998, 440. Grundrechtsdogmatisch handelt es sich dann um einen verfassungsrechtlich nicht gerechtfertigten Eingriff in die zumindest über Art.12 Abs.1 GG geschützte Wettbewerbsfreiheit der Privatveranstalter von Rundfunkdiensten durch den gebührenfinanzierten öffentlich-rechtlichen Rundfunk, s. dazu *Bleckmann*, Öffentlich-rechtliche Spartenprogramme, S.100ff., insbes. S.111f. A.A. *Fromm*, Öffentlich-rechtlicher Programmauftrag, S.106f.

775 Vgl. *Ricker*, a.a.O.

776 Zu lokalen Rundfunkprogrammen vgl. z.B. *Degenhart*, AfP 1998, 274ff.

### b) *Öffentlich-rechtliche Spartenprogramme*

Unter Spartenprogrammen sind Programme mit thematischer Begrenzung bzw. thematisch einseitiger Ausrichtung zu verstehen, die einen klaren inhaltlichen Schwerpunkt setzen und damit bestimmte Zielgruppen ins Auge fassen.[777] Dementsprechend werden Spartenprogramme einfachrechtlich als Programme „mit im wesentlich gleichartigen Inhalten" (§ 2 Abs.2 Nr.2 RStV) definiert, im Gegensatz zu Vollprogrammen „mit vielfältigen Inhalten" (§ 2 Abs.2 Nr.1 RStV).

Derzeit gibt es, neben den Vollprogrammen ARD und ZDF sowie den dritten (Regional-) Programmen, vier Fernseh - Spartenkanäle[778] in öffentlich-rechtlicher Trägerschaft bzw. unter öffentlich-rechtlicher Beteiligung: Den deutsch - französischen Kulturkanal „Association Relative à la Television Européenne" (ARTE),[779] das von ARD und ZDF gemeinsam mit SRG und ORF veranstaltete Programm „3 Sat"[780] sowie den „Kinderkanal"[781] und den Parlaments- und Ereigniskanal „Phoenix".[782]

Das BVerfG hat in der **Baden-Württemberg-Entscheidung** von 1987 zur verfassungsrechtlichen Beurteilung von Spartenkanälen Stellung genommen. Es führte damals aus, dass

> *„[Spartenprogramme] sich insofern **nicht der unerläßlichen Grundversorgung zurechnen** lassen, als sie sich nur an einen begrenzten Teilnehmerkreis richten und auch thematisch begrenzt sind, so daß sie für sich genommen umfassende Information und Meinungsbildung nicht ermöglichen; deshalb mag für sie auch die publizistische Konkurrenz (im engeren Sinne) weniger bedeutsam sein als für [...] 'Vollprogramme'."*[783]

---

[777] Vgl. *Libertus*, Grundversorgungsauftrag und Funktionsgarantie, S.144; *Scheble*, Perspektiven der Grundversorgung, S.259; *Bleckmann*, Öffentlich-rechtliche Spartenprogramme, S.20; s. auch BVerfGE 74, 297, 302, 345.

[778] Zu geplanten neuen Spartenprogrammen (z.B. dem „Theaterkanal" i.R.d. digitalen Programmbouquets nach § 19 Abs.3 RStV n.F.) s.u. Fn.810.

[779] Seit 30.05.1992 auf Sendung, vgl. *Braun/Gillert* u.a., ZUM 1996, 201, 202 Fn.9.

[780] Seit 08.07.1992 auf Sendung, dies., a.a.O., Fn.8

[781] Seit 01.01.1997 auf Sendung, vgl. *Wille/Heckel*, ZUM 1997, 240

[782] Seit 07.04.1997 auf Sendung, vgl. *Radke*, MP 1997, 206.

[783] BVerfGE 74, 297, 345f. [Hervorhebung nicht im Original].

In der Literatur wird entgegen dieser höchstrichterlichen Aussage zum Teil vertreten, dass es heutzutage *„keinem Zweifel“*[784] mehr unterliegen könne, dass das BVerfG Spartenprogramme wie Kinderkanal und Phoenix der Grundversorgung zuordnen würde. Ein Großteil der Fernsehzuschauer werde sich in Zukunft den Spartenprogrammen zuwenden; diese Entwicklung habe im Hörfunkbereich bereits stattgefunden und es um der publizistischen Konkurrenzfähigkeit willen erforderlich gemacht, die öffentlich-rechtlichen Angebote in Form von Hörfunk-Spartenprogrammen auszudifferenzieren.[785]

Dieser Auffassung wird von der Gegenansicht zunächst entgegengehalten, dass es im Hörfunkbereich anders als beim Fernsehen praktisch kein eigenständiges, bundesweites Programm gebe, weshalb ein solcher Rückschluss nicht ohne weiteres zulässig sei.[786] Im Übrigen könnten Fernseh - Spartenprogramme *„offensichtlich“*[787] nicht zur Grundversorgung gehören, weil sie thematisch zu begrenzt sind, um die der Grundversorgung immanente umfassende Information und Meinungsbildung zu gewährleisten. Auch ein Bündel bzw. ein Bouquet von Spartenprogrammen sei wegen dieser strukturellen Defizite nicht in der Lage, die traditionellen Vollprogramme mittel- oder langfristig zu ersetzen: Der Rezipient würde sich bei einem solchen Bündel von Spartenkanälen praktisch sein eigenes Gesamtprogramm selbst zusammenstellen, was mit dem Auftrag der Öffentlich-Rechtlichen, eine „Grundversorgung für alle“ zu gewährleisten, nicht vereinbar sei. Spartenprogramme würden deshalb dem Integrationsauftrag des

---

784 *Betz*, MP 1997,1, 8; ähnlich *A.Hesse*, BayVBl 1997, 132, 139; *Wille/Heckel*, ZUM 1997, 240, 243; *Bethge*, MP 1996, 66, 69; *Libertus*, AfP 1998, 149, 150f. (anders noch ders., Grundversorgungsauftrag und Funktionsgarantie (1991), S.145, wonach der begrenzte Teilnehmerkreis und die thematische Begrenzung von Spartenprogrammen „bereits strukturell die der Grundversorgung immanente umfassende Information und Meinungsbildung“ verhindern.).

785 Vgl. *A.Hesse*, BayVBl. 1997, 132, 139; s. auch *Wille/Heckel*, ZUM 1997, 240, 243; *Betz*, MP 1997, 1, 7.

786 Vgl. auch *Ricker*, ZUM 1998, 181, 184. Die Programme des Deutschland - Radios bzw. der Deutschen Welle sind Spezialfälle, aus denen sich keine verallgemeinernden verfassungsrechtlichen Konsequenzen ableiten lassen (Ebda.).

787 *Bleckmann*, Öffentlich-rechtliche Spartenprogramme, S.61; vgl. auch *Niepalla*, Die Grundversorgung durch die öffentlich-rechtlichen Rundfunkanstalten, S.120; *Scheble*, Perspektiven der Grundversorgung, S.262f.; *Ricker*, ZUM 1997, 1, 4; *Kresse*, ZUM 1995, 178, 182f.

öffentlich-rechtlichen Rundfunks zuwiderlaufen, weil sie das gemeinsame gruppenübergreifende Forum der Vollprogramme in Frage stellen.[788]

M.E. dürfte es zu weit gehen, Spartenprogramme prinzipiell und unabhängig von zukünftigen Entwicklungen von der Grundversorgung auszunehmen. Die letzte einschlägige Entscheidung des BVerfG liegt fast anderthalb Jahrzehnte zurück. Angesichts der stetigen Veränderung der Medienlandschaft ist es nicht von vornherein zwingend, dass die damalige Einschätzung von Spartenprogrammen bis in die ferne Zukunft hinein Geltung beanspruchen muss. Im Übrigen hat das BVerfG den Grundversorgungscharakter stets als für zukünftige Veränderungen offen interpretiert, und einem prinzipiellen „Verspartungsverbot" für den öffentlich-rechtlichen Rundfunk eine Absage erteilt.[789] Dem Anstaltsrundfunk muss daher grundsätzlich die Möglichkeit zur Reaktion auf etwaige tiefgreifende Verhaltensänderungen der Rezipienten gegeben werden, wenn die Vollprogramme tatsächlich ihre integrative Funktion nicht mehr erfüllen können.[790]

Auf der anderen Seite erscheint aber auch die im Schrifttum vertretene Ansicht, dass die Grundversorgungsqualität von Spartenprogrammen wie Kinderkanal und Phoenix heutzutage praktisch keinem Zweifel mehr unterliegt,[791] problematisch. Allein die theoretische Möglichkeit, dass infolge einer Änderung des Rezeptionsverhaltens die Grundversorgung in Zukunft nicht mehr über Vollprogramme, sondern nur noch mittels Spartenprogrammen möglich sein könnte, rechtfertigt einen so weitgehenden Rückschluss für die heutige Situation noch nicht. Sinnvoll ist deshalb wohl folgende Differenzierung:

---

[788] Vgl. *Bleckmann*, a.a.O., S.62; ähnlich *Scheble*, a.a.O., S.263; *Kresse*, ZUM 1995, 178, 183.; *Fromm*, Öffentlich-rechtlicher Programmauftrag, S.99ff. Ausführlich zu einem öffentlich-rechtlichen Integrationsauftrag, ihn aber im Ergebnis ablehnend, *Poll*, Fernsehspartenprogramme und Pluralismus, S.330ff.; 358f.

[789] S. BVerfGE 74, 297, 346. Das Postulat einer Grundversorgung „für alle" bedeutet deshalb in inhaltlicher Hinsicht wohl nur, dass das Gesamtprogramm nicht nur auf bestimmte Zielpublika, sondern auf die gesamte Bevölkerung zugeschnitten sein muss. Einzelne Programme der Grundversorgung können durchaus auf programminhaltlich definierte, aber räumlich über die ganze Bundesrepublik zerstreute Zielpublika zugeschnitten sein. Spezielle Programme für räumlich definierte Publika, also Regionalprogramme für ein oder mehrere Bundesländer, können dagegen schon strukturell nicht zur Grundversorgung „für alle" bestimmt sein. Zu den Konsequenzen bei der verfassungsrechtlichen Beurteilung von Regionalprogrammen s.u. S.210ff.

[790] Vgl. *Betz*, MP 1997, 1, 7.

[791] S. dazu die Nachweise in Fn.784.

Soweit Spartenprogramme wegen einer empirisch nachweisbaren, deutlichen Veränderung des Rezipientenverhaltens und einer entsprechenden gesetzgeberischen Strukturentscheidung als mittelfristiger Ersatz für beide bzw. eines der beiden bisherigen Vollprogramme (z.B. in Form eines Bündels von Spartenkanälen) ausgelegt sind (**Programmsubstitution**), dürften sie wohl der Grundversorgung zuzurechnen sein.

Wenn aber eine signifikante Änderung des Rezipientenverhaltens nicht feststellbar ist und öffentlich-rechtliche Spartensender auch nach ihrer einfachrechtlichen Ausgestaltung zumindest mittelfristig neben den beiden Vollprogrammen bestehen bleiben sollen (**Programmexpansion**), kommen sie nicht als Grundversorgung in Betracht. Sie sind dann nicht notwendig, um die der Grundversorgung immanente umfassende Information und Meinungsbildung „für alle" zu gewährleisten. Solange und soweit die Grundversorgung durch Vollprogramme gewährleistet werden kann, besteht kein Anlass, zusätzliche Spartenprogramme der unerlässlichen Grundversorgung zuzuordnen.[792] Diese zusätzlichen Spartenprogramme fallen in den Bereich der bloßen Ergänzungs- bzw. Zusatzversorgung und müssen sich an den dafür bestehenden verfassungsrechtlichen Kriterien messen lassen.[793]

Problematisch sind insoweit vor allem die im Folgenden näher untersuchten Spartenprogramme Kinderkanal und Phoenix.[794] Hier ist zu prüfen, ob sie zur (teilweisen) Programmsubstitution oder zur Programmexpansion ausgelegt sind, und (wenn Letzteres der Fall ist) ob sie noch der Funktion des Rundfunks entsprechen, also eine funktionsgerechte Ergänzungsversorgung darstellen.

---

792 Ähnlich *Poll*, Fernsehspartenprogramme und Pluralismus, S.321f., 363ff., die zu Recht darauf hinweist, dass die Zugehörigkeit eines Programmangebotes zur Grundversorgung nicht autonom von den veranstaltenden öffentlich-rechtlichen Rundfunkanstalten festgelegt werden kann, sondern auf der Programmfrequentierung durch die Rezipienten, dem Bekanntheitsgrad und der gesellschaftlichen Notwendigkeit des Programmes beruht.

793 S. dazu S.186ff.

794 Zu den Programmen ARTE und 3 Sat, die - verfassungsrechtlich wohl nicht zu beanstandende - „Sonderfälle" im Bereich der Zusatz- bzw. Ergänzungsversorgung darstellen vgl. z.B. *Braun/Gillert* u.a., ZUM 1996, 201, 202 Fn.9. Zu weiteren Spartenprogrammen (z.B. dem geplanten „Theaterkanal") s.u. Fn.810.

aa) Programmsubstitution contra Programmexpansion

Zunächst ist die Frage zu klären, ob die Nutzungspräferenzen der Rezipienten sich wirklich, wie von einem Teil des juristischen Schrifttums postuliert, deutlich in Richtung Spartenkanäle und weg von den Vollprogrammen orientieren („Trend zur Verspartung"), oder ob dies nicht der Fall ist. Als Anknüpfungspunkt bietet sich das Datenmaterial der GfK in Nürnberg an, die das Nutzungsverhalten der Fernsehzuschauer in Deutschland empirisch untersucht.[795]

Danach verfügten im Jahresdurchschnitt **1999** die öffentlich-rechtlichen Vollprogramme ARD und ZDF über einen Zuschauermarktanteil von 27,4 %, die „großen" privaten Vollprogramme RTL, SAT 1 und Pro 7 über 34,0 %, und die „kleinen" privaten Vollprogramme RTL 2, Kabel 1, Vox und TM 3 über 13,5 %. Zusammen hatten öffentlich-rechtliche und privaten Vollprogramme damit einen **Zuschauermarktanteil von 74,9 %.**[796]

Im Jahr **1997** vereinigten ARD und ZDF einen Zuschauermarktanteil von 28, 1 % auf sich, die „großen" privaten Vollprogramme RTL, SAT 1 und PRO 7 kamen auf 38,3 %, und die damaligen „kleinen" privaten Vollprogramme RTL 2, Kabel 1 und Vox auf 10,8 %. Zusammen ergab das einen **Zuschauermarktanteil von 77,2 %** der Vollprogramme.[797]

Im Jahre **1992** betrug der Zuschauermarktanteil von ARD und ZDF 34,4 %, der Anteil der „großen" privaten Vollprogramme RTL, SAT 1 und PRO 7 42,7 % (die „kleinen" Vollprogramme RTL 2, Kabel 1 und Vox gab es damals noch nicht). Zusammen erzielten die Vollprogramme einen **Zuschauermarktanteil von 77,1 %.**[798]

---

[795] Informationen über die GfK sind im Internet unter der URL http://www.gfk.de abrufbar. Die GfK selbst erteilt keine Auskünfte über ihre im Auftrag der Rundfunkanstalten und privater Rundfunkveranstalter ermittelten Forschungsdaten. Entsprechende Datenzusammenstellungen stehen online aber z.B. auf dem Internet-Server der KEK (URL: http://www.kek-online.de) zur Verfügung.

[796] Quelle: GfK-Fernsehforschung, zit. nach *o.V.*, Tendenz IV/ 1999, 44.

[797] Quelle: GfK-Fernsehforschung, zit. nach: *Gerhards/Grajczyk* u.a., MP 1998, 582, 583.

[798] Quelle: GfK-Fernsehforschung, zit. nach: *Darschin/Frank*, MP 1993, 114, 123. Gemessen wurde der jeweilige prozentuale Anteil am Fernsehkonsum der Erwachsenen aller Kabelhaushalte.

Zwei Jahre vorher, im Jahresdurchschnitt **1990**, erreichten ARD und ZDF einen Anteil von 42,2 %; RTL, SAT 1 und PRO 7 vereinigten 36,7 % des Zuschauermarktes auf sich. Gemeinsam kamen die Vollprogramme damals auf eine **Zuschauermarktanteil von 78,9 %.**[799]

Schon anhand dieser exemplarischen Nutzungsdaten aus einem Zeitraum von 10 Jahren (1990 - 1999) ist ersichtlich, dass sich die Marktanteile der Vollprogramme untereinander zwar signifikant veränderten, dass aber der gemeinsame Anteil aller ausgewerteten überregionalen Vollprogramme am Gesamtmarkt der Rundfunkzuschauer annähernd konstant blieb (1990: 78,9 %; 1999: 74,9 %). Drastische Änderungen der Nutzungspräferenz - weg von den Vollprogrammen, hin zu Spartenprogrammen - sind auf der Basis dieses Datenmaterials also nur schwer prognostizierbar, die konstanten Nutzungsbefunde deuten eher auf das Gegenteil hin.[800]

Interessant sind auch Daten der GfK, die eine Relation zwischen verschiedenen Tageszeiten und jeweils verschiedenen Nutzungspräferenzen der Fernsehzuschauer aufzeigen: So erzielte z.B. die Programmsparte Information[801] im Jahresdurchschnitt 1997 in den Zeitzonen von 6.00 bis 9.00 Uhr und 18.00 bis 20.00 Uhr, sowie zwischen 23.00 und 1.00 Uhr die höchsten Nutzungsanteile an der Gesamtfernsehnutzung. Demgegenüber ergeben sich etwa für die Programmsparte Fiction[802] über den ganzen Tag hinweg relativ gleichförmige Werte, während die Programmsparte Unterhaltung[803] zwischen 13.00 und 18.00 Uhr und zwischen 20.00 und 23.00 Uhr überdurchschnittlich rezipiert wird.[804] Diese Befunde *„deuten an, daß das Medium Fernsehen zu unterschiedlichen Tageszeiten auf unterschiedliche Bedürfnislagen [der Rezipienten] reagiert."*[805]

---

799 Quelle: GfK-Fernsehforschung, zit. nach: *Darschin/Frank*, MP 1992, 172, 179. Gemessen wurde der jeweilige prozentuale Anteil am Fernsehkonsum der Erwachsenen aller Kabelhaushalte.

800 Im Erg. wie hier *Ricker*, AfP 1998, 437, 439; s. auch schon *Hoffmann-Riem*, Pay TV im öffentlich-rechtlichen Rundfunk, S.20; ders./*Vesting*, MP 1994, 382, 385.

801 Zur Programmsparte Information lassen sich Nachrichten, Nachrichtenmagazine, Frühmagazine, Schul- und Bildungsfernsehen, sowie z.B. Ratgebersendungen und Dokumentationen zählen, vgl. *Gerhards/Grajczyk* u.a., MP 1998, 582f.

802 Dazu gehören etwa Serien, Fernsehspiele und Spielfilme, s. dies., a.a.O., S.583.

803 Z.B. Shows, tägliche Talksendungen, Musiksendungen, s. *Gerhards/Grajczyk* u.a., MP 1998, 583.

804 Quelle aller Daten: GfK-Fernsehforschung, zit. nach *Gerhards/Grajczyk* u.a., MP 1998, 582, 585.

805 Dies., a.a.O., 582, 585.

Vor allem das Erste Programm der ARD nahm diese zeitgebundenen Nutzungspräferenzen verstärkt auf, und konnte so im Jahresdurchschnitt 1997 die höchste Tagesreichweite aller von der GfK untersuchten Programme erzielen.[806] Hier bot *„die **Mischung unterschiedlichster Sparten** [...] und die Popularität bestimmter Angebote in diesen Sparten (z.B.'Tagesschau' bei Information) die **Option, unterschiedlichste Zielgruppen zu erreichen**.“*[807]

Dass die Spartenvielfalt **innerhalb** der Vollprogramme den Rezipienteninteressen nach wie vor und womöglich auch in Zukunft entgegenkommt, könnte schließlich auch ein Blick auf die Nutzungspräferenzen im Printmedienbereich bestätigen, wo sich allgemeine Tageszeitungen und Wochenmagazine mit ihrer thematischen Vielfalt gegenüber Special Interest - Titeln seit jeher behaupten können.[808]

Als Fazit lässt sich deshalb - bei aller gebotener Vorsicht - wohl festhalten, dass die zukünftigen Nutzungspräferenzen der Rundfunkteilnehmer zumindest offen sind. Es spricht sogar einiges dafür, dass die Vollprogramme nicht nur gegenwärtig, sondern auch in näherer und mittlerer Zukunft für die große Mehrzahl der Rezipienten noch eine deutlich höhere Nutzungspräferenz als Spartenprogramme besitzen werden. Diese Einschätzung wird i.Ü. auch von ZDF - Intendant ***Stolte*** geteilt, der im Oktober 1997, also nach dem Sendebeginn von Kinderkanal und Phoenix, feststellte:

> *„Die technisch ermöglichte Expansion und Diversifikation der Programme stößt also auf eine gesellschaftliche Grenze. Daher wird auch der Fernsehwettbewerb der digitalen Zukunft letztlich nicht in den parzellierenden Spartenprogrammen, sondern in einer überschaubaren Anzahl integrativer und innovativer **Vollprogramme** entschieden. Zugespitzt könnte man sagen: Eine Gesellschaft ohne Vollprogramm ist, auf Dauer gesehen, eine Gesellschaft ohne Mitte und ohne Zusammenhalt.“*[809]

Auch den derzeitigen **Planungen von ARD und ZDF** im Hinblick auf den Auf- und Ausbau ihrer digitaler Programmbouquets ist, soweit ersichtlich,

---

806 Dies., a.a.O., 582, 583.
807 Dies., a.a.O., 582, 584 [Hervorhebung nicht im Original].
808 Vgl. *Ricker*, AfP 1998, 437, 439.
809 *Stolte*, Bleibt Fernsehen Fernsehen ?, S.18 [Hervorhebung nicht im Original].

nicht zu entnehmen, dass eines bzw. beide Vollprogramme mittelfristig von Spartenkanälen abgelöst werden sollen; es geht im Gegenteil nicht um eine Ersetzung vorhandener Strukturen, sondern um die bloße Ausweitung der Programm- (und Internet-) Aktivitäten über die Vollprogramme hinaus.[810] Interessant ist dabei, dass es derzeit auch keine Bestrebungen gibt, Phoenix und Kinderkanal nicht nur über Kabel und Satellit, sondern auch bundesweit terrestrisch auszustrahlen. Zur Grundversorgung können aber von vornherein nur diejenigen Programme zählen, die für jedermann empfangbar sind; diese Voraussetzungen dürften Phoenix und Kinderkanal schon deshalb nicht erfüllen, weil sie - entsprechend dem Willen der Programmveranstalter - nicht terrestrisch ausgestrahlt werden.[811]

**Einfachrechtlich** sind die Veranstaltung des Kinderkanals und des Parlaments- und Ereigniskanals Phoenix durch § 19 Abs.2 RStV legitimiert. Es heißt dort:

> *„[Über die Vollprogramme ARD und ZDF sowie ein zusätzliches Fernsehprogramm mit kulturellem Schwerpunkt hinaus] können die in der ARD zusammengeschlossenen Landesrundfunkanstalten und das ZDF über Satelliten gemeinsam zwei Spartenfernsehprogramme als **Zusatzangebot** veranstalten.“*[812]

---

[810] Vgl. *Reiter*, MP 1997, 410ff. S. auch das VPRT-Positionspapier vom 12.03. 1998 zu den digitalen Programmbouquets von ARD und ZDF (vom Internet - Server des VPRT unter der URL: http://www.vprt.de abrufbar). Unter verfassungsrechtlichen Gesichtspunkten ist es m.E. sehr bedenklich, wenn die Öffentlich-Rechtlichen nach dem neuen (mit 4. RÄndStV eingefügten) **§ 19 Abs.3 RStV** eine vom Wortlaut der Regelung her praktisch unbeschränkte „Pauschalberechtigung“ zur Veranstaltung weiterer Programme in digitaler Technik erhalten. Zwar dürfen diese Programme insgesamt nur auf drei analogen Fernsehkanälen veranstaltet werden (§ 19 Abs.4 RStV); diese bloße technische Restriktion reicht aber nicht aus. Der Wortlaut des § 19 Abs.3 RStV ist daher teleologisch dahingehend zu reduzieren, dass nur solche Programme veranstaltet werden dürfen, die zur Aufnahme besonderer kultureller und/oder politischer Bedürfnisse der Rundfunkteilnehmer dienen und sowohl mit den finanziellen Interessen der Teilnehmer als auch den wirtschaftlichen Wettbewerbsinteressen der privaten Veranstalter von Rundfunkdiensten vereinbar sind (s.o. S.186ff.; a.A. *A.Hesse*, ZUM 2000, 183f.). Den geplanten öffentlich-rechtlichen „Theaterkanal“ wird man unter diesen Prämissen wohl als verfassungsrechtlich zulässig einstufen können.

[811] Vgl. *Ricker*, ZUM 1997,1, 3.

[812] Hervorhebung nicht im Original.

Die beiden „Spartenfernsehprogramme“ sollen also nicht etwa - worauf eine entsprechende Programmerprobungsphase bzw. ein Pilotprojekt hindeuten könnte - die bisherigen Vollprogramme zusammen mit anderen, künftigen Spartenprogrammen kurz- oder mittelfristig ersetzen, sondern auf Dauer zusätzlich neben sie treten.[813]

Diese Einstufung als bloßes Zusatzangebot wird auch durch die Entstehungsgeschichte von § 19 Abs.2 RStV bestätigt. In der amtlichen Begründung zum 3. RÄndStV heißt es zwar, dass mit diesen zwei Spartenprogrammen *„auch dem öffentlich-rechtlichen Rundfunk die Möglichkeit eingeräumt werden [soll], [...] an der Ausdifferenzierung des Programmangebotes teilzuhaben. Dies trägt der verfassungsrechtlich abgeleiteten Entwicklungsgarantie des öffentlich-rechtlichen Rundfunks Rechnung.“*[814] Die Ministerpräsidenten aller Bundesländer haben aber in einer Protokollerklärung zu § 19 Abs.2 RStV einschränkend angemerkt, dass sie davon ausgehen, *„ daß aus dem unter dem Arbeitstitel 'Parlaments- und Ereigniskanal' in Aussicht genommenen Spartenprogramm kein Nachrichtenkanal entsteht.“*[815]

Die Protokollerklärung berücksichtigt, dass nach dem Telos der Rundfunkfreiheit eine Gewährleistung von Programmveranstaltungen durch die Öffentlich-Rechtlichen über die „unerlässliche Grundversorgung für alle“ hinaus nur in sehr engen Grenzen möglich ist. Weder die finanziellen Belange der Rundfunkteilnehmer, noch die wirtschaftlichen Interessen privater Anbieter (z.B. der Nachrichtensender n-tv und N24) dürfen übermäßig beeinträchtigt werden.[816]

Zusammenfassend ist also festzuhalten, dass die Spartenprogramme Phoenix und Kinderkanal weder nach dem aktuellen und auf der Basis des gegenwärtigen Datenmaterials prognostizierbaren tatsächlichen Rezeptionsverhalten, noch nach den Planungen der Programmveranstalter und der einfachrechtlichen Ausgestaltung („Zusatzangebot“) eine Grundversorgung

---

813 Vgl. *Ricker*, ZUM 1997,1, 5; anders *A.Hesse*, BayVBl. 1997, 132, 139, nach dessen Auffassung „keine Veranlassung besteht, diese Spartenfernsehprogramme als 'Zusatzangebot' zu bezeichnen“.

814 Amtliche Begründung zu § 19 RStV (abgedruckt in: MP Dokumentation 1/1996, S.41).

815 Protokollerklärung aller Länder zu § 19 Abs.2 RStV (abgedruckt in: MP Dokumentation 1/1996, S.74).

816 S.o. S.190ff.

„für alle" darstellen. Aus diesen Gründen ist die im Schrifttum vertretenen Auffassung, wonach es sich bei diesen Spartenprogrammen um unerlässliche Grundversorgung handele,[817] abzulehnen. Vielmehr geht es hier um eine über die bloße Programmsubstitution hinausgehende Programmexpansion, also eine Zusatz- bzw. **Ergänzungsversorgung** jenseits der Grundversorgung. Es bleibt zu prüfen, ob diese Ergänzungsversorgung dem funktionalen Gewährleistungsauftrag der Rundfunkanstalten entspricht.

bb) Funktionsgerechte Programmexpansion ? Die Beispiele Phoenix und Kinderkanal

Bei Programmen aus dem Bereich der Zusatz- bzw. Ergänzungsversorgung sind spezielle Anforderungen zu beachten. Es darf sich, anders als bei der umfassenden Grundversorgung für alle, nur um Programme mit spezieller thematischer Ausrichtung handeln, die besondere demokratiestaatlich/politische oder kulturelle Rezipienteninteressen aufnehmen, welche über eine wirtschaftlich ausgerichteten Programmveranstaltung prinzipiell nicht erreicht werden können.[818] Dabei sind zum einen die finanziellen Interessen der Rundfunkteilnehmer, und zum anderen - vor allem im Hinblick auf die Kabeleinspeisung - die wirtschaftlichen Wettbewerbsinteressen der Privatveranstalter besonders zu berücksichtigen.[819]

Das **Phoenix**-Programm umfasst (laut Eigencharakterisierung der Programmverantwortlichen)[820] drei Schwerpunkte: Ereignisübertragungen, Dokumentationen und Gesprächssendungen.

Im Rahmen der Ereignisübertragung erfolgt eine Berichterstattung von bedeutenden Ereignissen aus dem In- und Ausland, wie z.B. Bundestagsdebatten oder Debatten des Europäischen Parlamentes, Kirchentagen, Gewerkschafts- und Unternehmerverbandsveranstaltungen.[821] In Dokumentationen und Gesprächsrunden sollen außerdem historische, zeitgeschichtliche, kulturhistorische und gesellschaftspolitische Themen behandelt bzw.

---

817 Vgl. die Nachweise in Fn.784.
818 S.o. S.190ff.
819 Ebda.
820 Vgl. *Radke*, MP 1997, 206, 207; s. auch die Programmbeschreibung des Senders Phoenix, die über das Internet unter der URL http://www.phoenix.de abrufbar ist.
821 S. *Radke*, a.a.O.; 206, 209.

diskutiert werden.[822] Phoenix soll dabei „*der politischen Meinungs- und Willensbildung der Bürgerinnen und Bürger [dienen], es soll Hintergründe erhellen und Zusammenhänge darstellen.*“[823]

Angesichts dieser Eigencharakterisierung (und wohl auch der tatsächlichen Programmgestaltung; hier liegen allerdings, soweit ersichtlich, noch keine empirischen Daten vor) wird man in thematischer Hinsicht wohl die für eine Ergänzungsversorgung notwendigen, ganz besonderen politischen Rezipienteninteressen bejahen müssen.[824] Zwar sind politische Angebote auch in den Hauptprogrammen hinreichend einzubeziehen, weil sie zu den Kernelementen des Grundversorgungsauftrages gehören.[825] Allerdings dürften, und das ist wohl entscheidend, täglich mehrstündige Übertragungen von Parlamentsdebatten, Parteitagen, Kongressen u.Ä. vor allem in der Prime Time nur schwerlich in die Gestaltung eines massenattraktiven Vollprogrammes zu integrieren sein. M.E. sind solche Übertragungen in einem derartigen quantitativen Umfang zwar einerseits nicht im Rahmen des Grundversorgungsauftrages zu verwirklichen, sie liefern aber andererseits als funktionale Ergänzungsversorgung durchaus einen wertvollen Beitrag für den Prozess der öffentlichen Meinungsbildung.[826]

Im Hinblick auf die finanziellen Interessen der Rundfunkteilnehmer wirft Phoenix allein schon wegen des recht geringen Ressourcenverbrauchs[827] wohl keine größeren verfassungsrechtlichen Probleme im Hinblick auf die „Erforderlichkeit“ der Programmveranstaltung auf.

Für die zu berücksichtigenden wirtschaftlichen Wettbewerbsinteressen privater Rundfunkanstalter dürfte zunächst wichtig sein, dass Phoenix nicht zu einem Nachrichtensender expandieren darf und damit in Konkurrenz zu bestehenden Privatanbietern wie n-tv und N24 tritt. Es würde sich dann um eine bloße Wiederholung schon bestehender Angebote, nicht aber um die Besetzung einer „Nische“ im publizistischen Wettbewerb handeln.

---

822 Ebda.

823 *Radke*, a.a.O., 206, 207.

824 S. dazu auch S.186ff.

825 Worauf *Ricker*, ZUM 1997, 1, 4 zu Recht hinweist. Ähnlich im Ansatz *Bleckmann*, Öffentlich-rechtliche Spartenprogramme, S.72.

826 Vgl. *Braun/Gillert* u.a., ZUM 1996, 201, 205; *Wille/Heckel*, ZUM 1997, 240, 243; a.A. *Poll*, Fernsehspartenprogramme und Pluralismus, S.361.

827 Jahresetat 1997 ca. 39 Mio. DM; 1998/1999 jeweils ca. 52 Mio. DM (Zahlen nach *Radke*, MP 1997, 206).

Problematisch ist die Frage nach der zulässigen **vorrangigen Kabeleinspeisung** von Phoenix. Im Schrifttum wird einerseits vertreten, dass Phoenix zu den „gesetzlich bestimmten Programmen" gehöre, für die in den Rundfunkgesetzen bzw. Kabelbelegungssatzungen der Länder „must carry" - Regelungen vorgesehen sind.[828] Die Gegenmeinung lehnt dies unter Verweis auf die fehlende Grundversorgungsqualität von Phoenix ab; Phoenix sei (nach den vorrangigen Programmen der Grundversorgung und den ebenfalls vorrangigen Privatprogrammen, die in dem jeweiligen Ländern lizenziert sind) mit allen anderen Programmen grundsätzlich gleichrangig zu behandeln.[829]

M.E. wird man eine vorrangige Einspeisung von Phoenix wohl als noch verfassungskonform ansehen müssen. Zwar handelt es sich hier nicht um Grundversorgung, sondern um bloße Zusatz- bzw. Ergänzungsversorgung. Diese Ergänzungsversorgung ist aber durchaus funktionsadäquat: Es handelt sich bei Phoenix um ein Programm, dessen Veranstaltung den Funktionen des Rundfunks entspricht, und dessen Gewährleistung durch die Rundfunkanstalten zur Sicherung der Meinungsvielfalt einen wichtigen Beitrag leistet. Eine einfachrechtlich normierte Vorrangeinspeisung erscheint deshalb zwar nicht verfassungsrechtlich geboten, wie dies nach der Rspr. des BVerfG bei den Grundversorgungsprogrammen der Fall ist. Sie dürfte aber angesichts der besonderen Bedeutung politischer Programmangebote für die öffentliche Meinungsbildung verfassungsrechtlich noch zulässig sein, sofern Phoenix nicht zu einem (private Angebote wie n-tv oder N24 nur wiederholenden) Nachrichtensender expandiert.[830]

Schwieriger als Phoenix ist der **Kinderkanal** zu beurteilen. Das Programm ist zwar einerseits durch die altersspezifischen Interessen seiner jugendlichen Zielgruppe thematisch beschränkt,[831] andererseits enthält es aber (anders als Phoenix, wo eine klare gegenständliche Beschränkung auf gesellschaftspolitische Gesprächsrunden, Dokumentionen und Ereignisübertragungen erfolgt) Sendungen aus ganz unterschiedlichen Programmsparten: Der überwiegende Teil dürfte zwar den Sparten Unterhaltung/Fiction zu-

---

828 Vgl. *Wille/Heckel*, ZUM 1997, 240, 243; *Radke*, MP 1997, 206. Must carry - Regelungen für Phoenix enthalten z.B. §§ 37f. SächsPFG; § 41 BayMG i.V.m. der BayKabelbelegungssatzung

829 Vgl. *Ricker*, ZUM 1997, 5; ähnlich *Stettner*, Der Kabelengpaß, S.67f. und vom Ansatz her wohl auch *Fromm*, Öffentlich-rechtlicher Programmauftrag, S.108f.

830 S. dazu auch *Betz*, MP 1997, 431, 435 unter Verweis auf BVerfGE 74, 297, 333.

831 Vgl. *Ricker*, ZUM 1997, 1, 3f.

zuordnen sein,[832] aber z.T. haben die Sendungen eben auch bildenden und informierenden Charakter.[833] In inhaltlicher Hinsicht ist der Kinderkanal also auf jeden Fall nicht so eng umrissen wie Phoenix; letztlich fehlt es jedoch, soweit ersichtlich, noch an empirischen Studien, die dies differenzierter belegen könnten.

Aus verfassungsrechtlicher Perspektive kommt es darauf an, ob der Kinderkanal zur Sicherung der *„essentiellen Funktionen des Rundfunks für die demokratische Ordnung [...] ebenso wie für das kulturelle Leben in der Bundesrepublik"*[834] neben einer Grundversorgung für alle „erforderlich" ist. Dies erscheint schon wegen des (vorwiegend) fictionalen/unterhaltenden Programmcharakters zweifelhaft.[835]

Soweit im Schrifttum auf die fehlenden Werbeunterbrechungen und die Gewaltfreiheit der Sendungen des Kinderkanals abgehoben wird,[836] lassen sich diese (pädagogisch durchaus wertvollen) Programmmerkmale auch im Rahmen der regulären, zur Grundversorgung gehörenden Vollprogramme verwirklichen. Im Hinblick auf die integrative Funktion der öffentlich-rechtlichen Vollprogramme wäre es vielleicht sogar vorteilhafter, wenn Kindersendungen auch in den regulären Programmen ausgestrahlt würden, um so *„zu einer Information der Erwachsenen über die Bedürfnisse und die Erlebniswelt der Kinder"*[837] beizutragen, statt sie praktisch vollständig aus den Programmen „der Erwachsenenwelt" zu verbannen. Insoweit besteht ein erheblicher Unterschied zu Phoenix, wo die gesellschaftspolitische Berichterstattung ja nur in einem weit größeren quantitativen Umfang als in den Vollprogrammen stattfindet, ohne die politischen Angebote der Vollprogramme fast vollständig zu ersetzen. Anders als bei Phoenix wird vom Kinderkanal keine publizistische „Nische" besetzt, die die integrativen

---

832 S. *Ricker*, a.a.O., 1, 4; *Bleckmann*, Öffentlich-rechtliche Spartenprogramme, S.72.

833 Worauf *Wille/Heckel*, ZUM 1997, 240, 243 und *Betz*, MP 1997, 431, 437 nicht zu Unrecht abstellen; vgl. auch *Braun/Gillert* u.a., ZUM 1996, 201, 205.

834 BVerfGE 73, 118, 157f.; vgl. auch BVerfGE 90, 60, 90.

835 So auch *Ricker*, ZUM 1997, 1, 4; *Bleckmann*, Öffentlich-rechtliche Spartenprogramme, S.72; vgl. auch schon *Kresse*, ZUM 1995, 178, 184.

836 Vgl. *A.Hesse*, BayVBl. 1997, 132, 139; *Oberst*, MP 1997, 23, 24f.; *Fromm*, Öffentlich-rechtlicher Programmauftrag, S.104; s. auch die Programmkommission des ARD/ZDF - Kinderkanals, MP 1997, 17, 21f.

837 *Bleckmann*, Öffentlich-rechtliche Spartenprogramme, S.73; vgl. auch *Ricker*, ZUM 1997, 1, 4.

Vollprogramme sinnvoll ergänzt, sondern es kommt zum reinen „Outsourcing“ der Vollprogramme.[838]

Schließlich ist auch zu bedenken, dass Kinder und Jugendliche im Gegensatz zu Erwachsenen nur in eingeschränktem Maße in der Lage sind, am gesellschaftlichen Meinungsbildungsprozess teilzunehmen, weshalb es generell problematisch erscheint, ob ein spezielles Programm für Kinder im Rahmen einer demokratiestaatlich/politisch bzw. kulturell ausgerichteten Ergänzungsversorgung überhaupt „erforderlich“ sein kann.[839]

Schon aus diesen Gründen ist es sehr fragwürdig, ob der „Kinderkanal“ eine funktionsgerechte Ergänzungsversorgung leisten kann, auch wenn er, ähnlich wie Phoenix, nur relativ geringe finanzielle Ressourcen beansprucht.[840]

Im Übrigen ist eine öffentlich-rechtliche Zusatzversorgung nur dann funktionsadäquat, wenn eine Programmveranstaltung privater Anbieter zur Gewährleistung der ganz besonderen (über die Grundversorgung hinausgehenden und aus Verfassungsgründen besonders zu berücksichtigenden) Rezipienteninteressen nicht ausreicht.[841]

Am 12.07.1995, nahm **Nickelodeon**, ein privater TV-Sender für Kinder des US-Konzerns Viacom, den Sendebetrieb in Deutschland auf.[842] Anderthalb Jahre später, am 01.01.1997, ging der öffentlich-rechtliche Kinderkanal auf Sendung.[843] Noch einmal ein gutes Jahr später, Anfang 1998, stellte Nickelodeon den Sendebetrieb dann ein. Die Programmverantwortlichen von Nickelodeon machten *„die derzeitige Situation des deutschen Kinderfernsehmarktes“*,[844] also die Konkurrenz des Kinderkanals, für die Einstellung des Sendebetriebes verantwortlich. *„Gegen einen gebühren-*

---

838 Vgl. *Bleckmann*, a.a.O.; s. auch *Kresse*, ZUM 1995, 178, 183; a.A. *Fromm*, öffentlich-rechtlicher Programmauftrag, S.105.

839 Ähnlich *Bleckmann*, Öffentlich-rechtliche Spartenprogramme, S.72f.

840 Die Kosten des Kinderkanals waren für 1997 mit 96 Mio. DM kalkuliert (so die Eigenauskunft der Programmkommission des ARD/ZDF - Kinderkanals, MP 1997, 17, 22). In den Folgejahren dürften die Kosten bei jährlich ca. 100 - 150 Mio. DM liegen (Zahlen nach *Bleckmann*, Öffentlich-rechtliche Spartenprogramme, S.16).

841 S.o. S.192ff.

842 Vgl. *o.V.*, „Aus für Kinderfernsehen Nickelodeon“, AfP 1998, 297.

843 Vgl. *Wille/Heckel*, ZUM 1997, 240.

844 *Flischel*, Europaverantwortliche des Senders „Nickelodeon“, zit. nach: o.V., „Aus für Kinderfernsehen Nickelodeon“, AfP 1998, 297.

*finanzierten und mit Privilegien wie der vorrangigen Kabeleinspeisung im Kabelnetz ausgestatteten öffentlich - rechtlichen Konkurrenten habe das auf Werbeeinnahmen angewiesene private Nickelodeon wegen der weit geringeren technischen Reichweite nicht bestehen können*",[845] erklärte ***Doetz***, der Präsident des VPRT. Auch ***Schneider***, Direktor der LfR Nordrhein-Westfalen, konstatierte, dass „*der Mangel an Kabelkapazitäten die Entwicklung von Nickelodeon erschwert habe.*"[846]

Fest steht auf jeden Fall, dass es vor dem Markteintritt des Kinderkanals bereits ein privates Kinderprogramm gab, das relativ kurze Zeit nach dem Markteintritt wieder eingestellt wurde. Dieser Befund ist aus verfassungsrechtlicher Perspektive sehr problematisch: Eine Ergänzungsversorgung (jenseits der Grundversorgung) ist nur dann funktionsadäquat, wenn eine publizistische „Nische" besetzt wird. Das BVerfG spricht insoweit davon, dass ergänzende Spartenprogramme „*Beiträge enthalten dürften, welche von privaten Anbietern nicht zu erwarten sind*".[847] Eine Verdrängung privater Anbieter ist auf jeden Fall unzulässig.[848] Hier spricht einiges dafür, dass eine - verfassungsrechtlich unzulässige - Marktverdrängung stattgefunden hat. Der „Kinderkanal" hat wohl zumindest kumulativ zum Einstellen von „Nickelodeon" beigetragen, und damit den publizistischen Wettbewerb in diesem Programmsegment nicht gefördert, sondern eingeschränkt.[849]

Zusammenfassend kann der Kinderkanal daher wohl aus zwei Gründen kaum noch als funktionsgerechte Ergänzungsversorgung klassifiziert werden kann: Zunächst ist es schon zweifelhaft, ob er überhaupt die für eine bloß ergänzende Programmveranstaltung notwendigen, ganz besonderen politisch/demokratiestaatlichen oder kulturellen Rezipienteninteressen widerspiegelt. Außerdem - und das dürfte entscheidend sein - bietet er keine wettbewerbsneutralen Beiträge an, wie es etwa bei Phoenix der Fall ist, wo eine publizistische „Nische" besetzt wird. Aus diesen Gründen sind sowohl

---

[845] Zit. nach o.V., „Aus für Kinderfernsehen Nickelodeon", AfP 1998, 297.
[846] Zit. nach o.V., „Aus für Kinderfernsehen Nickelodeon", AfP 1998, 297.
[847] BVerfGE 74, 297, 345f. (in Bezug auf öffentlich-rechtliche Spartenprogramme).
[848] Vgl. BVerfGE 83, 238, 311; s. auch BVerfGE 73, 118, 157.
[849] S. dazu auch *Bleckmann*, Öffentlich-rechtliche Spartenprogramme, S.93f., 100.

die Veranstaltung, als auch die vorrangige Kabelverbreitung des Kinderkanals verfassungsrechtlich äußerst fragwürdig.[850]

### c) *Öffentlich-rechtliche Regionalprogramme*

Regionalprogramme lassen sich als räumlich begrenzte Rundfunkprogramme mit im Wesentlichen regionalen Inhalten definieren.[851] Sie sind insoweit den Spartenprogrammen ähnlich, als sie - wie diese - einen klaren inhaltlichen Schwerpunkt haben und damit ein bestimmtes Zielpublikum ins Auge fassen.[852] Anders als Spartenprogramme wenden sie sich aber nicht an Zielpublika in der gesamten Bundesrepublik, sondern nur an das Zielpublikum einer bestimmten Region.
Das Zielpublikum eines Regionalprogrammes ist also primär durch seine räumliche Situierung und die damit verbundenen Informationsinteressen der Rezipienten definiert, während das Zielpublikum eines Spartenprogrammes - völlig unabhängig von der räumlichen Situierung - eine Definition durch überregionale Gesichtspunkte erfährt (z.B. den Gesichtspunkt des politischen Interesses der Rezipienten bei Phoenix und des altersspezifischen Interesses beim Kinderkanal). Derzeit gibt es (neben den Vollprogrammen ARD und ZDF sowie den vier öffentlich-rechtlichen Spartenkanälen ARTE, 3 SAT, Phoenix und Kinderkanal) insgesamt sieben Fernseh-Regionalprogramme[853] in öffentlich-rechtlicher Trägerschaft.

In der **Baden-Württemberg-Entscheidung** von 1987 äußerte sich das BVerfG erstmals zum Verhältnis zwischen Regionalprogrammen und Grundversorgungsprogrammen. Es führte aus:

---

850 So im Erg. auch *Ricker*, ZUM 1997,1, 5; *Poll*, Fernsehspartenprogramme und Pluralismus, S.361; ähnlich *Stettner*, Der Kabelengpaß, S.67f.

851 § 2 Abs.2 Ziff.4 RStV definiert ein Regional(fenster)programm als „(zeitlich und) räumlich begrenztes Rundfunkprogramm mit im Wesentlichen regionalen Inhalten (im Rahmen eines Hauptprogrammes)."

852 S. zu Spartenprogrammen S.195ff.

853 Bayern 3 (BR), Mitteldeutscher Rundfunk (MDR), ORB, Süd 3 (SR), West 3 (WDR), Hessen 3 (HR), Nord 3 (NDR, Radio Bremen). Zu diesen Fernsehregionalprogrammen treten auf dem Hörfunksektor eine Vielzahl regionaler (Sparten-) Programme, die in öffentlich-rechtlicher Trägerschaft veranstaltet werden, z.B. die Jugendkanäle „N-Joy" (NDR) und „Eins-Live" (WDR) oder die Kulturkanäle „WDR 5" und „SR 2 Kulturradio"; vgl. *Braun/Gillert* u.a., ZUM 1997, 201, 202 Fn.4.

*„Im Blick auf die Aufgabe, die durch die politische, wirtschaftliche und kulturelle Entwicklung geprägte individuelle Besonderheit des regionalen [...] Bereichs zur Darstellung zu bringen, ist eine zu der landes- oder bundesweiten Grundversorgung durch die öffentlich-rechtlichen Rundfunkanstalten hinzutretende* ***eigene Grundversorgung für diesen Bereich nicht eindeutig geboten.*** *"*[854]

M.E. beansprucht diese Sichtweise des BVerfG auch heute noch Gültigkeit.[855] Eine Grundversorgung „für alle" ist prinzipiell mit überregional ausgerichteten (Voll- oder evtl. auch Sparten-) Programmen zu gewährleisten. Eine durch die bloße räumliche Situierung des Zielpublikums bedingte Beschränkung eines Regionalprogrammes ist strukturell etwas völlig anderes als die Ausrichtung von Spartenprogrammen auf Zielpublika, die zwar durch bestimmte Interessen oder andere Merkmale definiert sind, sich aber über die gesamte Bundesrepublik verteilen.
Regionalprogramme fallen damit unter die Ergänzungsversorgung. Das BVerfG formulierte dies im **Hessen 3-Urteil** von 1992 so, dass Regionalprogramme zwar nicht der Grundversorgung zuzuordnen sind, *„[g]leichwohl entspricht auch die Veranstaltung solcher Programme den Funktionen des Rundfunks".*[856]

Eine funktionsgerechte Ergänzungsversorgung ist nur dann verfassungsrechtlich geboten, wenn eine öffentlich-rechtliche Tätigkeit in diesem Programmsegment durch besondere Gründe gerechtfertigt ist.[857] Das BVerfG führt insoweit aus,

*„daß [Regionalprogramme] jedenfalls bei Rundfunkanstalten, die einen größeren Flächenstaat oder gar mehrere Bundesländer mit Rundfunk versorgen, erforderlich sind, um den* ***regionalen Unterschieden*** *und den daraus erwachsenden besonderen* ***Identifikations- und Informationsbedürfnissen*** *der Empfänger Rechnung zu tragen."*[858]

---

[854] BVerfGE 74, 297, 327; s. auch E 87, 181, 204.
[855] Anders *Bethge*, MP 1996, 72 und vom Ansatz her wohl auch *Ricker*, ZUM 1998, 181f., der die Zulässigkeit öffentlich-rechtlichen Regionalprogramme an den Kriterien der Grundversorgung misst. Differenzierend auch *Goerlich/Radeck*, JZ 1989, 53, 58.
[856] BVerfGE 87, 181, 204.
[857] S.o. S.186ff.
[858] BVerfGE 87, 181, 204 [Hervorhebungen nicht im Original].

Die Regionalprogramme sind also, legt man diese Rechtsprechung zugrunde, zunächst daran zu messen, ob sie den spezifischen Bedürfnissen ihrer regionalen Zielpublika gerecht werden, d.h. dem Gebot der inhaltlichen Landesbezogenheit der Programme[859] genügen. Darüber hinaus besteht aber nicht nur programminhaltlich, sondern auch im Hinblick auf das Verbreitungsgebiet eine Grenze für die Veranstaltung öffentlich-rechtlicher Regionalprogramme. Insoweit lässt sich von einem Gebot der räumlichen Landesbezogenheit sprechen.

aa) Kriterium der inhaltlichen Landesbezogenheit

Ob überhaupt bzw. ab welcher Grenze das Verhältnis von regionalen zu überregionalen Programminhalten bei dritten Fernsehprogrammen außerhalb der funktionsgerechten Ergänzungsversorgung liegt, lässt sich nicht punktgenau feststellen.[860]

Hier könnte, wie ***Ricker*** vorschlägt, zunächst der Vergleich der jeweiligen Programmaufträge der Dritten mit den Grundversorgungsprogrammen ZDF und ARD ein Anhaltspunkt sein:[861] Den Programmaufträgen von ARD und ZDF ist gemein, dass sie gegenüber den jeweiligen Aufträgen der einzelnen Landesprogramme einen deutlich stärkeren nationalen bzw. internationalen Schwerpunkt haben.[862] Eine solche *„offensichtliche“*[863] Unterscheidbarkeit der jeweiligen inhaltlichen Auftragsschwerpunkte wird man wohl in jedem Fall als Grenzlinie für eine funktionsgerechte Ergänzungsversorgung ansehen müssen.[864]

Regionale Ergänzungsprogramme sind gerade durch ihre spezielle inhaltliche Ausrichtung verfassungsrechtlich legitimiert. Demgegenüber müssen Programme, die nicht zur regionalen Ergänzungsversorgung, sondern zur Grundversorgung „für alle“ gehören (unabhängig davon, ob die Grundver-

---

[859] Zum Terminus „Inhaltliche Landesbezogenheit“ vgl. *Ricker*, ZUM 1998, 181.

[860] Das konstatiert im Erg. auch *Ricker*, a.a.O., 181, 183.

[861] Ebda.

[862] Vgl. einerseits § 5 Abs.1, Abs.2 ZDF-StV und Nr.1 Abs.2 der Grundsätze der Zusammenarbeit im ARD - Gemeinschaftsprogramm „Deutsches Fernsehen“ vom 9. Juli 1971 i.d.F. vom 1. Dez. 1982, abgedruckt in: Ring, Medienrecht, C - V 3.6, andererseits z.B. § 3 Abs.2 MDR-StV, Art.4 BayRFG.

[863] *Ricker*, ZUM 1998, 181, 184.

[864] Ebda. Ricker ordnet Regionalprogramme allerdings vom Ansatz her nicht der Ergänzungs-, sondern der Grundversorgung zu.

sorgung - wie derzeit - noch von den Vollprogrammen ARD und ZDF gewährleistet wird, oder ob evtl. in der Zukunft eine Substitution eines bzw. beider Vollprogramme durch Spartenkanäle erfolgt)[865] eine überregionale, d.h. nationale/internationale Ausrichtung haben, weil sie sonst eben nicht mehr für Zielpublika in der gesamten Bundesrepublik, sondern nur für das Zielpublikum (bzw. Zielpublika) in einer Landesregion von Bedeutung sind.

Neben der klaren Unterscheidbarkeit der jeweiligen Programmaufträge bei Programmen der Grundversorgung „für alle" und Programmen der Ergänzungsversorgung „nur für eine Region" ist konsequenterweise auch eine offensichtliche Unterscheidbarkeit der tatsächlichen Programmgestaltung zu fordern: Soweit sich die inhaltliche Ausrichtung der Regionalprogramme nicht an den jeweiligen Vorgaben der Programmaufträge orientiert, ist eine funktionsgerechte Ergänzungsversorgung zu verneinen.[866]

Die programminhaltliche Entwicklung der dritten Fernsehprogramme wurde in den letzten Jahren mehrfach untersucht.[867] Zuletzt haben ***Brosius/ Fahr/Vlasic***[868] im Jahr 1999 eine umfassende Studie vorgelegt. Über eine Zeitraum von 15 Jahren hinweg (1984 - 1999) wurden dabei die Programmleistungen aller dritten Programme der ARD mit einer inhaltsanalytischen Methode untersucht. Basis der Untersuchung war jeweils die 11. Kalenderwoche des betreffenden Erhebungsjahres. Für jede in dieser Woche ausgestrahlte Sendung wurden Format, Inhalt, regionaler Bezug und die Sehbeteiligung der Zuschauer ermittelt.[869]

Die Autoren kommen zu dem Ergebnis, dass der regionale Programmbezug über die Jahre hinweg stetig zunahm, und zwar von bloßen 17 % im Jahre 1984 auf 34,7 % im Jahr 1999. Am häufigsten finden sich Regionalsendungen im Bereich der Realitätsdarstellungen (Nachrichten, Magazine, Reportagen). Hier weisen insgesamt über 50 % aller Sendungen einen Bezug zur Region auf. In der Hauptsendezeit zwischen 19.00 und 23.00 Uhr ist der Regionalbezug mit fast 40 % am deutlichsten ausgeprägt; die

---

865 Zur Unterscheidung von Programmsubstitution und Programmerweiterung durch Spartenkanäle s.o. S.199ff.

866 Vgl. *Ricker*, ZUM 1998, 181, 184.

867 S. dazu die Nachweise bei *Ricker*, a.a.O., 181, 183f.

868 *Brosius/Fahr/Vlasic*, Die Dritten Programme der ARD.

869 Dies., a.a.O., S.35.

wenigsten Sendungen mit regionalem Bezug sind in der Zeit zwischen 15.00 und 18.00 Uhr zu verzeichnen (weniger als 30 %).[870]

Ob man einen durchschnittlichen Regionalanteil von „nur“ 34,7 % (d.h. im Umkehrschluss einen überregionalen Programmanteil von 65,3 %) bei allen untersuchten Regionalprogrammen noch als funktionsgerechte Ergänzungsversorgung klassifizieren kann, ist m.E. nicht ohne weiteres zu bejahen.[871] Angesichts der Vorgaben des BVerfG dürfte wohl eher zu fordern sein, dass zumindestens mehr als die Hälfte der Programmbeiträge, also der überwiegende Teil, *„den regionalen Unterschieden und den daraus erwachsenden besonderen Identifikations- und Informationsbedürfnissen der Empfänger Rechnung [trägt].“*[872] Zwar ist nach der Studie von Brosius/ Fahr/Vlasic der Regionalbezug in der abendlichen Prime Time mit durchschnittlich knapp 40 % am stärksten ausgeprägt, dafür zu den anderen Tageszeiten aber eben entsprechend weniger (unter 30 %). Gerade außerhalb der Prime Time dürfte aus verfassungsrechtlicher Perspektive eine Anhebung der regionalen Programmteile notwendig sein. Andererseits darf aber auch nicht übersehen werden, dass sich der gesamte Regionalanteil aller dritten Fernsehprogramme in den letzten 15 Jahren von 17 % auf 34,7 % praktisch verdoppelt hat. Die generelle Tendenz geht also eher zu „mehr“, als zu „weniger“ Regionalbezug.

Eine Unterrepräsentanz regionaler Inhalte in öffentlich-rechtlichen Regionalprogrammen erscheint zunächst im Hinblick auf die finanziellen Interessen der Rundfunkteilnehmer bedenklich. Eine Gebührenfinanzierung ist nämlich nur in dem Maße statthaft, wie sie die Gewährleistung der Funktion des Rundfunks unbedingt erfordert.[873]

Da Regionalprogramme in den Bereich der bloßen Ergänzungversorgung fallen, ist darüber hinaus auch die wirtschaftliche Wettbewerbssituation zu

---

870 Dies., a.a.O., S.61.

871 Anders *Ricker*, ZUM 1998, 181, 184f., der auch einen durchschnittlichen Regionalanteil von weniger als einem Drittel der Gesamtsendezeit als noch verfassungskonform ansieht. Seiner Auffassung nach ist die Grenze der verfassungsrechtlich zulässigen Gestaltung der jeweiligen Regionalprogramme bei einem regionalen „Anteil von unter 10 % des Gesamtprogrammes“ zu ziehen. Kritisch zu einem so niedrigen Anteil *Brosius/Fahr/Vlasic*, Die dritten Programme der ARD, S.55.

872 BVerfGE 87, 181, 204.

873 Vgl. BVerfGE 74, 297, 342; 87, 181, 202; 90, 60, 92f.

den Privatsendern besonders zu beachten.[874] Ein zu geringer Anteil regionaler Inhalte am Programm führt zu einem verschärften Wettbewerb mit Privatanbietern, weil mit den überregionalen Sendungen um die Gunst der gleichen Zuschauerklientel geworben wird (nämlich derjenigen Zuschauer, die nicht nur länderspezifische Informationssendungen, regionalpolitische Diskussionsrunden, regionale Kultur- und Unterhaltungbeiträge o.Ä. erwarten). Diese Zuschauerklientel soll aber gerade nicht durch die bloß „regionale" Ergänzungsversorgung, sondern die Grundversorgung „für alle" bedient werden, also derzeit die bundesweiten Vollprogramme ARD und ZDF. Insoweit, also hinsichtlich derjenigen Programme, die die Grundversorgung gewährleisten, haben Privatanbieter nach dem Verständnis des BVerfG die ökonomische Wettbewerbssituation wegen des dienenden Charakters der Rundfunkfreiheit prinzipiell hinzunehmen, soweit kein Verdrängungswettbewerb entsteht.[875] Wenn aber öffentlich-rechtliche Regionalprogramme in zu hohem Maße überregionale Sendungen anbieten, führt dies m.E. zu einer Überversorgung (über das verfassungsrechtlich Erforderliche hinaus), weil die Regionalprogramme in die Grundversorgung „hineinwachsen" - zu Lasten der Privatanbieter und ohne verfassungsrechtliche Erforderlichkeit.[876]

bb) Kriterium der räumlichen Landesbezogenheit

Im Schrifttum wird die Frage der räumlichen Landesbezogenheit bei der Verbreitung dritter Fernsehprogramme einerseits unter dem Aspekt der Zulässigkeit von Satellitenübertragungen, andererseits unter dem Gesichtspunkt der Kabeleinspeisung („must carry") erörtert.

Zur **Satellitenübertragung** wird teilweise vertreten, dass sie bereits aufgrund der Entwicklungsgarantie für den öffentlich-rechtlichen Rundfunk legitim sei; eine ausdrückliche landesgesetzliche Ermächtigungsgrundlage wäre insoweit nicht erforderlich.[877]

---

[874] S.o. S.192ff.

[875] Vgl. BVerfGE 83, 238, 311; s. auch BVerfGE 73, 118, 157.

[876] S. dazu BVerfGE 74, 297, 327: „Für die räumlich begrenzt zu empfangenden Programme ohne [regionalen] Bezug ist aber die Grundversorgung bereits durch die landesweiten Programme gewährleistet."

[877] S. *Binder*, MP 1992, 29, 35.

Diese Auffassung erscheint im Hinblick auf den Wesentlichkeitsgrundsatz sehr zweifelhaft, weil Fragen der Rundfunkverbreitung von so grundlegender Bedeutung für die Ausgestaltung der Rundfunkordnung sind, dass sie einer speziellen gesetzgeberischen Entscheidung bedürfen.[878] Außerdem ist die Entwicklungsgarantie strikt funktionsbezogen: Außerhalb der Funktion, die der Rundfunk zu erfüllen hat, kommt ihr keine Bedeutung zu.[879] Ob die Satellitenübertragung regionaler Programme funktionsadäquat ist, kann also nicht unter bloßer Berufung auf die Entwicklungsgarantie bejaht werden, sondern ist gesondert zu überprüfen.

Wie oben dargelegt,[880] hat das BVerfG öffentlich-rechtliche Regionalprogramme als funktionsgerecht angesehen, wenn sie in genügendem Umfang auf die spezifischen Informations- und Identifikationsbedürfnisse ihrer regionalen Zielpublika ausgerichtet sind (Gebot der inhaltlichen Landesbezogenheit).[881] M.E. ist es nahe liegend, diese Verpflichtung zur inhaltlichen Ausrichtung auf regionale Rezipienteninteressen in engem Zusammenhang mit der räumlichen Programmverbreitung zu sehen: Erfolgt eine vom Veranstalter gewollte[882] bundesweite Verbreitung über Satelliten, so lässt sich durchaus annehmen, dass die inhaltliche Gestaltung der Sendungen auch von den Interessen der Rezipienten außerhalb des eigentlichen Landesgebietes beeinflusst wird.[883] Eine solche Ausrichtung an überregionalen Gesichtspunkten ist aber gerade nicht die Aufgabe der öffentlich-rechtlichen Regionalprogramme, die keine Grund-, sondern nur Ergänzungsversorgung leisten. Außerdem ist zu berücksichtigen, dass bei einer nationalen Verbreitung regionaler Programme Zweifel an einer ausreichenden pluralistischen Kontrolle bestehen: Die Landesgesetzgeber haben für die binnenplu-

---

878 Vgl. *Ricker*, ZUM 1998, 181, 187.

879 S. BVerfGE 90, 60, 91; s. auch E 73, 18, 158; 74, 297, 324f.; 83, 238, 298f.

880 Vgl. S.186ff.

881 S. BVerfGE 87, 181, 204. Der Terminus „Gebot der (inhaltlichen) Landesbezogenheit“ wird allerdings nicht vom BVerfG, sondern nur im Schrifttum verwendet, z.B. von *Ricker*, ZUM 1998, 181.

882 Die mögliche Gegenargumentation, wonach eine Satellitenübertragung auch die Erreichbarkeit der Rezipienten im regionalen Verbreitungsgebiet sichert, und eine nationale Verbreitung insoweit nur „billigend in Kauf genommen“, aber nicht final bezweckt wird, kann nicht durchgreifen: Eine technische Erreichbarkeit regionaler Programme im regionalen Verbreitungsgebiet kann ohne weiteres auch über terrestrische Frequenzen bzw. über nicht satellitengestützte Kabeleinspeisungen gesichert werden. Die Notwendigkeit der technischen Erreichbarkeit entbindet nicht von der Beachtung der besonderen verfassungsrechtlichen Grenzen für die Veranstaltung von Regionalprogrammen (vgl. *Ricker*, ZUM 1998, 181, 192).

883 Vgl. *Ricker*, a.a.O., 181, 189.

rale Programmaufsicht regelmäßig bestimmt, dass die Mitglieder des Rundfunkrates aus den gesellschaftlich relevanten Gruppen des jeweiligen Landesgebietes zusammengesetzt sind,[884] um durch diesen regionalen Bezug die Interessen der Allgemeinheit im Landesgebiet sicherzustellen.[885] Bei einer bundesweiten Verbreitung öffentlich-rechtlicher Regionalprogramme fehlt es jedoch an einer entsprechenden Anbindung der Mitglieder der Aufsichtsgremien - eine Situation, die unter dem Aspekt der Pluralismussicherung bedenklich erscheint.[886]

Schließlich sind auch die finanziellen Interessen der Rundfunkteilnehmer zu beachten: Es ist fragwürdig, ob die durch eine überregionale Verbreitung via Satellit anfallenden zusätzlichen Kosten unter dem Aspekt der funktionsgerechten Rundfunkfinanzierung[887] noch als zwingend erforderlich einzustufen sind.

Entscheidend dürfte sein, dass die wirtschaftliche Wettbewerbssituation zu den Privatanbietern, die schon bei einem überwiegenden (durchschnittlich bei ca. 65 % liegenden) Anteil der Programminhalte mit nationaler/internationaler Ausrichtung und regionaler Ausstrahlung verfassungsrechtlich nicht unbedenklich erscheint, durch eine überregionale Ausstrahlung noch verstärkt wird.[888] Die bundesweite Verbreitung von Regionalprogrammen verringert die Akzeptanz privater Angebote, d.h. den Privatsendern gehen diejenigen Zuschauer verloren, die die dritten Programme gewinnen.[889] Durch die Abhängigkeit der Werbeeinnahmen von der Einschaltquote können sich damit für die privaten Rundfunkveranstalter erhebliche finanzielle Negativauswirkungen ergeben.[890] Diese Auswirkun-

---

884 S. nur § 19 Abs.1 MDR - StV; Art.6 Abs.3 BayRFG.

885 Vgl. *Ricker*, ZUM 1998, 181, 188.

886 S. *Ricker*, a.a.O., 181, 189.

887 Vgl. zur funktionsgerechten Rundfunkfinanzierung allgemein BVerfGE 74, 297, 342; 87, 181, 202; 90, 60, 92f.

888 Einer Berücksichtigung von Wettbewerbsinteressen privater Veranstalter steht BVerfGE 74, 297, 335f. wohl nicht entgegen, wo es hinsichtlich zusätzlicher Programmangebote des Süddeutschen Rundfunks heißt, dass deren Untersagung unter Berufung auf wirtschaftliche Schutzinteressen der Privatanbieter keine zulässige Ausgestaltung der Rundfunkfreiheit darstellt. Der Entscheidung zugrunde lag nämlich nur die Erweiterung öffentlich-rechtlicher Programmaktivitäten im regionalen Raum, also innerhalb des funktionsgemäßen Verbreitungsgebietes. Eine bundesweite Verbreitung - um die es hier geht - ist aber gerade nicht funktionsgerecht (ähnlich *Ricker*, ZUM 1998, 181, 189; a.A. BayVGH ZUM - RD 1998, 22, 25).

889 Vgl. *Ricker*, ZUM 1998, 181, 190.

890 Ebda.

gen wiegen umso schwerer, als bisher nur wenige private Fernsehveranstalter die anfänglichen Investitionsverluste abgetragen haben und in der Gewinnzone arbeiten.[891] Eine Landesbezogenheit öffentlich-rechtlicher Regionalprogramme ist deshalb nicht nur in inhaltlicher, sondern auch in räumlicher Hinsicht geboten. Die Satellitenaufschaltung von Regionalprogrammen ist verfassungsrechtlich bedenklich.

Die Frage nach der zulässigen **Kabeleinspeisung** dritter Programme ist unter dem Aspekt der „must carry" - Regelungen in den Rundfunkgesetzen bzw. Kabelbelegungssatzungen der Länder[892] zu analysieren. Zwei Konstellationen sind dabei zu unterscheiden, nämlich zum einen die Rangfolge der Einspeisung im funktionsgerechten regionalen Verbreitungsgebiet des jeweiligen dritten Programmes, und zum anderen die Einspeisung außerhalb dieses Gebietes, also in Kabelanlagen, die in anderen Bundesländern belegen sind.

Hinsichtlich der ersten Konstellation erscheint eine vorrangige Einspeisung des betreffenden Landesprogrammes verfassungsrechtlich zulässig und wohl auch geboten: Es handelt sich hier um ein Programmangebot, dessen Veranstaltung nach dem Verständnis des BVerfG den Funktionen des Rundfunks entspricht[893] und dessen Gewährleistung durch die Rundfunkanstalten zur Sicherung der Meinungsvielfalt entscheidend beiträgt.[894]

Anders ist die Lage bei der zweiten Konstellation zu beurteilen, also der Einspeisung dritter Fernsehprogramme in die Kabelnetze anderer Bundesländer. Hier bestehen wegen des Gebotes der räumlichen Landesbezogenheit zunächst die gleichen, wie oben im Hinblick auf die Satellitenaufschaltung dargelegten Bedenken. Hinzu kommt aber noch, dass - anders als bei Satellitenübertragungen - im Kabel eine gewisse Mangelsituation hinsichtlich der zur Verfügung stehenden Übertragungswege besteht; ihre Anzahl ist begrenzt (auch wenn in Zukunft verstärkt digitalisierte Dienste verbreitet werden).[895] Damit verschärft sich die Wettbewerbssituation gegen-

---

[891] Vgl. *Ricker*, ZUM 1998, 181, 191.
[892] Z.B. §§ 37f. SächsPFG; § 41 BayMG i.V.m. der BayKabelbelegungssatzung.
[893] S. BVerfGE 87, 181, 204.
[894] Die entsprechenden Vorrangregelungen in den Rundfunkgesetzen (z.B. § 38 Abs.1 Nr. 2 c) SächsPFG) bzw. Satzungen (z.B. § 7 S.1 BayKabelbelegungssatzung i.V.m. Anlage 2 Ziff.1) der Länder sind deshalb verfassungsrechtlich unbedenklich.
[895] Vgl. *Wille/Heckel*, ZUM 1997, 240; *Ricker*, ZUM 1998, 181.

über privaten Rundfunkveranstaltern, aber auch Anbietern von Medien- und Telediensten erheblich.

Vor diesem Hintergrund ist eine vorrangige Pflicht zur Kabeleinspeisung für dritte Programme aus anderen Bundesländern, wie sie z.B. die BayKabelbelegungssatzung vorsieht,[896] aus verfassungsrechtlicher Perspektive sehr fragwürdig.[897]

## III. Unterstützung der Funktionserfüllung im mittelbaren Geltungsbereich der Rundfunkfreiheit

Die Grundrechtsträgerschaft der Öffentlich-Rechtlichen beschränkt sich nach der Rechtsprechung des BVerfG auf Art.5 Abs.1 S.2, 2.Alt. GG und erstreckt sich weder auf die Pressefreiheit, noch andere Freiheitsgrundrechte.[898] Die verfassungsrechtliche Aufgabe der Anstalten ist dabei die Umsetzung des „Klassischen Rundfunkauftrages“ auf den Feldern der Grundversorgung und der essentiellen Funktionen des Rundfunks.[899]

**Unmittelbar** von der Rundfunkfreiheit geschützt ist - entsprechend der zentralen verfassungsrechtlichen Aufgabe der Rundfunkanstalten - die Veranstaltung von Rundfunkprogrammen.[900] Der weit gefasste Kreis direkt

---

896 Vgl. § 7 S.1 BayKabelbelegungssatzung i.d.F. vom 23.07.1998 i.V.m. Anlage 2 Ziff.2. Das SächsPFG sieht in § 38 Abs.1 Nr. 3 einen Vorrang für „drei weitere öffentlich - rechtliche Fernsehprogramme“ (außer ARD, ZDF, MDR und ARTE) vor, die von den Mitgliedern der Rundfunkanstalten der ARD und dem ZDF „im Einvernehmen“ benannt werden. Diese Regelung ist aus verfassungsrechtlicher Perspektive problematisch, weil sowohl der „Kinderkanal“ (s.o. S.206ff.), als auch die dritten Fernsehprogramme anderer Bundesländer nach hier vertretener Auffassung nicht zum funktionsgerechten Bereich der Ergänzungsversorgung gehören. Werden solche Programme von ARD und ZDF „im Einvernehmen“ benannt, müssen sie „zwingend“ (§ 38 Abs.1 SächsPFG) vorrangig eingespeist werden, was im Hinblick auf die ökonomischen Wettbewerbsinteressen der konkurrierenden Privatanbieter von Rundfunk- und Mediendiensten nicht gerechtfertigt erscheint.

897 So auch *Ricker*, ZUM 1998, 181, 195; a.A. BayVGH, ZUM - RD 1998, 22.

898 Vgl. BVerfGE 31, 314, 322; 59, 231, 255; 78, 101, 102f.; 83, 238, 312 sowie die weiteren Nachw. in Fn.704.

899 S.o. S.181ff.; S.186ff.

900 S. *Jarass*, Online-Dienste und Funktionsbereich des ZDF, S.19; vgl. auch *Degenhart*, ZUM 1998, 333, 340.

geschützter Tätigkeiten reicht dabei von der Programmvorbereitung über die Herstellung der Programme bis zur Sendung.[901] Auch organisatorische und personelle Aktivitäten, die unmittelbar auf die Programmveranstaltung bezogen sind, werden insoweit geschützt.[902]

Neben der Veranstaltung von Rundfunkprogrammen können aber auch weitergehende Tätigkeiten der Öffentlich-Rechtlichen **mittelbar** von der Rundfunkfreiheit geschützt werden.[903] Das BVerfG spricht hier von „*unterstützender Randbetätigung*",[904] teilweise wird auch zwischen „*programmbezogenen Hilfsfunktionen*" und „*begleitenden Tätigkeiten*"[905] bzw. zwischen „*Haupttätigkeiten*" und „*Hilfstätigkeiten*"[906] differenziert. Im Rahmen dieser Abhandlung wird zwischen Annexaktivitäten und fiskalischen Randnutzungen öffentlich-rechtlichen Rundfunkanstalten unterschieden:[907]

Unter **Annexaktivitäten** werden Tätigkeiten verstanden, die der Vorbereitung und Durchführung, zumindest aber der Unterstützung der Kompetenzausübung öffentlich-rechtlicher Rundfunkanstalten im Bereich ihrer Hauptkompetenz (d.h. der Programmveranstaltung) dienen[908] und keine vorrangige wirtschaftliche Zielsetzung haben. Anders als bei Kompetenzen kraft Sachzusammenhangs handelt es sich bei Annexkompetenzen (bzw. Annexaktivitäten, die sich auf entsprechende Annexkompetenzen stützen) um eine bloße Vertiefung, nicht aber sachliche Ausweitung öffentlich-rechtlicher Befugnisse.[909]

---

901 Vgl. *Jarass*, a.a.O.; s. auch BVerfGE 83, 238, 302f.

902 S. *Jarass*, a.a.O.; BVerfGE 59, 231, 260.

903 Vgl. zur Differenzierung zwischen unmittelbar und mittelbar geschützten Tätigkeiten *Jarass*, a.a.O., S.20.

904 BVerfGE 83, 238, 313; vgl. auch *Ricker*, AfP 1998, 437, 445.

905 SächsVerfGH, NJW 1997, 3015.

906 *Jarass*, Online-Dienste und Funktionsbereich des ZDF, S.18.

907 Ähnlich *Degenhart*, ZUM 1998, 333, 344; ders., BonnK, Art.5 GG Rn.793; s. auch *Scholz*, Rundfunkeigene Programmpresse ?, S.26f.

908 Vgl. *Degenhart*, a.a.O.; ähnlich *Scholz*, a.a.O., S.26, der zwischen Annexzuständigkeiten i.w.S. (alle Zuständigkeiten, die einem Zuständigkeitsträger kraft Sach- oder Sinnzusammenhangs zufallen), und Annexzuständigkeiten i.e.S. (Zuständigkeiten, die nicht nur - wie fiskalische Randnutzungen - Zielen der Wirtschaftlichkeit, sondern unmittelbar der Hauptzuständigkeit dienen) unterscheidet.

909 Vgl. *Degenhart*, a.a.O.; ders., BonnK, Art.5 GG Rn.799. Annexaktivitäten erfolgen nicht im unmittelbaren Geltungsbereich der Rundfunkfreiheit. Sie dienen also nicht direkt, sondern nur indirekt der Erfüllung der „Funktion, die der Rundfunk zu erfüllen hat", d.h. der Umsetzung des „Klassischen Auftrages des Rundfunks." (s. dazu auch S.177ff.) Da die Finanzierungsgarantie für die öffentlich-rechtlichen

Die Grenzen zulässiger Annexaktivitäten sind einerseits dann erreicht, wenn eine wesensmäßig ganz anders geartete Aufgabe als die Veranstaltung von Rundfunkprogrammen zum Bezugspunkt der Unterstützungstätigkeit gemacht werden (qualitative Grenze), andererseits dann, wenn es sich äußerlich zwar um eine wesensmäßig verwandte Aufgabe handelt, diese aber in ihrer umfangmäßigen Wahrnehmung die Hauptaufgabe, also die Veranstaltung von Rundfunkprogrammen überlagert (quantitative Grenze).[910]

Unter einer **fiskalischen Randnutzung** wird die bloße wirtschaftliche Verwertung von Ressourcen der öffentlich-rechtlichen Anstalten verstanden,[911] wobei sowohl eine Verwertung sachlicher, als auch programmlicher Ressourcen in Betracht kommt.[912] Fiskalische Randnutzungen stellen eine Konkretisierung des allgemeinen verwaltungsrechtlichen Wirtschaftlichkeitsgebotes dar.[913]

Im Folgenden werden zunächst traditionelle Formen von Annexaktivitäten öffentlich-rechtlicher Rundfunkanstalten kurz dargestellt, ehe die aktuelle Problematik der Online - Annexaktivitäten im Internet und Beispiele für fiskalische Randnutzungen näher erörtert werden.[914]

---

Rundfunkanstalten aber von der Funktion des Rundfunks begrenzt wird (vgl. BVerfGE 87, 181, 204), stellt sich die Frage, ob Annexaktivitäten überhaupt von der Finanzierungsgarantie ergriffen werden. M.E. ist dies zu bejahen, weil Annexaktivitäten nur zu einer Vertiefung, aber nicht zu einer Ausweitung des „Klassischen Rundfunkauftrages“ bzw. der „Funktion“ des Rundfunks führen. Wenn und soweit Annexaktivitäten der Rundfunkanstalten inhaltlich zulässig und erforderlich sind, müssen sie konsequenterweise auch von der Finanzierungsgarantie umfasst werden. Insoweit lässt sich von mittelbar funktionsgerechten Tätigkeiten der Öffentlich-Rechtlichen sprechen (ähnlich *Libertus*, AfP 1992, 229f.).

910 Vgl. *Scholz*, Rundfunkeigene Programmpresse ?, S.27; s. auch *Schulze-Fielitz*, in: Dreier, GG, Art.5 Rn.83f.

911 S. *Degenhart*, ZUM 1998, 333, 344; *Jarass*, Online-Dienste und Funktionsbereich des ZDF, S.37.

912 Vgl. *Degenhart*, a.a.O. Das Problem der Finanzierungsgarantie stellt sich bei den fiskalischen Randnutzungen nicht (anders als bei den Annexaktivitäten, s. Fn. 909): Sie verbrauchen im Saldo keine Finanzmittel, sondern sollen die Rundfunkanstalten über das Gebührenaufkommen hinaus mit zusätzlichen finanziellen Mitteln versorgen.

913 Vgl. *Scholz*, Rundfunkeigene Programmpresse ?, S.26. Einfachrechtlich manifestiert sich das Gebot von Wirtschaftlichkeit und Sparsamkeit z.B. in § 30 Abs.2 S.2 ZDF-StV.

914 Zur Kooperation öffentlich-rechtlicher Rundfunkanstalten mit privaten Medienunternehmen (z.B. in Form des Joint Ventures „ZDF online“ zwischen dem ZDF und

### *1. Traditionelle Annexaktivitäten*

Einfachrechtlich ist z.B. der ARD in § 4 Abs.2 ARD-StV das Recht eingeräumt,

> *„Druckwerke mit vorwiegend programmbezogenen Inhalten [zu] veröffentlichen, wenn dies zur Erfüllung ihrer Aufgaben erforderlich ist.“*[915]

Diese einfachrechtliche Legitimation ist im Zusammenhang mit einer schon in den 1970er Jahren einsetzenden und dann bis Anfang der 90er Jahre reichenden kontroversen Diskussion im Schrifttum zu sehen, die unter dem Stichwort „**Rundfunkeigene Programmpresse**“ geführt wurde.[916] Dabei wurde zwischen sog. bloßen Hauszeitschriften öffentlich-rechtlicher Rundfunkanstalten, die der Selbstdarstellung in der Öffentlichkeit dienen, und Programmzeitschriften mit einem mehr oder weniger umfangreichen redaktionellen Teil unterschieden.[917] Während Erstere überwiegend für zulässig erachtet wurden,[918] war hinsichtlich der Programmzeitschriften vor allem streitig, ob und inwieweit ein allgemeiner redaktioneller Teil neben der eigentlichen Programminformation legitim sei.[919] Teilweise wurde ver-

---

Microsoft Network) vgl. einerseits z.B. *Degenhart*, MMR 1998, 137, 140f.; ders., Online-Angebote öffentlich-rechtlicher Rundfunkanstalten, S.83ff.; andererseits *Jarass*, Online-Dienste und Funktionsbereich des ZDF, S.37ff.; s. auch schon *Libertus*, Grundversorgungsauftrag und Funktionsgarantie, S.149ff., jeweils m.w.Nachw.

915 Z.B. BWGVBl. 1991, 745.

916 Einen Überblick über die damals vertretenen Ansätze geben z.B. *Tettinger*, AfP 1986, 306; *Libertus*, Grundversorgungsauftrag und Funktionsgarantie, S.146ff.; *Herrmann*, § 12 Rn.131ff., jeweils m.w.Nachw. Annexkompetenzen öffentlich - rechtlicher Rundfunkanstalten wurden - soweit ersichtlich - erstmals von *Maunz*, DVBl. 74, 3ff. erörtert. Als Formen grundsätzlich zulässiger Annexaktivitäten nannte er z.B. Druckausgaben zur Ergänzung und Vertiefung von Sendungen (z.B. Lernmaterial für ein Telekolleg).

917 Vgl. *Libertus*, a.a.O., S.146.

918 Vgl. *Lerche*, AfP 1984, 195; *Emmerich/Steiner*, Möglichkeiten und Grenzen der wirtschaftlichen Betätigung der öffentlich-rechtlichen Rundfunkanstalten, S.109f.; *Libertus*, a.a.O., S.147; ähnlich *Scholz*, Rundfunkeigene Programmpresse ?, S.34.

919 Vgl. nur einerseits *Libertus*, Grundversorgungsauftrag und Funktionsgarantie, S.148f (Zulässig sind auch umfangreichere redaktionelle Teile zur Erhöhung der Akzeptanz rundfunkeigener Programmzeitschriften gegenüber privatwirtschaftlichen Presseerzeugnissen, soweit nur die Programminformation insgesamt überwiegt), andererseits *Scholz*, a.a.O., S.35f. (Programmunabhängige redaktionelle Teile überschreiten die Grenzen der Annexzuständigkeit).

treten, dass neben der kostenlosen Verbreitung auch eine kostenpflichtige Abgabe zulässig wäre: Bei kommerziellen Programmzeitschriften, so die Argumentation, würde es sich um eine bloße *„funktionsgerechte Fortschreibung der Rundfunkfreiheit“*[920] handeln. Die Auseinandersetzungen in der Literatur fanden mit dem **Nordrhein-Westfalen-Urteil** des BVerfG von 1991 einen vorläufigen Abschluss. Das BVerfG betonte dort zunächst, dass es den Öffentlich-Rechtlichen bei programmbegleitenden Druckwerken gestattet ist,

> *„durch eine geeignete Aufmachung und Präsentation der Informationen darauf hinzuwirken, daß diese die Aufmerksamkeit des Publikums finden. Bei alledem **muß** freilich **stets der Programmbezug die Gestaltung der Programmzeitschrift durchgängig prägen**. Ein redaktioneller Teil, der nicht mehr auf das Gesamtprogramm der Anstalt bezogen wäre, sondern eine hiervon losgelöste pressemäßige Berichterstattung oder allgemein unterhaltende Beiträge enthielte, könnte in der Rundfunkfreiheit keine verfassungsrechtliche Grundlage mehr finden.*[921]

Einerseits zog das BVerfG der rundfunkeigenen Programmpresse also deutliche Schranken: Typische Programmzeitschriften mit redaktionellem Inhalt dürfen von den Anstalten nicht herausgegeben werden.[922] Andererseits gab das Gericht mit seiner Formel von der „durchgängigen Prägung“ der Zeitschriftengestaltung durch den Programmbezug aber auch Anlass zu neuer Rechtsunsicherheit. Im Schrifttum wurde dazu kritisch angemerkt, dass die Grenzen zwischen programmbezogenen Informationen und Unterhaltungsteilen fließend seien, und sich angesichts der Themenvielfalt öffentlich-rechtlicher Programme zumeist ohne Mühe ein „durchgängiger Programmbezug“ der präsentierten Inhalte darstellen lasse.[923] Dies gelte umso mehr, als das Gericht auch eine „geeignete Aufmachung und Präsentation“ der Inhalte (womit neben der rein typographischen Gestaltung wohl auch das Hinzufügen von schriftlichen Erläuterungen, Bebilderungen etc. gemeint ist) für zulässig erachte.[924]

---

920 *Libertus*, a.a.O., S.147; a.A. *Scholz*, a.a.O., S.36.

921 BVerfGE 83, 238, 313f. [Hervorhebung nicht im Original].

922 So auch das Fazit von *Degenhart*, DVBl. 1991, 516.

923 So die Urteilskritik von *Graf*, Rundfunkanstalten im Kartellrecht, S.95; s. auch *Emmerich/Steiner*, Möglichkeiten und Grenzen der wirtschaftlichen Betätigung der öffentlich-rechtlichen Rundfunkanstalten, S.86.

924 Vgl. *Graf*, a.a.O.

Hinsichtlich der Frage einer kostenpflichtigen Verbreitung öffentlich-rechtlicher Programmzeitschriften führte das BVerfG im Nordrhein-Westfalen-Urteil aus:

> *Die Notwendigkeit einer Beschränkung auf programmbezogene Informationen* ***schließt ferner eine wirtschaftliche Zielsetzung der Druckwerke aus****. Würden sie vorrangig oder gar allein Finanzierungszwecken dienen, wäre ihre Herausgabe gleichfalls nicht mehr von der Informationsaufgabe der Anstalt und damit von der Rundfunkfreiheit gedeckt.*[925]

Dieser Auffassung ist zuzustimmen. Die Herausgabe kommerzieller Programmzeitschriften ist keine bloße Annexaktivität.[926] Annexaktivitäten vertiefen eine bestehende Hauptkompetenz, erweitern sie aber nicht.[927] Hauptkompetenz der Rundfunkanstalten ist die Veranstaltung von Rundfunkprogrammen; damit gewährleisten sie die Funktion des Rundfunks auf den Feldern des Klassischen Rundfunkauftrages.[928] Diese Gewährleistungsfunktion, vom BVerfG hier mit der *„Informationsaufgabe der Anstalt[en]"*[929] umschrieben, ist dem Grundsatz „Rundfunk für alle" verpflichtet, was die Erhebung spezieller Zusatzentgelte für den Bezug einzelner Informationssegmente ausschließt.[930] Die Herausgabe kostenpflichtiger Programmzeitschriften würde daher die Funktionserfüllung der Rundfunkanstalten nicht vertiefen, sondern konterkarieren. Sie wäre deshalb *„nicht mehr [...] von der Rundfunkfreiheit gedeckt."*[931]

---

925 BVerfGE 83, 238, 314 [Hervorhebung nicht im Original].

926 Um eine „nur" wirtschaftliche Verwertung von Anstaltsressourcen, also eine bloße fiskalische Randnutzung, handelt es sich schon deshalb nicht, weil statt einer rein ökonomischen Nutzung vorhandener Ressourcen eine Ausweitung der Zuschauerinformation zum Zwecke der Anstaltsfinanzierung erfolgt.

927 S.o. S.219ff.

928 S.o. S.177ff.

929 BVerfGE 83, 238, 314.

930 S. dazu vom Ansatz her auch *Ricker*, AfP 1998, 437, 442, allerdings nicht im Hinblick auf eine entgeltliche öffentlich-rechtliche Programmpresse, sondern nur in Bezug auf die Frage der Zulässigkeit öffentlich-rechtliche Pay TV - Programme. Für beide Bereiche dürfte insoweit aber das Gleiche gelten. Allgemein zur Finanzierungsform Pay TV für öffentlich-rechtliche Programme vgl. z.B. *Stettner*, ZUM 1995, 93ff.; *Libertus*, AfP 1998, 149ff., jeweils m.w.Nachw.

931 BVerfGE 83, 238, 314.

## *2. Online - Annexaktivitäten*

### *a) Notwendigkeit einer einfachrechtlichen Ermächtigung*

Mit dem zum 01.04.2000 in Kraft getretenen vierten RÄndStV wurden erstmals spezielle Befugnisse der Öffentlich-Rechtlichen zum Anbieten von Internetdiensten staatsvertraglich begründet.[932]

Im Schrifttum wurde vor Inkrafttreten des vierten RÄndStV teilweise die Auffassung vertreten, dass Annexaktivitäten öffentlich-rechtlicher Rundfunkveranstalter im Online - Bereich auch ohne explizite Ermächtigung zulässig seien.[933] Immer dann, so wurde argumentiert, wenn Online - Dienste eine bloß programmunterstützende oder - erweiternde Funktion haben, sind sie bereits von der einfachrechtlichen Ermächtigung für die entsprechende Haupttätigkeit der Rundfunkanstalten (d.h. die Programmveranstaltung) gedeckt.[934]

Die m.E. überzeugendere Gegenmeinung berief sich darauf, dass für die Notwendigkeit einer gesetzgeberischen Regelung nach allgemeinen Grundsätzen stets die Wesentlichkeit des zu regelnden Sachverhaltes ausschlaggebend sei. Eine gesetzgeberische Entscheidung wäre daher auf jeden Fall notwendig, wenn der Umfang öffentlich-rechtlicher Online - Betätigung sich derartig verselbstständigen würde, dass er als eigenständige Haupttätigkeit (neben oder anstelle des Programmbetriebes) einzustufen wäre.[935] Nichts anderes könne aber auch für bloße Unterstützungstätigkeiten gelten, die über den eigentlichen Bereich der Rundfunkordnung hinausgreifen und Strukturfragen der gesamten Medienordnung berühren. Zunächst müsse berücksichtigt werden, dass der Gesetzgeber hinsichtlich traditioneller Formen „rundfunkeigener Programmpresse“ explizite Regelungen für not-

---

932 S. dazu S.229ff.

933 S. *Jarass*, Online-Dienste und Funktionsbereich des ZDF, S.38 (der den Terminus „Hilfstätigkeiten“ statt Annexaktivitäten verwendet); *Gersdorf*, NJW-CoR 1998, 238; *Michel*, ZUM 1998, 350, 355; ähnlich *Eberle*, AfP 1998, 272, 273.

934 S. *Jarass*, a.a.O.; *Gersdorf*, a.a.O.; *Michel*, a.a.O.; wohl auch *A.Hesse*, Rundfunkrecht, S.133f.

935 S. *Schulze-Fielitz*, AfP 1998, 447, 455. Nach dem hier vertretenen Ansatz wäre eine solche (zusätzliche), einfachrechtlich legitimierte Haupttätigkeit aber nicht verfassungskonform, weil sich der funktionale Gewährleistungsauftrag des öffentlich - rechtlichen Rundfunks gerade in der Programmveranstaltung manifestiert.

wendig erachte.[936] Dies deute bereits darauf hin, dass auch neue Formen der „rundfunkeigenen Online - Programmpresse“ einer ausdrücklichen gesetzgeberischen Aufgabenzuweisung bedürfen.[937] Auch die Tatsache, dass die Reichweite des funktionalen Gewährleistungsauftrages der Rundfunkanstalten im Schrifttum sehr kontrovers diskutiert werde, verweise auf die Notwendigkeit einer gesetzgeberischen Entscheidung.[938] Öffentlich-rechtliche Online - Annexaktivitäten berührten zudem elementare wirtschaftliche Interessen privater Anbieter von Mediendiensten, die Rechtssicherheit hinsichtlich der Online - Präsenz ihrer marktmächtigen (weil überwiegend gebührenfinanzierten) öffentlich-rechtlichen Konkurrenten benötigten. Für den Bereich der Rundfunkordnung hat das BVerfG eine Tätigkeit öffentlich-rechtlicher Rundfunkanstalten, die private Rundfunkanstalter verdrängt, als unzulässig erachtet.[939] Nichts anderes könne auch für den - über die eigentliche Rundfunkordnung hinausgehenden - Bereich der Medienordnung gelten, weil die verfassungsrechtlichen Bindungen der Rundfunkanstalten für jede ihrer Tätigkeiten bestehen. Um die Einhaltung dieser Bindungen sicherzustellen seien eindeutige und detaillierte gesetzgeberische Regelungen für alle Annexaktivitäten öffentlich-rechtlicher Rundfunkanstalten im Online - Bereich zwingend notwendig.[940] Das Ziel des MDStV, die Privatwirtschaft durch einen klaren rechtlichen Rahmen für Online - Dienste zu stärken,[941] würde ansonsten konterkariert.

Die hier skizzierte Diskussion im Schrifttum hat mit dem Inkrafttreten des vierten RÄndStV an Bedeutung verloren. Wichtig bleibt aber nach wie vor, welche Reichweite die jeweiligen Befugnisnormen haben, d.h. mit anderen Worten, wie die jeweiligen Internetdienste der Öffentlich-Rechtlichen inhaltlich ausgestaltet sein müssen, um von den verfassungskonform ausgelegten Ermächtigungen gedeckt zu werden. Hier ist zwischen Verteildiensten, Abrufdiensten und sonstigen Diensten im Online - Bereich zu differenzieren.

---

936 Vgl. z.B. § 4 Abs.2 ARD-StV; § 4 Abs.2 ZDF-StV, § 3 Abs.7 WDR-G. Zur traditionellen „rundfunkeigenen Programmpresse“ s.o. S.222ff.

937 Vgl. *Degenhart*, ZUM 1998, 333, 335; ders. BonnK, Art.5 GG Rn.794 sowie auch den Tagungsbeitrag von *Krug* auf der 83.Tagung des Studienkreises für Presserecht und Pressefreiheit in Magdeburg, (zit. nach Wallraf, AfP 1998, 294, 295).

938 Vgl. *Degenhart*, a.a.O., S.337.

939 Vgl. BVerfGE 83, 238, 311; s. auch BVerfGE 73, 118, 157.

940 S. *Degenhart*, MMR 1998, 137, 139; ders., ZUM 1998, 333, 345f.; vgl. auch *Schoch*, AfP 1998, 253, 259.

941 Vgl. LTRhPf-Ds. 13/1603, Teil A).

*b) Verteildienste*

Für **Teleshopping - Verteildienste**[942] öffentlich-rechtlicher Rundfunkveranstalter/Content Provider enthält § 18 RStV (in der durch den vierten RÄndStV erfolgten sprachlichen Neufassung) eine spezielle einfachrechtliche Verbotsnorm:

> *„Teleshopping findet mit Ausnahme von Teleshopping-Spots im öffentlich-rechtlichen Rundfunk nicht statt."*

Die neue Fassung stellt keine Änderung der schon vorher geltenden einfachrechtlichen Situation dar und entspricht den verfassungsrechtlichen Vorgaben: Selbstständige Teleshopping - Dienste sind auf den „Warenmarkt" und nicht auf den „Meinungsmarkt" ausgerichtet, weshalb es sich hier nicht um Rundfunk i.S.d. Art.5 Abs.1 S.2 GG handelt.[943] Die Öffentlich-Rechtlichen dürfen deshalb keine Teleshopping - Verteildienste anbieten. Dagegen fügen sich Teleshopping - Spots genauso wie Werbespots zusammen mit den redaktionell gestalteten Sendungen in das Ordnungsraster eines auf den „Meinungsmarkt" ausgerichteten Rundfunkprogramms ein. Als bloßer unselbstständiger Programmteil nehmen sie (zumindest mittelbar über die Programmfinanzierungsfunktion) an der Aufgabe der Öffentlich-Rechtlichen teil, den Klassischen Auftrag des Rundfunks zu verwirklichen.[944]

Für **Daten - Verteildienste und textorientierte Verteildienste**[945] öffentlich-rechtlicher Content Provider existieren keine speziellen einfachrechtliche Ermächtigungen.

§ 2 Abs.2 Nr.2, Nr.3 MDStV i.V.m. § 4 MDStV ist auf öffentlich-rechtliche Rundfunkveranstalter/Content Provider nicht anwendbar, weil sie - anders als private Anbieter von Mediendiensten - nicht „jedermann" sind.[946] Privatautonome Grundrechtsträger können selbstständig entscheiden, ob und in welchem Umfang sie von ihren Grundrechten Gebrauch

---

942 Vgl. auch S.135ff.
943 Ebda.
944 Vgl. auch S.136f.
945 Vgl. auch S.143ff.; S.146ff.
946 Vgl. *Degenhart*, ZUM 1998, 333, 336; ders., Online-Angebote öffentlich-rechtlicher Rundfunkanstalten, S.25f.; im Erg. auch *Schulze-Fielitz*, AfP 1998, 447, 451.

machen; öffentlich-rechtliche Rundfunkanstalten sind dagegen „nur“ Träger der Rundfunkfreiheit, und haben die Umsetzung des Klassischen Rundfunkauftrages zu gewährleisten. Stets ist für ihre Tätigkeiten eine klare einfachrechtliche Aufgabenzuordnung erforderlich, ob es sich nun um den Bereich der Hauptkompetenz, also der Programmveranstaltung, oder - wie hier - um den Bereich der Annexkompetenz hinsichtlich programmbegleitender Aktivitäten handelt.[947]

Auch einfachrechtliche Entwicklungsgarantien, wie z.B. § 1 Abs.2 ZDF-StV, wo die „*Entwicklung des ZDF*“ und „*seine Teilhabe an den neuen technischen Möglichkeiten in der Herstellung und zur Verbreitung sowie die Möglichkeit der Veranstaltung neuer Formen von Fernsehen*“ angesprochen werden,[948] sind keine Kompetenzgrundlage. Die einfachrechtlichen Entwicklungsgarantien gelten nur im Rahmen der bestehenden Anstaltsaufgaben und eröffnen keine allgemeine Kompetenz zur Erschließung neuer Funktionsfelder.[949]

Ermächtigungsnormen existieren nur für einen Sonderfall der textorientierten Verteildienste, nämlich den Fernsehtext. So heißt es z.B. in § 4 Abs.1 ZDF-StV:

> „*Das ZDF ist berechtigt, bei seinen Fernsehprogrammen ganztägig die Leerzeilen des Fernsehsignals auch für Fernsehtext zu nutzen.*“[950]

Neben dem Fernsehtext werden nach dem Wortlaut der Regelung auch andere Dienste erfasst, wenn eine Ausstrahlung über die Austastlücke des Fernsehsignals erfolgt. Beispielsweise ist damit die Veranstaltung von

---

947 Ähnlich *Degenhart*, a.a.O.

948 Entsprechende einfachrechtliche Entwicklungsgarantien sind z.B. in der Präambel des RStV (Abs. 4 S.1), sowie in § 3 Abs.4 MDR-StV und § 3 Abs.3 WDR-G normiert.

949 Vgl. *Degenhart*, ZUM 1998, 333, 335f.; *Jarass*, Online-Dienste und Funktionsbereich des ZDF, S.33; a.A. *A.Hesse*, BayVBl. 1997, 132, 140; *Michel*, ZUM 1998, 350, 356.

950 Z.B. BWGVBl. 1991, 1991, 745. Weiter gefasst ist z.B. Art.14 Abs.2 BayRFG (BayGVBl 1994, 242):„Der bayerische Rundfunk kann elektronische Textdienste zur Erläuterung und Begleitung seiner Programme nutzen, Videotext auch programmergänzend.“

ZDF - Intercast einfachrechtlich legitimiert, sofern der inhaltliche Programmbezug ausreichend gewahrt bleibt.[951]

Für andere Daten - Verteildienste und textorientierte Verteildienste im Internet, wie z.B. Internet Push - Dienste, existieren keine speziellen Regelungen. Da sie (wenn der ausreichende Programmbezug gewahrt bleibt) als Annexaktivität verfassungsrechtlich unbedenklich sind, dürfen sie von den Öffentlich-Rechtlichen angeboten werden, wenn die Länder entsprechende staatsvertragliche Befugnisse schaffen.

*c) Abrufdienste*

Für Abrufdienste[952] wurden mit dem zum 01.04.2000 in Kraft getretenen vierten RÄndStV[953] einfachrechtliche Kompetenzen begründet. So wurde z.B. in § 4 ZDF-StV folgender Absatz 3 eingefügt:

> *„(3) Das ZDF ist berechtigt,* ***im Rahmen seiner Aufgabenerfüllung*** *Mediendienste im Sinne von § 2 Abs.2 Nr.4 Mediendienste - Staatsvertrag* ***mit vorwiegend programmbezogenem Inhalt*** *anzubieten [...].“*[954]

Während der Verhandlungen über den vierten RÄndStV wurde vorgeschlagen, die weite Formulierung „im Rahmen seiner Aufgabenerfüllung“ zu konkretisieren. Da es sich bei den Mediendiensten i.S.d. § 2 Abs.2. Nr.4 MDStV nicht um Rundfunk handle, sei es notwendig, auf die zwingende Erforderlichkeit solcher zusätzlichen Angebote abzustellen.[955] Außerdem sei auch die Formulierung „mit vorwiegend programmbezogenem Inhalt“ zu unpräzise. In der Struktur des Internets, insbesondere des World Wide

---

951 Vgl. *Jarass*, Online-Dienste und Funktionsbereich des ZDF, S.33, 40. ZDF - Intercast ist ein interaktives, textorientiertes Zusatzangebot zu bestimmten ZDF - Sendungen (s. dazu z.B. *Ewald/Gscheidle/ Schröter*, MP 1998, 508, 515).

952 S. dazu auch S.149ff.

953 S. z.B. BWGVBl. 1999, 695.

954 [Hervorhebungen nicht im Original]. Entsprechende Regelungen enthalten die ebenfalls mit 4. RÄndStV eingefügten § 4 Abs.3 ARD-StV und § 4 Abs.3 Deutschlandradio-StV.

955 Positionspapier des VPRT vom 30.01.1998 zum ersten Diskussionsentwurf der Rundfunkreferenten der Länder zum vierten Rundfunkänderungsstaatsvertrag vom 16.01.1998, Ziff.2 (abrufbar über den Internet - Server des VPRT unter der URL http://www.vprt.de).

Web und seiner Nutzungsart, sei eine Eigendynamik enthalten, die einen Übergang zu vollständig aufgabenfremden Angeboten (z.B. über Hyperlinks) wahrscheinlich mache. Dies unterscheide Online - Angebote strukturell von traditionellen Druckwerken, in die sich Einzelartikel ohne direkten Programmbezug einmalig und ohne die Gefahr einer kontinuierlichen Erweiterung integrieren lassen.[956]

M.E. sind diese Bedenken gegen die jetzt in Kraft getretene weite Fassung des § 4 Abs.3 ZDF-StV (sowie die entsprechenden Regelungen im ARD-StV und Deutschlandradio-StV) nicht unberechtigt. Auszugehen ist nämlich von der systematischen Unterscheidung zwischen der Hauptkompetenz öffentlich-rechtlicher Rundfunkanstalten, der Veranstaltung von Rundfunkprogrammen, und bloßen Annexkompetenzen, die die Hauptkompetenz nur vertiefen, aber nicht qualitativ erweitern.[957] Eine Annexkompetenz für Abrufdienste i.S.d. § 2 Abs.2 Nr.4 MDStV kann deshalb nur im Rahmen des zur Aufgabenerfüllung „Erforderlichen“ bestehen.[958]

Dabei müssen die angebotenen Inhalte „ausschließlich“ und nicht nur vorwiegend programmbezogen sein.[959] Das ergibt sich bereits aus dem Nordrhein-Westfalen-Urteil des BVerfG, wo es hinsichtlich rundfunkeigener Programmzeitschriften heißt, dass *„**stets** der Programmbezug die Gestaltung der Programmzeitschrift durchgängig prägen [muß]“*[960] Ob die Programminformationen - wie in dem der Entscheidung zugrunde liegenden Fall - in körperlicher Form bezogen werden, oder in körperloser, digitalisierter Form von einem Internet - Server abrufbar sind, ist für die verfassungsrechtliche Beurteilung ohne Bedeutung.[961] § 4 Abs.3 ZDF-StV (und die entsprechenden Regelungen für ARD und Deutschlandradio) sind daher im Wege verfassungskonformer Auslegung teleologisch zu reduzieren. Im Einzelnen:

---

956 Ebda.

957 S.o. S.219ff.

958 Ähnlich *Degenhart*, ZUM 1998, 333, 345f.; ders., Online-Angebote öffentlich-rechtlicher Rundfunkanstalten, S.66f.; *Ricker*, AfP 1998, 437, 446; a.A. *Schulze-Fielitz*, AfP 1998, 447, 454.

959 Vgl. *Degenhart*, a.a.O.; a.A. *Schulze-Fielitz*, a.a.O.

960 BVerfGE 83, 238, 313 [Hervorhebung nicht im Original].

961 Vgl. *Ricker*, AfP 1998, 437, 446; *Degenhart*, ZUM 1998, 333, 345; ders., MMR 1998, 137, 139.

Zulässig sind zunächst programmbezogene Angebote im WWW. Hinsichtlich der formalen Gestaltung der Programminformationen können die Rundfunkanstalten dabei eine an die medialen Besonderheiten des Internets angepasste Präsentationsform wählen. So sind z.B. kurze Bewegtbildsequenzen aus Filmen oder auch werbende Audio-/Video-Hinweise von Schauspielern oder Moderatoren denkbar, die über eine Webseite abgerufen werden können.[962]

Problematisch sind sog. **externe Hypertextlinks**, die aus einem programmbezogenen WWW - Angebot der Anstalten zu nicht programmbezogenen Internet - Ressourcen anderer Anbieter führen. In der zivilrechtlichen Rspr. wird das Einsetzen solcher Hyperlinks in eine Webseite z.T. als „sich zu Eigen machen" des Angebotes beurteilt, auf das verwiesen wird.[963] Wenn man diese Sichtweise auf Web - Angebote öffentlich-rechtlicher Anstalten anwendet, kommt man evtl. zu dem Ergebnis, dass jedes einzelne aus dem öffentlich-rechtlichen Angebot herausführende Hyperlink gegen das verfassungsrechtliche Gebot des ausschließlichen Programmbezuges verstößt, sofern das externe Angebot (was typischerweise der Fall sein dürfte) keinen direkten Programmbezug aufweist. Eine solche Einzelbetrachtung erscheint aber bei Hyperlinks, die das zentrale Strukturmerkmal des globalen World Wide Web sind, aus verfassungsrechtlicher Perspektive nicht sachgerecht. Sinnvoller ist vielmehr eine Gesamtbetrachtung des Webangebotes. Letztlich wird es hinsichtlich der externen Hyperlinks auf deren quantitativen Umfang ankommen. Die im Schrifttum vertretene Ansicht, wonach erst bei einem Anteil von mehr als 90 % nicht - programmbezogener Links die Grenze einer zulässigen Annexaktivität erreicht ist,[964] dürfte dabei zu weit gehen. Stattdessen wird man - ohne eine zielgenaue Festlegung prozentualer Werte - wohl fordern müssen, dass externe Links prinzipiell nur im Rahmen des zur Aufgabenerfüllung erforderlichen gesetzt werden dürfen, und dass zumindest die deutliche Mehrzahl aller Links einen direkten Programmbezug aufweisen muss.

Zulässig dürfte die Ausstrahlung einzelner Sendungen, etwa der „Tagesschau", in einer Zeitschleife sein (**Near-Video-on-demand**) oder die Bereitstellung von Einzelsendungen auf Internet - Servern zum individuellen

---

[962] Beispiele nach *Degenhart*, ZUM 1998, 333, 345; s. auch ders., Online-Angebote öffentlich-rechtlicher Rundfunkanstalten, S.70.

[963] Vgl. LG Hamburg, Urteil vom 12.05.1998, AfP 1998, 421 (nicht rechtskräftig).

[964] S. *Schulze-Fielitz*, AfP 1998, 447, 455; vgl. auch *Eberle*, AfP 1998, 272, 273.

Abruf (**Video-on-demand**).[965] Als verfassungsrechtliche Grenze wird man in jedem Fall die Erforderlichkeit solcher ergänzender on-demand - Angebote für die Erfüllung des eigentlichen Programmauftrages der öffentlich-rechtlichen Anstalten ansehen müssen. Hinsichtlich des quantitativen Umfangs abrufbarer Einzelsendungen ist den Anstalten wohl eine gewisse Flexibilität einzuräumen, soweit der Charakter als bloße Nebenaktivität gewahrt bleibt. In qualitativer Hinsicht sind z.B. Kürzungen und evtl. auch andere geringfügige Änderungen der abrufbaren Einzelsendungen zulässig. Bedenklich ist dagegen das Bereitstellen von autarken audiovisuellen Beiträgen, die in den regulären Programmen überhaupt nicht ausgestrahlt werden. Hier dürfte wegen des fehlenden Programmbezugs die verfassungsrechtliche Grenze einer zulässigen Annexaktivität überschritten werden.[966]

*d) Sonstige Dienste*

Selbstständige **IRC-Dienste** von Privatanbietern sind nach hier vertretener Auffassung sonstige Mediendienste i.S.d. § 2 Abs.1 MDStV.[967] Wenn der ausreichende Programmbezug gewahrt bleibt, sind solche IRCs in öffentlich-rechtlicher Trägerschaft eine verfassungsrechtlich zulässige Annexaktivität.

Für das private Angebot selbstständiger Video- und Audio-Stream-Programme im Internet (**Internet Broadcasting**) existiert bisher eine staatsvertragliche Regelungslücke.[968] Ebenfalls noch nicht geregelt ist die Ausstrahlung öffentlich-rechtlicher Internet Stream-Programme.

Ausgangspunkt einer solchen zukünftigen Regelung muss die verfassungsrechtliche Situation sein: Die Veranstaltung von Rundfunkprogrammen ist Kern der Gewährleistung des Art.5 Abs.1 S.2 GG. Dementsprechend kön-

---

965 Nach hier vertretener Auffassung handelt es sich weder bei Near-Video-on-demand („abrufähnlicher" Zugriffsdienst), noch bei Video-on-demand (Abrufdienst) um Rundfunk im verfassungsrechtlichen und einfachrechtlichen Sinne. (s.o. S.104f.; S.123; S.156ff.). Öffentlich-rechtliche Rundfunkanstalten können solche Dienste (z.B. ARD MuXx, ARD-Extra, ARD-Festival, s. dazu *Reiter*, MP 1997, 410, 413; *Albrecht*, MP 1997, 415f.) nur im Rahmen ihrer Annexkompetenzen anbieten.

966 A.A. *Eberle*, AfP 1998, 272, 273, der die Bereitstellung von „Beiträge[n], die aus Platzmangel im Hauptprogramm nicht gesendet werden können", für zulässig erachtet.

967 Vgl. auch S.158ff.

968 S.o. S.164f.

nen die Öffentlich-Rechtlichen selbstständige Rundfunkprogramme im Internet grds. im Rahmen ihrer Hauptkompetenz (und nicht nur einer Annexkompetenz) veranstalten. Dabei ist aber zu unterscheiden zwischen der Ausstrahlung schon bestehender (und bisher nur terrestrisch oder über Kabel bzw. Satellit verbreiteter) Programme über das Internet und einer etwaigen Schaffung neuer Internet-Programme. Im ersten Fall handelt es sich um einen bloßen technischen Komplementärverteilweg; die Internet - Verbreitung funktionsgerechter „Altprogramme" dürfte zulässig sein.[969] Im zweiten Fall ist die Lage anders zu beurteilen. Hier handelt es sich um öffentlich-rechtliche Programmexpansionen im Bereich der bloßen Ergänzungsversorgung, die mit den dafür geltenden Kriterien im Einzelfall vereinbar sein müssen.[970]

Im Schrifttum wird vertreten, dass **Internet Access Providing** eine zulässige Annexaktivität öffentlich-rechtlicher Rundfunkanstalten sei.[971] Den Rundfunkteilnehmern würde damit die Möglichkeit eröffnet, kostenlos bzw. sehr preiswert einen Internet-Zugang zu erhalten. Da schon in den bisherigen Angeboten der Öffentlich-Rechtlichen im WWW in weitem Umfang Hyperlinks auf fremde Inhalte und Webseiten gesetzt würden, wäre ein solches eigenes Portal *„nur eine Art institutionalisiertes Tor für diese bereits bestehenden und zukünftigen weiteren Verlinkungen."*[972]

M.E. ist diese Sichtweise sehr fragwürdig. Es geht nicht um die (wie oben aufgezeigt durchaus problematische) Frage der tatsächlichen Verlinkung bisheriger WWW - Angebote öffentlich-rechtlicher Content Provider, sondern um die Frage der verfassungsrechtlichen Zulässigkeit einer ganz neuen öffentlich-rechtlichen Dienstleistung. Internet Access Providing ist kein der öffentlichen Meinungsbildung dienender Mediendienst, sondern ein technisch ausgerichteter Teledienst (§ 2 Abs.3 Nr.3 TDG).[973] Es besteht kein inhaltlicher Zusammenhang mit dem Verfassungsauftrag der Öffentlich-Rechtlichen, Rundfunkprogramme i.R.d. Grund- und Ergänzungsversorgung zu veranstalten.[974] Die Funktion der Öffentlich-Rechtlichen würde mit der Zulassung von Access Providing auch nicht nur *„neu effektuiert"*.[975]

---

969 A.A. noch *Ory*, AfP 1997, 845, 848.
970 S. dazu S.199ff.
971 Vgl. *Libertus*, ZUM 1999, 889, 895ff.
972 Ders., a.a.O., 896f.
973 Vgl. dazu S.171f.
974 A.A. *Libertus*, ZUM 1999, 889, 896.
975 So aber *Libertus*, a.a.O., 897.

Da der vom BVerfG aus Art.5 Abs.1 S.2. GG abgeleitete Funktionsauftrag strikt programmbezogen ist, das Internet Access Providing aber gerade den technischen Zugang zu allen (und nicht nur programmbezogenen) Internet - Ressourcen eröffnet, kommt eine verfassungsrechtliche Rechtfertigung als Annexaktivität daher nicht in Betracht. Die Situation ist insoweit mit den (technischen) Telekommunikationsdienstleistungen i.S.d. TKG vergleichbar, für die ebenfalls keine öffentlich-rechtliche Annexkompetenz besteht. Außerdem existiert keine (in diesem Fall verfassungsrechtlich auch nicht zulässige) einfachrechtliche Ermächtigung für öffentlich-rechtliches Access Providing.

### *3. Fiskalische Randnutzungen*

Im Schrifttum werden fiskalische Randnutzungen öffentlich-rechtlicher Rundfunkanstalten bereits seit den 1970er Jahren erörtert.[976] Als Beispiele (traditioneller) Randnutzungen werden etwa die wirtschaftliche Verwertung von Programmteilen, z.B. die Kinovorführung von Fernsehproduktionen und der Schallplattenverkauf, angeführt.[977] Andere Autoren benennen den Weiterverkauf von Senderechten,[978] den Vertrieb von Videokassetten[979] und die Vermietung nicht genutzter Studios[980]. Auch die im Vorfeld einer Verwertung notwendige Aufbereitung von Ressourcen, um deren Verwertung zu ermöglichen[981] und die Gründung geeigneter Verwertungsgesellschaften[982] werden als zulässige fiskalische Randnutzungen angesehen.

All diesen genannten Nutzungsformen ist gemeinsam, dass sie schon vorhandene Anstalts- oder Programmressourcen rein ökonomisch nutzen, ohne die funktionale Hauptkompetenz der Rundfunkanstalten - die Programmveranstaltung auf den Feldern des Klassischen Rundfunkauftrages - zu berühren; es handelt sich nur um eine „*bei Gelegenheit*“[983] der Programmver-

---

976 Erstmals wohl von *Maunz*, DVBl. 74, 3ff.
977 Ebda.; s. auch *Jarass*, Online-Dienste und Funktionsbereich des ZDF, S.37.
978 Vgl. *Libertus*, AfP 1992, 229, 232.
979 Ebda.; s. auch ders., Grundversorgungsauftrag und Funktionsgarantie, S.130.
980 S. *Stettner*, ZUM 1995, 293, 303.
981 S. *Jarass*, Online-Dienste und Funktionsbereich des ZDF, S.37.
982 Ebda.
983 *Degenhart*, ZUM 1998, 333, 345.

anstaltung erfolgende Ressourcennutzung. Die genannten fiskalischen Randnutzungen dürften bereits von den einfachrechtlichen Aufgabenzuweisungen der Rundfunkanstalten gedeckt sein und damit dem Gesetzesvorbehalt genügen.[984]

Von der ökonomischen Ressourcenverwertung „bei Gelegenheit" der Programmveranstaltung ist zum einen die **Vertiefung der Programmtätigkeit** durch begleitende Aktivitäten zu unterscheiden; hierbei handelt es sich nicht um fiskalische Randnutzungen, sondern um traditionelle bzw. Online - Annexaktivitäten.[985]
Zum anderen ist aber auch eine **Erweiterung der Programmtätigkeit** von der bloß fiskalischen Randnutzung zu trennen. Eine solche Erweiterung des verfassungsrechtlich bestimmten Programmauftrages stellt weder eine Grundversorgung, noch eine Ergänzungsversorgung im Bereich der „essentiellen Funktionen des Rundfunks", geschweige denn eine bloß programmvertiefende Annexaktivität bzw. eine rein fiskalische Randnutzung dar.[986] So wären z.B. Pay-per-View - Mediendienste, mit denen Spielfilme abgerufen werden können, die keine Aufnahme in das Rundfunkprogramm gefunden haben, eine unzulässige funktionale Erweiterung des Programmauftrages.[987] Gleiches gilt für etwaige kostenpflichtige Internet Access - Teledienste.[988] Die „Marktnähe" zwischen Onlinemarkt und Rundfunkmarkt lässt hier Wettbewerbsverzerrungen zu Lasten privater Anbieter von Medien- und Telediensten befürchten, die durch den funktionalen Gewährleistungsauftrag der Rundfunkanstalten nicht mehr gerechtfertigt werden. Angesichts der wirtschaftlichen Vorteile durch die Verwertung von Beiträgen z.B. über Pay-per-View droht eine unzulässige Verselbstständigung dieser Verwertungstätigkeit, so dass Beiträge nicht mehr ausschließlich für das Programm, sondern zugleich mit Blick auf die Internet - Verwertung produziert werden.

---

984 Vgl. auch *Libertus*, AfP 1992, 229, 231; ähnlich *Degenhart*, a.a.O.

985 S.o. S.219ff.

986 Vgl. *Degenhart*, BonnK, Art.5 GG Rn.796; ders., Online-Angebote öffentlich-rechtlicher Rundfunkanstalten, S.69.

987 S. *Degenhart*, a.a.O.; *Stettner*, ZUM 1995, 293, 303f.; *Gersdorf*, Rundfunkbegriff, S.37f., 66.

988 Allerdings wären auch kostenlose Internet Access-Teledienste m.E. unzulässig, s.o. S.233f.

Es sind aber auch durchaus Online - Randnutzungen denkbar, die traditionelle Randnutzungen ergänzen, und den Rahmen des verfassungsrechtlich Zulässigen nicht überschreiten. Als Beispiel wäre etwa das Internet - Angebot bereits gesendeter, digitalisierter Programmbeiträge zum Online - Kauf zu nennen. Insoweit handelt es sich um ein bloßes Surrogat des herkömmlichen Vertriebes von (materiellen) Videokassetten. Soweit der quantitative Umfang dieser Tätigkeit „am Rande“ des eigentlichen Gewährleistungsauftrages verbleibt und sich nicht verselbstständigt, dürfte eine zulässige fiskalische Randnutzung vorliegen.

# E. Resümee und Ausblick

Ziel der Abhandlung war es, die Argumentation des BVerfG von der besonderen „Breitenwirkung, Aktualität und Suggestivkraft" des Rundfunks näher zu überprüfen und für die dogmatische Grundlegung des verfassungsrechtlichen Rundfunkbegriffs sowie die einfachrechtliche Abgrenzung zwischen den Regelungsbereichen des RStV, MDStV und TDG nutzbar zu machen. Auf der Basis der gewonnenen Ergebnisse sollten die funktionalen Gewährleistungsbereiche der öffentlich-rechtlichen Rundfunkanstalten voneinander abgegrenzt werden.

Die Untersuchung konnte zunächst bestätigen, dass der Programmrundfunk nach einer im medienwissenschaftlichen Schrifttum vertretenen, eher traditionalistischen Auffassung in der Tat eine Sonderstellung gegenüber anderen Kommunikationsformen aufweist, die sich mit den vom BVerfG verwendeten Begriffen „Suggestivkraft", „Aktualität" und „Breitenwirkung" umschreiben lässt. Interessant und diskussionswürdig dürften die hieraus zu ziehenden rechtlichen Schlussfolgerungen sein: Der verfassungsrechtliche Rundfunkbegriff ist nach hier vertretener Auffassung, wenn man die „Wirkungsthese" des BVerfG konsequent zugrunde legt, nicht unbegrenzt erweiterungsfähig, sondern klar definiert. Zum Rundfunk i.S.d. Art.5 Abs.1 S.2 GG können nur solche Dienste gehören, die wegen ihres besonderen Wirkungspotentials überhaupt eine herausgehobene „Machtposition" im Medienverbund besitzen. Gerade diese Wirkmächtigkeit ist es, die das BVerfG zur Rechtfertigung seiner Sonderdogmatik der Rundfunkfreiheit nutzt und der alle Rundfunkdienste, wenn auch durchaus in abgestufter Form, unterliegen. Dabei ist es selbstverständlich, dass eine präzisere Definition des Rundfunkbegriffs differenzierende Regelungen auf der Ausgestaltungsebene der Rundfunkfreiheit (z.B. im Hinblick auf das Internet Broadcasting) nicht entbehrlich macht. Dies ist keine Frage des „Entweder - oder", sondern des „Sowohl - als auch".

Nicht verschwiegen werden darf der Widerspruch zwischen dem BVerfG - Postulat eines „offenen" Rundfunkbegriffs,[989] der theoretisch mediale Dienste aller Art umfassen könnte, und der Berufung auf besondere „Sug-

[989] Vgl. BVerfGE 73, 118, 121.

gestivkräfte“ des Rundfunks,[990] die eine spezielle (wenn auch abgestufte) Regulierung auf der Ausgestaltungsebene der Rundfunkfreiheit legitimieren sollen.

Die „neue Vielfalt“ der Internetdienste macht diesen Widerspruch offensichtlich. Eine Fortentwickung der Rspr. des BVerfG ist daher dringend notwendig, wobei eine realistische Prognose die Abkehr des Gerichts vom bisher schon in st.Rspr. vertretenen Ausgestaltungs- und Regulierungskonzept nur wenig wahrscheinlich erscheinen lässt. Auch in Zukunft wird es deshalb wohl eine, wenn auch sicherlich noch weiter abgestufte, Regulierung des Rundfunks geben. Solange dies aber der Fall ist, führt an einer genaueren Definition des verfassungsrechtlichen Rundfunkbegriffs, wie sie in dieser Studie vorgeschlagen wird, kaum ein Weg vorbei.

Im Hinblick auf die einfachrechtliche Medienordnung wurde aufgezeigt, dass die Trias RStV, MDStV und TDG zwar auf der einen Seite einen praktikablen Rahmen für die Einordnung zahlreicher Internet- und anderer Online - Dienste abgibt, aber auf der anderen Seite die Regelungswerke RStV und MDStV eine erhebliche Lücke hinsichtlich des Internet Broadcasting, also der Audio- und Video-Stream-Programme im Internet, aufweisen. Hier ist der Gesetzgeber gefordert eine an den historisch gewachsenen, offenen Strukturen des Internets orientierte Lösung zu finden und eine generelle Lizenzpflicht dieser Stream-Programme zu vermeiden.

Für die öffentlich-rechtlichen Rundfunkanstalten wird in dieser Untersuchung eine Differenzierung zwischen drei funktionalen Gewährleistungsbereichen vorgeschlagen: Einen Bereich der Grundversorgung, einen Bereich der Ergänzungsversorgung und schließlich einen (funktionsunterstützenden) Bereich der Annextätigkeiten und fiskalischen Randnutzungen. Die Ergänzungsversorgung erstreckt sich dabei - anders als die Grundversorgung - nicht auf den „Klassischen Rundfunkauftrag“ in seiner vollen Breite, sondern beschränkt sich auf kulturelle und politische Programmsegmente.

Dieser rechtliche Ansatz deckt sich mit den medienpolitischen Vorstellungen mehrerer Bundesländer sowie des Wissenschaftlichen Beirates beim Bundesministerium für Wirtschaft und Technologie, die für eine qualitative Eingrenzung zusätzlicher Spartenprogramme der Öffentlich-Rechtlichen

---

[990] Vgl. BVerfGE 90, 60, 87.

eintreten.[991] Es bleibt abzuwarten, inwieweit sich diese Vorstellungen, die in den vierten Rundfunkänderungsstaatsvertrag noch keinen Eingang gefunden haben, in Zukunft durchsetzen werden.

***Niklas Luhmann*** hat sein Verständnis von Massenmedien einmal auf die prägnante Formel gebracht:

> „*Was wir über unsere Gesellschaft, ja über die Welt, in der wir leben, wissen, wissen wir durch die Massenmedien.*“[992]

Ganz unrecht hat er damit nicht. Unser Realitätsverständnis wird durch Massenmedien, und hier vor allem durch das Leitmedium Fernsehen, entscheidend mitgeprägt. Unzweifelhaft ist daher eine effektive Sicherung der Meinungsvielfalt im Rundfunk auch zu Beginn des 21. Jahrhundert wichtig und notwendig. Unzweifelhaft ist aber auch, dass in einer durch das Internet veränderten multimedialen Welt die alten Sicherungsinstrumentarien nur noch eingeschränkt tauglich sind und der freiheitliche Charakter aller medialen Kommunikation zunehmend in den Vordergrund tritt.

Die Diskussion über die Medienordnung der Zukunft hält an. Diese Studie und die hier vorgeschlagenen Interpretationsansätze zu Rundfunk-, Medien- und Telediensten sollen einen Beitrag zu dieser Diskussion liefern.

---

991 Vgl. das Gutachten „Offene Medienordnung“ des Wissenschaftlichen Beirats beim Bundesministerium für Wirtschaft und Technologie vom 18.11.1999, Ziff.V.2. (URL http://www.vprt.de) sowie den Bericht des Leiters der Bayerischen Staatskanzlei, Staatsminister Erwin Huber, zu aktuellen Fragen der Medienpolitik vor dem Ausschuss für Hochschule, Forschung und Kultur am 24. März 1999 (URL http://www.bayern.de/Politik/Reden/1999/990324).

992 *Luhmann*, Die Realität der Massenmedien, S.9

# F. Zusammenfassung in Thesen

## I. Der „Lebenssachverhalt Rundfunk“ als Anknüpfungspunkt von Art.5 Abs.1 S.2 GG

*Rundfunkkommunikation zeichnet sich nach einer im medienwissenschaftlichen Schrifttum vertretenen Auffassung durch ein besonderes Wirkungspotential aus, das sich mit den vom BVerfG verwendeten Begriffen „Suggestivkraft“, „Breitenwirkung“ und „Aktualität“ umschreiben lässt. Herkömmliches Programmfernsehen und herkömmlicher Programmhörfunk nehmen dabei eine Sonderstellung gegenüber anderen Formen medialer Kommunikation ein. Ihnen kommt eine herausgehobene Position im Prozess der Meinungsbildung zu.*

1. Die Vorstellung von einer herausgehobenen *„Suggestivkraft“* des Rundfunks stützt sich auf einen traditionellen Ansatz der Medienwirkungsforschung, wonach tendenziell passive Rezipienten starken Medienwirkungen ausgesetzt sind, und nicht, wie die Gegenmeinung vertritt, schwache Medienwirkungen auf tendenziell aktive Rezipienten treffen. Herkömmliches Fernsehen bzw. Hörfunk, die ein solches Wirkungspotential besitzen, weisen spezielle „Eigenschaften“ auf: Sie sind insbesondere durch einen vorgegebenen Programmablauf und eine audiovisuelle bzw. akustische Darstellungsform gekennzeichnet. Gerade dadurch wird eine passiv-unkritische, für Beeinflussungen anfällige Rezeptionshaltung der Zuschauer bzw. Zuhörer gefördert.

2. Die *„Aktualität“* des Rundfunks beruht darauf, dass audiovisuelle bzw. akustische Darbietungen im Gegensatz zu Texten die Realität praktisch direkt „abbilden“ können (wenn auch durch die Wahl der Darstellungstechnik, z.B. die Kameraperspektive, beeinflusst). Audiovisuelle und akustische Darbietungen können deshalb Live-Charakter haben, sie wirken natürlich und real. Rundfunk ist ein „natürliches Medium“.

3. Die besondere *„Breitenwirkung"* des Leitmediums Rundfunk beruht zum einen auf der Bestimmung der gesendeten Darbietungen für einen unbegrenzten und personell untereinander nicht verbundenen (allgemeinen) Rezipientenkreis zum zeitgleichen Empfang. Zum anderen beruht sie auch auf der Dispersion des Publikums, d.h. seiner räumlichen Zerstreuung.

4. Erst die *Kumulation* von zeitgleicher Übermittlung der Darbietungen an die Allgemeinheit, Dispersion des Publikums, audiovisueller Darbietungsmodalität und einseitiger Übertragung in Programmform macht die vom BVerfG postulierte Suggestivkraft, Aktualität, und Breitenwirkung des Rundfunks aus.

## II. Der Rundfunkbegriff

*Dem verfassungsrechtlichen Rundfunkbegriff unterfallen nur solche Dienste, die das vom BVerfG postulierte besondere Wirkungspotential des Rundfunks aufweisen und aufgrund dieser „Machtposition" im Medienverbund einen besonderen Einfluss auf die individuelle und öffentliche Meinungsbildung ausüben. Internetdienste unterstehen regelmäßig nicht dem Rundfunkrecht. Soweit sie, wie das Internet Broadcasting, ausnahmsweise als Rundfunk im verfassungsrechtlichen Sinne eingestuft werden können, bedarf es differenzierender Regelungen auf der Ausgestaltungsebene der Rundfunkfreiheit, um die historisch bedingten Besonderheiten dieser „Bagatell-Rundfunkdienste" angemessen zu berücksichtigen.*

1. Methodisch ist eine eigenständige Analyse des verfassungsrechtlichen Rundfunkbegriffs jenseits einfachrechtlicher Regelungen unumgänglich. Besondere Bedeutung erlangt dabei einerseits das vom BVerfG geprägte Verständnis der Rundfunkfreiheit als einer funktionalen Freiheit, die der individuellen und öffentlichen Meinungsbildung dient, sowie andererseits die spezielle Suggestivkraft, Aktualität und Breitenwirkung des Rundfunks, die nach dem Ansatz des BVerfG seine besondere „Machtposition" im Medienverbund beschreiben.

2. Ausgehend von diesem Verständnis lassen sich *sechs Merkmale* des verfassungsrechtlichen Rundfunkbegriffs unterscheiden:

- Eine „Berichterstattung“ in Form von Darbietungen auf den Feldern des „Klassischen Rundfunkauftrages“.
- Eine rundfunkspezifisch audiovisuelle Darbietungsmodalität.
- Eine Bestimmung der Darbietungen für die Allgemeinheit zum gleichzeitigen Empfang.
- Eine Bestimmung der Darbietungen zur Rezeption durch ein räumlich zerstreutes (disperses) Publikum.
- Eine indirekt Übertragung unter Nutzung technischer Hilfsmittel (z.B. elektromagnetischer Schwingungen).
- Eine einseitig vom Veranstalter vorgegebene Programmform.

3. *Internetdienste* unterfallen regelmäßig nicht dem rundfunkrechtlichen Ordnungsrahmen: Es handelt sich hier typischerweise um textorientierte Dienste mit einer hohen Rezipientenaktivität (z.B. World Wide Web-Angebote), die bis zum Rollentausch von Kommunikatoren und Rezipienten führen kann (many to many - Kommunikation, z.B. beim Internet Relay Chat). Damit fehlt es auch an der für den Rundfunk wesensnotwendigen Steuerung durch einen Veranstalter, der audiovisuelle Programme einseitig gestaltet und verbreitet.

   Audio- und Video-Stream-Programme (sog. *Internet Broadcasting*) sind ein Sonderfall der Internetdienste. Unter verfassungsrechtlichen Gesichtspunkten kann es sich hier bei wertender Gesamtbetrachtung des entsprechenden Angebotes um Rundfunk handeln. Auf einfachrechtlicher Ebene besteht eine Regelungslücke. Hier ist der Gesetzgeber aufgefordert, durch entsprechend abgestufte Regelungen die besondere historische Herkunft dieser Dienste angemessen zu berücksichtigen und eine generelle Lizenzpflicht zu vermeiden.

## III. Funktionale Gewährleistungsbereiche der öffentlich-rechtlichen Rundfunkanstalten: Reichweite und Grenzen

*Die funktionsgerechte Programmtätigkeit der öffentlich-rechtlichen Rundfunkanstalten umfasst neben der Grundversorgung auch einen eng umgrenzten Bereich der Ergänzungsversorgung im kulturellen und politischen Programmsegment, dem z.B. das Spartenprogramm Phoenix zugeordnet ist. Jenseits der Grund- und Ergänzungsversorgung, also typischerweise bei Internetdiensten, dürfen die Öffentlich-Rechtlichen nur im Rahmen von Annexkompetenzen und fiskalischen Randnutzungen tätig werden.*

1. Die *Grundversorgung* „für alle" wird gegenwärtig durch die beiden Vollprogramme ARD und ZDF gewährleistet. Weder Sparten- und Regionalprogramme, noch interaktive Online - Angebote im Internet zählen zur Grundversorgung, letztere schon deshalb nicht, weil es sich hier nicht um Rundfunk im verfassungsrechtlichen Sinne handelt. Spartenprogramme könnten zwar theoretisch bei einer evidenten Änderung des Rezipientenverhaltens unter die Grundversorgung fallen; zumindest gegenwärtig ist dies aber nicht der Fall.

2. Die *Ergänzungsversorgung*, die sich unter Anknüpfung an die Terminologie des BVerfG auch als Bereich der „essentiellen Funktionen des Rundfunks für die demokratische Ordnung ebenso wie für das kulturelle Leben in der Bundesrepublik" umschreiben lässt, erfasst nur spezielle Programmsegmente, die eine ergänzende Versorgung (jenseits der Grundversorgung) überhaupt notwendig machen. Es handelt sich hier um Spartenprogramme aus dem Kultur- und Politikbereich sowie Regionalprogramme, die dem Gebot der inhaltlichen und räumlichen Landesbezogenheit entsprechen. Ihre Veranstaltung muss in Abwägung mit den finanziellen Interessen der gebührenzahlenden Rundfunkteilnehmer und den ökonomischen Wettbewerbsinteressen privater Rundfunkanbieter verfassungsrechtlich geboten sein. Danach stellt z.B. das Spartenprogramm „Phoenix" eine funktionsgerechte Ergänzungsversorgung dar; beim „Kinderkanal" ist dies sehr zweifelhaft.

3. Über die Grund- und Ergänzungsversorgung hinaus können sich die Öffentlich-Rechtlichen nur in Form von eng begrenzten Annexaktivitäten und fiskalischen Randnutzungen betätigen.

Für *Online - Annexaktivitäten* der Rundfunkanstalten im Internet lässt sich die Rechtsprechung des BVerfG zur „rundfunkeigenen Programmpresse“ entsprechend heranziehen. Verfassungsrechtlich zulässig sind insoweit die Ausstrahlung einzelner Programmsendungen in einer Zeitschleife (Near-Video-on-demand) und auch die Bereitstellung einzelner Programmsendungen zum individuellen Abruf (Video-on-demand). Auch mediale Selbstpräsentationen öffentlich - rechtlicher Rundfunkanstalten im World Wide Web sind grundsätzlich zulässig. Erforderlich ist aber in jedem Fall, dass der ausschließliche Programmbezug gewahrt bleibt und dass die Online - Aktivitäten den Programmauftrag nur in marginalem Umfang unterstützen, ohne die Veranstaltung der Rundfunkprogramme zu überlagern.

Eine zulässige *fiskalische Randnutzung* ist z.B. der Vertrieb von Videokassetten zu bereits ausgestrahlten Programmbeiträgen über traditionelle Vertriebswege oder das Internet. Unzulässig sind Tätigkeiten, die den Funktionsrahmen der Rundfunkanstalten sprengen, z.B. ein Internet Pay - per - View - Angebot von Filmen, die in das reguläre Rundfunkprogramm keine Aufnahme finden oder das Angebot von Internet Access Providing-Diensten.

# Literaturverzeichnis


**Albrecht, Michael**; ARD-digital: Vernetzen statt Versparten; MP 1997, S.415ff.

**Badura, Peter**; Zur grundrechtlichen, gebühren- und europarechtlichen Auslegung des Rundfunkbegriffs; in: Dittmann, Armin; Fechner, Frank; Sander, Gerald (Hrsg.); Der Rundfunkbegriff im Wandel der Medien. Symposion zum 65. Geburtstag von Professor Dr.jur. Dr.hc. Thomas Oppermann; Berlin: 1997, S.117ff.; zit. als: Badura, in: Dittmann u.a. (Hrsg.), Symposion Oppermann

**Badura, Peter**; Gleichgewichtige Vielfalt im dualen System des Rundfunks; JA 1987, S.180ff.

**Barth, Christian**; Die Rundfunkunternehmerfreiheit und ihre Auswirkungen auf das bayerische Medienerprobungs- und -entwicklungsgesetz; München: 1990

**Bekkers, Wim**; Fernsehnutzung im digitalen Zeitalter; MP 1998, S.83ff.

**Berg, Klaus**; Grundversorgung: Begriff und Bedeutung im Verhältnis von öffentlich-rechtlichem und privatem Rundfunk nach der neueren Rechtsprechung des Bundesverfassungsgerichts; AfP 1987, S.457ff.

**Bermanseder, Markus**; Wann sind Mediendienste dem Rundfunk zuzuordnen ?; ZRP 1997, S.330ff.

**Bethge, Herbert**; Der Grundversorgungsauftrag des öffentlich-rechtlichen Rundfunks in der dualen Rundfunkordnung; MP 1996, S.66ff.

**Bethge, Herbert**; Die Perspektiven des öffentlich-rechtlichen Rundfunks in der dualen Rundfunkordnung; ZUM 1995, S.514ff.

**Bethge, Herbert**; Verfassungsvorrang der öffentlich-rechtlichen Grundversorgung. Sechs Thesen zu einem Vortrag; MP 1992, S.624

**Bethge, Herbert**; Die rechtliche Ordnung des Rundfunks und sein Verhältnis zu anderen Medien; DVBl. 1986, S.859ff.

**Bethge, Herbert**; Die verfassungsrechtliche Problematik der Zulassung von Rundfunkveranstaltern des Privatrechts; München: 1981

**Betz, Jürgen**; Kabelbelegung: Diktatur des Marktes ?; MP 1997, S.431ff.

**Betz, Jürgen**; Spartenkanäle bei ARD und ZDF; MP 1997, S.2ff.

**Betzler, Christina**; Finalität des Rundfunkbegriffs; in: Dittmann, Armin; Fechner, Frank; Sander, Gerald (Hrsg.); Der Rundfunkbegriff im Wandel der Medien. Symposion zum 65. Geburtstag von Professor Dr.jur. Dr.hc. Thomas Oppermann; Berlin: 1997, S.155ff., zit. als: Betzler, in: Dittmann u.a. (Hrsg.), Symposion Oppermann

**Beucher, Claus; Leyendecker, Ludwig; Rosenberg, Oliver von**; Mediengesetze. Kommentar zum Rundfunkstaatsvertrag, Mediendienste-Staatsvertrag, Teledienstegesetz und Teledienstedatenschutzgesetz; München: 1999

**Binder, Reinhard**; Zur Verbreitung öffentlich-rechtlicher Landesprogramme über Satellit; MP 1992, S.29ff.

**Bismark, Hans**; Neue Medientechnologien und grundgesetzliche Kommunikationsverfassung; Berlin: 1982

**Bleckmann, Albert**; Öffentlich-rechtliche Spartenprogramme, als Bestandteil der Grundversorgung ?; Berlin: 1996

**Bleicher, Joan Kristin**; Das Fernsehen am Wendepunkt der medienhistorischen Entwicklung; in: Zeitschrift für Literaturwissenschaft und Linguistik, Jg.26, Heft 103 (1996), S.86ff.

**Braml, Claudia**; Das Teleshopping und die Rundfunkfreiheit; Frankfurt a.M., Berlin, Bern, Brüssel, New York, Wien: 2000, zit. als: Braml, Teleshopping

**Braun, Matthias; Gillert, Olaf; Hoberg, Dominik; Hübner, Eva-Maria; Kamps, Michael**; Spartenkanäle: Grenzen einer Zukunftsperspektive für den öffentlich-rechtlichen Rundfunk; ZUM 1996, S.201ff.

**Breuning, Christian**; Offene Fernseh- und Hörfunkkanäle in Deutschland; MP 1998, S.236ff.

**Breuning, Christian**; Datendienste im Digital-Radio; MP 1997, S.558ff.

**Breuning, Christian**; Von der Programmzeitschrift zum TV - Guide; MP 1997, S.442ff.

**Brosius, Hans-Bernd**; Multimedia und digitales Fernsehen: Ist eine Neuausrichtung kommunikationswissenschaftlicher Forschung notwendig ?; Publizistik 42 (1997), S.37ff.

**Brosius, Hans-Bernd**; Die Revolution findet vorerst nicht statt. Mediennutzung im digitalen Zeitalter; Tendenz IV/1996, S.4ff.

**Brosius, Hans-Bernd; Fahr, Andreas; Vlasic, Andreas**; Die Dritten Programme der ARD. Entwicklung, Angebotsstruktur und Nutzung; Berlin: 1999

**Brugger, Winfried**; Rundfunkfreiheit und Verfassungsinterpretation; Heidelberg: 1991

**Bucher, Hans-Jürgen; Barth, Christof**; Rezeptionsmuster der Online - Kommunikation; MP 1998, S.517ff.

**Bucher, Hans-Jürgen; Barth, Christof**; ARD 3 im Aufwand; MP 1998, S.222ff.

**Bullinger, Martin**; Der Rundfunkbegriff in der Differenzierung kommunikativer Dienste; AfP 1996, S.1ff.

**Bullinger, Martin**; Multimediale Kommunikation in Wirtschaft und Gesellschaft; ZUM 1996, S.749ff.

**Bullinger, Martin**; Rundfunkordnung im Bundesstaat und in der Europäischen Gemeinschaft; AfP 1985, S.256ff.

**Bullinger, Martin**; Kommunikationsfreiheit im Strukturwandel der Telekommunikation; Baden-Baden: 1980

**Bullinger, Martin; Gödel, Christoph**; Landesmediengesetz Baden - Württemberg. Kommentar; Baden-Baden: 1986; zit. als: Bullinger/ Gödel, Kommentar zum BW LMedienG i.d.F. vom 16.12.1985

**Bullinger, Martin; Mestmäcker, Ernst-Joachim**; Multimediadienste: Struktur und staatliche Aufgaben nach deutschem und europäischem Recht; Baden-Baden: 1997

**Burkart, Roland**; Kommunikationswissenschaft. Grundlagen und Problemfelder. Umrisse einer interdisziplinären Sozialwissenschaft; Wien, Köln, Weimar: 1995

**Burkart, Roland; Hömberg, Walter**; Massenkommunikation und Publizistik. Eine Herausforderung für die kommunikationswissenschaftliche Modellbildung; in: Fünfgeld, Herrmann; Mast, Claudia (Hrsg.); Massenkommunikation. Ergebnisse und Perspektiven. Gerhard Maletzke zum 75. Geburtstag; Opladen: 1997, S.71ff.; zit. als: Burkart/Hömberg, in: Fünfgeld/Mast (Hrsg.), Massenkommunikation

**Charissé, Peter**; Die Rundfunkveranstaltungsfreiheit und das Zulassungsregime der Rundfunk- und Mediengesetze. Eine verfassungsrechtliche Untersuchung der subjektiv-rechtlichen Stellung privater Rundfunkveranstalter; Frankfurt a.M., Berlin, Bern, Brüssel, New York, Wien: 1999; zit. als: Charissé, Rundfunkveranstaltungsfreiheit

**Cloß, Wolfgang**; Rundfunkrecht kann nicht durch Kartellrecht ersetzt werden. Zur Gegenwart und Zukunft der Rundfunkordnung in Deutschland; Tendenz I/1998, S.16f.

**Darschin, Wolfgang; Frank, Bernward**; Fernsehgewohnheiten und Programmbewertungen 1997. Tendenzen im Zuschauerverhalten; MP 1998, S.154ff.

**Darschin, Wolfgang; Frank, Bernward**; Fernsehgewohnheiten und Programmbewertungen 1992. Tendenzen im Zuschauerverhalten; MP 1993, S.114ff.

**Darschin, Wolfgang; Frank, Bernward**; Fernsehgewohnheiten und Programmbewertungen 1991. Tendenzen im Zuschauerverhalten; MP 1992, S.172ff.

**Degenhart, Christoph**; Staatsrecht I. Staatsorganisationsrecht; Heidelberg: 1999 (15. Aufl.)

**Degenhart, Christoph**; Online-Angebote öffentlich-rechtlicher Rundfunkanstalten; Frankfurt a.M.: 1998

**Degenhart, Christoph**; Programmauftrag Internet; MMR 1998, S.137ff.

**Degenhart, Christoph**; Rundfunk und Internet; ZUM 1998, S.333ff.

**Degenhart, Christoph**; Verfassungsfragen des Lokalfunks in Nordrhein-Westfalen; AfP 1998, S.274ff.

**Degenhart, Christoph**; Rundfunkaufsicht und Wettbewerbsgleichheit im dualen Rundfunksystem; ZUM 1997, S.153ff.

**Degenhart; Christoph**; Rechtliche Aspekte des Teleshopping; ZUM 1995, S.353ff.

**Degenhart, Christoph**; Rundfunkfreiheit in gesetzgeberischer Beliebigkeit ? Zum 6. Rundfunkurteil des BVerfG - WDR-Gesetz und Landesrundfunkgesetz Nordrhein - Westfalen; DVBl. 1991, S.510ff.

**Degenhart, Christoph; Meissner, Claus**; Handbuch der Verfassung des Freistaates Sachsen; Stuttgart, München: 1997

**Determann, Lothar**; Kommunikationsfreiheit im Internet. Freiheitsrechte und gesetzliche Beschränkungen; Baden-Baden: 1999

**Deutsches Institut für Wirtschaftsforschung; Europäisches Zentrum für Wirtschaftsforschung und Strategieberatung Prognos**; Künftige Entwicklung im Mediensektor. Ein Gutachten im Auftrag des Bundesministeriums für Wirtschaft; Basel, Berlin: 1995, zit. als: DIW/Prognos, Gutachten zur künftigen Entwicklung im Mediensektor (1995)

**Dieckmann, Dag-Sven; Knöpke, Holger**; Online-Dienste - ein Massenmedium der Zukunft ?; Tendenz IV/1996, S.14ff.

**Direktorenkonferenz der Landesmedienanstalten (Hrsg.)**; Erstes Strukturpapier über die Zuständigkeit der Landesmedienanstalten im Grenzbereich zwischen Rundfunk und Mediendiensten und die Unterscheidung von Rundfunk und Mediendiensten in der aktualisierten Fassung vom 09.12.1998; Online-Publikation im Internet unter der URL: http://www.alm.de; zit. als: Erstes DLM-Strukturpapier vom 09.12.1998 (Aktualisierte Fassung)

**Direktorenkonferenz der Landesmedienanstalten (Hrsg.)**; Erstes Strukturpapier über die Zuständigkeit der Landesmedienanstalten im Grenzbereich zwischen Rundfunk und Mediendiensten und die Unterscheidung von Rundfunk und Mediendiensten in der Fassung vom 16.12.1997; Online-Publikation im Internet unter der URL: http://www.alm.de; zit. als: Erstes DLM-Strukturpapier vom 16.12.1997

**Direktorenkonferenz der Landesmedienanstalten (Hrsg.)**; Stellungnahme vom 05.05.1998 zum Grünbuch der Europäischen Kommission zur Konvergenz der Branchen Telekommunikation, Medien und Informationstechnologie und ihren ordnungspolitischen Auswirkungen; Online-Publikation im Internet unter der URL: http://www.alm.de; zit. als: DLM-Stellungnahme zum EU-Grünbuch Konvergenz

**Dolzer, Rudolph; Vogel, Klaus**; Bonner Kommentar zum Grundgesetz, Loseblatt, Stand: 91. Ergänzungslieferung, August 1999; Heidelberg: 1999; zit. als: Bearbeiter, BonnK

**Doemming, Klaus-Berto von; Füsslein, Rudolf Werner; Matz, Werner**; Entstehungsgeschichte der Artikel des Grundgesetzes; JöR Bd.1, S.1ff.

**Dörr, Dieter**; „Multimedia" und der Rundfunkbegriff; in: Dittmann, Armin; Fechner, Frank; Sander, Gerald (Hrsg.); Der Rundfunkbegriff im Wandel der Medien. Symposion zum 65. Geburtstag von Professor Dr.jur. Dr.hc. Thomas Oppermann; Berlin: 1997, S.121ff.; zit. als: Dörr, in: Dittmann u.a. (Hrsg.), Symposion Oppermann

**Dreier, Horst**; Grundgesetz Kommentar, Bd.1; Tübingen: 1996; zit. als: Bearbeiter, in: Dreier, GG

**Eberle, Carl-Eugen**; Betätigung des ZDF im Online-Bereich; AfP 1998, S.272ff.

**Eberle, Carl-Eugen**; Rundfunk-Regelungsmodell für Online-Dienste ?; in: Dittmann, Armin; Fechner, Frank; Sander, Gerald (Hrsg.); Der Rundfunkbegriff im Wandel der Medien. Symposion zum 65. Geburtstag von Professor Dr.jur. Dr.hc. Thomas Oppermann; Berlin: 1997, S.149ff.; zit. als Eberle, in: Dittmann u.a. (Hrsg.), Symposion Oppermann

**Eberle, Carl-Eugen**; Digitale Rundfunkfreiheit - Rundfunk zwischen Couch-Viewing und Online-Nutzung; CR 1996, S.193ff.

**Eberle, Carl-Eugen**; Neue Übertragungstechniken und Verfassungsrecht; ZUM 1995, S.249ff.

**Eisenstein, Cornelia**; Meinungsbildung in der Mediengesellschaft. Eine theoretische und empirische Analyse zum multi - step flow of communication; Opladen: 1994

**Elis, Angela**; Business TV in Deutschland; MP 1998, 124ff.

**Emmerich, Volker; Steiner, Udo**; Möglichkeiten und Grenzen der wirtschaftlichen Betätigung der öffentlich-rechtlichen Rundfunkanstalten; Berlin: 1986

**Engel, Christoph**; Rundfunk in Freiheit; AfP 1994, S.185ff.

**Engel-Flechsig, Stefan**; Die neue Medienordnung; in: Bartsch, Michael; Lutterbeck, Bernd; Neues Recht für neue Medien; Köln: 1998, S.61ff.

**Engel-Flechsig, Stefan; Maennel, Frithiof; Tettenborn, Alexander**; Das neue Informations- und Kommunikationsdienste - Gesetz; NJW 1997, S.2981ff.

**Ernst, Stefan**; Erst anmelden, dann surfen - Rundfunkgebühren für Internet - Anschlüsse ?; NJW 1997, S.3006ff.

**Europäische Kommission (Hrsg.)**; Grünbuch zur Konvergenz der Branchen Telekommunikation, Medien und Informationstechnologie und ihren ordnungspolitischen Auswirkungen; Brüssel: 1997; zit. als: EU-Grünbuch Konvergenz

**Ewald, Karl; Gscheidle, Christoph; Schröter, Christian**; Professionalisierung und Spezialisierung im Online-Medium; MP 1998, S.508ff.

**Freys, Alexander**; Anmerkungen zum „Split-Screen" - Beschluß des VG Berlin vom 17. Dezember 1998; ZUM 1999, 168ff.

**Fromm, Michael**; Öffentlich-rechtlicher Programmauftrag und Rundfunkföderalismus; Baden-Baden: 1998; zit. als: Fromm, Öffentlich-rechtlicher Programmauftrag

**Früh, Werner**; Realitätsvermittlung durch Massenmedien. Abbild oder Konstruktion ?; in: Schulz, Winfried (Hrsg.); Medienwirkungen. Einflüsse von Presse, Radio und Fernsehen auf Individuen und Gesellschaft; Weinheim: 1992, S.71ff.

**Früh, Werner; Schönbach, Klaus**; Der dynamisch-transaktionale Ansatz. Ein neues Paradigma der Medienwirkungen; Publizistik 27 (1982), S.74ff.

**Funke, Rainer**; Neue Informations- und Kommunikationstechnologien - eine Herausforderung für die Rundfunkordnung; in: Prinz, Matthias; Peters, Butz (Hrsg.), Medienrecht im Wandel. Festschrift für Manfred Engelschall; Baden-Baden: 1996, S.143ff.; zit. als Funke, in: Prinz/ Peters (Hrsg.), FS Engelschall

**Gehring, Heiner**; Sozialpsychologische Überlegungen zur Fernsehberichterstattung aus Gerichtsverhandlungen; ZRP 1998, 8ff.

**Gerhards, Maria; Grajczyk, Andreas; Klingler, Walter**; Programmangebote und Spartennutzung im Fernsehen 1997; MP 1998, S. 582ff.

**Gersdorf, Hubertus**; Einige Überlegungen zu Online-Diensten des öffentlich-rechtlichen Rundfunks; NJW-CoR 1998, S.238ff.

**Gersdorf, Hubertus**; Das Grundrecht der Rundfunkfreiheit als „Supergrundrecht" ? Zur Notwendigkeit einer dogmatischen Weiterentwicklung des verfassungsrechtlichen Rundfunkbegriffs; in: Dittmann, Armin; Fechner, Frank; Sander, Gerald (Hrsg.); Der Rundfunkbegriff im Wandel der Medien. Symposion zum 65. Geburtstag von Professor Dr.jur. Dr.hc. Thomas Oppermann; Berlin: 1997, S.137ff.; zit. als: Gersdorf, in: Dittmann u.a. (Hrsg.), Symposion Oppermann

**Gersdorf, Hubertus**; Neue Dienste zwischen Gesetzgebungskompetenz von Bund und Ländern; in: Prinz, Matthias; Peters, Butz (Hrsg.); Medienrecht im Wandel. Festschrift für Manfred Engelschall (Hrsg); Baden-Baden: 1996, S. 163ff.; zit. als: Gersdorf, in: Prinz/Peters (Hrsg.), FS Engelschall

**Gersdorf, Hubertus**; Rundfunkfreiheit ohne Ausgestaltungsvorbehalt. Verfassungs- und gemeinschaftsrechtliche Voraussetzungen für die Einführung neuer Kommunikationsdienste am Beispiel reiner Teleshoppingkanäle; München: 1996

**Gersdorf, Hubertus**; Teleshopping: Erlaubt ist, was nicht verboten ist; Tendenz I/1996, S.28ff.

**Gersdorf, Hubertus**; Der verfassungsrechtliche Rundfunkbegriff im Lichte der Digitalisierung der Telekommunikation; Berlin: 1995; zit. als: Gersdorf, Rundfunkbegriff

**Gersdorf, Hubertus**; Multi - Media: Der Rundfunkbegriff im Umbruch ?; AfP 1995, S.565ff.

**Gersdorf, Hubertus**; Teleshopping: Exerzitium für die Notwendigkeit einer Differenzierung zwischen Ausgestaltung und Beschränkung der Rundfunkfreiheit; ZUM 1995, S.841ff.

**Gleich, Uli; Groebel, Jo**; ARD-Forschungsdienst. Politische Werbung und Wahlen; MP 1994, S.369ff.

**Goerlich, Helmut; Radeck, Bernd**; Neugründung und Grundversorgung - die Rundfunkordnung in der dritten Phase ?; JZ 1989, S.53ff.

**Goldhammer, Klaus; Zerdick, Axel**; Rundfunk online. Entwicklung und Perspektiven des Internets für Hörfunk- und Fernsehanbieter; Berlin: 2000 (2.Aufl.)

**Gounalakis, Georgios**; Der Mediendienste-Staatsvertrag der Länder; NJW 1997, S.2993ff.

**Gounalakis, Georgios; Rhode, Lars**; Elektronische Kommunikationsangebote zwischen Telediensten, Mediendiensten und Rundfunk; CR 1998, S.487ff.

**Graf, Ulrich**; Rundfunkanstalten im Kartellrecht; Bayreuth: 1991

**Gramlich, Ludwig**; Kommunikations-Grundversorgung zwischen Markt und Staat; ZUM 1998, S.365ff.

**Hain, Karl-Eberhard**; Rundfunkfreiheit und Rundfunkordnung; Baden-Baden: 1993

**Halefeldt, Horst**; Das erste Medium für alle ? Erwartungen an den Hörfunk bei seiner Einführung in Deutschland Anfang der 20er Jahre; in: Hans-Bredow-Institut (Hrsg.); Rundfunk und Fernsehen 1948 - 1989, Baden-Baden, Hamburg: 1990, S.545ff.; zit. als: Halefeldt, RuF 1948 - 1989

**Hartstein, Reinhard; Ring, Wolf-Dieter; Kreile, Johannes; Dörr, Dieter; Stettner, Rupert**; Rundfunkstaatsvertrag. Kommentar zum Staatsvertrag der Länder zur Neuordnung des Rundfunkwesens; München: 1995 (2.Aufl.)

**Hecker, Wolfgang**; „Medienmacht" und Rezipientenfreiheit. Zur Interpretation von Art.5 I 2 GG für den Rundfunkbereich im Lichte der neueren Medienforschung; Frankfurt a.M., Bern, New York, Paris: 1987

**Herkströter, Dirk**; Neue elektronische Werbeformen: Glaubwürdgkeit des Programms gefährdet ?; MP 1998, S.106ff.

**Herrmann, Günter**; Anmerkung zum Beschluß des Bundesverfassungsgerichts vom 20.2.1998; ZUM 1998, S.311ff.

**Herrmann, Günter**; Rundfunkrecht. Fernsehen und Hörfunk mit Neuen Medien; München: 1994

**Herrmann, Günter**; Fernsehen und Hörfunk in der Verfassung der Bundesrepublik Deutschland, zugleich ein Beitrag zu weiteren allgemeinen verfassungsrechtlichen und kommunikationsrechtlichen Fragen; Tübingen: 1975; zit. als: Herrmann, Fernsehen und Hörfunk

**Hesse, Albrecht**; Der Vierte Rundfunkänderungsstaatsvertrag aus der Sicht des öffentlich-rechtlichen Rundfunks; ZUM 2000, S.183ff.

**Hesse, Albrecht**; Rundfunkrecht. Die Organisation des Rundfunks in der Bundesrepublik Deutschland; München: 1999 (2.Aufl.), EA 1990

**Hesse, Albrecht**; Zur aktuellen Entwicklung des Rundfunkrechts; BayVBl. 1997, S.132ff., S.165ff.

**Hesse, Konrad**; Grundzüge des Verfassungsrechts der Bundesrepublik Deutschland; Heidelberg: 1995 (20.Aufl.); zit. als: Hesse, Grundzüge

**Heyl, Cornelius von**; Teledienste und Mediendienste nach Teledienstegesetz und Mediendienste-Staatsvertrag; ZUM 1998, S.115ff.

**Hochstein, Reiner**; Teledienste, Mediendienste und Rundfunkbegriff - Anmerkungen zur praktischen Abgrenzung multimedialer Erscheinungsformen; NJW 1997, S.2977ff.

**Hömberg, Walter; Hohlfeld, Ralf; Schnellhardt, Michaela**; Instore-Radio zwischen Klangteppich und Werbeträger; MP 1998, S.113ff.

**Hoffmann-Riem, Wolfgang**; Rundfunkrecht im Wandel; in: Fünfgeld, Herrmann; Mast, Claudia (Hrsg.); Massenkommunikation. Ergebnisse und Perspektiven. Gerhard Maletzke zum 75. Geburtstag; Opladen: 1997, S.269ff.; zit. als: Hoffmann-Riem, in: Fünfgeld/Mast (Hrsg.), Massenkommunikation

**Hoffmann-Riem, Wolfgang**; Der Rundfunkbegriff in der Differenzierung kommunikativer Dienste; AfP 1996, S.9ff.

**Hoffmann-Riem, Wolfgang**; Pay TV im öffentlich-rechtlichen Rundfunk; MP 1996, S.73ff.

**Hoffmann-Riem, Wolfgang**; Pay TV im öffentlich-rechtlichen Rundfunk; Baden-Baden, Hamburg: 1996

**Hoffmann-Riem, Wolfgang**; Erosionen des Rundfunkrechts; München: 1990

**Hoffmann-Riem, Wolfgang; Vesting, Thomas**; Ende der Massenkommunikation ?; MP 1994, S.382ff.

**Hofstätter, Peter**; Lexikon Psychologie; Frankfurt a.M.: 1957

**Holznagel, Bernd**; Multimedia zwischen Regulierung und Freiheit; ZUM 1999, S.425ff.

**Jäckel, Michael**; Medienwirkungen; Opladen: 1999

**Jäckel, Michael**; Wahlfreiheit in der Fernsehnutzung. Eine soziologische Analyse zur Individualisierung der Massenkommunikation; Opladen: 1996

**Janik, Viktor**; Der Deutsche Rundfunkbegriff im Spiegel technischer Entwicklungen; AfP 2000, S.7ff.

**Jarass, Hans Dieter**; Rundfunkbegriffe im Zeitalter des Internet; AfP 1998, S.133ff.

**Jarass, Hans Dieter**; Online-Dienste und Funktionsbereich des Zweiten Deutschen Fernsehens; Mainz: 1997

**Jarren, Otfried; Donges, Patrick**; Ende der Massenkommunikation - Ende der Medienpolitik ?; in: Fünfgeld, Herrmann; Mast, Claudia (Hrsg.); Massenkommunikation. Ergebnisse und Perspektiven. Gerhard Maletzke zum 75. Geburtstag; Opladen: 1997; S.231ff., zit. als: Jarren/Donges, in: Fünfgeld/Mast (Hrsg.), Massenkommunikation

**Kiefer, Marie-Luise**; Massenkommunikation 1995; MP 1996, S.234ff.

**Kilches, Ralph**; Mediendienste-Staatsvertrag und IuKDG; Medien und Recht 1997, S.183ff.

**Klein, Hans-Hugo**; Die Rundfunkfreiheit; München: 1978

**Klein, Hans-Hugo; Lauff, Werner**; Neue Medientechnik - neues Rundfunkrecht; Aus Politik und Zeitgeschichte. Beilage zur Wochenzeitschrift Das Parlament B51/81 vom 19. Dezember 1981, S.3ff.

**Klöck, Oliver**; Bundeskompetenz für ein Multimedia-Recht ?; CR 1999, S.456ff.

**Koch, Frank**; Internet-Recht; München, Wien: 1998

**König, Eberhard**; Die Teletexte. Versuch einer verfassungsrechtlichen Einordnung; München: 1980

**Körber, Torsten**; Juristische Recherche im Internet; NJW 1997, S.3222ff.

**Koszyk, Karl; Pruys, Karl**; Handbuch der Massenkommunikation; München: 1981

**Kresse, Hermann**; Grundversorgung und integrative Pluralismussicherung; ZUM 1995, S.178ff.

**Kresse, Hermann; Heinze, Matthias**; Rundfunk-Dynamik am Morgen des digitalen Zeitalters; AfP 1995, S.574ff.

**Kröger, Detlef; Moos, Flemming**; Mediendienst oder Teledienst ? Zur Aufteilung der Gesetzgebungsmaterie Informations- und Kommunikationsdienste zwischen Bund und Ländern; AfP 1997, S.675ff.

**Kröger, Detlef; Moos, Flemming**; Regelungsansätze für Multimediadienste. Mediendienstestaatsvertrag und Teledienstegesetz; ZUM 1997, S.462ff.

**Kübler, Hans-Dieter**; Kommunikation und Massenkommunikation; Münster, Hamburg: 1994

**Lammek, Marc; Dreyer, Stephan**; Medienrechtliche Probleme des Business-TV; CR 1999, S.638ff.

**Lang, Gladys; Lang, Kurt**; Einige Gedanken zu den Makroeffekten der Massenkommunikation; in: Bentele, Günter; Rühl, Manfred (Hrsg.); Theorien öffentlicher Kommunikation. Problemfelder, Positionen, Perspektiven; München: 1993, S.257ff.

**Larenz, Karl**; Methodenlehre der Rechtswissenschaft; Berlin, Heidelberg, New York, London, Paris, Tokyo, Hong Kong, Barcelona, Budapest: 1991 (6.Aufl.)

**Le Bon, Gustave**; Psychologie der Massen. Mit einer Einführung von Peter Hofstätter; Stuttgart: 1982 (15.Aufl.); französische EA Paris: 1898

**Lerche, Peter**; Verfassungsfragen zum Entwurf der Landesregierung Nordrhein-Westfalen eines Gesetzes über den „Westdeutschen Rundfunk"; AfP 1984, S.183ff.

**Leupold, Andreas**; „Push" und „Narrowcasting" im Lichte des Medien- und Urheberrechts; ZUM 1998, S.99ff.

**Libertus, Michael**; Medienrechtliche Einordnung von Business TV-Diensten; K&R 2000, S.119ff.

**Libertus, Michael**; Access-Providing durch öffentlich-rechtliche Rundfunkanstalten; ZUM 1999, S.889ff.

**Libertus, Michael**; Grenzen entgeltfinanzierter öffentlich-rechtlicher Fernsehangebote; AfP 1998, S.149ff.

**Libertus, Michael**; Randnutzung im öffentlich-rechtlichen Rundfunk - Rechtliche Aspekte und Erscheinungsformen; AfP 1992, S.229ff.

**Libertus, Michael**; Verfassungsrechtliche Aspekte einer Bestands- und Entwicklungsgarantie für den öffentlich-rechtlichen Rundfunk; ZUM 1992, S.224ff.

**Libertus, Michael**; Grundversorgungsauftrag und Funktionsgarantie; München: 1991

**Libertus, Michael**; Die Grundversorgung als Aufgabe des öffentlich-rechtlichen Rundfunks; ZUM 1990, S.124ff.

**Lieb, Wolfgang**; Kabelfernsehen und Rundfunkgesetze; Berlin: 1974

**Loewenheim, Ulrich; Koch, Frank**; Praxis des Online-Rechts; Weinheim, New York, Chichester, Brisbane, Singapore, Toronto: 1998; zit. als: Bearbeiter, in: Loewenheim/Koch (Hrsg.), Praxis des Online-Rechts

**Luhmann, Niklas**; Die Realität der Massenmedien; Opladen: 1996 (2.Aufl.)

**Maletzke, Gerhard**; Kommunikationswissenschaft im Überblick. Grundlagen, Probleme, Perspektiven; Opladen: 1998

**Maletzke, Gerhard**; Massenkommunikationstheorien; Tübingen: 1988

**Maletzke, Gerhard**; Bausteine zur Kommunikationswissenschaft 1949 - 1984. Ausgewählte Aufsätze zu Problemen, Begriffen, Perspektiven; Berlin: 1984

**Maletzke, Gerhard**; Medienwirkungsforschung. Grundlagen, Möglichkeiten, Grenzen; Tübingen: 1981

**Maletzke, Gerhard**; Psychologie der Massenkommunikation. Theorie und Systematik; Hamburg: 1978 (Neudruck der EA von 1963)

**Mangoldt, Hermann von; Klein, Friedrich; Starck, Christian**; Das Bonner Grundgesetz; München: 1999 (4.Aufl.); zit. als: Bearbeiter; in: v.Mangoldt/Klein/Starck, Grundgesetz

**Mattenklott, Axel; Donsbach, Wolfgang; Brosius, Hans-Bernd**; Die Realität des Fernsehzuschauers: Die Illusion des Augenzeugen; in: Franzmann, Bodo; Fröhlich, Werner; Hoffmann, Hilmar; Spörri, Balz; Zitzlsperger, Rolf (Hrsg.); Auf den Schultern von Gutenberg. Medienökologische Perspektiven der Fernsehgesellschaft; Berlin, München: 1995, S.252ff.; zit. als: Mattenklott/Donsbach/Brosius, in: Franzmann u.a. (Hrsg.), Auf den Schultern von Gutenberg

**Maunz, Theodor**; Die Grenzen der Betätigung öffentlich-rechtlicher Rundfunkanstalten; DVBl. 1974, S.1ff.

**Maunz, Theodor; Dürig, Günter**; Kommentar zum Grundgesetz; Loseblatt, Stand: 34. Ergänzungslieferung, Februar 1999; München: 1999; zit. als: Bearbeiter, in: Maunz/Dürig

**Mayer, Patrick**; Das Internet im öffentlichen Recht unter Berücksichtigung europarechtlicher und völkerrechtlicher Vorgaben; Berlin: 1999; zit. als: Mayer, Das Internet im öffentlichen Recht

**Mayer, Patrick; Motz, Thomas**; Ermessenspielraum einer Landesmedienanstalt bei der Durchführung landesrechtlicher Erprobungsprojekte und medienrechtliche Einordnung eines Teleshopping - Programmes; ZUM 1998, 133ff.

**McLuhan, Marshall**; Die magischen Kanäle. Understanding Media; Frankfurt a.M., Hamburg: 1970; amerikanische EA New York: 1964

**Merten, Klaus; Giegler, Helmut; Uhr, Friedericke**; Grundlegende Ansätze und Methoden der Medienwirkungsforschung; Wiesbaden: 1992

**Michel, Eva-Maria**; Rundfunk und Internet. Die Zulässigkeit von Internet - Aktivitäten der öffentlich-rechtlichen Rundfunkanstalten; ZUM 1998, S.350ff.

**Moos, Flemming**; Die Unterscheidung der Dienstformen Teledienst, Mediendienst und Rundfunk; in: Kröger, Detlef; Gimmy, Marc (Hrsg.); Handbuch zum Internetrecht. Electronic Commerce, Informations-, Kommunikations- und Mediendienste; Berlin, Heidelberg, New York, Barcelona, Hongkong, London, Mailand, Paris, Singapur, Tokio: 2000, S.38ff.

**Müller, Friedrich**; Juristische Methodik; Berlin: 1995 (6.Aufl.)

**Müller-Using, Detlev; Dammermann, Christine**; Kritik an dem Urteil des Verwaltungsgerichts des Saarlandes zu Lasten der Firma Monitor-Journal Telecommunication Service GmbH; ZUM 1995, S.611ff.

**Münch, Ingo von**; Wie lange noch Rundfunk-Zwangsgebühr ?; NJW 2000, S.634ff.

**Münch, Ingo von; Kunig, Philip**; Grundgesetz - Kommentar, Bd.1; München: 1992 (4.Aufl.); zit. als: Bearbeiter, in: v.Münch/Kunig, GGK I

**Neverla, Irene**; Zeitmaschine Fernsehen: Zwischen Beschleunigung und Entschleunigung des Alltags; in: Franzmann, Bodo; Fröhlich, Werner; Hoffmann, Hilmar; Spörri, Balz; Zitzlsperger, Rolf (Hrsg.); Auf den Schultern von Gutenberg. Medienökologische Perspektiven der Fernsehgesellschaft; Berlin, München: 1995, S.269ff.; zit. als: Neverla, in: Franzmann u.a. (Hrsg.), Auf den Schultern von Gutenberg

**Niepalla, Peter**; Die Grundversorgung durch die öffentlich-rechtlichen Rundfunkanstalten; München: 1990

**Nieschlag, Robert; Dichtl, Erwin; Hörschgen, Hans**; Marketing, Berlin: 1997 (18.Aufl.)

**Noelle-Neumann, Elisabeth**; Rationale und irrationale Elemente der Meinungsbildung zu Wissenschaft und Technik; Publizistik 42 (1997), S.439ff.

**Noelle-Neumann, Elisabeth; Schulz, Winfried; Wilke, Jürgen**; Lexikon Publizistik Massenkommunikation; Frankfurt a.M.: 1994; zit. als: Bearbeiter, in: Noelle-Neumann u.a. (Hrsg.), Lexikon Publizistik

**Noelle-Neumann, Elisabeth**; Wahlentscheidung in der Fernsehdemokratie; Freiburg, Würzburg: 1980

**Oberst, Walter**; Der Kinderkanal von ARD und ZDF in der Diskussion; MP 1997, S.23ff.

**Ory, Stephan**; Internet-Radio: Lizenz für Private, Gebühr für Anstalten ?; AfP 1997, S.845

**Ory, Stephan**; http://www.medienpolizei.de ?; in: AfP 1996, S.105ff.

**Ory, Stephan**; Digitaler Hörfunk (DAB) - Eine Herausforderung für das Rundfunkrecht; AfP 1994, S.18ff.

**Ory, Stephan**; Freiheit der Massenkommunikation. Am Beispiel der Programmveranstalter im Kabelprojekt Ludwigshafen; Frankfurt a.M., Bern, New York, Paris: 1987

**o.V.**; Aus für Kinderfernsehen Nickelodeon; AfP 1998, S.297ff.

**Peters, Karl**; Strafprozeß; Heidelberg: 1985 (4.Aufl.)

**Pieper, Antje-Karin; Hess, Wolfgang**; Wesentliche Eckpunkte des Gebührenurteils des Bundesverfassungsgerichts vom 22. Februar 1994; ZUM 1994, S.484ff.

**Pieper, Antje-Karin; Wiechmann, Peter**; Der Rundfunkbegriff - Änderungen durch Einführung des interaktiven Fernsehens ?; ZUM 1995, S.89ff.

**Pieroth, Bodo; Schlink, Bernhard**; Grundrechte. Staatsrecht II; Heidelberg: 1999 (15.Aufl.)

**Poll, Karolin**; Fernsehspartenprogramme und Pluralismus; Berlin: 1999

**Postman, Neil**; Wir amüsieren uns zu Tode. Urteilsbildung im Zeitalter der Unterhaltungsindustrie; Frankfurt a.M.: 1988, amerikanische EA New York: 1982

**Radke, Karl**; Phoenix: Ziele, Programm und Programmphilosophie; MP 1997, S.206ff.

**Ravenstein, Marianne**; Politikvermittlung durch Medien. Bilanz zum Forschungsstand und zur Forschungsstrategie der Medienwirkungsforschung; in: Jarren, Otfried; Knaup, Bettina; Schatz, Heribert (Hrsg.); Rundfunk im politischen Kommunikationsprozeß. Jahrbuch 1995 der Arbeitskreise „Politik und Kommunikation"; Münster: 1995, S.17ff.; zit. als: Ravenstein, in: Jarren/Knaup/Schatz (Hrsg.), Jahrbuch Politik und Kommunikation 1995

**Reiter, Udo**; Die Strategie der ARD im digitalen Zeitalter; MP 1997, S.410ff.

**Renckstorf, Karsten**; Alternative Ansätze der Massenkommunikationsforschung: Wirkungs- vs. Nutzenansatz; in: Hans-Bredow-Institut (Hrsg.); Rundfunk und Fernsehen 1948 - 1989; Baden-Baden, Hamburg: 1990, S.545ff.; zit. als: Renckstorf, RuF 1948 - 1989

**Ricker, Reinhart**; Digitalisierung und interaktive Medienangebote - Grenzen für ARD und ZDF ?; AfP 1998, S.437ff.

**Ricker, Reinhart**; Fragen zur Rechtmäßigkeit der Veranstaltung und Verbreitung Dritter Fernsehprogramme öffentlich-rechtlicher Rundfunkanstalten; ZUM 1998, S.181ff.

**Ricker, Reinhart**; Rundfunkgebühren für Computer mit Internet - Zugang ?; NJW 1997, S.3199ff.

**Ricker, Reinhart**; Zur Rangfolge der Kabeleinspeisung des „Kinderkanals" und des „Ereignis- und Dokumentationskanals"; ZUM 1997, S.1ff.

**Ricker, Reinhart**; Die Grundversorgung als Aufgabe des öffentlich-rechtlichen Rundfunks; ZUM 1989, S.331ff.

**Ricker, Reinhart; Schiwy, Peter**; Rundfunkverfassungsrecht; München: 1997

**Ring, Wolf-Dieter**; Rundfunk und Internet; ZUM 1998, S.358ff.

**Ring, Wolf-Dieter**; Ausgewählte Rechtsfragen der aktuellen Rundfunkpolitik; in: Fünfgeld, Herrmann; Mast, Claudia (Hrsg.); Massenkommunikation. Ergebnisse und Perspektiven. Gerhard Maletzke zum 75. Geburtstag; Opladen: 1997, S.253ff.; zit. als: Ring, in: Fünfgeld/Mast (Hrsg.), Massenkommunikation

**Röger, Ralf**; Internet und Verfassungsrecht; ZRP 1997, S.203ff.

**Roßnagel, Alexander**; Recht der Multimediadienste; München: 1999; zit. als: Bearbeiter in: Roßnagel (Hrsg.), Recht der Multimediadienste

**Roßnagel, Alexander**; Neues Recht für Multimediadienste; NVwZ 1998, S.1ff.

**Scheble, Roland**; Perspektiven der Grundversorgung; Baden-Baden: 1994

**Schenk, Michael**; Massenkommunikation und ihre Wirkungen; in: Fünfgeld, Herrmann; Mast, Claudia (Hrsg.); Massenkommunikation. Ergebnisse und Perspektiven. Gerhard Maletzke zum 75. Geburtstag; Opladen: 1997, S.155ff., zit. als: Schenk, in: Fünfgeld/Mast (Hrsg.), Massenkommunikation

**Schenk, Michael**; Medienwirkungsforschung; Tübingen: 1987

**Scherer, Joachim**; „Online" zwischen Telekommunikations- und Medienrecht. Regulierungsprobleme von Online-Systemen im Internet und außerhalb; AfP 1996, S. 213ff.

**Scherer, Joachim**; Rechtsprobleme des Staatsvertrages über Bildschirmtext; NJW 1983, S.1832ff.

**Schlierseepapier der Länder**; Bericht der Rundfunkreferenten der Länder zur Frage der Veranstaltung privater Rundfunksendungen und des Rundfunkbegriffs vom 29. April 1975; in: Ring, Wolf-Dieter; Medienrecht; Loseblatt, Stand: 1998; München: 1998, D-I und D-II

**Schmitt, Carl**; Verfassungslehre; Berlin: 1989 (8.Aufl.); EA München: 1928

**Schmitt, Carl**; Verfassungsrechtliche Aufsätze aus den Jahren 1924 - 1954. Materialien zu einer Verfassungslehre; Berlin: 1973 (2.Aufl.)

**Schmitt Glaeser, Walter; Degenhart, Christoph**; Koordinationspflicht der Länder im Rundfunkwesen. Zur Einspeisung herangeführter Programme in Kabelanlagen; AfP 1986, S.173ff.

**Schmitt Glaeser, Walter**; Kabelkommunikation und Verfassung. Das privatrechtliche Unternehmen im „Münchner Pilotprojekt"; Berlin: 1979

**Schmitz, Bernd**; Kommerzielles Fernsehen und Rundfunkfreiheit; DÖV 1968, S.683ff.

**Schoch, Friedrich**; Betätigung öffentlich-rechtlicher Anstalten und Körperschaften im Online-Bereich; AfP 1998, S.253ff.

**Scholz, Rupert**; Zukunft von Rundfunk und Fernsehen: Freiheit der Nachfrage oder reglementiertes Angebot ?; AfP 1995, S.357ff.

**Scholz, Rupert**; Medienfreiheit und Publikumsfreiheit; in: Studienkreis für Presserecht und Pressefreiheit (Hrsg.); Festschrift für Martin Löffler; München: 1980, S.355ff.; zit. als: Scholz, in: FS Löffler

**Scholz, Rupert**; Rundfunkeigene Programmpresse ?; Berlin: 1982

**Schönbach, Klaus**; Das hyperaktive Publikum - Essay über eine Illusion; Publizistik 42 (1997), S.279ff.

**Schönbach, Klaus; Semetko, Holli**; Medienberichterstattung und Parteienwerbung im Bundestagswahlkampf 1990; MP 1994, S.328ff.

**Schroeder, Werner**; Teleshopping und Rundfunkfreiheit; ZUM 1994, S.471ff.

**Schröter, Christian; Ewald, Karl**; Online-Angebote von Rundfunkveranstaltern in Deutschland; MP 1996, S.478ff.

**Schulz, Winfried**; Wird die Wahl im Fernsehen entschieden ?; MP 1994, S.318ff.

**Schulz, Wolfgang**; Gewährleistung kommunikativer Chancengleichheit als Freiheitsverwirklichung; Baden-Baden, Hamburg: 1998

**Schulz, Wolfgang**; Konvergierende Technik - divergierende Interessen. Konvergenzgleichung im EU - Grünbuch nicht schlüssig; Tendenz I/1998, S.12f.

**Schulz, Wolfgang**; Jenseits der „Meinungsrelevanz" - Verfassungrechtliche Überlegungen zu Ausgestaltung und Gesetzgebungskompetenzen bei neuen Kommunikationsformen; ZUM 1996, S.487ff.

**Schulz, Wolfgang; Wasner, Utz**; Rundfunkrechtlich relevante Fragen der Lizenzierung und Frequenzverwaltung nach dem TKG; ZUM 1999, S.513ff.

**Schulze-Fielitz, Helmuth**; Betätigung öffentlich-rechtlicher Institutionen im Onlinebereich; AfP 1998, S. 447ff.

**Selmer, Peter**; Bestands- und Entwicklungsgarantien; Berlin: 1988

**Sieber, Stefanie**; Rundfunk und Internet; ZUM 1998, 362ff.

**Starck, Christian**; Die verfassungsrechtliche Dimension des Rundfunkbegriffs und der Rundfunkfreiheit im Vergleich der Rechtsordnungen; in: Dittmann, Armin; Fechner, Frank; Sander, Gerald (Hrsg.); Der Rundfunkbegriff im Wandel der Medien. Symposion zum 65. Geburtstag von Professor Dr.jur. Dr.hc. Thomas Oppermann; Berlin: 1997, S.133ff., zit. als: Starck, in: Dittmann u.a. (Hrsg.), Symposion Oppermann

**Starck, Christian**; „Grundversorgung" und Programmauftrag des öffentlich-rechtlichen Rundfunks, in: Burmeister, Jochen (Hrsg.); Verfassungsstaatlichkeit. Festschrift für Klaus Stern zum 65. Geburtstag; München: 1997, S.777ff.; zit. als: Starck, in: Burmeister (Hrsg.), FS Stern

**Starck, Christian**; „Grundversorgung" und Rundfunkfreiheit; NJW 1992, S.3257ff.

**Stenger, Hans-Jürgen**; Mailboxen; CR 1990, S.786ff.

**Stettner, Rupert**; Anmerkung zum Beschluß des Ersten Senats des Bundesverfassungsgerichts vom 20. Februar 1998; ZUM 1998, S.312ff.

**Stettner, Rupert**; Der Kabelengpaß. Medienrechtliche Befugnisse und Spielräume bei der Entscheidung über die Belegung der Kanäle in Kabelanlagen in Bayern mit Rundfunkprogrammen und anderen Diensten unter besonderer Berücksichtigung europäischer Rechtsvorschriften; München: 1997

**Stettner, Rupert**; Ist es öffentlich-rechtlichen Rundfunkanstalten, insbesondere dem Zweiten Deutschen Fernsehen (ZDF), gestattet, Pay-TV zu veranstalten ?; ZUM 1995, S.293ff.

**Stettner, Rupert; Tresenreiter, Wolfgang**; Sperrstunde im Teleshop. Zur rechtlichen Beurteilung von Zeitrestriktionen und von Teleshopping-Kanälen; ZUM 1994, S.669ff.

**Stipp, Horst**; Wird der Computer die traditionellen Medien ersetzen ?; MP 1998, S.76ff.

**Stipp, Horst**; Das gute alte Fernsehen lebt weiter. Cyber - Revolution in den USA?; Tendenz IV/1996, S.28f.

**Stipp, Horst**; Wirkt die Fernsehwerbung noch ?; MP 1992, S.782ff.

**Strömer, Tobias**; Online-Recht. Rechtsfragen im Internet; Heidelberg: 1999 (2.Aufl.)

**Sturm, Hertha**; Die inneren Aktivitäten bei Hören, Sehen und Lesen. Ein Ansatz zur Klärung der Warum-Frage von Medienwirkungen; in: Franzmann, Bodo; Fröhlich, Werner; Hoffmann, Hilmar; Spörri, Balz; Zitzlsperger, Rolf (Hrsg.); Auf den Schultern von Gutenberg. Medienökologische Perspektiven der Fernsehgesellschaft; Berlin, München: 1995, S.82ff.

**Sturm, Hertha**; Medienwirkungen - ein Produkt der Beziehungen zwischen Rezipient und Medium; in: Groebel, Jo; Winterhoff-Spurk, Peter (Hrsg.); Empirische Medienpsychologie; München, Weinheim: 1989; S.40ff.; zit. als: Sturm, in: Groebel/Winterhoff-Spurk (Hrsg.), Empirische Medienpsychologie

**Sturm, Hertha**; Das „Wie der Präsentation". Methoden und Ergebnisse zu Wirkungen der formalen medienspezifischen Angebotsweisen; in: Grewe - Partsch, Marianne; Groebel, Jo (Hrsg.); Mensch und Medien. Zum Stand von Wissenschaft und Praxis in nationaler und internationaler Perspektive. Zu Ehren von Hertha Sturm; München, London, New York, Oxford, Paris: 1987, S.33ff.; zit. als Sturm, in: Grewe-Partsch/ Groebel (Hrsg.), Mensch und Medien

**Teichert, Will; Renckstorff, Karsten**; Zur Zukunft von Massenkommunikation und Massenmedien aus sozialwissenschaftlicher Perspektive; Publizistik 19/20 (1974/75), S.133ff.

**Theis, Horst**; Die Multimediagesetze. Erläuterungen, Gesetzestexte, amtliche Begründungen; Berlin, Neuwied: 1997

**Tettinger, Peter**; Programmpresse durch Programmanbieter ?; AfP 1986, S.306ff.

**Verband Privater Rundfunk und Telekommunikation (Hrsg.)**; Stellungnahme des VPRT zum ersten Strukturpapier der DLM zur Zuständigkeit der Landesmedienanstalten im Grenzbereich zwischen Rundfunk und Mediendiensten und die Unterscheidung von Mediendiensten und Rundfunk in der Fassung vom 16.12.1997; Online-Publikation im Internet unter der URL: http://www.vprt.de; zit. als: VPRT- Stellungnahme zum ersten DLM - Strukturpapier vom 09.12.1997

**Verband Privater Rundfunk und Telekommunikation (Hrsg.)**; VPRT - Positionspapier zu den digitalen Bouquets von ARD und ZDF in der Fassung vom 12.03.1998; Online - Publikation im Internet unter der URL: http://www.vprt.de

**Vesting, Thomas**; Prozedurales Rundfunkrecht. Grundlagen - Elemente - Perspektiven; Baden-Baden, Hamburg: 1997

**Vitouch, Peter**; Realitätsdarstellung im Fernsehen - Abbild oder Konstruktion ?; in: Grewe - Partsch, Marianne; Groebel, Jo (Hrsg.); Mensch und Medien. Zum Stand von Wissenschaft und Praxis in nationaler und internationaler Perspektive. Zu Ehren von Hertha Sturm; München, London, New York, Oxford, Paris: 1987, S. 95ff., zit. als: Vitouch, in: Grewe - Partsch/Groebel (Hrsg.), Mensch und Medien

**Waldenberger, Arthur**; Teledienste, Mediendienste und die „Verantwortlichkeit“ ihrer Anbieter; MMR 1998, S.124ff.

**Wallraf, Georg**; Betätigung öffentlich-rechtlicher Institutionen im Online-Bereich; AfP 1998, S.294ff.

**Wenning, Rigo**; Das Internet - ein rechtsfreier Raum ?; JurPC, Web-Dok. 16/1997; Online - Publikation im Internet unter der URL: http://www.jurpc.de

**Wieland, Joachim**; Die Freiheit des Rundfunks; Berlin: 1984

**Wille, Karola; Heckel, Mario**; Verfassungsrechtliche Aspekte bei der Kabeleinspeisung - Zur Auslegung des Begriffs „gesetzlich bestimmtes Programm“; ZUM 1997, S.240ff.

**Winterhoff-Spurk, Peter**; Massenkommunikation und Psychologie; in: Fünfgeld, Herrmann; Mast, Claudia (Hrsg.); Massenkommunikation. Ergebnisse und Perspektiven. Gerhard Maletzke zum 75. Geburtstag; Opladen: 1997, S.71ff., zit. als: Winterhoff-Spurk, in: Fünfgeld/Mast (Hrsg.), Massenkommunikation

**Winterhoff-Spurk, Peter**; Fernsehen. Psychologische Befunde zur Medienwirkung; Bern, Stuttgart, Toronto: 1986

**Wissenschaftlicher Beirat beim Bundesministerium für Wirtschaft und Technologie**; Gutachten „Offene Medienordnung“ vom 18.11.1999; Online-Publikation im Internet unter der URL: http://www.vprt.de

**Würzburger Papier der Länder**; Zweiter Bericht der Rundfunkreferenten der Länder zur Frage des Rundfunkbegriffs, insbesondere der medienrechtlichen Einordnung von „Videotext“, „Kabeltext“ und „Bildschirmtext“ (Teleschriftformen) vom 25. Mai 1979; in: Ring, Wolf-Dieter; Medienrecht; Loseblatt, Stand: 1998; München: 1998, D-III

**Zehner, Günter**; Der Fernsehstreit vor dem Bundesverfassungsgericht. Eine Dokumentation des Prozeßmaterials; Karlsruhe: 1964

**Zimmer, Jochen**; Profile und Potentiale der Online-Nutzung; MP 1996, S.487ff.

**Studien zum deutschen**
**und europäischen Medienrecht**

Herausgegeben von Dieter Dörr
mit Unterstützung der Dr. Feldbausch Stiftung

Band 1 Peter Charissé: Die Rundfunkveranstaltungsfreiheit und das Zulassungsregime der Rundfunk- und Mediengesetze. Eine verfassungs- und europarechtliche Untersuchung der subjektiv-rechtlichen Stellung privater Rundfunkveranstalter. 1999.

Band 2 Dieter Dörr: Umfang und Grenzen der Rechtsaufsicht über die Deutsche Welle. 2000.

Band 3 Claudia Braml: Das Teleshopping und die Rundfunkfreiheit. Eine verfassungs- und europarechtliche Untersuchung im Hinblick auf den Rundfunkstaatsvertrag, den Mediendienste-Staatsvertrag, das Teledienstegesetz und die EG-Fernsehrichtlinie. 2000.

Band 4 Dieter Dörr, unter Mitarbeit von Mark D. Cole: *Big Brother* und die Menschenwürde. Die Menschenwürde und die Programmfreiheit am Beispiel eines neuen Sendeformats. 2000.

Band 5 Martin Stock: Medienfreiheit in der EU-Grundrechtscharta: Art. 10 EMRK ergänzen und modernisieren! 2000.

Band 6 Wolfgang Lent: Rundfunk-, Medien-, Teledienste. Eine verfassungsrechtliche Untersuchung des Rundfunkbegriffs und der Gewährleistungsbereiche öffentlich-rechtlicher Rundfunkanstalten unter Berücksichtigung einfachrechtlicher Abgrenzungsfragen zwischen Rundfunkstaatsvertrag, Mediendienstestaatsvertrag und Teledienstegesetz. 2001.

Band 7 Torsten Schreier: Das Selbstverwaltungsrecht der öffentlich-rechtlichen Rundfunkanstalten. 2001.

Band 8 Dieter Dörr: Sport im Fernsehen. Die Funktionen des öffentlich-rechtlichen Rundfunks bei der Sportberichterstattung. 2000.

Band 9 Dieter Dörr (Hrsg.): www.otello.de. Klassik nur noch im Internet oder per pay? Symposium aus Anlass des 85. Geburtstages von Professor Dr. Heinz Hübner. 2000.

Peter Lang · Europäischer Verlag der Wissenschaften

Dieter Dörr

# Umfang und Grenzen der Rechtsaufsicht über die Deutsche Welle

Frankfurt/M., Berlin, Bern, Bruxelles, New York, Wien, 2000. 89 S.
Studien zum deutschen und europäischen Medienrecht.
Herausgegeben von Dieter Dörr. Bd. 2
ISBN 3-631-35669-2 · br. DM 32.–*

Die Untersuchung gibt eine Antwort auf die Frage nach Umfang und Grenzen der Rechtsaufsicht über die Bundesrundfunkanstalt Deutsche Welle. Dabei erläutert der Verfasser zunächst die Grundsätze der Staatsaufsicht und ihre verschiedenen Ausprägungen. Im Folgenden wird deren Anwendbarkeit auf Rundfunkanstalten im Allgemeinen überprüft. Weiterhin wird der Anwendungsbereich der Rundfunkfreiheit in Bezug auf die Deutsche Welle erörtert. Schließlich setzt sich der Verfasser mit den Grenzen der Rechtsaufsicht über die Deutsche Welle auseinander und geht insbesondere auf das Verhältnis der Rechtsaufsicht durch den Bund zu den anstaltsinternen Kontrollgremien ein. Abschließend wird festgestellt, welche Arten von Aufsichtsmitteln nach dem Deutsche Welle Gesetz überhaupt in Betracht kommen.
Der Verfasser kommt schließlich zu dem Ergebnis, daß bei verfassungsgemäßer Auslegung des DWG die Deutsche Welle nur einer beschränkten Rechtsaufsicht unterliegt.

*Aus dem Inhalt*: (Beschränkte) Rechtsaufsicht über Rundfunkanstalten · Rundfunkfreiheit · Deutsche Welle als Bundesrundfunkanstalt

Frankfurt/M · Berlin · Bern · Bruxelles · New York · Oxford · Wien
Auslieferung: Verlag Peter Lang AG
Jupiterstr. 15, CH-3000 Bern 15
Telefax (004131) 9402131
*inklusive Mehrwertsteuer
Preisänderungen vorbehalten

Printed by
CPI books GmbH, Leck

FSC
www.fsc.org
MIX
Papier | Fördert
gute Waldnutzung
FSC® C083411

Kolibri 360 GmbH
Ferdinand-Jühlke-Straße 7
99095 Erfurt, Deutschland
produktsicherheit@kolibri360.de